Helmut Presser

Orchideen

Helmut Presser

Orchideen

Die Orchideen Mitteleuropas und der Alpen

Variabilität · Biotope · Gefährdung

2. völlig überarbeitete und erweiterte Auflage

Nikol

Orchideen, Die Orchideen Mitteleuropas und der Alpen
Variabilität · Biotope · Gefährdung
2. völlig überarbeitete und erweiterte Auflage

Überarbeitete Auflage 2002

Verfasser: Helmut Presser, 85137 Pfünz

Dieses Buch entstand mit freundlicher Unterstützung von:

BERGÉR NATURSTEINE

Georg Bergér GmbH
Gut Harthof
85072 Eichstätt
Telefon 0 84 21 / 97 92 0
Telefax 0 84 21 / 40 13

im internet: http://www.berger-7mm-solnhofener.de/

Genehmigte Lizenzausgabe für Nikol Verlagsgesellschaft mbH & Co. KG, Hamburg, 2006

Rudolf-Diesel-Straße 3, 86899 Landsberg/Lech
Tel.: (0 81 91) 125-0; Telefax: (0 8191) 125-492; Internet: http://www.ecomed.de

Einbandgestaltung: Thomas Jarzina, Köln
Titelabbildungen: Helmut Presser
Satz: FotoSatz Pfeifer GmbH, 82166 Gräfelfing
Printed in Slowakia
ISBN 13: 978-3-933203-54-0
ISBN 10: 3-933203-54-6

Inhaltsverzeichnis

1 **Einführung** . . . 7

2 **Biologie der Orchideen** . . . 8
2.1 Äußere Merkmale . . . 8
2.2 Bestäubung und Fortpflanzung . . . 9
2.3 Lebensweise . . . 11

3 **Orchideenbiotope** . . . 13
3.1 Alpine Matten . . . 13
3.2 Feuchtwiesen und Flachmoore . . . 15
3.3 Hochmoore . . . 16
3.4 Trockene Magerrasen . . . 18
3.5 Brennen im Auwald . . . 20
3.6 Auwälder . . . 20
3.7 Kalkbuchenwälder . . . 22
3.8 Fichtenwälder . . . 23
3.9 Lockere Kiefernwälder . . . 23
3.10 Sekundärbiotope . . . 25
3.11 Waldränder und Lichtungen . . . 28

4 **Orchideen und Naturschutz** . . . 29
4.1 Gefährdungsursachen . . . 29
4.2 Schutzmöglichkeiten . . . 33

5 **Die Orchideenarten** . . . 35
Gattungsübersicht . . . 35

Anacamptis
5.1 Spitzorchis . . . 42

Traunsteinera
5.2 Kugelorchis . . . 46

Himantoglossum
5.3 Bocksriemenzunge . . . 48
5.4 Adriatische Riemenzunge . . . 50

Barlia
5.5 (Roberts) Mastorchis . . . 52

Neotinea
5.6 Keuschorchis . . . 54

Aceras
5.7 Puppenorchis . . . 56

Orchis
5.8 Wanzenknabenkraut . . . 58
5.8.1 Wohlriechendes Wanzenknabenkraut . . . 60
5.9 Dreizähniges Knabenkraut . . . 62
5.10 Milchweißes Knabenkraut . . . 65
5.11 Brandknabenkraut . . . 66
5.11.1 Brandknabenkraut, Sommerform . . . 68
5.12 Purpurknabenkraut . . . 70
5.13 Helmknabenkraut . . . 72
5.14 Affenknabenkraut . . . 74
5.15 Blasses Knabenkraut . . . 76
5.16 Mannsknabenkraut . . . 78
5.16.1 Prächtiges Knabenkraut . . . 80
5.16.2 Südfranzösisches Knabenkraut . . . 82
5.17 Provence-Knabenkraut . . . 84
5.18 Spitzels Knabenkraut . . . 86
5.19 Sumpfknabenkraut . . . 88
5.20 Lockerblütiges Knabenkraut . . . 90
5.21 Schmetterlingsknabenkraut . . . 92
5.22 Salepknabenkraut . . . 94
5.23 Drei-Knollen-Knabenkraut . . . 96

Dactylorhiza
5.24 Holunderknabenkraut . . . 98
5.25 Breitblättriges Knabenkraut . . . 100
5.25.1 Breitblättriges Knabenkraut, Alpine Unterart 104
5.25.2 Breitblättriges Knabenkraut, „Kurzblättrige“ Unterart . . . 106
5.26 Lappländisches Knabenkraut . . . 108
5.27 „Breitblättriges“ Knabenkraut, Torf-Unterart . . . 110
5.28 Böhmisches Knabenkraut . . . 112
5.29 Ostsee-Knabenkraut . . . 114
5.30 Traunsteiners Knabenkraut . . . 116
5.31 Dauphiné-Knabenkraut . . . 118
5.32 Torfmoos-Knabenkraut . . . 120
5.33 Übersehenes Knabenkraut . . . 122
5.34 Ruthes Knabenkraut . . . 124
5.35 Purpurblütiges Knabenkraut . . . 126
5.36 Baltisches Knabenkraut . . . 128
5.37 Fuchs' Knabenkraut . . . 130
5.38 Geflecktes Knabenkraut . . . 134
5.38.1 Übergangsformen zwischen Fuchs'- und Geflecktem Knabenkraut . . . 136
5.39 Fleischfarbenes Knabenkraut . . . 138
5.39.1 Fleischfarbenes Knabenkraut, Varietät *haematodes* . . . 140
5.39.2 Fleischfarbenes Knabenkraut, Unterart *hyphaematodes* . . . 141
5.39.3 Fleischfarbenes Knabenkraut, Spätblühende Unterart . . . 142
5.40 Blutrotes Knabenkraut . . . 144
5.41 Strohgelbes Knabenkraut . . . 146

Pseudorchis
5.42 Höswurz . . . 148

Gymnadenia
5.43 Wohlriechende Händelwurz . . . 150
5.44 Mückenhändelwurz . . . 152

Nigritella
5.45 Mont Cenis-Kohlröschen . . . 154
5.46 Schwarzes Kohlröschen . . . 156
5.47 Österreichisches Kohlröschen . . . 160
5.48 Cornelias Kohlröschen . . . 162
5.49 Steineralpen-Kohlröschen . . . 164
5.50 Widders Kohlröschen . . . 166
5.51 Buschmanns Kohlröschen . . . 168
5.52 Rotes Kohlröschen . . . 170
5.53 Dolomiten-Kohlröschen . . . 172
5.54 Steirisches Kohlröschen . . . 174
5.55 Erzherzog-Johann-Kohlröschen . . . 176

Coeloglossum
5.56 Grüne Hohlzunge . . . 178

Chamorchis
5.57 Zwergorchis . . . 180
Herminium
5.58 Einknolle . . . 182
Malaxis
5.59 Einblatt . . . 184
Hammarbya
5.60 Weichkraut . . . 186
Liparis
5.61 Glanzkraut . . . 188
Listera
5.62 Kleines Zweiblatt . . . 190
5.63 Großes Zweiblatt . . . 192
Platanthera
5.64 Grün(lich)e Waldhyazinthe . . . 194
5.65 Weiße Waldhyazinthe . . . 196
Spiranthes
5.66 Sommerwendelorchis . . . 198
5.67 Herbstwendelorchis . . . 200
Goodyera
5.68 Netzblatt . . . 202
Epipactis
Stendelwurz-Übersicht . . . 204
5.69 Weiße Stendelwurz . . . 208
5.70 Braunrote Stendelwurz . . . 210
5.71 Kleinblättrige Stendelwurz . . . 212
5.72 Violette Stendelwurz . . . 214
5.73 Leutes Stendelwurz . . . 216
5.74 Pontische Stendelwurz . . . 218
5.75 Vöths Stendelwurz . . . 220
5.76 Kurzblättrige Stendelwurz . . . 222
5.77 Breitblättrige Stendelwurz . . . 226
5.77.1 Tremols Stendelwurz . . . 230
5.77.2 Holländische Stendelwurz . . . 232
5.78 Renz' Stendelwurz . . . 234
5.79 Spitzlippige Stendelwurz . . . 236
5.79.1 Übersehene Stendelwurz . . . 240
5.80 Peitz' Stendelwurz . . . 242
5.81 Müllers Stendelwurz . . . 244
5.82 Piacenza-Stendelwurz . . . 246
5.83 Greuters Stendelwurz . . . 248
5.84 Elbe-Stendelwurz . . . 250
5.85 Nordens Stendelwurz . . . 254
5.86 Rhône-Stendelwurz . . . 256
5.87 Grünblütige Stendelwurz . . . 258
5.88 Zierliche Stendelwurz . . . 262
Cephalanthera
5.89 Bleiches Waldvögelein . . . 264
5.90 Schwertblättriges Waldvögelein . . . 266
5.91 Rotes Waldvögelein . . . 268
Limodorum
5.92 Violetter Dingel . . . 270
5.93 Trabuts Dingel . . . 272
Epipogium
5.94 Widerbart . . . 274
Corallorrhiza
5.95 Korallenwurz . . . 276
Neottia
5.96 (Vogel-)Nestwurz . . . 278
Ophrys
5.97 Gelbe Ragwurz . . . 280
5.98 Braune Ragwurz . . . 282
5.99 Leukas Ragwurz . . . 284
5.100 Gefurchte Ragwurz . . . 286
5.101 Fliegenragwurz . . . 288
5.102 Drohnenragwurz . . . 291
5.103 Kleine Spinnenragwurz . . . 292
5.104 Spinnenragwurz . . . 294
5.105 Marseille-Ragwurz . . . 298
5.106 Provence-Ragwurz . . . 300
5.107 Gargano-Ragwurz . . . 302
5.108 Schwarze Ragwurz . . . 304
5.109 Spinnenähnliche Ragwurz . . . 306
5.110 Prächtige Ragwurz . . . 308
5.111 Hummelragwurz . . . 310
5.112 Hohe Hummelragwurz . . . 313
5.113 Schnepfenragwurz . . . 316
5.113.1 Übergangssippen zwischen Schnepfen- und Hummelragwurz . . . 318
5.114 Bienenragwurz . . . 320
5.114.1 Bienenragwurz, Varietät *friburgensis* . . . 323
5.114.2 Bienenragwurz, Varietät *botteronii* . . . 324
5.114.3 Bienenragwurz, Varietät *trollii* . . . 325
5.114.4 Bienenragwurz, Varietät *bicolor* . . . 325
5.115 Insubrische Ragwurz . . . 326
5.116 Aurelia-Ragwurz . . . 328
5.117 Saratos Ragwurz . . . 330
5.118 Drôme-Ragwurz . . . 332
Serapias
5.119 Schwertstendel . . . 334
5.120 Herzförmiger Zungenstendel . . . 336
5.121 Verkannter Zungenstendel . . . 337
5.122 Südfranzösischer Zungenstendel . . . 338
5.123 Steifblütiger Zungenstendel . . . 339
5.124 Einschwieliger Zungenstendel . . . 340
5.125 Kleinblütiger Zungenstendel . . . 341
Cypripedium
5.126 Frauenschuh . . . 342

6 **Besonderheiten** . . . 345
6.1 Hybriden . . . 345
6.2 Anomalien . . . 354

7 **Anhang** . . . 357
7.1 Fachglossar . . . 357
7.2 Verwendete Literatur . . . 358
7.3 Verzeichnis der verwendeten Pflanzennamen . . . 360
7.4 Stichwortverzeichnis . . . 367

1 Einführung

Orchideen faszinieren mehr Menschen als irgendeine andere Pflanzenfamilie. Dies hängt natürlich zum einen mit ihrer Schönheit und ihrem Formenreichtum zusammen, zum anderen haben Orchideen etwas Geheimnisvolles. Man kann sie nicht einfach aussäen und zuschauen, wie sie wachsen; ihre Entwicklung entzieht sich der oberflächlichen Betrachtung. Hinzu kommt, daß die meisten mitteleuropäischen Arten inzwischen selten und zum Teil vom Aussterben bedroht sind; eine Tatsache, die die Orchideen nur noch interessanter macht.

Die Anzahl der ca. 80–120 mitteleuropäischen Orchideenarten läßt dieses Gebiet der Botanik auf den ersten Blick als übersichtlich und leicht „durchforstbar“ erscheinen. Hat man sich jedoch eingearbeitet, fallen dem Betrachter ständig neue Formen auf, sei es durch die ungeheure Variabilität dieser entwicklungsgeschichtlich jungen Pflanzenfamilie oder dadurch, daß gerade diese Familie mit ihren auffälligen Blüten extrem zu Bastardbildung (Hybridisierung) neigt. Einige Arten zeichnen sich dazu noch durch zahlreiche Varietäten aus. Fehlformen sind zwar selten, aber doch aus den meisten Gattungen bekannt. Man kann sich also sehr intensiv mit heimischen Orchideen beschäftigen und wird immer wieder über die Formenvielfalt erstaunt sein.

Viele einheimische Arten wirken aus größerer Entfernung völlig unscheinbar, sind mitunter aus einem Abstand von fünf Metern nicht mehr zu erkennen, was bewirkt, daß sie vom Großteil der Bevölkerung niemals wahrgenommen werden. Ihre oft unglaubliche Schönheit, ihren erstaunlichen Blütenaufbau enthüllen sie dem Betrachter erst, wenn dieser sich die Mühe macht, sich „herabzulassen“ und sich mit den Blüten auf eine Ebene zu begeben, sie vielleicht sogar mit einer Lupe zu studieren. Hierzu muß er sie jedoch zuerst einmal finden.

Das vorliegende Buch verfolgt zwei Hauptintentionen: Zum einen soll es dem Interessierten Hinweise geben, wie und wo man die Orchideen finden kann, ohne jedoch bekannte Fundorte zu „verraten“, die sowieso schon teilweise von Pflanzenliebhabern überlaufen sind. Es existieren fast überall noch zahlreiche Standorte, die bisher übersehen wurden. Andererseits soll das Buch zeigen, welch faszinierende Pflanzen in Mitteleuropa noch (!) existieren und im Leser die Bereitschaft zum Schutz derselben hervorrufen. Nur was man erkennt, was man schätzt, will man schützen und erhalten.

Natürlich kann (und will) dieses Werk nicht alle auftretenden Fragen beantworten; im Gegenteil: Es wirft auch Fragen auf und soll Anlaß zu neuen Überlegungen sein, die Neugier fördern und so diesen kleinen Teilbereich der Botanik noch interessanter machen.

Ein persönliches Wort noch zu den Kritikern: Bilder sind immer Geschmacksache. Der unscharfe Hintergrund, Gegenlicht und Farbflecke von Blumen außerhalb der Schärfenebene sind hier durchaus gewollt, auch wenn manchmal die Aussagekraft eines Bildes darunter leidet. Beispielsweise ist der blaue Fleck im Habitus-Bild des Steineralpen-Kohlrösls kein Lichtreflex oder gar ein Filmfehler wie nach der Erstauflage bemängelt, sondern ein unscharfer Enzian. Mit Blitz und Blende 22 aufgenommen wäre zwar alles scharf, es wäre aber nur ein Foto von vielen.

Zum Schluß sei all denen gedankt, die durch wertvolle Hinweise und Preisgabe mir unbekannter Fundorte am Entstehen dieses Buches beteiligt waren. Erwähnt seien hier nur die AHO-Mitglieder Herr Peter Müller, Herr Dr. Horst Kretzschmar, Herr Hans Beck, Herr Dr. Joachim Pfauntsch, Herr Jürgen Passin, Herr Gerhard Löber, Herr Adolf Zirnsack, Herr Karl Robatsch, Herr Dr. Walter Timpe, Monsieur Daniel Tyteca, Herr H.-W. Zaiss, Herr Rudolf Beyer sowie Herr Jean Claessens und Herr Jacques Kleynen. Besonderer Dank gebührt Herrn Günther Reinhardt, Herrn Christian Wolf, Herrn Prof. Wolfram Foelsche, Herrn Prof. Dr. Hannes Paulus, Monsieur Alain Gevaudan, Monsieur Olivier Gerbaud und Herrn Dietrich Rückbrodt sowie einigen zuvor genannten Herren für das Überlassen von Fotos, allen voran jedoch Dr. Wolfgang Wucherpfennig, der sich darüber hinaus der undankbaren Mühe des Korrekturlesens der 1. Auflage unterzogen hat. Nicht zuletzt danke ich Frau Helga Abels und meiner Frau Maria, die maßgeblich an der Erstellung des Skripts beteiligt waren, letzterer natürlich auch für die Geduld und Ausdauer auf zahlreichen Exkursionen. Ein besonderer Dank gilt auch all denen, die durch unermüdlichen, meist ehrenamtlichen Einsatz dafür sorgen, daß Biotope mit seltenen Tier- und Pflanzenarten erhalten bleiben oder gar neu entstehen. Zu viel würde durch Intensivierung bzw. Einstellung der landwirtschaftlichen Nutzung verschwinden.

Pfünz im Altmühltal, November 1999

2 Biologie der Orchideen

2.1 Äußere Merkmale

Die Orchideen gehören zu den einkeimblättrigen Pflanzen wie auch die Lilien und die Gräser, d. h. Keimlinge bilden zunächst nur ein Blatt aus. Die meisten anderen Familien gehören zu den zweikeimblättrigen Pflanzen. Rein optisch fallen letztere durch netzartig verzweigte Blattnerven auf, während Orchideen, Lilien und Gräser lediglich parallel verlaufende Blattnerven besitzen (Ausnahme: Netzblatt). Viele Orchideen bilden eine am Boden liegende Blattrosette, aus der sich stets nur ein Blütenstengel erhebt, der meist noch einige kleinere Laubblätter trägt (z. B. die Gattungen *Orchis* und *Ophrys*). Manche Gattungen verzichten jedoch auf eine Blattrosette (z. B. die Gattungen *Cephalanthera* und *Epipactis*), vier Arten, die sogenannten „Moderorchideen" (Saprophyten), verzichten sogar völlig auf Blätter (Dingel, Widerbart, Korallenwurz, Nestwurz).

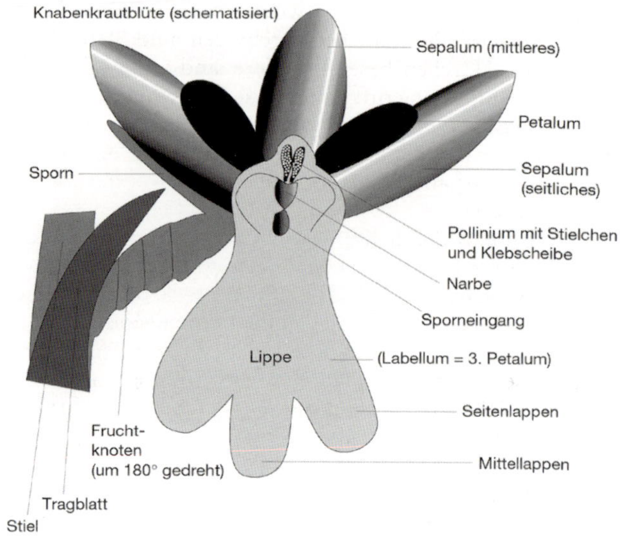

Aufbau einer Knabenkrautblüte (schematisch).

Austrieb Kleinblättrige neben Breitblättriger Stendelwurz (2×) A 6, Tschechische Republik.

Blattrosette Salepknabenkraut A 12.

Der Bauplan der Orchideenblüte zeigt fast immer dasselbe Grundmuster: als Landeplatz für Insekten ein verbreitertes, auffallendes Petalum (= Lippe, Labellum), drei äußere Blütenblätter gegenüber der Lippe (Sepalen), dazwischen noch zwei, meist kleinere Blütenblätter (weitere Petalen). Am Grund des Labellums sitzt oft ein mehr oder weniger langer Sporn, der mit Nektar gefüllt sein kann. Aus diesem einfachen Bauplan ist eine Unmenge verschiedener Formen hervorgegangen. Bei einigen Arten sind z. B. nebeneinanderliegende Blütenblätter miteinander verwachsen. Ursprünglich zeigte die Lippe nach oben, wie es auch heute noch bei wenigen europäischen Gattungen der Fall ist (z. B. Widerbart und Kohlröschen), bei den meisten dreht sich jedoch der Fruchtknoten um 180 Grad, so daß die Lippe nach unten

Blattaustrieb Fuchs' Knabenkraut M 5. Die Blattfleckung ist auf Anthocyane zurückzuführen.

zeigt (Resupination). Teilweise findet sogar eine doppelte Resupination statt (360 Grad), und das Labellum zeigt wieder nach oben (z. B. Einblatt). Es dient dann als Regenschutz, nicht mehr als Landebahn.
Auffallend bei weißen und rosafarbenen Blütenblättern ist auch die grobe Zellstruktur, wodurch viele Blüten in der Sonne glitzern. Bei manchen Orchideen sind Stengel und Blüten mit Härchen besetzt, andere sind völlig glatt. Die größte Bewunderung ruft jedoch eine Ragwurzblüte hervor. Kaum fingernagelgroß zeigt die Lippe einen äußerst komplizierten Aufbau mit Höckern und Rillen, mit bunter, glatter, spiegelnder und samtiger Oberfläche, z. T. sogar kräftiger Behaarung.
Auch die unterirdischen Pflanzenteile haben eine Sonderstellung inne: Orchideen besitzen keine „gewöhnlichen" Wurzeln, sondern entweder fleischige Wurzelstöcke (= Rhizome, z. B. bei Frauenschuh, Stendelwurz und den Moderorchideen), rübenförmige Knollen (Gattung *Spiranthes*), flache und gespaltene, also handförmige Knollen (Gattungen *Dactylorhiza* und Händelwurz → Name!) oder rundliche Knollen (z. B. Gattungen *Ophrys* und *Orchis*). Letztere führten zum Namen „Orchideen", der sich vom griechischen Wort „Orchis" = Hoden ableitet. All diese unterirdischen Organe haben nicht nur die Aufgabe, Wasser zu leiten und zu speichern, sie beinhalten überdies auch Nährstoffe (z. B. Stärke). Dasselbe gilt für die oberirdisch wachsenden Scheinknollen (Pseudobulben) bei Weichkraut, Einblatt und Glanzkraut, bzw. dem oberflächlich kriechenden Rhizom des Netzblatts.

Blattaustrieb Mückenhändelwurz.

2.2 Bestäubung und Fortpflanzung

Männliche und weibliche Fortpflanzungsorgane sind bei unseren Orchideen oft zur sogenannten Griffelsäule (Gynostemium) verwachsen. Die Pollenkörner der meisten heimischen Orchideen liegen in Pollenfächern, zu zwei Paketen verklebt, die z. T. jeweils auf einem Stielchen sitzen und unten mit einer Klebscheibe ausgestattet sind. Diese Pollinien werden den Insekten auf den Kopf, den Rüssel, mitunter sogar auf den Hinterleib geklebt. Manche neigen sich nach kurzer Zeit noch nach vorne zum Kopf des bestäubenden Insekts und können so die Narben der etwas später besuchten Blüten erreichen.
Die Anlockung der Bestäuber (v. a. Bienen, Hummeln, Wespen und Schmetterlinge) erfolgt meist mit Hilfe von Duft, Farbe und Nektar. Der Nektar wird bei „Wespenblumen" (z. B. Stendelwurz) in der schüsselförmig vertieften Hinterlippe (Hypochil) dargeboten, bei „Bienenblumen" (z. B. Riemenzunge) in einem kurzen Sporn, bei „Tag- und Nachtfalterblumen" (z. B. Waldhyazinthen) in einem sehr langen Sporn. Letztere entwickeln ihren Duft auch vor allem in den Abend- und Nachtstunden. Einige Arten verzichten inzwischen vollkommen auf Bestäuber (Autogamie) und hiermit auf einen Genaustausch, sie bestäuben sich selbst. Sie öffnen teilweise nicht einmal mehr ihre Blüten, sind also kleistogam (z. B. manche Sippen der Spitzlippigen Stendelwurz).
Die Ragwurzarten verzichten dagegen völlig auf ein Nektarangebot; sie produzieren den Sexuallockstoff (Pheromon) eines bestimmten Bienen- oder Wespenweibchens genau dann, wenn die Männchen dieser Art schon geschlüpft sind, die weiblichen Tiere aber noch nicht. Diese Männchen finden nun Blütenlippen vor, die verführerisch duften und in Form, Farbe und Behaarung ihren Weibchen stark ähneln. Sie versuchen also, eine Blüte nach der anderen zu begatten und bekommen hierbei die Pollinien aufgeklebt bzw. bestäuben die nächste Blüte. Manche Ragwurzarten haben sich noch nicht so genau angepaßt und locken verschiedene Insektenarten an. Inzwischen versucht man, sehr ähnlich aussehende Sippen mit Hilfe eines (!) spezifischen Bestäubers abzutrennen bzw. einzuordnen. Gerade aber häufiger vorkommende Bastarde lassen diesen Versuch manchmal etwas hilflos erscheinen. Oft kann allerdings bei Versuchen nachgewiesen werden, daß manche Insekten sich wohl für eine bestimmte Blüte interessieren, nicht aber für ähnliche. Da ein spezieller Bestäuberkreis der Bienenragwurz wohl nicht (mehr?) existiert, ist diese Art dazu übergegangen, bei nicht stattfindender Pollenübertragung die Pollinien aus den Pollenfächern herabzusenken und sich selbst zu bestäuben. Einige Gattungen weichen jedoch von diesem Schema ab. So besitzt die Riemenzunge nur eine Klebscheibe; beide auf Stielchen sitzenden Pollinien werden gemeinsam herausgezogen. Die Stendelwurzarten haben beispielsweise meistens eine Klebdrüse, die bei Berührung die stiellosen Pollinien mit dem Insektenkopf verklebt. Die Waldvögelein besitzen weder Klebscheibe noch Klebdrüse, der Frauenschuh sogar nur ein Staubblatt. Sein krümeliger Pollen ist selbstklebend. Die Zweiblattarten spritzen blitzschnell „Kleber" zwischen Pollinien und Insektenkopf, eine ganz erstaunliche Anpassung.
Die heimischen *Orchis*- und *Dactylorhiza*-Arten können zu den sogenannten „Täuschblumen" gerechnet werden: Sie bieten keinen Nektar in ihrem Sporn an (Ausnahme: Wanzenknabenkraut), sondern paßten ihre Blüten hinsichtlich Form, Farbe und/oder Duft an die eigentlichen Wirtsblumen ihrer Bestäuber an. Sie koppeln sich quasi „illegal" in bestehende Symbiosen ein, um ihren Nutzen – den kosten-

Geflecktes Knabenkraut mit Schnellkäfer (Pollinien am Kopf) im Vercors (französische Westalpen).

Pollinium, Hummelragwurz.

Pollinien, Wohlriechendes Wanzenknabenkraut, an erbeuteter Biene.

Offene Samenkapseln, Bleiches Waldvögelein (März).

Samenstand, Einblatt (September).

Ausstäubende Samen, Breitblättrige Stendelwurz (September).

losen Pollinientransport – daraus zu ziehen. Ähnliches ist vom Roten Waldvögelein bekannt (vgl. Kap. 5.91). Die Zungenstendelarten bieten Solitärbienen einen witterungsgeschützten Schlafplatz; bei der Suche nach dem „bequemsten" bestäuben diese die Blüten.

Ist nun die Bestäubung einer Orchideenblüte vollzogen, welkt diese bei den meisten Arten recht rasch (z. B. Ragwurzarten), während die unbestäubten oft noch frisch sind. Nur bei wenigen Gattungen bleiben die Blüten bis zur Samenreife nahezu unverändert (z. B. Zweiblatt). Der Fruchtknoten schwillt stark an, und es entwickelt sich eine Unmenge an winzigen Samen, die praktisch kein Nährgewebe besitzen, sondern lediglich den Embryo mit einer öligen Schicht (Carapace) und einer leichten, verlängerten Hülle (Testa) schützen [18]. In einer Kapsel befinden sich z. B. beim Frauenschuh bis zu 40.000 Samen [34]. Es gibt Berechnungen, die sogar von über 200.000 Samen in großen, vollständig bestäubten Blütenständen von Knabenkräutern berichten [14].

Da diese Samen sehr leicht sind (z. B. wiegen etwa 1.000.000 Netzblatt-Samen ein Gramm) [34], verdriften manche mit dem Wind über große Entfernungen, bevor sie zu Boden fallen (Aussaat-Versuche von Herbstwendelorchis-Samen in der Nähe von Kleinem Knabenkraut haben allerdings bereits nach 4 Jahren in geeigneten Biotopen teilweise sehr gute Erfolge gebracht, was belegt, daß auch die zahlreich vorhandenen, flugtauglichen Orchideensamen weniger gut neue(?) Biotope erreichen als bisher angenommen). Hier muß zufällig in einem passenden Biotoptyp eine offene Stelle sein. Um aber keimen zu können, sind sie auf ein Pilzmyzel angewiesen, das beim Durchwachsen des Substrats in den Samen eindringt und ihn mit Nährstoffen, Wasser, Vitaminen versorgt. Der Pilz kann aber auch die Oberhand gewinnen und den Keimling „verdauen", was umso leichter geschieht, je mehr Stickstoff vorhanden ist, der meist den Pilz stärkt. Im günstigen Fall wächst der Pilz in einen Teil der unterirdischen Orchideenorgane ein und wird dann verdaut. Zumindest absterbendes Orchideengewebe dient ihm als Nahrung. Mitunter fallen auch Teile des Pilzmyzels der Orchidee zum Opfer (H. Beyerle 1994 mdl.). Jede Orchideenart lebt so zumindest im ersten Lebensabschnitt in Symbiose mit einer ganz speziellen Pilzart (Mykorrhiza) (In vitro ist es möglich, einige Arten auch asymbiotisch auf Nährboden keimen zu lassen.). Verwandte Orchideenarten „benutzen" oft den selben Pilz, es können aber auch Arten verschiedener Familien mit ein und demselben Pilz zusammenleben (z. B. Salepknabenkraut und Großes Zweiblatt) (H. Beyerle 1994 mdl.)). Ein anderer Pilz bringt neben Manns- und Blassem Knabenkraut einige Ragwurzarten, das Zweiblatt und die Einknolle zur Keimung, ein weiterer verschiedene *Dactylorhiza*-Arten und die Sommerwendelorchis. Auch Spitzorchis, Wanzen- und Salepknabenkraut können denselben Pilz nutzen (A. Mrkvicka 1995 mdl.). Fehlt dieser Pilz, der seinerseits wieder auf klimatische und mineralische Faktoren sowie auf bestimmte Pflanzen angewiesen ist, verdirbt der Samen, manchmal erst nach Jahren (z.B. bei der Riemenzunge), bei manchen Arten (z.B. Widerbart) darf er überhaupt nicht austrocknen. Inzwischen ist bekannt, daß unter günstigen Voraussetzungen die Zeitspanne zwischen Aussaat und blühender Pflanze erstaunlich kurz sein kann: 2 Jahre bei Geflecktem Knabenkraut und Sommerwendelorchis, 3 Jahre bei Salep- und Brandknabenkraut, Ragwurzarten und Glanzkraut, 5 Jahre bei Frauenschuh (A. Mrkvicka 1995 mdl.). In Freilandversuchen blühten die ersten Individuen von Fleischfarbenem Knabenkraut 1½, beim Salepknabenkraut 2½, beim Purpur- und dem Blassen Knabenkraut 3½ bzw. 4½ Jahre nach der Aussaat.

Erwähnt werden muß an dieser Stelle auch die ungeschlechtliche Fortpflanzung von manchen rhizom- oder knollenbildenden Orchideen, indem sie zwei oder mehr Vegetationspunkte im Rhizom bzw. mehrere Knollen statt nur einer anlegen können. Dies geschieht v. a. bei optimalen Standort- und Witterungsverhältnissen oder durch Nährstoffüberschuß aufgrund des Verlusts von Blüten oder ausbleibender Bestäubung (z. B. Violette Stendelwurz, Brandknabenkraut, Fliegenragwurz). Wenige Arten bilden Brutknospen an Blättern (Bulbillen) aus, die zu Boden fallen und dort keimen können (z. B. Weichkraut). Die Entwicklung aus Samen dauert um ca. ein Drittel länger als die ungeschlechtliche Fortpflanzung [23].

Eine weitere Möglichkeit der ungeschlechtlichen Fortpflanzung stellt die Apomixis dar. Hierbei wird der Samenbildungsprozeß ohne vorhergehende Befruchtung ausgelöst; die Embryonen können sich sowohl aus der Eizelle als auch aus anderen Teilen der Samenanlage entwickeln. Alle Nachkommen besitzen somit genau dasselbe Erbgut wie die Mutterpflanze, sie bilden mit ihr einen sog. Klon, in dem das Aussehen der Individuen praktisch nicht variiert. Bekannt ist die apomiktische Fortpflanzung u. a. von einigen Kohlröschen (vgl. dort) und anderen Orchideenarten. Möglicherweise ist die Apomixis weiter verbreitet als bisher angenommen wird (z. B. in den Gattungen *Listera*, *Cephalanthera*, *Plathanthera* und *Epipactis*) [34]. Häufig ist zu beobachten, daß Arten mit obligatorischer Selbstbestäubung oder apomiktischer Fortpflanzung eine sehr kurze Blütezeit haben, bei ungünstiger Witterung evtl. auch später blühen. Duft, Nektar und/oder Pollen sind in den meisten Fällen noch vorhanden, was darauf hinweist, daß es sich um eine „neuere" Entwicklung handelt. Als Nachteil ist zu werten, daß diese Arten wenig variabel und damit weniger anpassungsfähig sind. Andererseits wird ein Fehler im Erbgut, also eine Mutation, genauso an die Nachkommen weitergegeben; bewirkt er einen Vorteil, kann schnell eine neue Varietät / (Unter-)Art entstehen. Arten, die sich nicht sexuell fortpflanzen, sind oft in einer Population einheitlich ausgeprägt (z. B.: Nordens Stendelwurz, Widders Kohlröschen), während die übrigen oft stärker variieren (z. B. Steineralpen-Kohlröschen, Breitblättrige Stendelwurz).

2.3 Lebensweise

Im Gegensatz zu den tropischen, meist baumbewohnenden (epiphytischen) Orchideen handelt es sich bei den europäischen Gattungen ausnahmslos um ausdauernde Erdorchideen. Sie blühen, wie viele Pflanzen, auch unter besten Voraussetzungen nur einmal jährlich in einem recht begrenzten Zeitraum. Häufig besitzen sie knollenartige (runde, ei- oder rübenförmige), mitunter auch rhizomartige, unterirdische Wasser- und Nährstoffspeicher, die hauptsächlich im Frühjahr, bei der Gattung Ragwurz (*Ophrys*), der Herbstwendelorchis, wenigen Knabenkräutern (*Orchis*) und anderen Arten bei günstiger Witterung schon im Herbst austreiben. Ein Erscheinen der Blätter nach dem Sommer weist auf eine südeuropäische Herkunft hin: Oft noch während der Blütezeit, spätestens kurz danach, werden die Nährstoffe aus den Blättern herausgezogen und in der Knolle gespeichert. Der im allgemeinen sehr trockene Sommer wird unterirdisch überdauert, mit Einsetzen der Herbstregenfälle treiben frische Blattrosetten aus, die auch im Winter bei entsprechenden Temperaturen assimilieren können und schon die nächstjährige Knolle bilden. Im Frühjahr erscheint dann aus der alten Knolle inmitten der Rosette der Blütentrieb, die neue Knolle wächst, während die alte aufgebraucht wird. Ihre letzten Reserven werden zur Bildung der Samen verbraucht. Dieses Vorgehen befähigt manche Arten, sommertrockene, nährstoffarme Böden zu besiedeln, wo es wenig Lichtkonkurrenten gibt. Bewohner feuchter Flächen (z. B. Gattung *Dactylorhiza*) versuchen, das Auftreten von Konkurrenten durch höheren Wuchs und hochstehende, größere Blätter auszugleichen.

Insgesamt finden Orchideen auf mageren Böden mit lockerem Pflanzenbewuchs die besten Lebensbedingungen. Nur

Wiese mit Samenständen von Mückenhändelwurz und Spitzorchis, mittlere Donau.

Samenstand Wanzenknabenkraut mit Blattwanzenlarve, mittlere Donau.

Brutknospen, Weichkraut (Juli).

wenige Arten ziehen einen nährstoff- und humusreichen Boden vor, wobei hier meist Lichtmangel die Konkurrenz verdrängen muß. Diese Orchideen können dann allerdings ebenfalls nicht assimilieren und mußten sich eine andere Nährstoffquelle suchen: die Symbiose mit Pilzen, sie sind mykotroph. Man nennt sie „Moderorchideen". Ihre Blätter sind zu Stengelschuppen zurückgebildet. Weitere Arten (z. B. Kleinblättrige und Violette Stendelwurz) befinden sich auf dem Weg dorthin; sie haben nur noch sehr kleine Blättchen, vertragen stärkeren Lichtmangel und sind ständig an ihren Wirtspilz gebunden.

Über Auswirkungen der Begleitpflanzen (Ausscheidungen, evtl. über Läuse oder Wirtspilze) ist bisher kaum etwas bekannt. Lediglich scheint klar zu sein, daß oberirdisch von Pflanzen und Tieren ausgeschiedener Zucker offenbar die Keimung und Entwicklung positiv beeinflußt (O. Möller 1994 mdl.). So findet man manche Arten bevorzugt im Traufbereich von Sträuchern und Bäumen.

3 Orchideenbiotope

In Europa gehen reichhaltige Orchideenbiotope meistens auf den Einfluß des Menschen zurück. In Wäldern entfernte er Laub- und Nadelstreu, die er als Stalleinstreu oder Dünger verwendete, verdrängte den Unterwuchs, häufig durch Hege und unnatürliche Vermehrung des Wildes, er sorgt auch für Lichteinfall, indem er Bäume fällt. Größere waldfreie Rasenflächen hat der Mensch erst durch Rodung geschaffen und hält sie seitdem durch Mahd oder Beweidung offen. Er verhindert hiermit auch einen zu starken Konkurrenzdruck durch höherwachsende Kräuter. Voraussetzung ist allerdings eine gewisse Nährstoffarmut der Böden. Je lockerer der Pflanzenbewuchs ist, desto mehr Licht erhalten die kleinwüchsigeren Orchideen. Viele Arten vertragen durchaus eine sparsame organische Düngung, wenn gleichzeitig die pflanzliche Biomasse (Mähgut) entfernt wird. Kunstdünger jedoch bedeutet ausnahmslos den Tod für diese empfindlichen Pflanzen. Hier liegt z. T. auch die Erklärung für den erschreckenden Rückgang vieler Arten. Kunstdünger erreicht in zunehmendem Maße auch abgelegene Flächen in Form von Staub durch die Luft.

Die meisten Orchideen brauchen (oder bevorzugen) Standorte auf kalkhaltigem Untergrund. Manche Arten können auf kalkfreiem, jedoch trotzdem basenreichem Boden gedeihen, und nur wenige meiden Kalk. Sie wachsen in saurem Substrat über Silikat oder in Hochmooren.

3.1 Alpine Matten

Mit Ausnahme der höchsten Regionen wären auch die Alpen und v. a. die Mittelgebirge von Wald bedeckt, hätte der Mensch nicht eingegriffen und hauptsächlich die der Sonne zugewandten Flächen entwaldet. So entstanden Wiesen, die seit altersher als Weiden genutzt bzw. wegen der kurzen Vegetationsperiode nur einmal jährlich zur Heugewinnung mit der Sense gemäht wurden. Es gibt hier bei ergiebigen, zahlreichen Niederschlägen kurzrasige, blumenreiche, bis in die heutige Zeit von Kunstdünger verschonte Matten, die noch teilweise mit Lärchen, einzelnen Zirbelkiefern oder Fichten bestanden sind. In Höhen um 2000 m entwikkelt sich auch bei spärlicher oder fehlender Beweidung die Vegetation nicht sehr üppig, so daß die Lebensbedingungen für spezielle Orchideen geradezu ideal sind. Auf Kalk stockende Wiesen zeigen sich auch in diesen Lagen artenreicher als solche auf Urgestein. Negative Faktoren, mit denen Pflanzen dieser Gebiete zu kämpfen haben, sind vorwiegend natürlicher Art. Bedingt durch die Höhenlage ist die Vegetationsperiode relativ kurz, selbst im Sommer können Kälteperioden Schnee und Frost bringen. Wind und Wolken sind häufig an der Tagesordnung, wodurch Insektenbesuch erschwert wird. Hinzu kommt, daß viele Almwiesen durch Kühe beweidet werden, die besonders in feuchterem Untergrund massive Trittschäden hervorrufen und durchaus auch Orchideen fressen. Die Kothaufen werden auch nicht von jeder Pflanze vertragen. Orchideenreichtum zeigt sich also vor allem auf einmahdigen oder sehr extensiv beweideten Flächen, wobei Schafe verträglicher sind als Rinder.

Aufgrund der hohen Niederschläge bilden sich vielerorts feuchte bis anmoorige Stellen, an denen sich eine eigene Flora mit Orchideenarten entwickelt hat, die in Mitteleuropa außerhalb der Alpen nicht vorkommen. Hierzu gehören die **alpine Unterart des Breitblättrigen Knabenkrauts, Dauphiné-, Lappländisches** und **Blutrotes Knabenkraut**. Die beiden letztgenannten haben ihren zweiten Verbreitungsschwerpunkt in Nordeuropa. Unter 1700 m kann man dann auch **Traunsteiners** und das **Gefleckte Knabenkraut**, häufiger **Fuchs' Knabenkraut** antreffen.

Teilweise beweidete, steinige Matten (Dolomiten) mit Zwergorchis, Schwarzem und Rotem Kohlröschen, Mücken- und Wohlriechender Händelwurz, Hohlzunge, Höswurz, Kugelorchis und Weißer Waldhyazinthe.

Extensiv beweidete Wiese zwischen Lärchen und Fichten (Westalpen, Frankreich) mit Cornelias Kohlröschen, Mückenhändelwurz und Hohlzunge.

Ehemals beweideter Südhang (Südalpen, Italien) mit Holunder-, Manns- und Blassem Knabenkraut, Mückenhändelwurz, Kugelorchis, Großem Zweiblatt und Weißer Waldhyazinthe. Die Blütezeit aller Arten überschneidet sich hier (Aspekt E 5).

Trockenere, oft flachgründige Matten werden teilweise ebenfalls von Orchideen besiedelt, die außerhalb der Alpen in Mitteleuropa nicht oder nur vereinzelt in den Mittelgebirgen wachsen. Hierzu gehören die **Weiße Höswurz**, die **Kohlröschenarten**, die **Kugelorchis** und das **Zwergknabenkraut**, das sogar Höhen um 2700 m erobert hat und als Anpassung trotz kräftigen Stengels einen Zwergenwuchs zeigt. Die beiden **Händelwurzarten** kommen bis ins Flachland vor, besonders die **Mückenhändelwurz.** Die **Grüne Hohlzunge** wächst im Gebirge hauptsächlich in Wiesen und zeichnet sich hier im Gegensatz zu den Waldformen des Hügellandes durch niedrigeren Wuchs und dichteren Blütenstand aus. Das **Einblatt** und die **Einknolle** bevorzugen wieder wechselfeuchte bis feuchte Wiesen tieferer und mittlerer Höhenlagen, das **Holunderknabenkraut** besiedelt Weideflächen auf Silikat bis etwa 1600 m. Selten findet man unter 1900 m auch das **Blasse Knabenkraut**, eher schon das **Mannsknabenkraut**, das auf basischen und schwach sauren Böden vorkommt und in seiner Verbreitung nicht auf bergige Landschaft beschränkt ist. Auch das **Brandknabenkraut**, die **Waldhyazinthen**, die **Kurzblättrige** und die **Braunrote Stendelwurz** können mitunter bis in Höhen von 2000 m aufsteigen.

Weitere kennzeichnende Pflanzenarten der alpinen Matten können sein: Blau- und Borstgras, Seggen, Teufelskrallen, Glockenblumen, einige gelb- und rotblühende Habichtskräuter, verschiedene Enziane, Klappertopf- und Läusekrautarten, Zwergsträucher wie Besenheide, Heidelbeere (bei silikatischem Untergrund), Alpenrosen, Schneeheide und Zwergwacholder. Eingestreut sind häufig einzelne Zirbelkiefern und Bestände von Latschen. Feuchte Stellen fallen in diesen Gebieten v. a. durch Läusekräuter und Wollgras ins Auge.

3.2 Feuchtwiesen und Flachmoore

Wechselfeuchte bis nasse, basenreiche Grasflächen in niederen und mittleren Lagen gehören zu den orchideenreichsten Lebensräumen in Mitteleuropa. Je nachdem, welche Dichte die Pflanzendecke und welche Zusammensetzung der Untergrund hat, kann man fast zwanzig verschiedene Arten finden, wenn auch nur selten mehr als zehn auf einer Wiese. Im allgemeinen sind solche Biotope u. a. mit Sauergräsern und Schilf bestanden, wodurch eine Nutzung als Viehfutter kaum in Frage kommt. Früher hat man das strohige Heu als Stalleinstreu genutzt und die „Streuwiesen" einmal jährlich gemäht. Nachdem Stalleinstreu in modernen Betrieben nicht mehr verwendet wird, wurden viele Feuchtwiesen trockengelegt oder verbuschten. Heute haben v. a. Naturschutzverbände die Aufgabe übernommen, die übrig gebliebenen Flächen zu pflegen.
Besonders reich an botanischen Raritäten sind die sogenannten Kalkflachmoore. Sie besitzen meist festen Boden und werden durch basenreiches Grundwasser gespeist. Wird das Moor regelmäßig gemäht, kann die Pflanzendekke so locker sein, daß stellenweise die kalkhaltige Erde zu sehen ist oder bestenfalls von Moosen bedeckt wird. Schilf steht dazwischen nur vereinzelt und niederwüchsig und kann so den Boden kaum beschatten. Ähnliche Pflanzengesellschaften können wir übrigens auch in Verlandungszonen von Seen beobachten. Liegt ein Flachmoor nicht im Tal sondern am Berg, spricht man von einem Hangmoor, entspringt in diesem Gebiet eine oder mehrere Quellen, so wird es oft als Quellmoor bezeichnet. Nicht gepflegte Flachmoore wandeln sich mit der Zeit zu Übergangsmooren, die dann schon wesentlich ärmer an Arten sind und teilweise versauern. Schneller geschieht dies noch bei Mooren auf Silikatböden. Durch stärkeres Wachstum des Torfmooses wird nach und nach eine Trennung vom Grundwasserspiegel erreicht, was eine Säuerung und extreme Mineralstoffarmut nach sich zieht [31]. Näheres hierzu in Kapitel 3.3.

Nährstoffarme Feuchtwiesen entstehen auch auf kiesigem oder sandigem Untergrund in der Nähe von Flüssen. Sie können dort fast übergangslos an extreme Trockenrasen angrenzen (vgl. Kap. 3.5) und je nach Wasserstand im Fluß sehr naß bis fast trocken sein. Eine gewisse Austrocknung im Hochsommer schadet manchen Orchideen feuchter Flächen nicht, da diese im August die Blätter oft schon zurückgebildet haben und so kein Wasser mehr abgeben.
Feuchtwiesen, die in Überschwemmungsgebieten von Bächen und Flüssen liegen, sind meistens durch Schwemmgut zu nährstoffreich und hochwüchsig bzw. werden zu bald abgemäht, um für Orchideen einen geeigneten Lebensraum darzustellen.
Auf geeigneten Wiesen jedoch hat besonders die Gattung *Dactylorhiza* die feuchten, unbewaldeten Flächen erobert. Mit Ausnahme des Holunderknabenkrauts sind alle heimischen Arten hier zu suchen. Sie bilden untereinander die unterschiedlichsten Hybriden (vgl. Kap. 2.3), so daß stellenweise die Bestände nur noch wenige artreine Exemplare aufweisen. Des weiteren findet man aus der Gattung *Orchis* das **Salepknabenkraut** und das extrem rar gewordene **Sumpfknabenkraut**, sehr selten auch das **Wanzenknabenkraut**. An Stellen mit niedriger Vegetation kommen mitunter kleine Arten vor, wie die **Sommerwendelorchis**, das **Glanzkraut**, die **Einknolle**, vereinzelt sogar **Einblatt**, **Grüne Hohlzunge** oder **Wohlriechende Händelwurz**. Die **Mückenhändelwurz** dagegen verträgt durchaus dichteren und etwas höheren Pflanzenwuchs, ebenso die **Weiße Stendelwurz**. Die **Weiße Waldhyazinthe** und das **Große Zweiblatt** gedeihen gelegentlich auch auf feuchten Böden.
Neben diesen Orchideen gehören zu den auffallenden und kennzeichnenden Arten von Feuchtwiesen und Flachmooren beispielsweise das bereits erwähnte Schilf, das nicht zu dicht stehen darf, Seggen, Wollgras, Pfeifengras, Torf- und Quellmoos. Unter den Blütenpflanzen sind verschiedene Enzianarten zu nennen, des weiteren Mehlprimel, rundblättriger Sonnentau, Teufelsabbiß, Studentenrösl, Sumpf-

Kalkhaltiges Flachmoor am Alpenrand (Bayern) mit Strohgelbem, Fleischfarbenem, Breitblättrigem, Lappländischem, Traunsteiners, Geflecktem und Fuchs' Knabenkraut, beiden Händelwurzarten, Einknolle, Großem Zweiblatt, Weißer Waldhyazinthe, Weißer Stendelwurz und Brandknabenkraut. Evtl. sind noch mehr Arten dort zu finden. Karlszepter, Germer und Schlauchenzian sind unter den übrigen Pflanzen bemerkenswert.

Kalkreiches Hangquellmoor im Bayerischen Wald mit Glanzkraut, Weißer Stendelwurz, im hinteren Teil Großes Zweiblatt, Breitblättriges und Fuchs' Knabenkraut (Aspekt E 5.).

Kalkhaltige Feuchtwiese mit Übergang zum Hochmoor im bayerischen Alpenvorland mit Traunsteiners, Fleischfarbenem und Fuchs' Knabenkraut, Mükkenhändelwurz, Weißer Waldhyazinthe und Salepknabenkraut.

dotterblume, Fieberklee, Waldläusekraut, Gemeines Fettkraut, Simsenlilie und Sibirische Schwertlilie. In höheren Lagen fällt oft der Weiße Germer und sehr selten das Karlszepter ins Auge.

3.3 Hochmoore

Hochmoore gehören zu den artenärmsten Biotopen, sind aber fast die einzigen ursprünglichen Orchideen-Lebensräume unserer Breiten. Sie entstanden aus Flachmooren und verlandeten Seen über die sogenannten Übergangsmoore (vgl. Kap. 3.2). Hierbei entwickelten sich z. T. mehrere Meter mächtige Torflager durch das Wachstum von Torfmoosen, die am unteren Ende absterben und sich unter Sauerstoffmangel nur unzureichend zersetzen. Ausschlaggebend ist allerdings eine hohe Niederschlagsmenge, welche Verdunstung und abfließendes Wasser ersetzt, da Hochmoore vom Grundwasser kaum mehr beeinflußt sind. Im Laufe der Zeit wächst die Torfschicht, v. a. in der Mitte, so daß ein flacher, runder Hügel entsteht [31]. Sind die Niederschläge ausreichend, bilden sich wassergefüllte Mulden, die Schlenken, die zeitweise auch austrocknen können. Erhöhungen zwischen den Schlenken werden Bulte genannt.
Da die einzigen Mineralien durch Luft und Regen in dieses Gebiet gebracht werden, herrscht dort ein extremer Nährstoffmangel, an den sich Pflanzen und Tiere anpassen mußten. Des weiteren ist der Untergrund sehr sauer (pH 3,0 bis 4,0), und das ständige Wachstum des Torfmooses droht die übrige Vegetation unter sich zu ersticken [31]. Ähnliche

Hochmoor am Alpenrand (Bayern) mit Weichkraut, Weißer Waldhyazinthe, im waldigen Randbereich auch Kleines Zweiblatt und Korallenwurz.

Schwingrasen auf extensiv bewirtschaftetem saurem Fischteich (Oberpfalz) mit gutem Bestand an Weichkraut.

Verhältnisse herrschen auf schwimmenden Pflanzendecken, die sich im Zuge der Verlandung auf einem See bilden können. Den Mangel an Mineralsalzen gleichen einige Pflanzen durch den Fang und „Verzehr" von Insekten aus und gewinnen so hauptsächlich Stickstoff und Phosphor. Zu diesen „Insectivoren" gehören die drei Sonnentauarten, Wasserschlauch und in Randbereichen wieder das Fettkraut. Weitere typische Pflanzen von Hochmooren (und Verlandungszonen auf nährstoffarmen, sauren Seen) sind: Moosbeere, Rosmarinheide, Schwarze Krähenbeere, Wollgras, verschiedene Binsen und Seggen wie Blumenbinse und Schlammsegge. An trockeneren Stellen gedeihen meist Rauschbeere, Heidelbeere, sogar Preiselbeere und Heidekraut. Hier wachsen auch Birken, z. B. die seltene Zwergbirke, daneben Latsche und Spirke und im Norden der Gagelstrauch.

In den Randbereichen des Moores bilden die Bäume oft lichte Moorwälder, in denen man mit viel Glück das winzige **Kleine Zweiblatt** und die **Korallenwurz** entdecken kann. Offenere Hochmoorränder beherbergen mitunter das **Gefleckte Knabenkraut**, vielleicht noch **Traunsteiners Knabenkraut** und **Glanzkraut**. Im Nordwesten Deutschlands finden wir hier das **Torfmoosknabenkraut** zwischen Seggen und Sonnentau, Wollgras und Beinbrech-Lilie. Erstaunlicherweise trifft man im Hochmoor ab und zu wieder auf die **Weiße Waldhyazinthe**. Den Kern des Moores hat einzig und allein das **Weichkraut** erobert, das im Bereich der Schlenken und Bulte wächst und, um nicht vom Moos überwuchert zu werden, die neue Knolle jeweils ein Stück höher als die letztjährige ansetzt.

3.4 Trockene Magerrasen

Trockene Magerrasen sind mit die artenreichsten Biotope in botanischer wie in zoologischer Hinsicht. Gemeint ist hier nicht die norddeutsche, auf Sandboden beschränkte Zwergstrauchgesellschaft mit Wacholderbeständen, die relativ artenarm ist, sondern Trockenstandorte auf Kalkboden. Je nach Neigung, Exposition und Niederschlagsmenge etablierte sich Halbtrocken- bis Trockenrasen, oft durchsetzt mit Gebüsch, Kiefern und Wacholder. Die Magerrasen auf Flußschotter (Brennen) wollen wir hier ausgrenzen; sie werden in Kapitel 3.5 gesondert behandelt, zeigen jedoch ähnliche Artengemeinschaften.

Ursprünglich gab es in Mitteleuropa trockene Wiesen außer in Brennen und an Rutschhängen nur auf sehr flachgründigen Böden, d. h. unter wenigen Zentimetern Humus liegt schon das Gestein an. Dies ist v. a. auf den Felsköpfen von Mittelgebirgen und den Alpen der Fall, wo allerdings häufige Niederschläge eine dichtere Vegetationsdecke ermöglichen. Anders sieht dies in niederschlagsarmen Gebieten wie z. B. der Schwäbischen und Fränkischen Alb aus. Flüsse haben sich tief ins Kalkgestein gegraben und steile Felsen geschaffen, auf deren Kanten schon immer kleinflächige Trockenstandorte existierten. Bereits im Mittelalter hatten sie sich dann im Gefolge des Menschen ausgebreitet, der immer mehr Waldstücke rodete, um Weideland zu gewinnen. Durch extensive Beweidung wurde die Rückentwicklung zu Wald, die „natürliche Sukzession“, unterbunden. Im 18. und 19. Jahrhundert erreichten die Magerrasen ihre Hochblüte [31].

Durch Einstellung der unrentabel gewordenen Beweidung sind hauptsächlich in den letzten Jahrzehnten großflächig Wacholderheiden der Sukzession zum Opfer gefallen, da regelmäßige Mahd meist wegen magerer und flachgründiger Böden nicht ergiebig genug war. Stellenweise fand auch eine Umwandlung in Ackerland und Fettwiesen statt, wenn Hangneigung und Humusauflage es ermöglichten.

Die übriggebliebenen, landschaftlich reizvollen Reste müssen nun durch Pflegeeinsätze der Naturschutzverbände bzw. durch staatlich bezuschußte Schafhaltung offengehalten werden. Je nachdem, wie stark die Beweidung ist, bilden sich ganz spezielle Vegetationsgesellschaften heraus. Schafe meiden stachlige Pflanzen wie Silberdistel und Wacholder – der allerdings nicht in allen geeigneten Gebieten vorkommt – und bittere Kräuter wie verschiedene Enziangewächse. Diese werden nun durch den Verbiß von Konkurrenten ebenso gefördert wie Arten mit niederliegenden Blattrosetten, die einige Orchideen und auch der Frühlingsenzian besitzen. Weitere typische Pflanzen auf Schaftriften sind Waldkiefer, Schlehe, Ästige Graslilie, Salbei, Karthäusernelke, Fingerkräuter, Sonnenröschen, Gamander, Dost, Skabiose, Küchenschelle, Augentrost, Habichtskräuter, verschiedene Süßgräser (z. B. Fiederzwenke, Zittergras, Blaugras und das seltene, auffallende Federgras) sowie einige Seggen (wie z. B. Erd- bzw. Frühlingssegge). Werden die Kalkmagerrasen nur selten beweidet oder gar einmal jährlich gemäht, verschiebt sich das Artengefüge wieder zugunsten der Vielfalt; die „schmackhaften“ Pflanzen, zu denen auch viele Orchideen gehören, können ungehindert blühen und fruchten, was auch den meisten Insekten zugute kommt.

Die Orchideen meiden in trockenen Gebieten die sonnigsten Standorte an vegetationsarmen Südhängen, man findet sie eher auf Absätzen, im Hangauslauf, im Halb- oder Morgensschatten von Bäumen und Sträuchern oder an West-, Ost- und Nordhängen. Eine Ausnahme bilden hier und da (auf geeigneten Böden, wie z. B. Muschelkalk) **Brandknabenkraut**, die **Fliegen-**, **Hummel-** und **Kleine Spinnenragwurz**, noch seltener auch die beiden anderen *Ophrys*-Arten **Bienen-** und **Spinnenragwurz**. Weitere Orchideen der Halbtrockenrasen sind: **Salepknabenkraut**, **Dreizähniges**, **Affen-**, **Helm-**, gelegentlich **Purpurknabenkraut**, die beiden **Händelwurzarten**, **Puppenorchis**, **Riemenzunge**, selten die **Grüne Waldhyazinthe**, **Einknolle**, die **Braunrote** und **Müllers Stendelwurz**,

Sporadisch gepflegte Wacholderheide (Osthang, ehemalige Schaftrift) in der Oberpfalz mit guten Beständen von Brandknabenkraut, im unteren Bereich Mückenhändelwurz, am Südhang auch Salepknabenkraut (In den oberen, buschigen bis waldigen Partien Bleiches Waldvögelein, Nestwurz und Breitblättrige Stendelwurz. Die Wiesen im Vordergrund waren früher feucht und sehr artenreich.).

Buschiger Halbtrocken- bis Trokkenrasen (Schaftrift, Südosthang) im Oberrheintal mit Hummel-, Bienen- und Fliegenragwurz, Riemenzunge und Puppenorchis. In weiteren Bereichen auch Salepknabenkraut, Großes Zweiblatt und Mückenhändelwurz.

Buschreiche, ungepflegte Magerrasen in den Südalpen (Gardaseegebiet, Italien) mit Insubrischer, Bienen-, Fliegen-, Spinnen- und Hummelragwurz, Dingel, Salep-, Affen-, Brand- und Dreizähnigem Knabenkraut, Schwertblättrigem Waldvögelein, Spitzorchis und Wohlriechendem Wanzenknabenkraut, sehr vereinzelt auch Adriatische Riemenzunge.

eventuell der **Dingel** und – besonders auf Schafweiden – die **Herbstwendelorchis**. Diese Zusammensetzung klingt besonders beeindruckend, man sollte aber bedenken, daß viele Arten wie beispielsweise **Dingel, Puppenorchis** und **Affenknabenkraut** ganz spezielle Ansprüche an Boden und Klima stellen und in Mitteleuropa äußerst spärlich vertreten sind. Manche, wie z. B. das **Dreizähnige Knabenkraut**, sind offensichtlich aus anderen, unerfindlichen Gründen in vielen Gebieten nicht zu finden. **Mückenhändelwurz** und **Helmknabenkraut** sind an den Trockenhängen in Unterfranken nicht selten, fehlen aber auf den Wacholderheiden in weiten Gebieten der südlichen Frankenalb fast völlig. Sie besiedeln dort eher die Flußauen und schattigere Stellen, da der Boden weniger Wasser halten kann. Die trockenen Magerrasen der südlichen Alpen haben darüber hinaus eine überwältigende Artenfülle aufzuweisen: Man findet hier zusätzlich die **Bertoloni-Ragwurz-Sippen** (**Drôme-, Saratos, Aurelia-** und **Insubrische Ragwurz**), die **Sippen der Braunen Ragwurz** (mit **Leukas, Gefurchter** und **Gelber Ragwurz**), **Sippen aus dem Spinnenragwurz-Formenkreis** (**Schwarze, Provence-, Gargano-** und **Marseille-Ragwurz**), die **Spinnenähnliche** und die **Schnepfenragwurz, Wohlriechendes Wanzenknabenkraut**, das **Provence-** und das **Südfranzösische Knabenkraut, Roberts Mastorchis** und **Adriatische Riemenzunge.** Viele dieser Sippen bevorzugen allerdings den Schutz von Bäumen und Sträuchern, wohl hauptsächlich wegen Trockenheiten und Frostempfindlichkeit (vgl. Kap. 3.9). Gerade bei den **Ragwurzarten** ist aber noch vieles unklar, zu schwierig sind manche Sippen zu unterscheiden. Vermutlich warten hier noch einige auf eine Beschreibung.

3.5 Brennen im Auwald

Als „Brenne“ bezeichnet man eine busch- und baumarme Fläche, die von Auwald umgeben ist und sich dadurch auszeichnet, daß das dort herrschende Kleinklima – besonders im Sommer – sehr warm und trocken ist. Dies ist einerseits bedingt durch den umgebenden Wald, der als Windschutz dient, andererseits durch den wasserdurchlässigen Untergrund. Größere Flüsse konnten früher an ihren Rändern Kiesbänke ablagern, auf denen sich im Laufe der Zeit eine dünne Humusdecke bildete, die nur wenig Regenwasser speichern kann. Vom Grundwasser ist diese Schicht meist durch lockeren Kies abgetrennt, trocknet also im Sommer in einer Schönwetterperiode leicht aus und erwärmt sich infolgedessen stark, was auch durch die lockere Vegetation gefördert wird. Auf Dauer können sich hier nur wärmeliebende, trockenheitsresistente Pflanzen- und Tierarten halten. Je nachdem, welche Gebirge die Flüsse abtragen, wird auch kalkhaltiges Geröll abgelagert (z. B. an Lech und Isar), was speziell dem Orchideenreichtum zugute kommt. In Senken können sich wechselfeuchte (naß bei hohem Wasserstand) bis nasse Standorte entwickeln, die ebenfalls zu einem großen Artenreichtum beitragen.
Die Artenzusammensetzung einer größeren Brenne bietet ein reichhaltiges Bild. Oft ist der Untergrund nicht eben, sondern bildet flache Hügel mit Rinnen und Mulden dazwischen. Nach Süden geneigte Abhänge sind – besonders im Frühjahr und Herbst – stärker der Sonne ausgesetzt als das übrige Gelände, die Kuppen dürften noch trockener sein, da sie mehr vom Wind bestrichen werden. Humus und Pflanzenmaterial wird bei Sturm leichter weggewirbelt und das Grundwasser liegt relativ tief. In Mulden kann sich dagegen länger eine höhere Luftfeuchtigkeit halten und vom Wind befördertes Material wie Staub, Lehm und Samen lagert sich hier eher ab. Nach Norden geneigte Hänge bekommen zwar viel Licht, aber wenig Sonne und erwärmen sich weit schwächer als übrige Flächen. Im Laufe der Zeit werden sich hier verschiedene Pflanzengesellschaften einfinden, die lichthungrigsten an den Stellen, die größeren Arten zu trokken sind. Orchideen meiden meist die extremsten Standorte. Sehr langsam siedeln sich an manchen Stellen Büsche und Bäume an (besonders Sanddorn, Wacholder und Kiefer), die etwas Schutz vor extremer Sonnenbestrahlung bieten. Für einige Orchideen wie die Ragwurz-Arten scheint dies ein fördernder Faktor zu sein, besonders in Gebieten, die im Winter weniger schneereich sind. Um Hecken und Baumbestände sind Spätfröste außerdem weniger wirksam. Weitere Charakterarten sind Wolliger Schneeball, Berberitze und Liguster, die meist am Waldrand zu finden sind oder geschlossene Bestände bilden. Unter den krautigen Pflanzen sind besonders Fransenenzian, Deutscher Enzian und Sommerwurzarten hervorzuheben, bei den Alpenflüssen gedeiht dazu manchmal Küchenschelle, Heiderösl, Graslilie und Moosfarn.
Die häufigsten Orchideenarten dürften hier **Mückenhändelwurz, Helmknabenkraut**, etwas seltener **Brandknabenkraut** sein. Natürlich können häufigere Arten auch ohne ersichtlichen Grund auf der einen Wiese fehlen, während sie vielleicht auf der nächsten wieder vorkommen. Raritäten, die bevorzugt in Brennen wachsen, sind: die **Sommerform des Brandknabenkrauts, Wanzenknabenkraut, Fliegen-, Hummel-, Bienen-** und **Spinnenragwurz, Hohe Hummelragwurz** im Südwesten, **Spitzorchis** und **Wohlriechende Händelwurz.** Des weiteren sind zu erwähnen: das **Kleine Knabenkraut,** selten **Herbstwendelorchis,** an ehemals feuchten Standorten **Waldhyazinthen,** gelegentlich **Braunrote, Breitblättrige** und sehr selten auch **Müllers Stendelwurz.**

3.6 Auwälder

Naturnahe Au- oder Auenwälder sind in Mitteleuropa bis auf wenige Reste vernichtet. Man versteht darunter flußbegleitende Laubwaldgesellschaften, die regelmäßigen Über-

Sporadisch gepflegte Brenne am Lech (Bayern) mit Hummel-, Fliegen- und Bienenragwurz, Brand- und Helmknabenkraut, Spitzorchis, Mückenhändelwurz, beiden Waldhyazinthen und der Breitblättrigen Stendelwurz.

Gepflegter Magerrasen am Oberrhein (Sommeraspekt) mit der Hohen und der „gewöhnlichen" Hummelragwurz, Spinnenragwurz, Dingel, Riemenzunge, Spitzorchis, Helmknabenkraut und Weißer Waldhyazinthe. Das Gebiet ist sehr bekannt und stark besucht, vgl. Kap. 4.1 und Abb. in Kap 5.92, S. 270.

Auwald an der mittleren Donau (Bayern) mit Frauenschuh, Großem Zweiblatt, Breitblättriger Stendelwurz und Mannsknabenkraut.

schwemmungen ausgesetzt sind. Der Untergrund ist sandig bis kiesig, der Grundwasserspiegel wechselt mit dem Wasserstand des Flusses. Durch Ablagerungen von Schwemmstoffen bei Hochwasser ist der Boden relativ nährstoffreich, was üppigen Pflanzenwuchs hervorruft.
Leider hat der Mensch fast überall die dynamische Bewegung der Flüsse durch Dämme, Uferbefestigungen und Schleusen gebremst, so daß regelmäßige Überschwemmungen meist ausbleiben. Wegen der nährstoffreichen, grundwassernahen Böden wurden weite Teile der Auwälder gerodet und in Grünland und Äcker umgewandelt, verbleibende Reste werden im allgemeinen wirtschaftlich genutzt, d. h. zu Wirtschaftswald mit wenigen, schnellwüchsigen Baumarten degradiert. Große Flächen fielen auch dem Staudammbau zum Opfer, sie „ertranken" buchstäblich im Stausee bzw. verloren durch Grundwassersenkung unterhalb der Dämme an Qualität.
Natürlicher Auwald gliedert sich in zwei Teile: Die Weichholzaue ist näher am jetzigen Flußlauf gelegen, meist jünger und weniger humusreich. Hier wachsen v. a. Weiden-, Pappel- und Erlenarten. An Orchideen ist lediglich die **Elbe-Stendelwurz**, ausnahmsweise auch **Nordens** oder **Zierliche Stendelwurz** zu finden, im Westen die **Rhône-Stendelwurz**.
Die Hartholzau trifft man eher landeinwärts und auf höheren Geschiebeflächen. Sie wird bei Hochwasser nur kurzfristig überschwemmt; die Fließgeschwindigkeit des Wassers ist geringer. So konnte sich im Laufe der Zeit eine dickere Humusschicht ausbilden, die den größten Teil des Jahres vom Grundwasser abgetrennt ist [31]. In der Hartholzau trifft man u. a. auch Eiche, Hainbuche, Linde, Ahorn, Ulme,

Esche und Faulbaum, daneben Weißdorn, Hartriegel, Haselnuß und Liguster, Seidelbast und andere Sträucher, häufig die Rote Heckenkirsche. Kennzeichnend für den Auwald sind Kletterpflanzen wie Gemeine Waldrebe und Wilder Hopfen, die hauptsächlich an lichten Stellen wuchern. Ist der Boden hier nicht zu trocken, wird er aufgrund hohen Nährstoffgehalts oft von Brennesseln, Dost oder Klebrigem Labkraut bedeckt. Orchideen haben zwischen diesen Pflanzen keine Überlebensmöglichkeit. Man findet sie eher auf Flächen mit niedriger Krautschicht.
Bereits im zeitigen Frühjahr beginnen die Kräuter zu blühen: Auf feuchterem Untergrund findet man Märzenbecher, vielleicht sogar Schneeglöckchen, auf trockenerem Boden eventuell Blaustern, Aronstab, Bärlauch, Leberblümchen, Buschwindröschen, Lungen- und Scharbockskraut, dazwischen die Blätter der Haselwurz, im Juli den Türkenbund.
Die Orchideen zeigen sich bald nach der ersten Blühwelle: als Rarität das **Blasse Knabenkraut**, häufiger das nah verwandte **Mannsknabenkraut**, die **Nestwurz**, der auffällige **Frauenschuh** und das oft übersehene **Große Zweiblatt**. Hier trifft man mitunter auch das **Purpurknabenkraut**, an lichteren Plätzen das hier häufigere **Helmknabenkraut**, das **Bleiche** und selten das **Schwertblättrige Waldvögelein**. Später im Jahr blühen die beiden **Waldhyazinthen**, die **Breitblättrige**, seltener die **Violette Stendelwurz** und an feuchten Stellen **Fuchs' Knabenkraut**.

3.7 Kalkbuchenwälder

In Mitteleuropa bestünde ohne Einwirkung des Menschen der überwiegende Teil des natürlichen Pflanzenkleides der niederen und mittleren Lagen aus Laubwald. Mit Abstand den größten Anteil hätte hierbei die Rotbuche, v. a. auf basischen, trockeneren Böden und an Abhängen, wo sie sogar zu Reinbeständen tendiert. Hauptsächlich im mittel- und süddeutschen Raum existieren zwischen 300 und 600 Metern Höhe entlang von Flußtälern mehr oder weniger steile Hanglagen mit eingestreuten Kalkfelsen, die mit Buchen bestanden sind. Man nennt diese Pflanzengesellschaft aufgrund ihres Orchideenreichtums Orchideenbuchenwald (*Cephalanthero-Fagetum*).
Natürlich wird in der heutigen Zeit auch dieser Waldtyp mit Ausnahme von kleinen Parzellen (Naturwaldreservate) forstwirtschaftlich genutzt, was jedoch bei dem langsamen Wuchs der Buchen für Orchideen eher Vorteile bringt, hauptsächlich bei plenterartiger Entnahme der Bäume: Die Lichtverhältnisse für die Krautschicht werden günstiger, und es fällt eine geringere Laubmasse an. Gerade an Südhängen bilden sich an lichten Stellen grasige Flecken, in denen man dann oft verschiedene Orchideen finden kann: das **Rote** und das **Bleiche**, selten auch das **Schwertblättrige Waldvögelein**, den **Frauenschuh**, beide **Waldhyazinthen**, das **Mannsknabenkraut**, das rare **Blasse Knabenkraut**, **Purpurknabenkraut**, gelegentlich die **Hohlzunge**, das **Große Zweiblatt**, **Breitblättrige**, selten **Übersehene** oder **Kleinblättrige Stendelwurz**, an sonnigen Stellen sogar **Müllers** und **Braunrote Stendelwurz**, **Nestwurz**, selbst den bei uns extrem seltenen **Dingel** und mitunter die **Korallenwurz**. Begleitpflanzen können manchmal völlig fehlen, besonders in dunkleren Bereichen. Im Norden des Gebietes (ostseenah) kann man hier die seltene **Grünblütige Stendelwurz** antreffen. Oft findet man jedoch Süßgräser und Seggen (Zwenke, Nickendes Perlgras, Blaugras, Finger-, Berg- und Blaugrüne Segge), den auffallenden Türkenbund, Maiglöckchen, Weißwurz, Waldmeister, Bingelkraut, Leberblümchen, Buschwindröschen, Waldwindröschen, Lungenkraut und den Blauen Steinsame.
Die Nordhänge dieser Buchenwälder zeichnen sich durch Humusreichtum, Dunkelheit und hohe Luftfeuchtigkeit aus. Extreme Ausbildungen bezeichnet man als „Schluchtwald". An Felsen wachsen außer Moos, Streifenfarn und Mauerraute hier eventuell Tüpfelfarn und Hirschzunge. Der Boden ist meist krautreicher als an Südhängen, obwohl viel weniger Licht zur Verfügung steht. Bingelkraut und Waldmeister bilden dichte Bestände, man findet Efeu, das

Lichter Orchideen-Buchenwald in der Frankenalb (Südhang) mit Bleichem und Rotem Waldvögelein, Nestwurz, Braunroter und Breitblättriger Stendelwurz, in flacheren oberen bzw. unteren Bereichen auch Frauenschuh, Korallenwurz, Purpurknabenkraut und beide Waldhyazinthen.

Schattenblümchen, Christophskraut, den Wolfseisenhut, Haselwurz, Silberblatt und, im Steinschutt, das Schöllkraut. Auch andere Baumarten wie Bergahorn, Fichte und die seltene Eibe sind hier eher mit eingestreut.
An Orchideen trifft man wieder **Frauenschuh, Bleiches Waldvögelein, Breitblättrige**, ferner **Kleinblättrige** und bei ausreichendem Kalkgehalt die **Spitzlippige Stendelwurz.** Von den mykotrophen Arten können wir die **Nestwurz**, seltener **Korallenwurz** und als absolute Rarität den **Widerbart** finden.

3.8 Fichtenwälder

Natürliche Fichtenwälder kommen in Mitteleuropa fast nur in den Alpen und den höheren Lagen der Mittelgebirge vor. Die Fichte besiedelt traditionell mit der Tanne hauptsächlich die der Sonne abgewandten Hänge und rauhe, niederschlagsreiche Gebiete, wo die Buche nicht mehr existieren kann. Dies ist auch in Fluß- und Bachtälern der Fall, in denen leicht Kaltluftseen entstehen.
Da sich die Fichte durch schnellen Wuchs, verwertbares Holz und eine relative Anspruchslosigkeit auszeichnet, forstete der Mensch nach und nach zahlreiche Waldteile groß- und kleinflächig mit dieser Nadelbaumart auf; es entstanden häufig artenarme, empfindliche Monokulturen. In letzter Zeit scheint sich allerdings wieder ein Umdenken in Richtung Mischwald durchzusetzen, teils aus ökologischen, teils aus wirtschaftlichen Gründen.
Ist der Fichtenwald nicht zu dicht oder sogar natürlich entstanden, kann er bei geeignetem Untergrund eine überraschend große Anzahl von Orchideenarten beherbergen. Auf lichte Stellen beschränkt sind hier **Fuchs' Knabenkraut**, die **Hohlzunge, Breitblättrige Stendelwurz, Frauenschuh, Einblatt** und **Großes Zweiblatt**, während das **Kleine Zweiblatt**, die beiden **Waldhyazinthen**, das **Netzblatt** und **Bleiches Waldvögelein** auch mehr Dunkelheit ertragen. Das **Schwertblättrige Waldvögelein** braucht wieder mehr Licht. Dichte Bedeckung scheinen dagegen die **Violette Stendelwurz** und die drei Saprophyten **Nestwurz, Korallenwurz** und **Widerbart** zu bevorzugen.
Allgemein wächst die Anzahl der Arten, wenn Büsche und Laubbäume im Nadelwald mit eingestreut sind. **Nestwurz** und **Bleiches Waldvögelein** scheinen, ebenso wie **Frauenschuh**, ehemalige Buchenstandorte zu kennzeichnen. **Einblatt, Kleines Zweiblatt, Korallenwurz** und v. a. **Widerbart** weisen auf luft- bzw. bodenfeuchte Verhältnisse hin (meist Gebirgs-Fichtenwälder).
Unter den begleitenden Pflanzen finden sich zahlreiche Moose (wie Frauenhaar- und Peitschenmoos), an hellen Stellen wieder Süß- und Sauergräser (z. B. Bergreitgras und Waldsimse), Farne (z. B. Rippenfarn) und verschiedene Bärlapparten. An Blütenpflanzen fallen häufiger Sauerklee, Maiglöckchen, Schattenblümchen, Türkenbundlilie, Weißwurz, seltener Knotenfuß, Wintergrün und Siebenstern auf. Bei Sträuchern dominieren meist der Trauben- und der Schwarze Holunder.

3.9 Lockere Kiefernwälder

Die Waldkiefer verträgt nur wenig Beschattung und wächst daher gern auf sehr nährstoffarmen, trockenen Böden.
Besteht der Untergrund aus Sand, so ist die sich darauf entwickelnde Pflanzengesellschaft relativ artenarm. An Orchideen trifft man gerade die **Breitblättrige Stendelwurz**, gelegentlich im Moos oder Gras (z. B. Drahtschmiele) **Netzblatt, Korallenwurz** und **Weiße Waldhyazinthe.**
Trockenere Stellen werden von Heidekraut und Preiselbeere, Moosen und Flechten besiedelt, die seltenen Arten Winterlieb und Frühlingsküchenschelle können hier noch existieren. Vereinzelt findet man Flachbärlapp (eher noch die anderen Arten) und Wintergrün. Große Bereiche werden von Heidelbeersträuchern bedeckt.

Natürlicher Fichtenwald in einem Bachtal der Zentralalpen (Italien) mit Widerbart, Frauenschuh, Korallen- und Nestwurz, Netzblatt, Schwertblättrigem und Bleichem Waldvögelein, Fuchs' Knabenkraut, Breitblättriger und Braunroter Stendelwurz.

Lichter Kiefernwald über Muschelkalk in Unterfranken mit Kleiner Spinnenragwurz, reichen Beständen von Fliegenragwurz, Mückenhändelwurz, Großem Zweiblatt, Grüner Waldhyazinthe, Braunroter Stendelwurz, Helmknabenkraut und Nestwurz.

Auf Flußschotter, Moränen und über Kalkgestein (z. B. Jura, Zechstein, Muschelkalk) entwickeln sich aufgrund geringer wasserspeichernder Humusschichten ebenfalls sehr lichte Kiefernbestände (Steppenheidewald). Diese Nadelbäume treten auch gern auf Kies in Begleitung von Schneeheide (Schneeheide-Kiefernwald) auf, lockere Rasen prägen ansonsten das Bild. Ein ähnlicher Typus ist der „Pfeifengras-Föhrenwald" des nördlichen Alpenraums. In ihm wechseln sich oft feuchte mit sehr trockenen Flächen ab. Hier und da versauert der Boden an der Oberfläche, was eine noch größere Pflanzenvielfalt im Wald zur Folge hat. Durchmischen wärmeliebende Sträucher einen solchen sehr lichten, lückigen Kiefernbestand mit gehölzfreien Zonen, dürfte dieser Biotop zu den artenreichsten überhaupt zählen. Man sollte sich also für einen Besuch viel Zeit nehmen.
Hier ist gegeben, was Orchideenreichtum hervorrufen kann: Kalk (besonders mergeliger) und magere Böden, das bedeutet für Orchideen und andere kleinwüchsige Pflanzen Licht, Wärme und wenig Konkurrenz. Herabgefallene Nadeln senden wuchshemmende Stoffe aus, die vielen Orchideen offensichtlich kaum, manchen anderen Pflanzen dagegen mehr schaden. Durch die Bäume entsteht außerdem ein gewisser Windschutz, der die Temperatur – v. a. in der warmen Jahreszeit – positiv beeinflußt. Steht in den Wintermonaten die Sonne flach am Himmel, bieten die Kiefern auch noch einen Schutz vor Austrocknung bei Frost: Der Boden ist beschattet, Schnee taut weniger schnell ab als auf offenen Flächen und überwinternde Blattrosetten von Orchideen verdunsten so kaum Wasser.
Dementsprechend lang ist die Liste der einzelnen Arten: Man findet häufig die **Fliegenragwurz**, gelegentlich **Bienen-** und **Hummelragwurz**, sogar die **Kleine Spinnenragwurz** zwischen den Stämmen; ihre überwinternden Blattrosetten werden hier nicht von Fallaub bedeckt und können gut assimilieren, schwache Pflanzen erreichen (wie im Fichtenwald) leicht das Licht. Für die **Braunrote Stendelwurz** sind die Bedingungen geradezu ideal, man trifft jedoch auch auf ihre Verwandten **Müllers** und **Breitblättrige Stendelwurz**, selten sogar auf die **Kurzblättrige Stendelwurz**. Des weiteren wachsen hier alle drei **Waldvögelein**, **Fuchs'**, **Helm-**, **Brand-**, **Manns-** und **Dreizähniges Knabenkraut**, beide **Händelwurzarten**, beide **Waldhyazinthen**, an schattigen, moosigen Stellen **Frauenschuh**, **Nestwurz**, **Netzblatt** und **Großes Zweiblatt.** In sehr warmen Gebieten kommen in diesem Biotop sogar **Dingel**, **Riemenzunge** und **Spitzorchis** vor, in den Süd-Alpen auch das seltene **Spitzels Knabenkraut**, zusammen mit **Purpurknabenkraut**.
Von den zahlreichen Begleitpflanzen seien an dieser Stelle nur wenige erwähnt: Federgras, Waldzwenke, Seggen, Ästige Graslilie, Waldwindröschen, Gemeine Küchenschelle, Gamander, Gemeine Kugelblume, Kreuzenzian und die Kleine Kreuzblume. Viele Arten kennen wir schon von der Wacholderheide.
Gebietsweise scheint dieser Biotop allerdings zu verschwinden: Durch forcierte Bejagung des Rehwildes in den letzten Jahren werden Buchen- und Eichenschößlinge kaum noch verbissen, wachsen schnell heran und werfen immer mehr schlecht verrottbares Laub auf die moosigen Böden. Hinzu kommt eine stärkere Beschattung, so daß empfindlichere Arten keinen Platz mehr haben.
In den klimatisch äußerst begünstigten Seealpen (Hinterland von Nizza beispielsweise) existieren ebenfalls lichte Kiefernwälder, die eine Anzahl mediterrane Orchideen beherbergen, die man sonst nur weiter südlich oder nicht allzu hoch über dem Meeresspiegel antrifft. Darüber hinaus blühen diese Arten teilweise überraschend früh (in günstigen Jahren ab M 1!). Bis in 600 m Meereshöhe ist noch ein Großteil der Vegetation mediterran geprägt, zwischen den Kiefernwäldern (Hakenkiefern) sind häufig Olivenhaine angelegt, was darauf hinweist, daß hier nie stärkerer Frost herrscht. Eingestreut findet man Feigenbäume, Stein- und Flaumeichen, Erdbeerbaum, Mastixstrauch, Besenginster, die Wildform des Ölbaums. Niedere Sträucher in diesem Gebiet sind Kleiner Stechginster, Zistrosen, Wacholder

Hakenkiefernwälder im Hinterland von Nizza, 250–400m, ca. 20 km vom Meer entfernt. Orchideenarten auf der Wiese: Riemenzunge, Puppen- und Mastorchis, Wohlriechendes Wanzenknabenkraut, Spitz- und Herbstwendelorchis, Spinnenähnliche und Schnepfenragwurz, letztere mit Einfluß der Hummelragwurz. Orchideenarten im angrenzenden Wald: Mastorchis, Marseille-Ragwurz, Kleine Spinnenragwurz (späte, grünliche Sippe?), Spinnen- und Spinnenähnliche, Braune und Leukas Ragwurz. In weiteren Bereichen(Hintergrund) kommen noch einige andere Arten vor, siehe Text.

(auch Stechwacholder), Herbstseidelbast, Echter Thymian, sogar Rosmarin, v. a. auf silikatischen Böden auch Baumheide. Dazwischen findet man wilden Spargel und Stechwinde. Die Krautschicht fehlt öfters fast völlig. Auf grasigen Terrassen stechen im Vorfrühling hauptsächlich Wolfsmilcharten, Sternanemone und Italienischer Aronstab ins Auge, später Binsenlilie, Siegwurz (*Gladiolus* spec.), Hornklee, Nizza-Kreuzblümchen, Feld-Mannstreu, Sonnenröschen und Kugelblume. Durch reichhaltige winterliche Niederschläge ist der Boden nur im Sommer trocken, stellenweise erodiert mergeliger Boden auch ohne Beweidung, Lichtinseln entstehen. Das trockene Klima im Sommer führt zu erhöhter Waldbrandgefahr, wodurch aber wieder Lebensraum für konkurrenzschwache Arten wie die Orchideen geschaffen wird.

In diesen lichten Waldgebieten sowie in Olivenhainen wachsen die meisten Orchideen ausschließlich auf kalkhaltigen Böden hauptsächlich im Schutz von Sträuchern und Bäumen auf flach bemoostem Untergrund. Talgründe werden oft gemieden, Nordhänge und der Mittagssonne abgewandte Straßenböschungen scheinen bevorzugt besiedelt zu werden. Man findet hier den **Dingel, Spitzorchis, Bienenragwurz** (ab E 5), drei Sippen der **Braunen Ragwurz** (ab A 2), **Saratos Ragwurz** (ab M 4), die **Gelbe Ragwurz** (ab A 3), **Schnepfenragwurz** (ab A 4), die **Kleine Spinnenragwurz** (ab A 4, abweichende Sippe?), die **Spinnenragwurz** (ab M 1), die **Marseille-Ragwurz** (ab A 2), die **Schwarze Ragwurz** (ab M 3), die **Spinnenähnliche Ragwurz** (ab A 2), die **Keuschorchis** (ab M 4), **Mastorchis** (ab E 1), **Wohlriechendes Wanzenknabenkraut** (ab A 6), **Salepknabenkraut** (ab E 3), **Tremols Stendelwurz** (ab A 5 ?), **Schwertstendel** (ab A 6) und **Herbstwendelorchis** (ab A 10). Interessant ist, daß typische Wiesenorchideen wie **Salepknabenkraut** und **Herbstwendelorchis** hier auch im schattigen Wald an Nordhängen blühen. Durch trockene Sommer verschiebt sich der Austrieb der **Herbstwendelorchis** nach hinten. Die Gruppe der *Ophrys sphegodes*-Verwandtschaft ist noch etwas undurchsichtig. Übergänge bzw. Bastarde sind wohl eher die Regel als die Ausnahme, es strahlen auch die **Provence-Ragwurz** und die **Gargano-Ragwurz** (für den westmediterranen Raum auch als *Ophrys passionis* beschrieben) hier mit ein und beeinflussen die anderen Arten durch gelegentliche Einkreuzungen. Hin und wieder kommen sie sogar in reiner Form vor.

3.10 Sekundärbiotope

Der im vorigen Kapitel bereits erwähnte, artenarme Kiefernwald auf saurem Sandboden kann aus der Sicht des Orchideenfreundes auch nachträglich „aufgewertet" werden. Existiert in einem solchen Gebiet ein basischer Bereich, etwa ein Felsen aus Kalkgestein, so fällt auf, daß sich die Zusammensetzung der Vegetation in dessen Nähe meist ändert. Oft wird sie auch üppiger. Dieser Eindruck verstärkt sich, wenn der Kalkstein abgebaut wird. Es entsteht kalkhaltiger Staub, der weiter in den Wald eindringt. Er verschiebt das Milieu im Boden geringfügig zu basisch. Gleichzeitig werden weitere Spurenelemente (z. B. Mangan, Magnesium) mit eingebracht. Dies scheint zu genügen, um solchen Pflanzen Lebensmöglichkeiten zu schaffen, die vorher hier nicht existieren konnten.

Die selbe Beobachtung kann man auch an einem Fahrweg machen, der mit Kalkgestein geschottert ist (siehe Abb.). Selbst eine Mauer aus nicht allzu hartem Kalkstein bewirkt diesen Effekt. Winterlieb und Nickendes Wintergrün z. B. wird häufiger, ebenso die **Breitblättrige Stendelwurz**, an der man außerdem Horstbildung (vegetative Vermehrung) und kräftigeren Wuchs feststellen kann. Es stellen sich im näheren Bereich des Kalks Pflanzen wie Grünblütiges Wintergrün, **Weiße Waldhyazinthe, Rotes und Bleiches Waldvögelein, Großes Zweiblatt, Netzblatt, Korallenwurz** oder **Braunrote Stendelwurz** ein, die sonst in dem Wald nicht wachsen.

Wenig befahrener Forstweg in bodensaurem Sandheide-Kiefernwald (Oberpfalz). Der Weg ist befestigt mit staubendem Kalkgranulat und Schotter. In einer Entfernung von höchstens 4 m wachsen im sichtbaren Bereich Rotes Waldvögelein, Grüne Waldhyazynthe, Braunrote und Breitblättrige Stendelwurz, im weiteren Verlauf auch Großes Zweiblatt, Bleiches Waldvögelein und Grünblütiges Wintergrün. Einseitswendiges Wintergrün, Winterlieb und Flachbärlapp sind auch in 15 m Entfernung noch zu finden, nicht aber im gesamten übrigen Wald.

Breiter, geschotterter Waldweg in Kalkbuchen(Misch-)wald im Altmühltal (Bayern). Die Randbereiche (hier die Nordseite) sind freigehalten. Hauptsächlich im lichten Inneren findet man Purpurknabenkraut, Frauenschuh, Korallenwurz, Rotes und Bleiches Waldvögelein, Breitblättrige Stendelwurz, Großes Zweiblatt, Nestwurz und beide Waldhyazinthen auf engem Raum.

Straßenböschung (Westhang) in der südlichen Frankenalb mit Fliegenragwurz, reichen Beständen von Rotem Waldvögelein, Breitblättriger und Braunroter Stendelwurz; oberhalb der Böschung Nestwurz und Bleiches Waldvögelein.

Ehemaliges Steinbruchgelände mit Abraumhalden (Plattenkalk) am Südrand der Frankenalb. Im sichtbaren Bereich Einblatt, Fliegenragwurz, Braunrote Stendelwurz, Netzblatt und Bleiches Waldvögelein, Fransen- und Deutscher Enzian, im weiteren Umkreis noch Frauenschuh, Händelwurz, Helmknabenkraut, Großes Zweiblatt, Nestwurz, Korallenwurz, Fuchs' Knabenkraut und Breitblättrige Stendelwurz; Laubbäume fehlen noch völlig.

Kurz gesagt, es können Spuren von Kalk auf saurem Boden relativ viele Orchideen „hervorrufen". Man hat überdies herausgefunden, daß in Bereichen mit hohem Kaligehalt (bzw. Mangan- und Magnesiumgehalt) besonders Orchideen mit winterüberdauernden Blättern gedeihen (vgl. Kap. 2.3). Calcium ist dabei offensichtlich nicht immer notwendig [18].

Aufgelassene Steinbrüche und ihre Abraumhalden in einem Wald schaffen Lichteinfall, auch schwache Niederschläge wie Nieselregen und Tau erreichen den Boden, der Wind trocknet die Pflanzendecke weniger leicht aus. Stellenweise sickert vielleicht sogar Wasser aus dem Gestein und bildet Feuchtflächen. Der Untergrund besteht normalerweise aus Gesteinsschutt mit wenig Erde, er ist von Anfang an mager und verwittert im Laufe der Jahre durch Nässe und Frost. Verrottendes Pflanzenmaterial ergänzt das Substrat, ein für Orchideen gut geeigneter Boden entsteht. Dies funktioniert so lange, bis Gehölze zu wenig Licht durchlassen bzw. Laubbäume wie Eiche und Buche den Untergrund mit schlecht verrottbarem Laub bedecken. In Basaltsteinbrüchen kann man mitunter das **Mannsknabenkraut**, auf feuchtem Boden häufiger **Fuchs' Knabenkraut** antreffen. In Kalksteinbrüchen (Dolomit, Plattenkalk etc.) sind die Wuchsbedingungen für deutlich mehr Arten gegeben: Die trockensten schottrigen Standorte werden besonders gern von der **Braunroten**, evtl. auch von der **Kurzblättrigen Stendelwurz**, angenommen, die **Mückenhändelwurz** stellt schon höhere Ansprüche an den Boden, ebenso wie das **Helmknabenkraut**, je nach Gebiet auch einmal die **Riemenzunge.** Ein moosiger Standort scheint den beiden besonders zuzusagen. Dies verlangen auch das **Netzblatt** und die **Flie-**

genragwurz, die gern die höhere Luftfeuchtigkeit zwischen aufwachsenden Kräutern und Gras akzeptieren, selbst im Halbschatten und Schatten von Nadelbäumen. Hier ist die **Braunrote Stendelwurz** oft schon wieder verschwunden, bei ausreichend tiefgründigem Untergrund siedeln sich dann die **Breitblättrige Stendelwurz**, das **Bleiche Waldvögelein**, die **Nest-** und **Korallenwurz**, **Frauenschuh**, **Großes Zweiblatt** und die **Waldhyazinthen** an. **Fuchs' Knabenkraut** benötigt hier nicht unbedingt Bodenfeuchtigkeit, meidet dann aber Standorte unter Bäumen (außer Kiefern), ähnlich wie das **Einblatt**, das am besten im Halbschatten bis Schatten gedeiht. Dichte Vegetation verträgt es wie die meisten anderen Arten nicht.

Auf Böden, die durch Schwermetalle und ähnliche Substanzen verseucht sind (z. B. Abraumhalden aus dem Bergbau) findet man häufiger monströse Pflanzen oder solche, deren Chlorophyll-Haushalt gestört ist. Letztere sind gelblich bis weiß in den Teilen, die bei normalen Pflanzen grün sind. Bekannt ist dieser Effekt besonders bei **Stendelwurz-Arten**. Ein gehäuftes Auftreten abnormaler Individuen läßt durchaus auf Fremdstoffe im Boden schließen.

Feuchte, magere Bereiche, wie sie z. B. auch in Kies- oder Sandgruben entstehen können, werden nach einiger Zeit von den meisten *Dactylorhiza*-Arten und der **Weißen Sumpfwurz** akzeptiert, natürlich je nach Bodenreaktion. Sogar das empflindliche **Glanzkraut** kann hier ein Refugium finden. Als Begleiter tritt auch manchmal der Sumpfbärlapp auf.

Ähnliche Verhältnisse wie in Steinbrüchen können beim Wege- und Straßenbau entstehen, vorausgesetzt die Böschungen und Gräben sind ausreichend großzügig angelegt und werden nicht mit Humus und Grassaat bedeckt. Durch eine jährliche Mahd (mit Abräumen!!) können so wertvolle Biotope aus zweiter Hand bestehen, einmal angeflogene Arten können sich schnell in der näheren Umgebung ausbreiten, sofern sie nicht zum ungünstigen Zeitpunkt abgemäht werden. Leider werden immer noch viele neue Straßenränder zu schnell „begrünt", damit es „ordentlich" aussieht. Aus Kostengründen wird in letzter Zeit öfter das gehäckselte Mähgut auf den Flächen liegengelassen, was zu einem Ersticken schwacher Arten führt und den Boden aufdüngt. Hier schlägt eigenartigerweise der „Deutsche Ordnungssinn" nicht mehr durch, die Straßenränder verarmen in erschreckendem Maße.

Die Waldwegsböschungen wachsen aufgrund hoher Luftfeuchtigkeit oder Beschattung meist schnell mit Jungfichten zu, eine Mahd von Zeit zu Zeit wäre angebracht. Auch lagert man hier gern Holz, Rinde, Astmaterial oder gar Rüben oder Dreschabfall zum Füttern von Wild ab, die Folgen liegen auf der Hand.

In einer Zeit, wo alte Biotope häufig verarmen, oft sogar immer noch zerstört werden, hätten die Orchideen und andere empfindliche Lebewesen Ausweich-(Sekundär-)Biotope bitter nötig. Leider werden Steinbrüche und Sandgruben meistens mit Schutt verfüllt und „rekultiviert". Das bringt Geld und sieht ordentlich aus, an Löcher und Halden haben wir uns nicht gewöhnen können, gerade und eben muß alles sein. Muß es das wirklich?

Allerdings darf man nicht übersehen, daß nicht alle Arten Sekundärbiotope akzeptieren. **Herbstwendelorchis** und **Brandknabenkraut** gehören z. B. nicht dazu (mit wenigen Ausnahmen).

Ein weiterer erwähnenswerter, vom Mensch geschaffener Biotoptyp ist der Hochwasserdamm. Aus magerem Boden vor Jahrzehnten gebaut, beweidet oder regelmäßig gemäht, können die Böschungen einer artenreichen und hochwertigen Flora als optimaler Lebensraum dienen. Der nahe Fluß mildert, ebenso wie umliegender Auwald, das Klima, eventuell durchsickerndes Wasser bringt zuverlässig Feuchtigkeit im unteren Teil des Dammes. Je nach Exposition des Kunsthanges siedeln hier **Bienen-**, **Fliegen-**, **Spinnen-**, und **Hummelragwurz**, **Spitzorchis**, **Mückenhändelwurz**, **Gro-**

Lichtung im Mischwald (Westhang, Altmühltal) mit guten Beständen von Diptam, Rotem Waldvögelein und Braunroter Stendelwurz, daneben Händelwurz, Fliegenragwurz und Breitblättrige Stendelwurz, im Schatten Bleiches Waldvögelein, Nest- und Korallenwurz. Vor einigen Jahren hier auch Blasses und Purpurknabenkraut.

ßes Zweiblatt, Riemenzunge, sehr häufig das **Helmknabenkraut**, bei Feuchtigkeit **Fleischfarbenes Knabenkraut** und **Weiße Sumpfwurz**, seltener die meisten übrigen Arten. Bekannt sind hierfür v. a. gepflegte Dämme an Rhein und Donau in bestimmten Abschnitten.

3.11 Waldränder und Lichtungen

In dichtem Laub- oder Nadelwald können nur wenige Orchideenarten existieren, so z. B. die mykotrophen Arten, **Bleiches Waldvögelein**, die **Violette**, die **Kleinblättrige** und die **Spitzlippige Stendelwurz**, im Norden die **Grünblütige Stendelwurz**. Andere Arten bilden beim Hochwachsen des Waldes noch eine Weile Blätter aus, bis oft auch diese verschwinden. Nicht nur Lichtmangel führt zu dieser Entwicklung, auch erreichen hier leichtere Regenfälle kaum noch die Erdschichten, in denen die Wurzeln liegen. Das Wasser verdunstet schon in den Baumkronen und rinnt zu einem Teil an den Baumstämmen hinab.
Entsteht durch Schneebruch, Windwurf oder Holzentnahme des Menschen eine größere Lücke im Kronendach, dauert es meist nicht lange, bis sich Gras und Kräuter einstellen. Dann gedeihen Orchideenarten, die in geschlossenem Wald mehr oder weniger „dahinvegetieren“, in Gruppen oder gar büschelweise und erreichen auch einmal die doppelte Höhe ihrer Artgenossen. Eine Bestäubung ist hier – auch wegen der zahlreichen fliegenden Insekten – wahrscheinlicher. Später entwickeln sich je nach Untergrund auch Sträucher, junge Bäume beginnen zu wachsen, die Lücke schließt sich wieder. Oft dauert diese Entwicklung allerdings Jahrzehnte. Durchschneidet eine Straße oder ein Forstweg den Wald, so sind die entstandenen Lücken dauerhaft, und in ungestörten Bereichen kann sich bei magerem Boden eine vielfältige und reichhaltige Orchideenflora ausbilden.
Häufig findet man im Forst alte, aufgelassene Steinbrüche mit ihren Abraumhalden. Auch hier können Bäume nur schwer Fuß fassen, da sich eine Humusschicht sehr langsam einstellt. Das Gestein ist lange Zeit nur mit Moos, später mit lockerem Gras, Kräutern und einzelnen, wenig vitalen Fichten und Kiefern bewachsen. Besonders in Mulden herrscht hier eine hohe Luftfeuchtigkeit bei gleichzeitigem hohem Lichtangebot. Dazu hält sich im Winter durch den umliegenden Wald länger der Schnee (vgl. Kap. 3.10).
Den gleichen Effekt kann man an Waldrändern beobachten: Der Wald schützt auch am Rand vor Spätfrösten, Hagel und Wind, eine teilweise Beschattung im Sommer ist gegeben. Diese Vorteile nützen selbst Orchideen der Trockenrasen wie **Bienen-**, **Fliegen-** und **Hummelragwurz**. Sie stehen hier fast neben typischen Waldorchideen wie **Mannsknabenkraut** und **Blassem Knabenkraut**. Sogar die lichtunabhängige **Korallenwurz** findet man in den Randbereichen des Waldes. Oft blühen die Pflanzen im Schutz von Bäumen sogar deutlich früher als Pflanzen derselben Art im Freien an einem sonnigen Platz.

4 Orchideen und Naturschutz

4.1 Gefährdungsursachen

Heutzutage sind viele Orchideenpopulationen (oder Einzelexemplare) gefährdet. Dies muß jedoch nicht zwangsläufig bedeuten, daß der Artbestand in einem bestimmten Gebiet gefährdet ist.
Auch Orchideen leben nicht ewig. Selbst wenn Einzelpflanzen 20 Jahre und älter werden können, sterben die meisten Exemplare doch vorher, weil im Boden vorhandene Mineralien möglicherweise verbraucht sind. Einige Arten setzen zwischendurch ein oder mehrere Jahre keine Blüte an, um Nährstoffe zu sparen und sich wieder zu erholen. Ganz oder teilweise mykotroph lebende Orchideen (z. B. Violette Stendelwurz) erscheinen dann erst gar nicht über der Erde. Zu den natürlichen, hemmenden Faktoren müssen auch Klimaextreme gezählt werden. Viele Pflanzen leiden regelmäßig unter Spätfrösten (bzw. unter Kahlfrost im Winter) und faulen danach leicht bei feuchter Witterung. Ebenso schädlich ist im allgemeinen eine lange Trockenperiode, vor allem im Frühjahr. Frostschäden (dunkelbraune Blattspitzen) sind hauptsächlich bei den Ragwurzarten und der Riemenzunge festzustellen, wogegen Netzblatt, Herbstwendelorchis und die Knabenkräuter mit Winterblättern kaum betroffen sind. Spitz- und Puppenorchis scheinen wieder empfindlicher zu sein, was besonders an Plätzen zu beobachten ist, die im Winter besonnt sind (Frosttrocknis).
Auch eine Anzahl von Tieren schädigt die Pflanzen. Mäuse, Schnecken, Raupen, Drahtwürmer, Enchyträen usw. „vergreifen“ sich an ober- und unterirdischen Sproß-, Speicher- und Wurzelorganen, und Rehe fressen gebietsweise mit Vorliebe Orchideenblüten (z. B. Rotes Waldvögelein und Violette Stendelwurz). Bleiben die Blätter hierbei unversehrt, kann der Verlust der Blüten allerdings zu vegetativer Vermehrung führen. Andererseits können durch die in letzter Zeit erheblich verstärkte Bejagung junge Laubgehölze besser aufwachsen, und die laubbaumfreien Steppenheidekiefernwälder mit zarten, empfindlichen Orchideen drohen regional unter Buchenlaub zu ersticken. Wildschweine, seltener auch der Dachs, durchwühlen gelegentlich ganze Flächen mit wertvoller Vegetation oder spüren gezielt die nährstoffhaltigen Speicherorgane von Orchideen auf, um sie zu fressen (z. B. Ragwurzarten, Wanzen-, Holunder-, Brand- und Helmknabenkraut, Waldhyazinthe und Händelwurz, selbst Fleischfarbenes Knabenkraut in Feuchtwiesen). Hier-

Brenne an der Donau (Bayern) mit Wanzen-, Salep-, Helm- und Brandknabenkraut (auch Sommerform), Hummelragwurz, Spitzorchis, Mückenhändelwurz und Weißer Waldhyazinthe. Wildschweine durchwühlen regelmäßig den Boden.

Nacktschnecke an Einblatt.

Eulenraupe an Fuchs' Knabenkraut.

Weidevieh verschmäht auch die Orchideen nicht, hier z.B. das Purpurblütige Knabenkraut.

Feuchtwiesen im Alpenvorland (Bayern) mit Sommerwendelorchis, Breitblättrigem, Lappländischem, Fleischfarbenem und Traunsteiners Knabenkraut, Mückenhändelwurz und Weißer Waldhyazinthe. Ein uneinsichtiger Großbauer weigert sich seit Jahren, besonders wertvolle Flächen schonend zu bewirtschaften oder zu verpachten. Im Vordergrund: Trittschäden durch intensive Rinderbeweidung.

Naturschutzgebiet an der Donau (Bayern). Der Südhang einer teils sauren, teils kalkhaltigen Schaftrift mit Salep- und Brandknabenkraut, v.a. aber einem sehr guten Bestand von Herbstwendelorchis wurde im Zuge einer Verbreiterung der kaum befahrenen Straße angeschnitten. Danach wurde noch ein Fahrradweg gebaut, der noch einmal 3 m in der Breite „verbrauchte". Auf der Südseite der Straße befinden sich Ackerflächen, die praktisch nicht von der Baumaßnahme berührt wurden.

Luftfeuchter, steiler Nordhang (Buchenmischwald) in der Oberpfalz mit Spitzlippiger und Breitblättriger Stendelwurz. Sicher nur aus Unkenntnis wurde in diesem Bereich ein Waldweg neu angelegt.

Beweideter Magerrasen im Altmühltal: Durch Anlage (1998) eines inzwischen fertiggestellten Holzplatzes wurde ein Vorkommen von 500 Herbstwendelorchis und einigen Salepknabenkräutern fast völlig vernichtet. Der danebenliegende Acker (links des Ausschnitts), der auf Kosten des Magerrasens gelegentlich angewachsen war, wurde nicht angetastet.

durch können ganze Populationen vernichtet werden, besonders in Gebieten, wo sich Wildschweine zum Teil stark vermehren (Hege!).

Bei individuenreichen Orchideenbeständen in Feuchtwiesen kann in Ausnahmefällen ein Rostpilz fast alle Individuen vernichten (F. Reinecke 1997 mdl.).

In neuerer Zeit verschwindet so mancher Standort konkurrenzschwacher Pflanzen unter rasant anwachsenden Beständen von botanischen Neubürgern (Neophyten). Trokkenere Bereiche besiedelt v. a. die Kanadische Goldrute, Feuchtgebiete sind u. a. vom Indischen Springkraut bedroht, das sich entlang von Wasserläufen schnell ausbreitet. Die lichthungrigen Pflanzen der Wiesen leiden heutzutage verstärkt unter dem Konkurrenzdruck höherer Kräuter und Büsche. Dies liegt einerseits daran, daß immer weniger Flächen extensiv bewirtschaftet werden oder brachfallen (vgl. Kap. 3.2, 3.4 und 3.5), andererseits stieg der Nährstoffeintrag durch die Luft in den letzten Jahrzehnten sprunghaft an, was einen Vorteil für größere Pflanzen darstellt. Allerdings ist eine starke Beweidung, besonders im späten Frühjahr, ebenfalls sehr hemmend für die meisten Orchideen (vgl. Kap. 3.4). Ein bedeutendes Negativum unserer Zeit ist, daß für manche Arten (z. B. Wanzenknabenkraut, Sumpfknabenkraut, Spinnenragwurz) viel zu wenige Biotope vorhanden sind, vor allem kaum noch neue entstehen. Die Samen der wenigen übriggebliebenen Standorte landen zu einem hohen Prozentsatz auf ungeeignetem Boden.

Die eklatanteste Gefahr geht jedoch von großflächiger Vernichtung wertvoller Biotope aus. Immer noch werden großzügig Straßen durch intakte Gebiete geplant, wobei nicht einmal unbedingt auf bestehende Naturschutzgebiete Rücksicht genommen wird. Immer noch werden solche Rückzugsgebiete bedrohter Tiere und Pflanzen an allen Ekken und Enden klein- und großflächig von Landwirten aufgedüngt, aufgeforstet, entwässert, abgetorft und/oder zu Ackerland umgewandelt, als würden dafür andernorts ebenso reichhaltige Flächen neu entstehen. Immer noch wandelt sich „Ödland" zu wilden Müllkippen oder wird als Lagerplatz für Holz, Mähgut und dergleichen mißbraucht.

Feuchtwiese an der Donau (Bayern) mit Fleischfarbenem Knabenkraut (auch ssp. *serotina* und var. *haematodes*), vor einigen Jahren auch Strohgelbes Knabenkraut. Stand A 6 92: Die Pfähle markieren die Mitte der inzwischen gebauten Ortsumgehung einer Bundesstraße. Der Wasserhaushalt der Restfläche scheint gestört zu sein; die Wiese war 1993 völlig trocken und erholte sich auch in den Folgejahren nicht mehr.

Wacholderheide (Südhang) in bekanntem Orchideengebiet im Raum Kassel mit Dreizähnigem Knabenkraut, Fliegenragwurz, Braunroter Stendelwurz und Großem Zweiblatt. „Naturfreunde" haben die frischen Knollen vom Dreizähnigen Knabenkraut gestohlen.

Selbst in neuester Zeit versucht man jede Fläche zu nutzen. Hier (Altmühltal) wurde eine Einbuchtung im Waldrand (Magerrasen mit Küchenschellen und Brandknabenkraut) durch Eichen „aufgewertet".

Artenreiche Wiese (Südwesthang, Waldrand) in der Schwäbischen Alb mit Bienen- und Hummelragwurz, Brand-, Helm- und Salepknabenkraut, Mückenhändelwurz, Weißer und Grüner Waldhyazinthe, kleinere Randbereiche dieses in Privatbesitz befindlichen Grundstücks wurden illegal aufgeforstet.

Hangquellmoor (Westhang) in den Dolomiten mit Blutrotem Knabenkraut und der alpinen Unterart des Breitblättrigen Knabenkrauts. Das Gelände ist inzwischen ein Golfplatz.

Die empfindlichen Orchideen sind stets die ersten, die verschwinden. Dabei ist Unkenntnis der Verantwortlichen nur noch sehr selten ein Entschuldigungsgrund. Oft werden trotz Protests von Umweltschutzverbänden wertvollste Lebensräume geschädigt oder gar vernichtet, einfach weil es die naheliegendste, schnellste oder kostengünstigste Lösung ist. Auch wenn Verantwortliche wie Flurbereinigung, Forstverwaltung, Naturschutzbehörden und Straßenbauamt heute im allgemeinen (!) sorgsamer mit der Natur umgehen, so liegt eine Entscheidung doch manchmal im Ermessen eines einzelnen, oft zu konservativ eingestellten Beamten, der vielleicht sogar Einsicht besitzt, dem aber das Rückgrat fehlt, verantwortungsbewußt zu handeln. Wir müssen unbedingt erkennen, daß manche Biotope zu rar sind, um auch nur ein einziges dieser Art zu entwerten, zu verkleinern oder gar zu opfern. Allein in Bayern wurden dagegen allein 1992 drei Großprojekte eingeweiht, die Unmengen von Land verschlangen, u. a. wertvollste Biotope vieler streng geschützter Arten. Zumindest bis 1999 hielt dieser Trend an.

Großflächig abgetorfte Hochmoorflächen in Nordwestdeutschland. Neben dem Gefleckten Knabenkraut sollen hier auch Torfmoosknabenkraut und Weichkraut vorgekommen sein.

Nach der Weinbergsbereinigung (Unterfranken) blieben praktisch keine Rasenflächen und Steppenheidekiefernwälder mehr übrig. Auch die Wildtulpe verschwand aus diesem Gebiet.

Trockenrasen im Altmühltal mit Brand- und Salepknabenkraut. Die Ackerflächen werden, soweit möglich, jedes Jahr etwas größer. Des weiteren ist hier eine Umgehungsstraße im Gespräch.

Brenne an der mittleren Donau. Durch fehlende Pflege tritt hier relativ rasch Verbuschung, zuerst mit Sanddorn und Kiefern, ein. Offene Flächen werden gerne zu Wildäckern umgewandelt. Im sichtbaren Bereich noch Helmknabenkraut und Mückenhändelwurz, in Nachbarbereichen dazu Brandknabenkraut (auch die Sommerform), Hummelragwurz und Frauenschuh.

Einmahdige Heidewiese am Lech mit Bienen- und Hummelragwurz, Mückenhändelwurz und Wanzenknabenkraut, in weiteren Bereichen auch Einknolle, Brandknabenkraut, Großes Zweiblatt, Fliegenragwurz, Breitblättrige und Weiße Stendelwurz. Das Gebiet ist bei Orchideenfreunden überregional bekannt, und zur Blütezeit „tummeln" sich hier täglich bis zu 50 Fotografen. Natürlich möchte jeder den Albino der Hummelragwurz (rechts vorne) fotografieren, mancher auch alle Jahre wieder.

Selbst solch gutwillige Aktionen wie Entbuschungsmaßnahmen in Randbereichen orchideenreicher Magerrasen durch die Untere Naturschutzbehörde zerstörten schon hier und da zahlreiche Orchideen in vorher intakten Bereichen durch Befahren und Ablagerung von Häckselgut bzw. Astmaterial und Bäume. Besonders betroffen sind hiervon wintergrüne Arten. Fehlende Information ist dabei normalerweise kein Entschuldigungsgrund.

Verschwiegen werden soll an dieser Stelle auch nicht der Schaden, den nahezu jeder Orchideenfreund anrichtet. Schon das Betreten einer entsprechenden Wiese zur Blütezeit kostet oft unauffälligen Jungpflanzen oder (noch) nicht blühenden Orchideen das Leben, zumindest werden sie geschädigt. Dies gilt v. a. für bekannte und besonders für kleinflächige Standorte. Gerade bei feuchtem Boden wird dieser verdichtet und scheidet somit als Wuchsort für empfindliche Arten aus. Attraktive, seltene und stattliche Einzelpflanzen sind meist schon von weitem an einem Ring aus niedergetrampeltem Gras sichtbar, den zahlreiche Fotogra-

fen und Betrachter hinterlassen haben. Auch breite, vegetationslose Trampelpfade schlängeln sich gebietsweise von Pflanze zu Pflanze.
Absolut tödlich für eine Population ist aber das von manchen „Orchideenfreunden" praktizierte Ausgraben attraktiver Arten. Die sogenannten „Spatenbotaniker" scheuen auch nicht davor zurück, beispielsweise die letzten Exemplare der sowieso sehr seltenen Spinnenragwurz zu stehlen, nur um sie im eigenen Garten verkümmern zu sehen. Daß dann diese Art dadurch über viele Kilometer ausgestorben ist, finden sie nur insofern bedauerlich, weil sie sich hier keinen Ersatz mehr besorgen können.
Besonders in jüngerer Zeit häufen sich die Berichte, daß scheinbar „gesunde" Populationen ohne erkennbaren Grund verschwinden, die Orchideen insgesamt scheinen bei uns beängstigend abzunehmen. Möglicherweise sind Luftverschmutzung und säurehaltiger Niederschlag der Grund. Letzterer löst Kalk aus dem Substrat, was zu einer oberflächlichen Versauerung des Bodens führen kann. Besonders über schwach basischem Gestein ist das – gerade für Jungpflanzen – oft ein entscheidendes Hemmnis, besonders wenn auch die Pilzflora geschädigt wird.
Auch Mineraldünger (Luftverfrachtung) dürfte eine Rolle spielen, da Pilze das hierbei einsickernde Nitrat schlecht vertragen (im Gegensatz zu organischem Dünger, in dem der Stickstoff als Ammonium gebunden ist) (A. Mrkvicka 1995 mdl.).
Orchideen können also als Indikator für (nahezu) intakte Verhältnisse in einem Lebensraum angesehen werden, wenngleich ihr Fehlen nicht zwangsläufig das Gegenteil bedeuten muß. Oft sind diese Pflanzen an einen bestimmten Bestäuber gebunden, an einen ganz speziellen Pilz oder/und an andere Faktoren wie Kleinklima, Feuchtigkeit etc. Auf Änderungen reagieren Orchideen deshalb mehr oder weniger prompt, zumindest aber dauerhaft.
Insgesamt sieht es schlecht aus für unsere Orchideen. Kaum eine Art wird vermutlich ihre derzeitige Stärke halten können. Dezimierendes Wild wie Dachs und Wildschwein nehmen zu, Reh und Hirsch, die Lichtungen offen halten, nehmen ab, Dünger- und Schadstoffeintrag aus der Luft reißen nicht ab, ununterbrochen fallen kleine, noch intakte Flächen (selbst wenn sie bekannt sind) der Landwirtschaft inklusive Forst oder der Bauwut des Menschen zum Opfer. Darüber hinaus ist ein enormes Niederschlagsdefizit in den letzten Jahren in vielen Gebieten unübersehbar, was nicht nur die Pflanzen der Feuchtgebiete schädigt. Eine Verbesserung bzw. Neuschaffung von geeigneten Lebensräumen scheint also dringendst nötig!

4.2 Schutzmöglichkeiten

Wer unbedingt Orchideen besitzen will, hat inzwischen die Möglichkeit, für vergleichsweise wenig Geld in Spezialbetrieben extra herangezogene Pflanzen zu kaufen. (Die Strafe für Ausgräber beträgt gelegentlich sogar das Tausendfache des Kaufpreises. Eine Verurteilung geht als Vorstrafe in das Polizeiliche Führungszeugnis ein!) Außer den Besitzberechtungspapieren (gut aufbewahren!!) bekommt man Pflegeanleitung und geeignete Pflanzsubstrate gleich mitgeliefert. Arten, die in Gärtnereien nicht erhältlich sind, überstehen meistens nicht einmal das Jahr, in dem sie umgepflanzt wurden.
Der Wunsch, schöne und seltene Pflanzen zu betrachten und zu fotografieren, ist durchaus verständlich. Ein verantwortungsbewußter Naturliebhaber bleibt aber gerade in frequentierten Gebieten möglichst auf bereits bestehenden Wegen oder bewegt sich zumindest so sorgsam, daß er Schäden an der Vegetation weitgehend vermeidet. Niedergedrücktes Gras vor besonderen Exemplaren richtet er tunlichst wieder auf, um nicht die Masse der Besucher vom Weg herzulocken, wodurch ein neuer Trampelpfad entstünde. Hier und da bestäubt er Vertreter der seltenen Arten und befreit sie eventuell von zu kräftigen konkurrierenden Begleitpflanzen. Man beachte hierbei, daß für viele Orchideen ein gewisser Sonnenschutz nötig ist, v. a. in trockenen Jahren. Nach Möglichkeit meldet er auch einen neu entdeckten Standort einem Naturschutzverband (Arbeitskreis Heimische Orchideen, Bund Naturschutz etc.), um sicherzustellen, daß noch andere Interessierte ein wachsames Auge auf den Zustand und die Entwicklung dieses Biotops haben, gegebenenfalls Pflegemaßnahmen einleiten oder gar eine Zerstörung verhindern. (Zuständig ist die Untere Naturschutzbehörde in den Landratsämtern.) Selbstverständlich sind Wegegebote bzw. Betretungsverbote strikt einzuhalten. Gerade Feuchtflächen (z. B. Hochmoore) vertragen keine Besucherströme. Hier sind Naturschutzverbände und Landratsämter gefordert, diese Gebiete zu kennzeichnen, notfalls sogar einzuzäunen. Ein Zaun um kleinere Lebensräume schützt im übrigen auch vor Reh, Hirsch und Wildschwein; seltene Arten haben dann die Möglichkeit, Samen zu produzieren. Zumindest brauchen solche Biotope zwischen intensiv landwirtschaftlich genutzten Äckern und Wiesen eine ausreichend breite Pufferzone, möglichst noch eine abgrenzende Hecke, um den Dünger- und Herbizideintrag zu minimieren. Eine jährliche Mahd nach der Samenreife der wichtigsten (seltensten) Pflanzen schafft ebenfalls einen gewissen Ausgleich. Dabei wird erheblich mehr Stickstoff „abgeschöpft", wenn die Begleitflora noch grün ist, als wenn dies im Spätherbst oder Winter geschieht. Nach Dr. M. Henneke (1995 mdl.) werden durch herbstliche Mahd gerade einmal so viele Nährstoffe entnommen wie durch die Luft das Jahr über „einfliegen" (bezogen auf die Trockenrasen in den waldreichen Gebieten der Schwäbischen Alb!).
Allerdings muß die Wachstums- und Blütezeit von Herbstblumen (z. B. Deutscher und Fransenenzian) beachtet werden. Ebenso ist Rücksicht auf bodenbrütende Vögel, auf Spinnen, Insekten und deren Entwicklungsformen zu nehmen. Bewährt hat sich stellenweise ein Aussparen breiter Vegetationsstreifen von der Mahd im jährlichen Wechsel. Berücksichtigt werden sollte außerdem, daß auch halbhohes Gras Blattrosetten und frische Triebe vor Kahl- und Spätfrösten schützen kann. Die Mahd im Hoch- bis Spätsommer wäre also auch aus diesem Grund der im Herbst vorzuziehen.
Gegen eine Überweidung von Orchideenstandorten hilft gelegentlich eine Unterredung mit dem jeweiligen Schäfer oder Landwirt. Ein verträglicher Beweidungstermin kann in manchen Fällen vertraglich über das Landratsamt festgelegt werden.
Besonders hochwertige Gebiete sollten von Naturschutzverbänden erworben oder gepachtet werden, um eine Si-

cherstellung und Pflegeberechtigung zu gewährleisten. Besitzt man auch ein relativ „wertloses“ Nachbargrundstück, so kann man den nährstoffreichen Oberboden größtenteils entfernen (abschieben) und die brachliegende Erde mit Mähgut und Samen der „besseren“ Wiese bedecken. Im Laufe von Jahren entsteht hier vielleicht ein neuer, reichhaltiger und wertvoller Biotop. Manchmal ist das künstliche Ausweiten die Rettung, wenn eine bestimmte Wiese zu verarmen droht. Denkbar wäre dies beispielsweise, wenn in einem Feuchtgebiet der Grundwasserspiegel aufgrund von Entwässerungsmaßnahmen sinkt. Oft reicht das Ausräumen bzw. Begradigen eines nahegelegenen Bachlaufs oder die Drainage einer höhergelegenen Nachbarwiese, um das Grundstück nachhaltig zu verändern. Gerade Strohgelbes Knabenkraut, Sumpfknabenkraut und Glanzkraut reagieren hier empfindlich und prompt. Durch Abschieben (Vertiefen) einer anderen Fläche erreicht man möglicherweise dort wieder eine ausreichende Bodenfeuchtigkeit. Erfolgversprechender wäre natürlich ein Rückgängigmachen der Ursachen.

Sollte die Vernichtung eines Biotops durch Straßenbau oder ähnliches nicht zu verhindern sein, kann in manchen (!) Fällen ein Versetzen der gesamten Vegetationsdecke Erfolg versprechen. Von einem passenden Grundstück wird die Humusdecke und eventuell ein Teil des übrigen Erdreichs entfernt. Der verbleibende Boden wird gelockert und die dem wertvollen Gebiet entnommenen möglichst dicken und großen Grassoden aufgelegt. Die Kosten für diese Ausgleichsmaßnahme muß im allgemeinen der Verursacher tragen. Ob dann allerdings die Bodenfeuchtigkeit etc. den Ansprüchen der Pflanzen entspricht, ist recht fraglich. Das Bewahren der natürlichen Gegebenheiten sollte stets Vorrang haben.

Alle Orchideenarten in Deutschland (und in den meisten anderen mitteleuropäischen Ländern) sind gesetzlich geschützt, d. h. sie dürfen weder beschädigt oder gepflückt noch ausgegraben und über eine Grenze transportiert werden, wenn nicht eine Ausnahmegenehmigung vorliegt. Häufig wird jedoch übersehen, daß es strikt verboten ist, den Biotop einer geschützten Art zum Negativen hin zu verändern. Leider sind sogenannte „ordnungsgemäße land- und forstwirtschaftliche Maßnahmen“ hiervon ausgenommen. Es läßt sich aber darüber streiten, ob eine Fichtenpflanzung am Frauenschuhstandort bzw. das Ausbringen von Gülle auf einer bisher mageren Feuchtwiese ordnungsgemäß ist.

5 Die Orchideenarten

Gattungsübersicht (Zeichnungen: Klaus Neudert)

Die Reihenfolge der im Buch behandelten Gattungen (ebenso der Arten) entspricht nicht völlig den verwandtschaftlichen Beziehungen. Vielmehr wurde in diesem Werk die lange gültige Einteilung beibehalten, gegebenenfalls auf neue Erkenntnisse verwiesen und die Gattungen zum leichteren Auffinden im Buch z.T. auch nach ähnlichem Aussehen eingeordnet. Z.B. befinden sich alle grünlich blühenden Gattungen beieinander, ebenso wie die 4 blattlosen Gattungen. Die Gattung *Serapias* (Zungenstendel) ist eigentlich mit *Orchis* verwandt (diese aber kaum mit *Dactylorhiza*!), steht aber wegen des „exotischen" Aussehens fast am Ende der Reihenfolge. So konnte auf einen ausführlichen Bestimmungsschlüssel verzichtet werden, auch weil das Werk durch die vielen Bilder eine große Variationsbreite abdeckt. Ergänzende Bemerkungen zu den Zeichnungen wurden deshalb sehr knapp gehalten und auf das Nötigste beschränkt. Die Einordnung in eine Gattung wird mit Hilfe der Skizzen sicherlich gelingen – bei einer Zuordnung zu der ein oder anderen Art tut sich jeder Fachmann in manchen Fällen sehr schwer, hier und da ist dies sogar unmöglich! Nicht selten führt das zu Neubeschreibungen. Im behandelten Gebiet kommen so jährlich 2–4 neue Arten hinzu; bei einigen ist dies sogar gerechtfertigt, meist wäre der Unterartstatus passender, v.a. bei *Dactylorhiza* und *Epipactis* (Stendelwurz). Es ist aber nicht Absicht dieses Buches, die bestehende Nomenklatur zu bereinigen.

Anacamptis

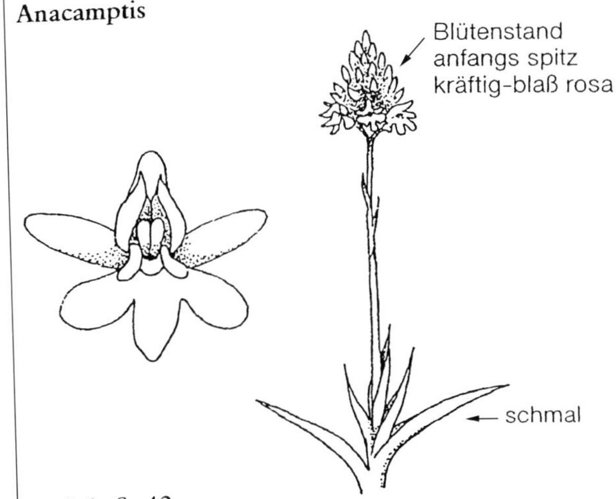

→ 5.1, S. 42

Traunsteinera

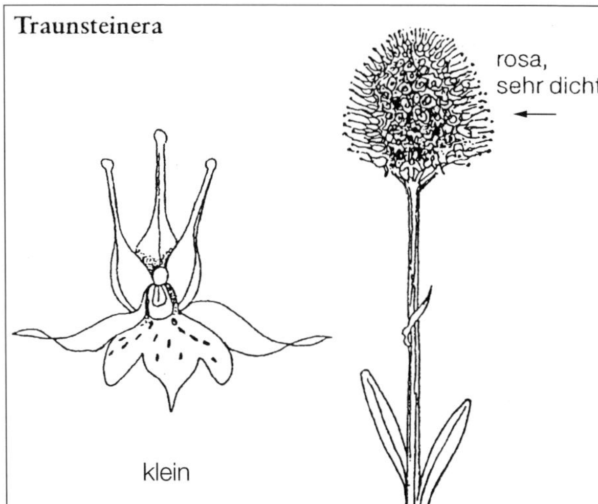

→ 5.2, S. 46

Himantoglossum

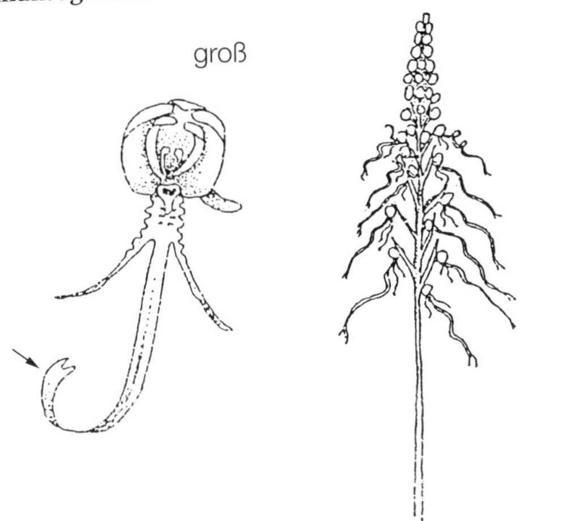

→ 5.3 u. 5.4, S. 48

Barlia

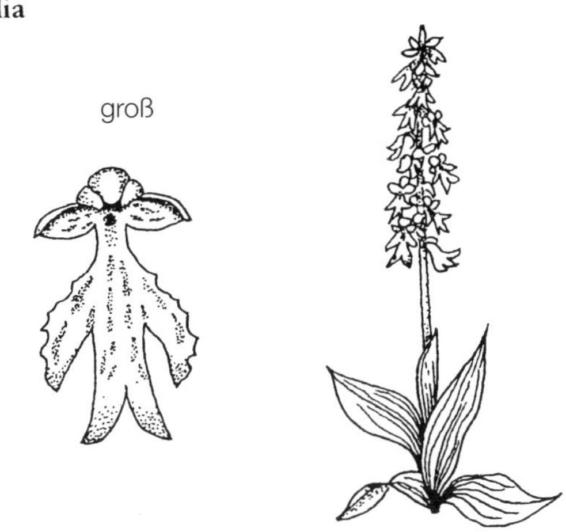

→ 5.5, S. 52

Neotinea

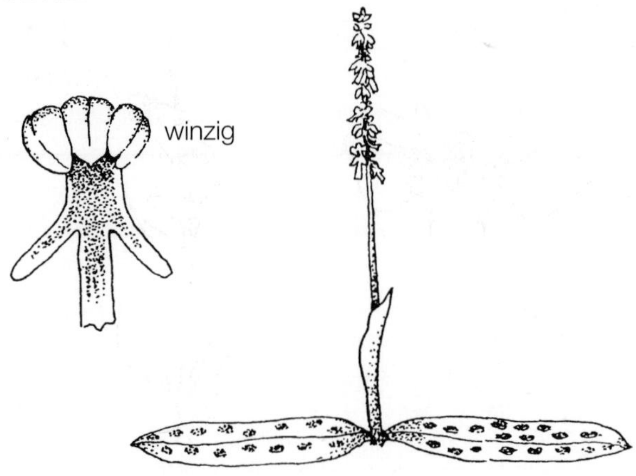

→5.6, S. 54

Aceras

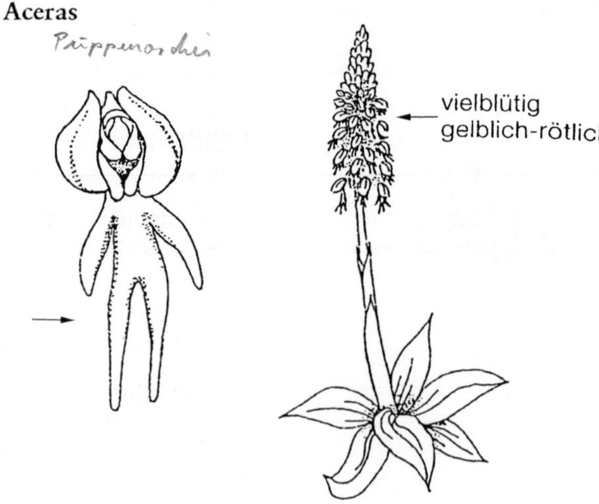

→5.7, S. 56

Orchis

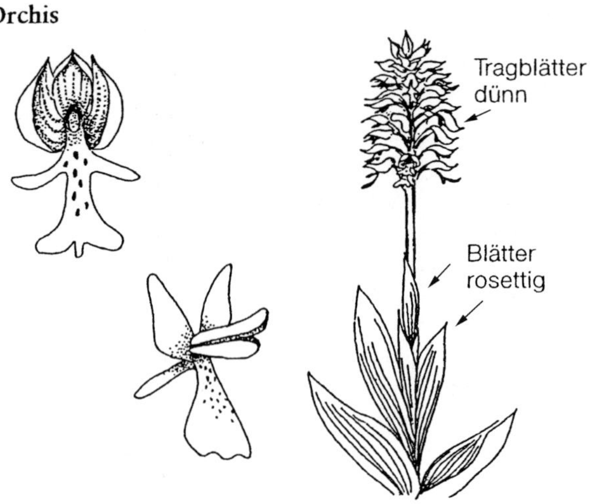

→5.8-5.23, S. 58

Dactylorhiza

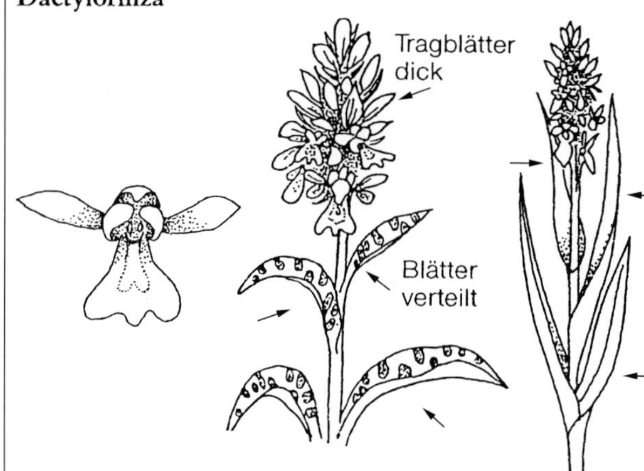

→5.24-5.41, S. 98

Pseudorchis

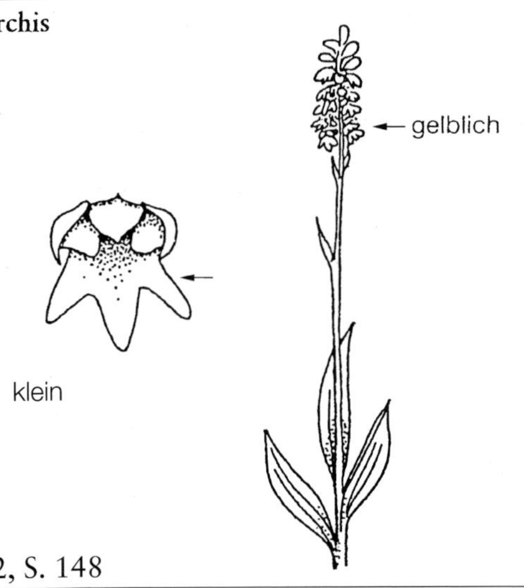

→5.42, S. 148

Gymnadenia

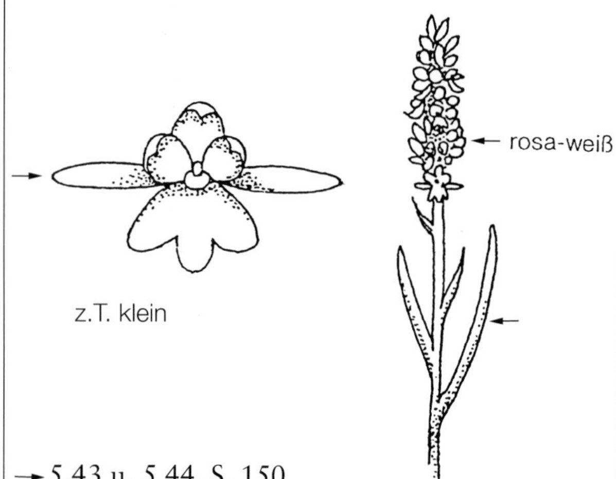

→5.43 u. 5.44, S. 150

Nigritella

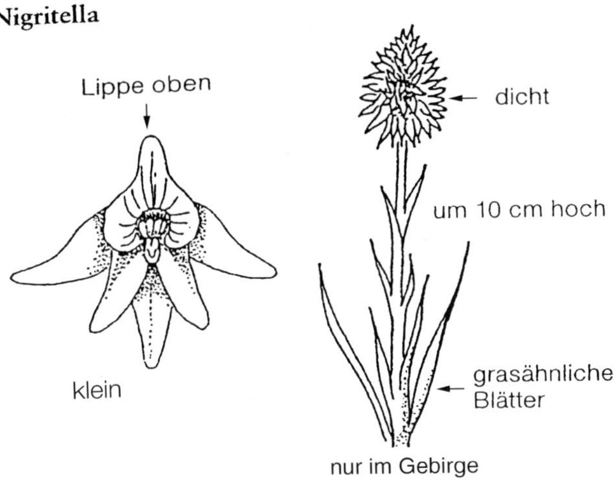

→5.45-5.55, S. 154

Coeloglossum

grüne Hohlzunge

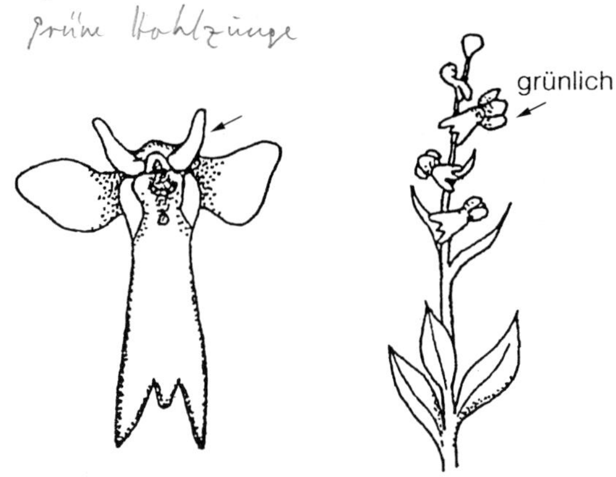

→5.56, S. 178

Chamorchis

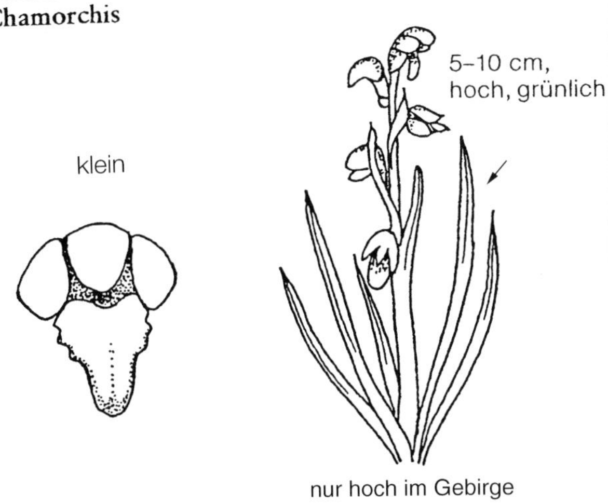

→5.57, S. 180

Herminium

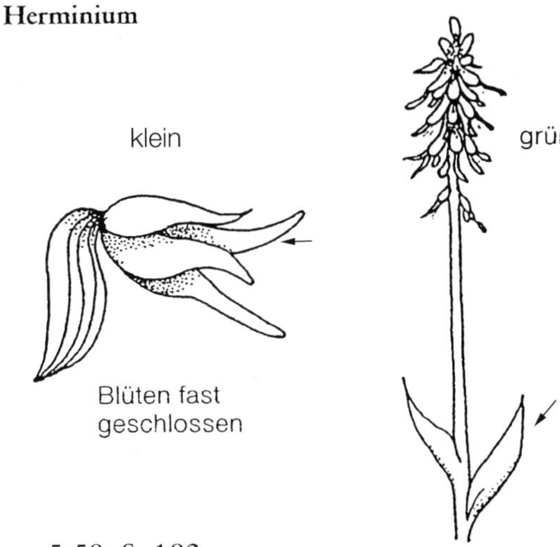

→5.58, S. 182

Malaxis

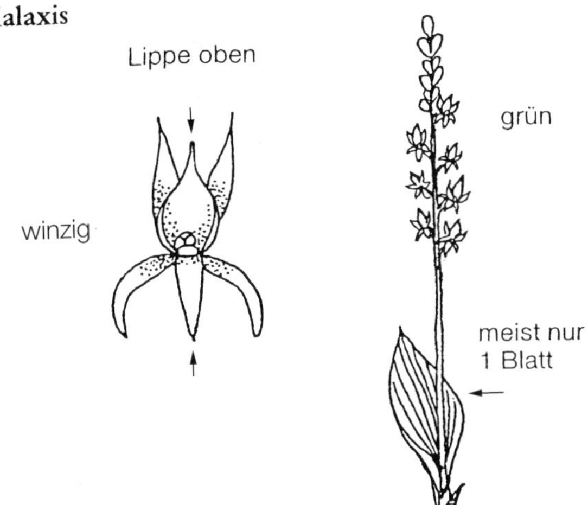

→5.59, S. 184

Hammarbya

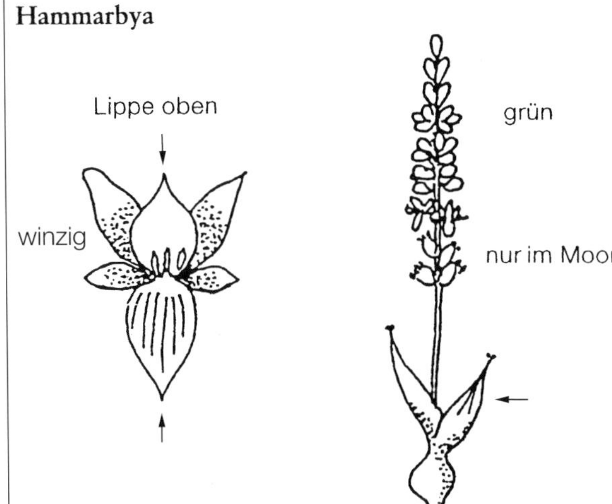

→5.60, S. 186

Liparis

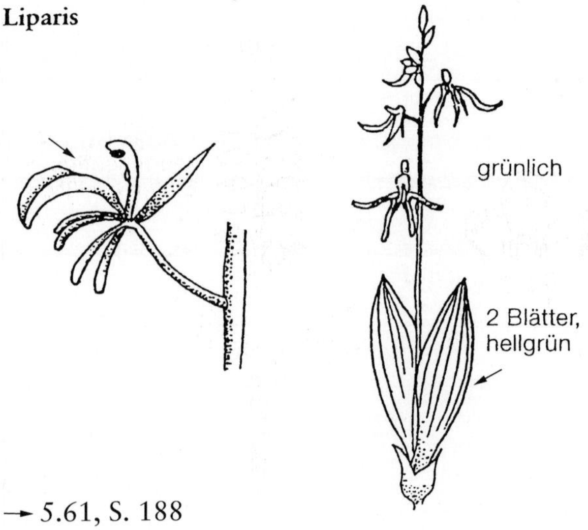

→ 5.61, S. 188

Listera

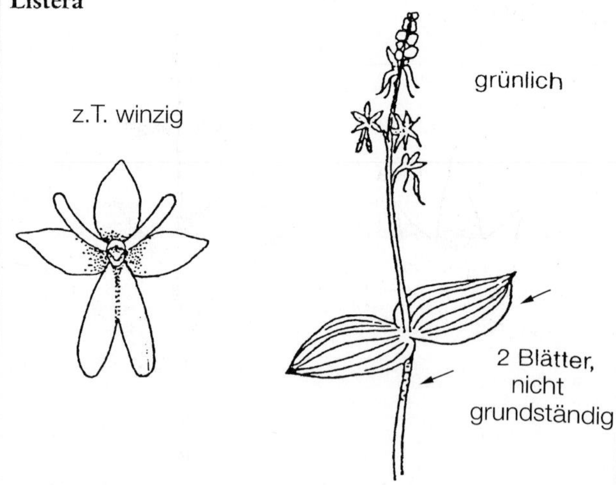

→ 5.62 u. 5.63, S. 190

Platanthera

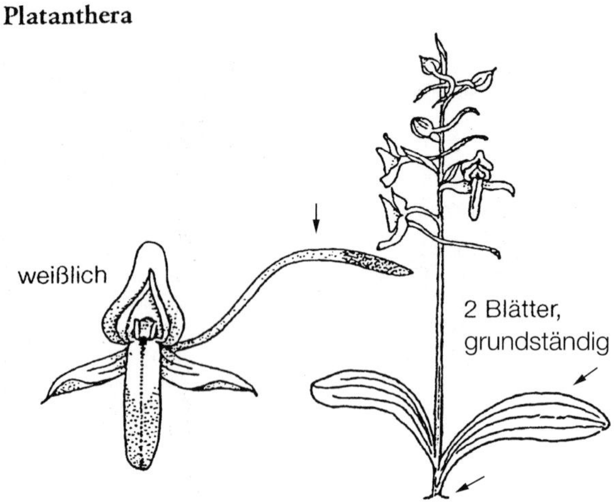

→ 5.64 u. 5.65, S. 194

Spiranthes

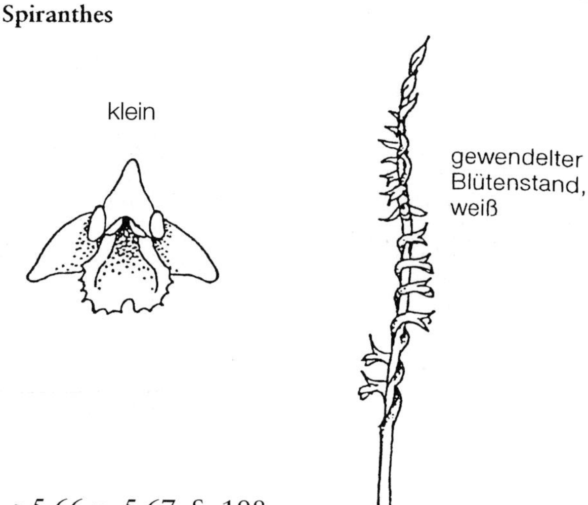

→ 5.66 u. 5.67, S. 198

Goodyera

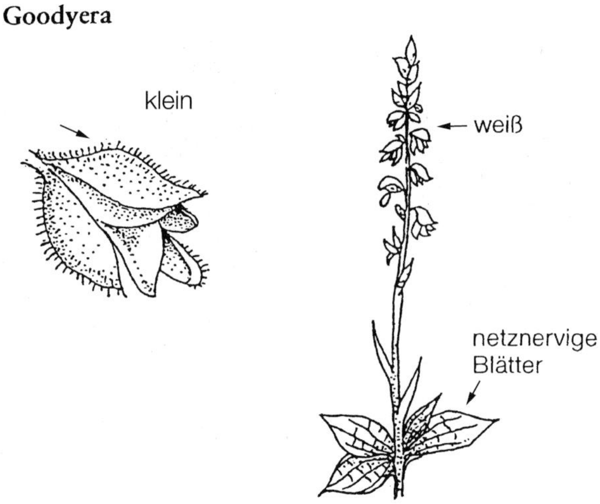

→ 5.68, S. 202

Epipactis

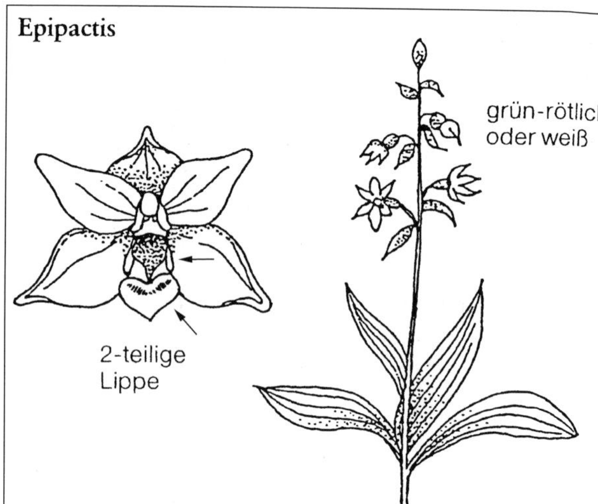

→ 5.69-5.88, S. 204

Cephalanthera

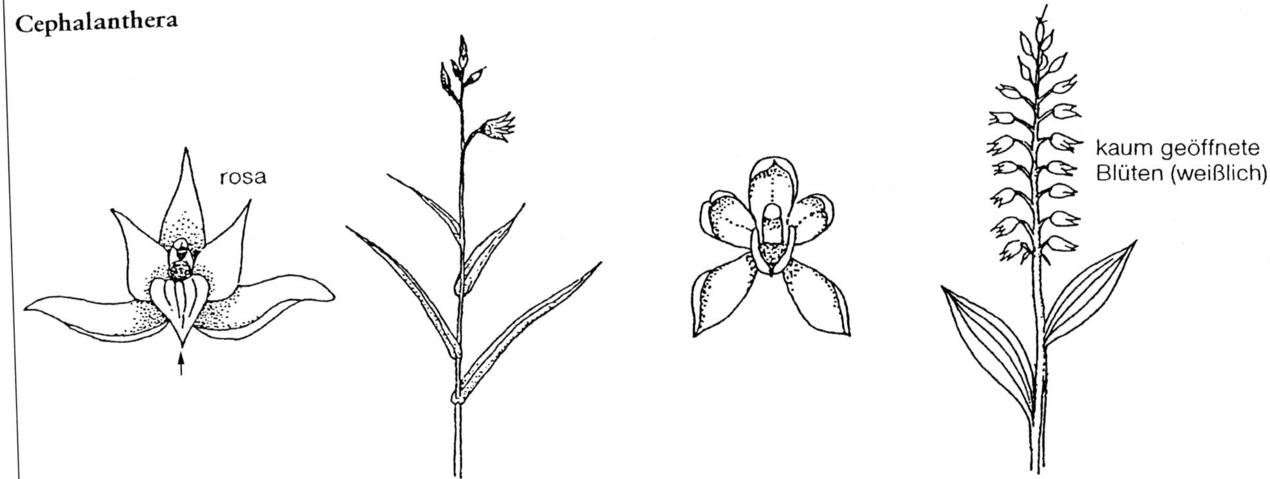

→5.89-5.91, S. 264

Limodorum

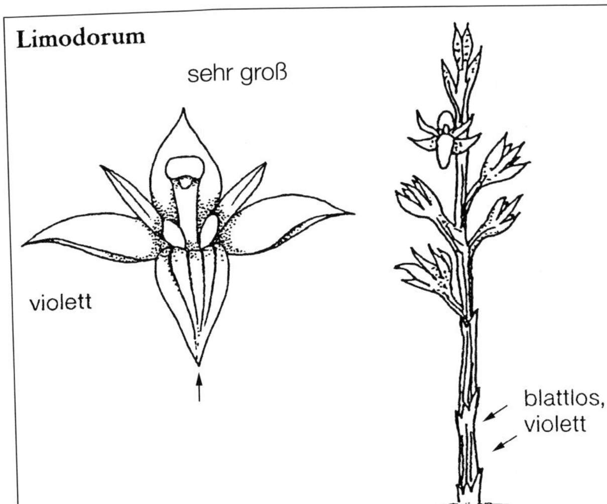

→5.92 u. 5.93, S. 270

Epipogium

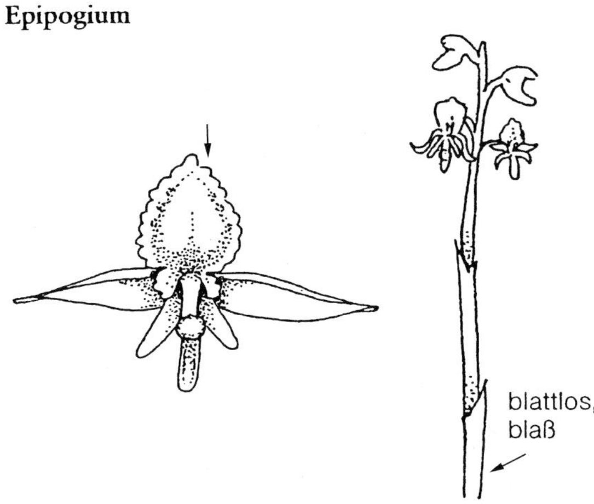

→5.94, S. 274

Corallorhiza

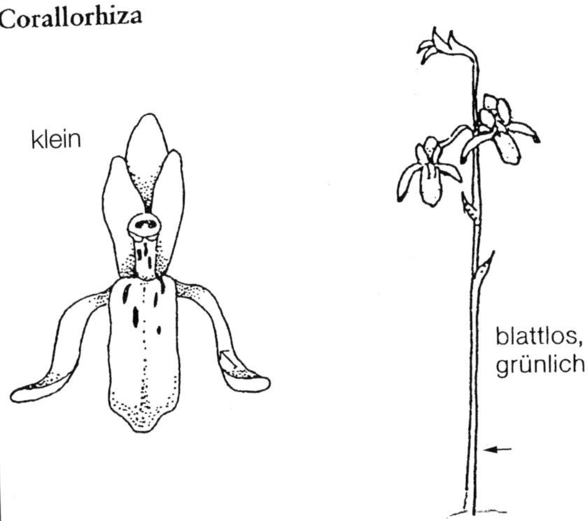

→5.95, S. 276

Neottia

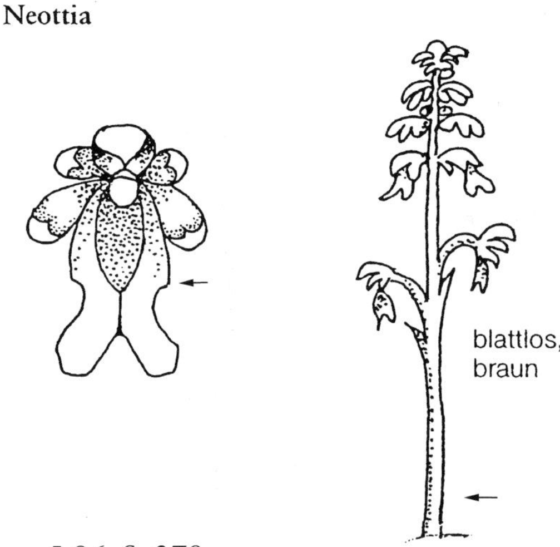

→5.96, S. 278

Ophrys

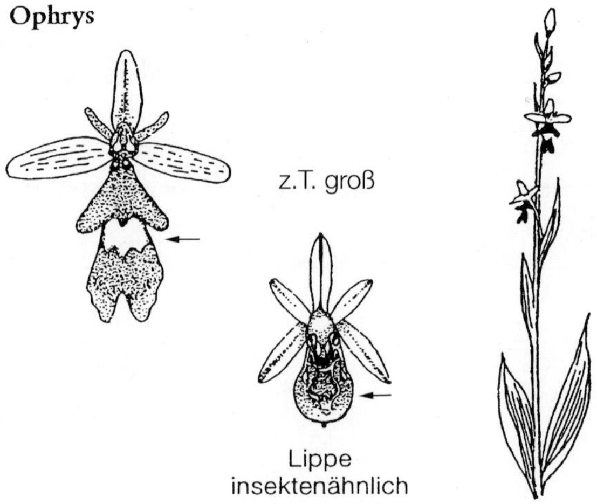

→ 5.97-5.118, S. 280

Serapias

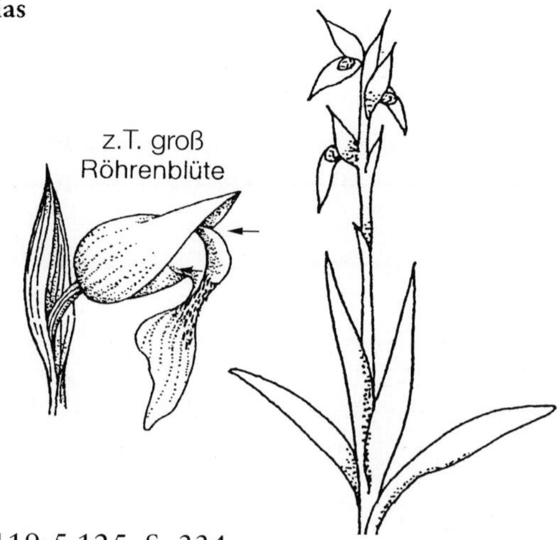

→ 5.119-5.125, S. 334

Cypripedium

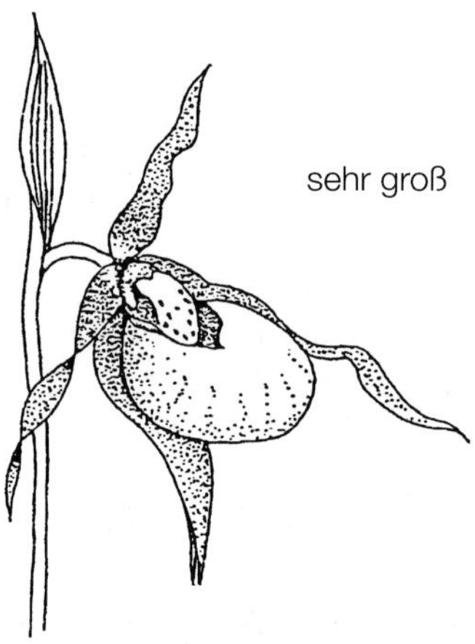

→ 5.126, S. 342

Die Reihenfolge der Arten entspricht nur teilweise der neuesten Systematik. Es wurde darüber hinaus ähnliches Aussehen berücksichtigt, in wenigen Fällen dazu noch die Lebensweise (z. B. mykotrophe Arten), der Lebensraum oder die Verbreitung. Beispielsweise müßte nach neuesten Erkenntnissen die Gattung *Coeloglossum* (Hohlzunge) aufgelöst und in *Dactylorhiza* (Fingerwurz-Knabenkräuter) eingegliedert werden. Das Brandknabenkraut müßte man aus der Gattung *Orchis* (Knabenkräuter) herauslösen und mit *Neotinea* (Keuschorchis) vereinen, *Aceras* (Puppenorchis) gehörte zu *Orchis*, genauer zu einem Teil dieser aufzusplitternden Gattung nämlich zum *militaris*-Formenkreis (Helmknabenkraut und Verwandte), die Kohlröschen müßte man eigentlich mit Händelwurz vereinigen.

Auf Verbreitungskarten muß hier leider verzichtet werden, da aus einigen Regionen Mitteleuropas noch keine genaueren Daten vorliegen. Sind bei manchen Arten auffallende Lücken oder Häufungen zu erkennen, wird hierauf im Text eingegangen. Sektionen des AHO (Arbeitskreis Heimische Orchideen) planen jedoch bereits zumindest eine deutschlandweite, umfassende Kartierung. Auch an eine mitteleuropäische Gesamtkartierung wird gedacht (Dr. H. Kretzschmar 1999 mdl.). Meldungen über Funde werden sicher gern von den jeweiligen Sektionen des AHO entgegengenommen.

Die **Größenangaben** erfassen nicht ganz das Spektrum in der Natur; es können hin und wieder kleinere oder – besonders zu Ende der Blütezeit – auch höhere Individuen gefunden werden.

Die **Höhenangaben** der Standorte beziehen sich auf ganz Mitteleuropa; in den Südalpen liegen die Biotope für viele Arten oft schon erheblich höher als in den Nordalpen oder beispielsweise in Hessen.

Bei der **Blütezeit** wird der Monat als Zahl angegeben, wobei er noch in Drittel aufgeteilt wird. (A) M 4-E 5 (M 6) bedeutet also: Die Pflanze blüht in der Regel von Mitte April bis Ende Mai, in warmen Jahren (oder in sehr milden Gegenden) schon ab Anfang April; in hohen Lagen oder/und kühleren Jahren blüht sie noch bis Mitte Juni. Diese Angaben können selbstverständlich beim Zusammentreffen verschiedener Faktoren noch über- oder unterschritten werden. Allgemein blühen viele Pflanzen im Norden, beispielsweise in Niedersachsen, deutlich früher als im Süden (Südbayern).

Die **Begleitflora** ist selbstverständlich nicht vollständig; es werden oft nur die auffälligeren, bekannteren Pflanzen genannt, schwerpunktmäßig natürlich aus dem Verbreitungsschwerpunkt einer Art. Dies ist oft Süddeutschland oder der Südalpenbereich. Schon in Norddeutschland können (hier meistens nicht berücksichtigte) Kennarten hinzutreten bzw. südliche fehlen. Bei eher im Norden verbreiteten Arten kommen dagegen nur wenige auch im Süden anzutreffende Begleitpflanzen vor. Allgemein sollte auf die – vielleicht für das Gedeihen einer Art wichtige – Begleitflora geachtet werden. Beispielsweise fällt auf, daß manche Pflanzenarten häufiger in der Nähe von Orchideen festgestellt werden; sie sind wohl „verträglicher", bevorzugen ähnliche Bedingungen oder wirken sogar förderlich. Auf jeden Fall helfen sie, auf Standorte aufmerksam zu werden, v. a. außerhalb der Blütezeit der Orchideen oder bei der Suche von Jungpflanzen.

Äußerst reichhaltiger, extensiv beweideter Biotop in den Westalpen (Frankreich) mit sehr guten Beständen folgender Arten: Affen-, Helm-, Dreizähniges und Brandknabenkraut und deren Hybriden, Puppenorchis, Kleines, Manns- und Holunderknabenkraut. Kleinere Bestände sind von folgenden Arten zu finden: Purpur- und Provence-Knabenkraut, Großes Zweiblatt, Fliegen- und Drôme-Ragwurz.

Zu diesen Arten gehören z. B. die Natternzunge, locker stehendes Schilf, Graugrüne Segge, Simsen, Studentenrösl (Sumpfherzblatt), verschiedene Kleearten, Lungenenzian, aber auch Gehölze wie Heckenrose, Weißdorn, Els- oder Mehlbeere oder die Rotbuche. Nadelbäume wie Kiefer und sogar Fichte wirken außerhalb ihres Traufbereichs als Sonnenschutz oft förderlich (besonders auf kalkreichem Untergrund), sie werfen nämlich kein Laub. Als Jungwuchs im lichten Buchenwald zeigen sie auch oft Orchideenpopulationen an. In bestimmten (flachen und lückigen) Moosgemeinschaften findet man ebenfalls häufiger verschiedene Orchideen. Natürlich sind diese Beziehungen wieder regional zu betrachten: In Ost-Österreich z. B. sind unter Hainbuchen deutlich mehr Orchideenarten (v. a. Stendelwurzarten) zu finden als in Baden-Württemberg.

Dem aufmerksamen Beobachter fallen aber auch Pflanzen auf, die hemmend auf Orchideen zu wirken scheinen wie z. B. Lärche (mit Ausnahme von Gebirgslagen) und Douglasie, also sogar Bäume, die häufig bei uns gepflanzt werden. Selbst die Trauben- und die Stieleiche werden nur von wenigen Orchideenarten (z. B. Violette Stendelwurz, Schwertblättriges Waldvögelein) in ihrer Nähe vertragen, was nicht allein durch das schwer verrottbare, gerbsäurehaltige Laub zu erklären ist. Auch an ständig laubfreien Stellen in Eichenbeständen findet man kaum Orchideen.

Bei anderen Pflanzenarten findet man aufgrund des Substrats relativ selten Orchideen, beispielsweise beim Trauben- und Schwarzen Holunder (Ausnahme: Ost-Österreich), bei Brennesseln oder Indischem Springkraut. Man wird auch diesen Aspekt bei der Suche berücksichtigen.

5.1 Spitzorchis, Pyramidenhundswurz

Anacamptis pyramidalis (L.) L. C. RICHARD
mit var. *tanayensis* (CHENEVARD) QUENTIN

Merkmale
20–40 (70) cm hoch; Blüten ungezeichnet, Farbe auffallend kräftig karminrot bis dunkelrosa, selten weiß; Lippe meist tief dreiteilig mit zwei aufrechtstehenden Leisten vor dem Sporneingang (Führungsschiene für Insektenrüssel). In wärmeren (trockneren) Gegenden wird die Farbe meist blasser. Der Blütenstand wirkt anfangs spitz dreieckig (Name!), später eiförmig oder zylindrisch. Die teils rosettig angeordneten, teils stengelbegleitenden Blätter sind schmal, dunkelgrün und rinnig gefaltet. Oft erscheinen sie bereits im Herbst oder Winter, beginnen in trockenen Jahren aber schon zur Blütezeit zu welken.

Verwechslungsmöglichkeiten
Die Mückenhändelwurz (Kap. 5.44) hat einen langen Blütenstand mit blasseren Blüten ohne Leisten auf der Lippe. Diese wären ein Hinweis auf den seltenen Gattungsbestand zwischen beiden Arten.

Blütezeit
(E 5) M 6-M (E) 7, var. *tanayensis* E 7-A 8

Standort
Bis 800 m (Südwestalpen über 1800 m).
Die Spitzorchis ist eine relativ seltene Orchidee, die nur in klimatisch begünstigten Gegenden vorkommt. Sie fehlt im Alpenvorland, in den Nordalpen und in den übrigen höheren Lagen (Ausnahmen: Schweiz, Frankreich). Häufiger ist sie nur am Oberrhein. Allgemein nimmt ihre Verbreitung von West nach Ost ab.
Gern wächst sie in den milderen Tälern größerer Flüsse und besiedelt dort trockene (selten wechselfeuchte oder feuchte) Magerwiesen auf Kiesboden mit dickerer Humusauflage. Auch an warmen Hängen und in Steppenheide- oder Laubmischwäldern kann man sie antreffen. Sie braucht kalkhaltigen Untergrund und bevorzugt sonnige Standorte, gedeiht jedoch gelegentlich in sehr lichtem Waldgelände und in Buschwerk.

Allgemeines
Die sehr auffallende Pflanze wächst oft zusammen mit Mückenhändelwurz, Helm-, Brand- und Salepknabenkraut, ebenfalls mit den selteneren Ragwurzarten, der Riemenzunge, Wanzenknabenkraut, Puppenorchis oder Dingel. Häufiger findet man in ihrer Nähe die beiden Waldhyazinthen, das Große Zweiblatt, die Breitblättrige, Braunrote, seltener einmal Müllers Stendelwurz. Weitere Begleitpflanzen siehe unter „Fliegenragwurz“ (Kap. 5.101) und „Bocksriemenzunge“ (Kap. 5.3). Aus der Schweiz und Frankreich sind Pflanzen mit besonders kleinen, dunklen Blüten bekannt (**var. *tanayensis***, Ökotyp? Inzwischen auch als Unterart beschrieben; es existieren allerdings Übergangsformen in mittleren Höhen.). Bei ihnen ist der Sporn auch kürzer als der Fruchtknoten. Allgemein scheint die Farbe in Gebieten, in denen die Pflanzen gelegentlich kälterer Luft ausgesetzt sind, kräftiger zu werden. So kommen z. B. in den Lechauen ebenfalls sehr dunkle Exemplare vor. Gefährdet ist die Spitzorchis hauptsächlich durch Biotop-Verlust, „Fototourismus“, Abpflücken, Ausgraben und Verdichtung der Vegetation (z. B. Goldrute!).
Als Bestäuber fungieren für diese Art hauptsächlich kleinere Tagfalter und die tagaktiven Widderchen (*Zygaenidae*). Nach neuesten Erkenntnissen (DNA-Analysen) müßte zur Gattung *Anacamptis* auch das Kleine Knabenkraut gestellt werden, also aus der in mehrere Gattungen zerfallenden *Orchis*-Gruppe herausgelöst werden (K. Senghas 1997 mdl.).

Weißblütige Varianten aus den italienischen Südalpen.

(a) Gepflegte Brenne am Oberrhein. Weitere Arten: Hummelragwurz (auch ssp. *elatior*), Mückenhändelwurz, Riemenzunge und Helmknabenkraut; (b) Spitzorchis im Oberrheintal, (c) am Kaiserstuhl und (d) an der Donau/Bayern.

(a) Fleischfarbene Variante der Spitzorchis, (b) abweichende Lippenform, (c, d) „Farbchimäre“; Baden-Württemberg.

Widderchen mit Pollinien an Spitzorchis, Baden-Württemberg

Spitzorchis (sehr dunkle Variante) mit Widderchen in den Lechauen/Bayern; rechts: Raupe (Bärenspinner) an Spitzorchis, Baden-Württemberg.

5.2 Kugelorchis, Kugelknabenkraut

Traunsteinera globosa L.

Merkmale
20–50 (70) cm hoch, Blüten klein, rosa, selten reinweiß, Lippe gepunktet. Die Sepalen und Petalen sind lang ausgezogen, die Spitzen verdickt. Der nach Baldrian duftende Blütenstand wirkt rund, bei kräftigen Exemplaren anfangs dreieckig, später eiförmig. Die steifen, aufrechten Laubblätter sind hauptsächlich am unteren Teil des Stengels verteilt und meist bläulichgrün. Sie erscheinen, wie die der anderen Gebirgsorchideen, erst im Frühjahr.

Verwechslungsmöglichkeiten
Das Dreizähnige Knabenkraut (Kap. 5.9) gedeiht auf warmen, trockenen Wiesen, es hat weniger, dafür größere Blüten und ist gedrungener.

Blütezeit
(E 5) M 6-A 8

Standort
Zwischen 500 und 2700 m.
Die Kugelorchis besiedelt vorzugsweise offene Bergwiesen mit tiefgründigem, kalkhaltigem, manchmal steinigem Boden, gedeiht jedoch auch auf Schiefer- und Silikatmagerrasen. Hin und wieder kann man sie sogar in Flachmooren finden. Aus dem alpinen Bereich tritt sie nur stellenweise heraus (z. B. im Erzgebirge noch wenige Exemplare, Vogesen, Schwarzwald); offensichtlich braucht sie häufige Niederschläge und niedrigere Temperaturen. Die schlanke, aber robuste Pflanze verträgt durchaus halbhohes, dichteres Gras ohne erwähnenswerte Begleitkräuter, kommt jedoch ebenso auf artenreichen Flächen vor. Sie meidet Beschattung; man findet sie oft auf freien, der Sonne zugewandten Stellen zwischen Latschen, gelegentlich auch an Nordhängen.

Allgemeines
Die nicht allzu häufige Orchidee bildet selten größere, dichte Bestände, oft finden sich nur wenige Exemplare an einem Standort. Zudem fällt sie wegen ihrer Ähnlichkeit mit Skabiose und Ackerwitwenblume, in deren Nähe sie gelegentlich wächst, nicht sofort ins Auge und wird sicher oft übersehen. Weitere Begleitpflanzen sind: Moosfarn, Seggen und Süßgräser (oft Blaugras), einige Klee- und Habichtskrautarten, Schafgarbe, Arnika, Knöterich, Drachenmaul, Klappertopf, Läusekraut, Disteln, Zypressenwolfsmilch, Glockenblumen (z. B. Bärtige Glockenblume), Blauer und Wolfseisenhut, Alpenküchenschelle, Trollblume und andere Hahnenfußarten, Alpenrosen, Prachtnelke, Storchschnabel, Großer Wiesenknopf, verschiedene Frauenmantelarten, Allermannsharnisch, Türkenbund, Germer und Spirke. Stellenweise fehlen begleitende Orchideen völlig, anderenorts wachsen im selben Biotop Fuchs' Knabenkraut, Wohlriechende und Mückenhändelwurz, Weiße Waldhyazinthe, Einblatt, an kurzrasigen Stellen die ein oder andere Kohlröslart, die Hohlzunge oder die Höswurz, Manns- und Brandknabenkraut.
Der Fruchtansatz bei dieser gut abgegrenzten Art liegt relativ hoch, so daß Autogamie angenommen werden kann.

Einzelblüte der Kugelorchis aus den Südwestalpen (Vercors); rechts: Albino der Kugelorchis am Bayerischen Alpenrand (Foto: M. Merten).

(a, b) Mähwiese in der Schweiz, (c, d) Kugelknabenkraut in Österreich, Zentralalpen.

5.3 Bocksriemenzunge

Himantoglossum hircinum (L.) SPRENGEL

Merkmale

20–60 (90) cm hoch; Blüten grünlich, Helm innen mit roten Äderchen; Lippe gelbgrün bis braunlila mit roten Punkten am Grund (proteinhaltige Zucker- und Futterhaare), dreiteilig, Mittellappen bis 6 cm lang, vorne wenig gespalten (bis 3,5, selten 7 mm!), jung uhrfederartig eingerollt. Im Gegensatz zu den meisten anderen Gattungen sind bei *Himantoglossum* die beiden Pollinien durch nur eine Klebscheibe verbunden. Die Blüten riechen streng nach Ziegenbock (v. a. nachts). Die teilweise stengelbegleitenden, hellgrünen Laubblätter erscheinen bereits im Herbst als Rosette und welken oft schon zur Blütezeit. Aufgrund ihrer Größe und Farbe (dunkelgrün mit gelblichem Blattrand) fallen sie im Spätherbst besonders ins Auge.

Verwechslungsmöglichkeiten

Im Mittelmeergebiet wächst die Adriatische Riemenzunge, die bis zum Südrand der Alpen vordringt (vgl. Kap. 5.4).

Blütezeit

M 5-M 6

Standort

Kaum über 800 m, auf trockenen, kalkreichen Böden. Die Riemenzunge gedeiht in Halbtrocken- und Trockenrasen, die oft mit Gebüschen durchsetzt sind, besonders SO-orientiert: Häufig handelt es sich hierbei um ehemalige Weinberge (Es wird vermutet, daß sie in klimatischen Grenzbereichen Spuren der früher verwendeten Kupferspritzlösung braucht, um Fröste zu überstehen). Selten steht sie in Sekundärbiotopen wie Hochwasserdämmen, Bahn- und Straßenböschungen oder Steinbrüchen. Auch in nach Süden geneigten lichten Steppenheide- und Mischwäldern, vor allem in lückigem Gebüsch und an dessen Rändern ist sie zu finden (Wind- und Frostschutz). Dabei verträgt sie durchaus etwas üppigere Begleitvegetation; locker stehendes, höheres Gras scheint die frostempfindlichen Blätter im Winter und Vorfrühling einigermaßen zu schützen. In Mitteleuropa kommt die relativ seltene Art nur in klimatisch bevorzugten Landstrichen vor. Nördlich des Mains und östlich des mittleren und unteren Rheintals hat die eher südwestlich verbreitete Art fast keine Standorte. In ganz Südbayern und dem übrigen Donaueinzugsgebiet fehlt sie, in Thüringen existieren inselartige Restvorkommen. Im Nahegebiet und am Oberrhein gibt es noch recht große Populationen, z. T. bei Massenvorkommen des Purpurknabenkrauts auf Löß. Allerdings kann auch bei dieser südeuropäisch-atlantischen Art eine Arealausweitung festgestellt werden.

Allgemeines

Trotz ihres eigenartigen Geruches wird die Riemenzunge hauptsächlich von Bienen bestäubt und zeigt im allgemeinen guten Fruchtansatz. Nur selten wächst sie ohne Begleitorchideen. In der Hauptsache sind dies: Purpur- oder Helmknabenkraut, Mückenhändelwurz und Fliegenragwurz. Etwas seltener findet man die Braunrote, Breitblättrige, selbst Müllers Stendelwurz, Bienen- und Hummelragwurz, Brand- und Fuchs' Knabenkraut, Spitzorchis, beide Waldhyazinthen und Rotes Waldvögelein in ihrer Nähe, an besonderen Stellen sogar Dingel, Affenknabenkraut, Puppenorchis oder Spinnenragwurz. Weitere typische oder auffallende Begleitpflanzen sind: Waldkiefer, Flaumeiche, Wacholder, besonders Weißdorn, Schlehe, Hartriegel, Berberitze, verschiedene Rosenarten, Wolliger Schneeball und andere Sträucher, Aufrechte Trespe, Ästige Graslilie, Sonnenröschen, Fingerkraut, Kleiner Wiesenknopf, Salbei, Oregano, Zypressenwolfsmilch, Blutroter Storchschnabel, Küchenschelle, Echte Schlüsselblume, Margerite, Knolliger Hahnenfuß, Esparsette, Wund-, Berg- und Hornklee u. v. m. In manchen Jahren (feucht und mild, also ähnlich dem atlantischen Klima) erscheinen viele Bestände recht individuenreich, auch wenn jahrelang nur wenige Exemplare zur Blüte kamen.
Auch von der Riemenzunge wurden verschiedene Varianten bzw. Unterarten beschrieben. Es kommen Pflanzen ohne Sporn vor, solche mit langen oder ohne Seitenlappen an der Lippe, mit langen Tragblättern, mit lockerem Blütenstand, mit blassen, ungezeichneten Blüten und einiges mehr.

Bocksriemenzunge im Oberrheintal, fast monströse Lippe; rechts: Einzelblüten der Bocksriemenzunge (Standort: Unterfranken).

(a) Ehemaliger Weinberg in Unterfranken. Weitere Arten: Bienen- und Fliegenragwurz, Helmknabenkraut (v.a. im Hangauslauf); (b, d) in Unterfranken, (b) mit Hummel als Bestäuber, (c) im Oberrheintal.

5.4 Adriatische Riemenzunge

Himantoglossum adriaticum H. Baumann

Merkmale
30–70 cm hoch, Blütenhelm blaßgrün, z. T. rötlich überlaufen, außen (!) und innen rot gestreift. Die Lippe ist meist kräftiger gefärbt als bei *H. hircinum*, der Mittellappen vorne tiefer gespalten (5–18 mm!). Der Blütenstand ist lockerer aufgebaut, die Blüten riechen nur schwach, und die Laubblätter sind etwas kürzer und schmäler, zur Blütezeit meist schon vertrocknet. Die Tragblätter sind oft etwas kürzer als bei der Bocksriemenzunge.

Verwechslungsmöglichkeiten
Bocksriemenzunge, s. o.

Blütezeit
E 5-E 6, deutlich später als die Bocksriemenzunge.

Standort
Kaum über 400 m, auf Kalkboden.
Die erst vor einigen Jahren abgegrenzte Art streift nur im Süden und Südosten unser Gebiet. In die Alpen dringt sie nordwärts bis ins Sarca-Tal nördlich des Gardasees vor, der auch fast schon ihre Westgrenze darstellt, ostwärts am Alpenrand über Slowenien und Österreich (Wiener Becken) bis zur Slowakei. Offenbar überschneiden sich die Verbreitungsgebiete beider Arten nicht. Sie wächst auf warmen Halbtrocken- und Trockenrasen, an Gebüschsäumen und in sehr lichtem Busch-, Laub- oder Nadelwald, gern im Mittagsschatten an südexponierten Hängen. Hin und wieder steht sie auch an Straßenböschungen, also in älteren Sekundärbiotopen, meistens teilweise beschattet durch Gebüsche.

Allgemeines
An Begleitpflanzen seien hier nur die wichtigsten erwähnt: Kiefer, Flaumeiche, Wacholder, Ölbaum, Heckenrosen, Waldrebe, Wolliger Schneeball, Perückenstrauch, Klappertopf, Kreuzblümchen, Wolfsmilcharten, Wund- und Sternklee, Kugelblume, Salbei, Schmetterlings-, Salep-, Dreizähniges und Affenknabenkraut, das Wohlriechende Wanzenknabenkraut, Dingel, alle hier vorkommenden Ragwurzarten und der Schwertstendel, meistens auch Spitzorchis. In Österreich ist die Artenzusammensetzung ähnlich, es fehlen aber m. o. w. die Begleitorchideen. In Schwarzkiefernbeständen gibt es hier größere trockene Wiesen, an deren Rändern wieder Flaumeichen, Wolliger Schneeball, darüber hinaus Liguster, Pfaffenhütchen, Kreuz- und Weißdorn, Hartriegel, Kornelkirsche, Steinweichsel und Feldahorn bunt gemischt stehen. In den artenreichen Wiesen fallen zur Blütezeit der Adriatischen Riemenzunge in deren Nähe auch Krüppelschlehen auf, an Kräutern wieder Horn- und Wundklee, aber auch Sonnenröschen, Gamander, verschiedene Salbeiarten, Bunte Kronwicke, Wiesenlabkraut, Karthäusernelke, Feldmannstreu, Oregano und verschiedene, locker stehende Süßgräser.

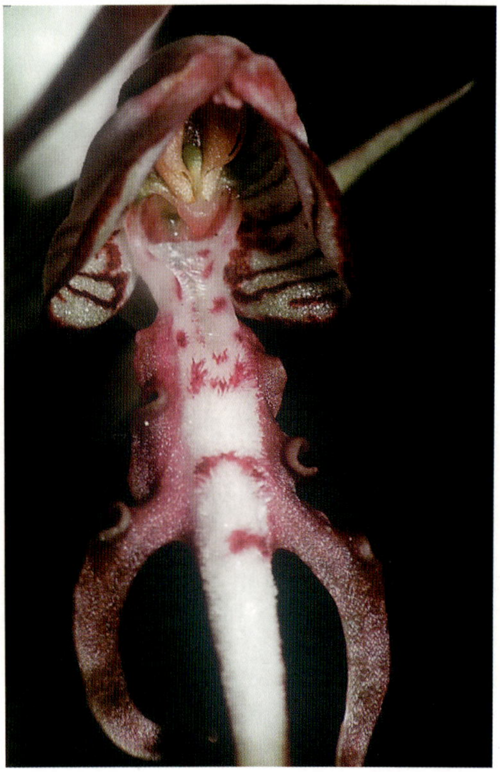

Adriatische Riemenzunge in einem Olivenhain im Gardaseegebiet. Weitere Arten: Spinnenragwurz, Affen- und Dreizähniges Knabenkraut, Wohlriechendes Wanzenknabenkraut, große Bestände von Spitzorchis; rechts: Adriatische Riemenzunge, Wien.

(a) Adriatische Riemenzunge bei Wien (Südhang), keine weiteren Orchideenarten; (b, c, d) Adriatische Riemenzunge im Gardaseegebiet.

5.5 (Roberts) Mastorchis, Riesenknabenkraut

Barlia robertiana (Loiseleur) Greuter

Merkmale
(15) 20 – 40 (80) cm hoch, die ganze Pflanze wirkt fleischig-mastig. Die kräftigen Blätter bilden eine aufrechte, trichterförmige, glänzende Rosette. Die auffallend großen Blüten sind meist rot gezeichnet, es kommen aber auch Exemplare mit grünlichen Blüten vor (im Gebiet sehr selten). Die seitlichen Sepalen sind innen purpurn gepunktet. Die beiden Pollinien haben eine gemeinsame Klebscheibe, im Sporn befindet sich ein Nektarium.

Verwechslungsmöglichkeiten
keine

Blütezeit
(E 1) A 2-A (E) 3, (A 4)

Standort
Bis ca. 800 m, auf frischen bis trockenen, vorzugsweise kalkhaltigen, mergeligen bis steinigen Böden. Gern wächst die auffallende Art an Straßen- und Wegrändern, wo die Wasserversorgung besser ist, meist in grasigen Bereichen, häufig in Straßengräben. Sie kann sich aufgrund ihrer kräftigen Rosette auch gegen stärkeren Graswuchs durchsetzen. Im allgemeinen steht sie halbschattig, selten sonnig zwischen lockeren Sträuchern und Bäumen in lichten Kiefernwäldern oder an Wegböschungen, gedeiht aber auch schattig unter Gebüsch. Besonders zuzusagen scheinen ihr alte, extensiv bewirtschaftete terrassierte Olivenhaine. Zu trockene, südorientierte Hänge meidet sie im Alpenbereich. Aufgrund ihrer frühen Blütezeit profitiert sie von einer meist später durchgeführten Mahd oder Beweidung. Sie wird auch nur ungern verbissen.

Allgemeines
Die recht attraktive Pflanze streift unser Gebiet nur in Savoyen, den Seealpen in Frankreich und Italien, scheint sich aber derzeit noch auszubreiten (z. B. entlang des Rhône-Tals nach Norden). Sie kommt ansonsten fast im gesamten Mittelmeergebiet vor. Überraschend ist die frühe Blütezeit an ihrer nördlichen Verbreitungsgrenze trotz beachtlicher Meereshöhe. Verwandt ist die Gattung *Barlia* mit *Himantoglossum*. Häufiger findet man in ihrer Begleitung die Spinnen- oder die Spinnenähnliche Ragwurz. Weitere Begleitpflanzen vgl. Kap. 3.9.

Grünliche Variante (Peloponnes).

(a) Olivenhain mit Mastorchis im Hinterland von Nizza, 350 m, keine weiteren Orchideenarten, Aspekt M 2, (c, d) am selben Standort, (b) Mastorchis in den italienischen Seealpen, ca. 550 m, A 4.

5.6 Keuschorchis, Gefleckte Waldwurz

Neotinea maculata (Desfontaines) Stearn

Merkmale
(8) 10 – 20 (80) cm hoch, unauffällig, äußerst kleinblütig, wirkt auf Entfernung auch bei Hochblüte knospend, die Blüte öffnet sich nur wenig, die meisten Exemplare haben weißliche Blüten, eine kräftig rote Färbung der Lippe (bei blaßviolettem Helm) kommt nur selten vor. Die Blätter sind hauptsächlich in einer sehr flachen Rosette angeordnet, matt dunkelgrün, am Rand oft gewellt und häufig gefleckt (Name).

Verwechslungsmöglichkeiten
keine

Blütezeit
M 4-A (M) 5

Standort
Bis ca. 675 m, möglicherweise auch noch deutlich höher, auf schwach sauren bis schwach kalkhaltigen, frischen, auch steinigen Böden. Im Gebiet gedeiht die leicht zu übersehende Art hauptsächlich in lichten, krautarmen Kiefernwäldern (konkurrenzschwach!) auf nicht zu trockenem, oft steinigem, leicht bemoostem Untergrund. Dabei steht sie halbschattig bis schattig, gern hinter oder unter immergrünen Sträuchern und Bäumen (Hakenkiefer, Rosmarin, Zistrosen, Wacholder), besonders an Nordhängen. Trockene, sonnige Standorte meidet sie eher.

Allgemeines
An schattigen Standorten wird die Keuschorchis interessanterweise von eigentlich sonnenliebenden Orchideen wie Herbstwendelorchis und verschiedenen Ragwurzarten begleitet (vgl. Kap. 3.9). Auch das Südfranzösische Knabenkraut ist in 650 m Höhe in ihrer direkten Nachbarschaft zu finden.
Sie ist fast im ganzen Mittelmeergebiet verbreitet, kommt aber auch im atlantischen Bereich (z. B. isoliert in Irland) vor und streift unser Gebiet nur in den italienisch-französischen Seealpen. Häufig wird sie wohl wegen ihres unauffälligen Habitus und schattigen Lebensraums übersehen. Verwandtschaftlich steht sie der Puppenorchis und dem *militaris*-Formenkreis der Gattung *Orchis* nahe. Nach neuesten Untersuchungen wäre sie mit dem Brandnabenkraut zu einer Gattung zu vereinen (K. Senghas 1997 mdl.).
Aufgrund der sehr kleinen Blüten dürfte sie überwiegend selbstbestäubend sein, worauf auch der praktisch 100%ige Fruchtansatz hinweist.

Keuschorchis im Hinterland von Nizza, M 2.

(a) Keuschorchis am bewaldeten Nordhang im Hinterland von Nizza, 400 m (vgl. auch Biotop Kap. 5.16.2), Aspekt A 4, kurz vor der Blüte. Weitere Arten im Umkreis: Herbstwendelorchis, Spinnen- und Marseille-Ragwurz, Spinnenähnliche und Braune Ragwurz; (b, c, d) Keuschorchis in den französischen Seealpen, 700 m, M 4.

5.7 Puppenorchis, Ohnsporn, Fratzenorchis

Aceras anthropophorum (L.) AITON FIL.
(*Orchis anthropophora* (L.) ALL.)

Merkmale
(15) 20–30 (40) cm hoch; Blütenhelm grünlich gelb, gelegentlich rötlich überlaufen; Lippe gelb bis rot, mit 4 langen Zipfeln (selten mit kurzem Mittelzähnchen). Der Blütenstand ist schmal und dicht, letzteres nur in besonders günstigen Lagen. Starke Pflanzen können über 150 Einzelblüten hervorbringen. Die rosettig angeordneten Laubblätter sind hellgrün und rinnig gebogen. Sie erscheinen bereits im Herbst.

Verwechslungsmöglichkeiten
keine doch! mit Coeloglossum (Aceras größer!)

Blütezeit
M 5-E 6 (Südalpen ab M 4)

Standort
Bis 600 m (Südalpen über 1300 m), meist über Kalkgestein, auf Lehm oder Löß, in m. o. w. trockenen Magerrasen. Die sehr seltene Pflanze gedeiht nur in klimatisch bevorzugten Gebieten (z. B. Oberrhein und Moselgebiet, Südalpen), dort aber manchmal (!) in individuenreichen Populationen. Die eher südwestliche Art ist schon im Norden und Osten Deutschlands kaum noch zu finden. Auf dem Gebiet der ehemaligen DDR sind derzeit noch 3 Standorte von ihr bekannt (R. Beyer 1994 mdl.). Sie wächst in warmen Steppenheide(wald)gebieten und buschreichen, einmahdigen Hangwiesen, vorzugsweise mit Südwestrichtung. Gern steht sie leicht beschattet vor Sträuchern und Buschreihen, die vor Nord- und Ostwind schützen. In Grenzbereichen kommt sie vorwiegend in lockerem, höherem Gras auf Waldlichtungen vor, wodurch Spätfröste gemildert werden. Aus demselben Grund meidet sie Mulden und Tallagen, wo sich Kaltluftseen bilden können. Man kann dies bei vielen frostempfindlichen Arten feststellen.

Allgemeines
Neueren Untersuchungen zufolge müßte die Puppenorchis zu den *Orchis*-Arten gestellt werden, und zwar in die Sektion *Orchis* (Kapitel 5.8 bis 5.23), mit der sie nahe verwandt ist und mit deren Arten sie z. T. leicht bastardiert. Der einzige grobe Unterschied wäre der fehlende Sporn (W. Wucherpfennig 1996 mdl.).
Die relativ unauffällige Orchidee findet man gelegentlich zwischen Krüppelformen der Schlehe, um Kiefern, Wacholder, Flaumeichen, Wolligen Schneeball, Heckenrosen und andere Gehölze. Weitere typische Begleitpflanzen sind: Helmknabenkraut, Spitzorchis, Riemenzunge, die *Ophrys*-Arten (v. a. Kleine Spinnen- und Fliegenragwurz und deren Begleitarten, vgl. Kap. 5.101), Braunrote Stendelwurz, Mückenhändelwurz, Großes Zweiblatt, Salbei, Margerite, Küchenschelle, Skabiosen, Klappertopf, Kleearten (z. B. Berg-, Wand- und Hornklee), Dorniger Hauhechel, Esparsette, Blutroter Storchschnabel, Sommerwurzarten, Kugel- und Mittlerer Wegerich, Stengellose Kratzdistel, Glockenblumen, Odermennig, Karthäusernelke, Vogelfußsegge, Fiederzwenke und Aufrechte Trespe. Die Puppenorchis kommt meistens auch in Gebieten vor, die das noch empfindlichere Affenknabenkraut besiedelt. Mit ihm, dem Helm- und dem Purpurknabenkraut bildet es gern interessante Gattungsbastarde, die in Mitteleuropa aber extrem selten sind. Stellenweise ist die Art stark gefährdet, da ihre Standorte leicht verbuschen oder Orchideenfreunde die wenigen Fundorte zu stark frequentieren. In letzter Zeit wurden einige neue Standorte entdeckt; möglicherweise weitet auch diese südeuropäisch-atlantische Art ihr Areal aufgrund der Klimaänderung aus. H. Kümpel [28] gibt an, daß Käfer die Blüten als Schlafstätte nutzen und so die Pflanze bestäuben.

Puppenorchis im Oberrheintal mit Schnellkäfer als Bestäuber (unten) und im nördlichen Baden-Württemberg an der derzeitigen Verbreitungsgrenze (rechts).

(a) Sporadisch beweideter Berg im Oberrheintal. Weitere Arten: Riemenzunge, Hummel- und Bienenragwurz; (b, d) Puppenorchis im Oberrheintal und (c) in den französischen Südwestalpen.

5.8 Wanzenknabenkraut

Orchis coriophora L. (ssp. *coriophora*)
Anteriorchis coriophora (L.) KLEIN et STRACK

Merkmale
10–30 (40) cm hoch; die Blüten sind klein, schmutzig bräunlichrot, z. T. etwas grünlich und riechen unangenehm nach Blattwanzen. Der Sporn ist ebenfalls bräunlich rot (!), oft etwas blasser als die Blüten. Die schmalen, rinnig gebogenen Blätter sind größtenteils rosettig angeordnet und erscheinen bereits im Herbst.

Verwechslungsmöglichkeiten
Das Wohlriechende Wanzenknabenkraut kommt in tieferen Lagen des Südens vor und duftet süß nach Vanille. Es hat einen hellen, meist weißen Sporn, die Farbe der Blüten variiert von grün bis dunkelrosa, im allgemeinen fehlt die „schmutzige" Komponente. Übergänge (?) zwischen beiden Unterarten sollen in Grenzzonen häufig sein.

Blütezeit
M 5-E 6 (M 7)

Standort
Bis 1500 m. Das Wanzenknabenkraut gedeiht auf feuchten bis trockenen, am besten auf wechselfeuchten, evtl. sandigen, mageren Wiesen. Es wächst gern auf Brennen der Flußauen und mitunter in Flachmooren. Hier bevorzugt es kalkhaltigen, manchmal lehmig-tonigen Untergrund, verträgt aber auch leicht sauren Boden. Dabei meidet es Beschattung und Stellen mit dichter Krautvegetation. Gelegentlicher Sedimenteintrag durch Überschwemmungen scheint förderlich zu sein.
Die Pflanze kommt in Mittel- und Osteuropa nur noch lükkig vor, ist aber auch in hohen Lagen (!) Südeuropas zu finden.

Allgemeines
Das bis vor wenigen Jahrzehnten in Mitteleuropa weit verbreitete Wanzenknabenkraut gehört heute zu unseren seltensten Arten. Nördlich der Mainlinie fehlt es inzwischen wohl völlig. Sein eklatanter Rückgang ist nur stellenweise auf vermehrten Nährstoffeintrag (Stickstoff!) zurückzuführen, die meisten Standorte fielen der Landwirtschaft zum Opfer. In Deutschland kommt es wohl nur noch in Bayern vor, insgesamt an etwa 20 Standorten (!). Der auffallende Rückgang ist im gesamten klimatisch gemäßigten Gebiet zu beobachten (Wucherpfennig 1998 mdl.), möglicherweise „greift" hier schon die Klimaänderung. Die wohlriechende Unterart ist offenbar nicht betroffen. Hinzu kommt, daß die Zahl der blühenden Pflanzen von Jahr zu Jahr stark schwanken kann.
In Streuwiesen wächst das Wanzenknabenkraut gelegentlich in lockerem Schilfbestand zusammen mit Rohrkolben, Sumpfblutauge, Zungenhahnenfuß, Sumpfweidenröschen, Wohlriechendem Lauch, Nordischem Labkraut, Weidenblättrigem Alant, Teufelsabbiß, Fettkraut, Mehlprimel, verschiedenen *Dactylorhiza*-Arten, Einknolle, Weißer Stendelwurz, Großem Zweiblatt etc. Auf trockenen oder wechselfeuchten Flächen, (z. B. Flußschotter) kommt es gemeinsam mit Spitzorchis, Brandknabenkraut (auch subsp. *aestivalis*), Salepknabenkraut, Mückenhändelwurz, Weißer Waldhyazinthe und Hummelragwurz vor. Weitere Begleitpflanzen sind: Deutscher, Stengelloser und Fransenenzian, Klappertopf, Kreuzblümchen, Bergklee, Hauhechel, Schlüsselblume, Zypressenwolfsmilch, Herbstzeitlose, Ästige Graslilie, Brillenschötchen, Karthäusernelke, Wund- und Hornklee, Mehlprimel, Wiesenschlüsselblume u. v. m.

Wanze mit Pollinien auf Wanzenknabenkraut, Schweiz; links: Solitärbiene bei der Bestäubung, Niederbayern.

(a, b) Wanzenknabenkraut auf wechselfeuchter Brenne am Lech/Bayern. Weitere Arten: Mückenhändelwurz, Einknolle, Hummelragwurz; (c, d) an der Donau/Bayern.

5.8.1 Wohlriechendes Wanzenknabenkraut

Orchis coriophora ssp. *fragrans* (POLLINI) K. RICHTER

Merkmale
s. unter „Verwechslungsmöglichkeiten" in Kap. 5.8

Blütezeit
5–6

Standort
In den Südalpen kaum über 400 m.
Das Wohlriechende Wanzenknabenkraut wächst hauptsächlich in frischen bis sehr trockenen Wiesen, oft an steinigen oder erdigen Stellen ohne sonstige Vegetation. Hin und wieder findet man es an alten Straßenböschungen. Gelegentlich kommt es auch auf Sandboden vor. Es bevorzugt im Mittel deutlich wärmere und trockenere Standorte als die Nominatform.
Verbreitet ist es im gesamten Mittelmeerraum, steigt aber offenbar nicht höher in die Gebirge auf.

Allgemeines
Die Unterart streift unser Gebiet nur in den Südalpen (z. B. Gardasee). Im Gegensatz zur Nominatform ist bei ihr häufig vegetative Vermehrung (also Horstbildung) zu beobachten. Typische Begleitpflanzen sind: Schmetterlings- und Dreizähniges Knabenkraut, Spitzorchis, Bienen- und Hummelragwurz, Schwertstendel, Moose, Erdflechten, Süßgräser und Seggen, Wacholder, Flaumeiche und Kiefer.
Die meisten guten Orchideenkenner [z. B. 34] verneinen interessanterweise die Existenz einer ssp. *fragrans*. Von Übergangsformen ist immer wieder zu lesen [9, 34]. Während auf der „stinkenden" Unterart neben Hummeln erregte Sandbienenmännchen [34], Fliegen [6] und Wanzen anzutreffen sind, findet man auf der „duftenden" Unterart praktisch nur nektarsammelnde Honigbienen und Hummeln. Diese Beobachtungen können selbstverständlich noch ergänzt werden.
Vor kurzem (1989) wurde das Wanzenknabenkraut (einschließlich ssp. *fragrans*) von der Gattung *Orchis* abgetrennt und als *Anteriorchis* bezeichnet (bedeutet stammesgeschichtlich ältere Gattung). Nach E. Klein und D. Strack [in 34] unterscheiden sich beide Gattungen a. a. in folgenden Merkmalen des Wanzenknabenkrauts: Mittellappen der Lippe ungeteilt, Perigon z. T. verwachsen, andere Blütenfarbstoffe. Außerdem enthält der Sporn im Gegensatz zu dem der *Orchis*- und *Dactylorhiza*-Arten Nektar, und der Blütenduft soll auf Hautflüglermännchen sexuell anziehend wirken.

Wohlriechendes Wanzenknabenkraut in den französischen Südwestalpen mit Hummel als Bestäuber; rechts: Albino, italienische Südalpen.

(a, b) Wohlriechendes Wanzenknabenkraut in den italienischen Südalpen und (c) in den französischen Südwestalpen. Biotop vgl. Kap. 3.9 und 5.4; (d) Einzelblüten am Rand der Südwestalpen (Var, Frankreich).

5.9 Dreizähniges Knabenkraut

Orchis tridentata Scop.

Merkmale
15–30 (40) cm hoch; Grundfarbe der Blüten rosa bis weiß; Helm rosaviolett gestreift, Lippe gepunktet. Die Spitzen der Petalen sind nach oben gebogen und bilden die „Zähne" (Name), der Blütenstand ist kurz und wirkt anfangs kugelig, später zylindrisch. Die weißlichgrünen, spitzen oft rot gerandeten Laubblätter bilden eine im Herbst erscheinende Rosette, einige reichen aber auch weit den Stengel hinauf.

Verwechslungsmöglichkeiten
Das Kugelknabenkraut (Kap. 5.2) wächst in höheren Lagen der Alpen, es wird größer, und die zahlreicheren Einzelblüten sind viel kleiner.

Blütezeit
A 5-A 6 (E 6)

Standort
Bis etwa 500 m, in den Südalpen bis nahe 2000 m.
Das Dreizähnige Knabenkraut ist offensichtlich auf kalkreichen Untergrund (z. B. Zechstein, Muschelkalk) angewiesen. Es wächst auf extensiv beweideten bis ungepflegten Magerrasen (gern am Hangauslauf), verträgt Trockenheit und einen sonnigen Standort. Allerdings gedeiht es auch recht gut an Ost- oder Westhängen und im Morgenschatten von Sträuchern. Eine lockere, lichte Beschirmung aus Gräsern des Vorjahres wirkt anscheinend ebenfalls förderlich.

Allgemeines
Das Dreizähnige Knabenkraut ist eine mediterrane Pflanze, die in Mitteleuropa eigenartigerweise nur regional begrenzt vorkommt; entlang des Rheins, in Bayern und Baden-Württemberg fehlt die Orchidee trotz scheinbar geeigneter Biotope und Klimaverhältnisse (sie keimt auch in diesen Gebieten), wächst aber in Westfalen (südliches Niedersachsen), Hessen und in Thüringen mitunter in größeren Beständen. Auch in Österreich und der Südschweiz ist sie stellenweise heimisch. In den Südalpen kann man sie häufiger antreffen.

Gern steht die relativ kleine Pflanze in Gemeinschaft mit Fliegenragwurz, Mückenhändelwurz, Braunroter Stendelwurz und – außer in Hessen – auch mit dem Brandknabenkraut, wodurch Bastarde nicht allzu selten sind. In Thüringen beispielsweise existieren ausgedehnte Hybridpopulationen, in denen z. T. kaum noch reine Pflanzen zu finden sind. Weitere Begleitpflanzen können sein: Bienenragwurz, Salepknabenkraut, Weiße und Grüne Waldhyazinthe, Purpur- und Helmknabenkraut, Breitblättrige Stendelwurz, Einknolle, seltener Großes Zweiblatt und Bleiches Waldvögelein, im Süden dazu „Bertolonis"- (*Op. benacenis, Op. saratoi, Op. drumana*) und Spinnenragwurz, Affenknabenkraut, Dingel, Puppenorchis und Schwertblättriges Waldvögelein. Des weiteren sind zu nennen: Kiefer, Flaumeiche, Wacholder, Schlehe, Wolliger Schneeball, Fingerkraut, Klappertopf, Mittlerer- und Spitzwegerich, Kugelblume, Klee (v. a. Hornklee), Karthäusernelke, Zypressenwolfsmilch, Küchenschelle, Kreuzblümchen, Süßgräser (z. B. Trespen oder Schillergras), Frühlingssegge und Moose (vgl. auch Kap. 5.8). Problematisch ist mancherorts die natürliche Sukzession der Hänge; dichtere Beschattung verträgt die hübsche Orchidee nicht. Bestäubt wird sie v. a. von Hummelarten.

Albino in den italienischen Südalpen.

(a, b) Wacholderheiden in Hessen. Weitere Arten: Großes Zweiblatt, Grüne Waldhyazinthe, Mannsknabenkraut, Fliegenragwurz, Braunrote Stendelwurz; (c) in den französischen Südwestalpen, (d) in den italienischen Südalpen.

Einzelblüte des Dreizähnigen Knabenkrauts, Thüringen.

5.10 Milchweißes Knabenkraut

Orchis lactea Poiret

Merkmale
Sehr ähnlich der vorhergehenden Art (Dreizähniges Knabenkraut, vgl. dort), unterscheidet sich von dieser u. a. durch die weniger lebhafte Farbe und durch grüne Stellen außen am hellen Helm (!). Die Lippenfärbung variiert stark von blaßrosa bis rotlila.

Blütezeit
M 3-A 4 (Maures), vor dem Dreizähnigen Knabenkraut und den meisten Begleitorchideen.

Standort
Sonnig bis halbschattig, auch auf kalkfreien, mageren Böden, die zeitweise sogar feucht sein können. Die recht gut unterscheidbare Art ist aus vielen Gebieten des Mittelmeers bekannt, u. a. aus dem Maurengebiet (Maures, F.), das südwestlich an die Seealpen anschließt. Ob und wie weit sie hier aufsteigt, konnte noch nicht geklärt werden. Auch im italienischen Bereich ist ein Vorkommen denkbar.

Milchweißes Knabenkraut, Maures (südwestlich des Alpenfußes).

5.11 Brandknabenkraut, Angebranntes Knabenkraut

Orchis ustulata L. (ssp. *ustulata*)

Merkmale
10–25 (35) cm
Die Einzelblüten sind sehr klein (Stecknadelglaskopf); die Lippe ist weiß und normalerweise dunkelrot gepunktet, die dunkelpurpurnen Sepalen (Helm) werden nach dem Aufblühen heller. (Selten kommen Albinos vor; sie besitzen einen grünen Helm und eine reinweiße Lippe.) Die Laubblätter sind weißlich grün und erscheinen meistens bereits im Herbst als Rosette.

Verwechslungsmöglichkeiten
Das Purpurknabenkraut ist in allen Teilen deutlich größer. Die Unterart *aestivalis* des Brandknabenkrauts blüht erst nach dem Abblühen der Subspecies *ustulata* auf, wird erheblich höher, die frisch grünen Laubblätter sind länger und schmäler, erscheinen erst im Frühling und bilden auch ohne Beschattung von Begleitvegetation keine niederliegende Rosette; die zahlreicheren lockerer sitzenden Blüten duften nach Zitrone statt nach Honig, die Spitzen der Sepalen sind leicht hochgebogen, die Lippe ist leicht gezähnt. Der Blütenstand ist spitzer und aufgeblüht auch lockerer, der Stengel ist dicker.

Blütezeit
E 4-E 6 (Alpen: -E 7)

Standort
Bis 2000 m.
Das relativ zierliche Brandknabenkraut ist in der nördlichen Hälfte Mitteleuropas deutlich seltener als in der südlichen. Im nördlichen Drittel Deutschlands ist es bereits verschwunden. Es verträgt nur eine lockere Begleitvegetation und gedeiht sonnig bis halbschattig, vorzugsweise in trockenen bis frischen Magerrasen wie Brennen und Wacholderheiden. Der Boden ist hier oft steinig oder kiesig, vegetationsarm oder mit flachem Moos und Flechten bewachsen, seltener dichter mit Gras und Kräutern bestanden, anderen Orts auch lehmig oder lößhaltig. Gern steht es an Westhängen und im Morgenschatten von Sträuchern, wo sich der Tau länger hält. Sogar auf trockensten, heißen Felsköpfen, häufiger aber am Fuß der Felsen kann man es finden. Auf kalkhaltigen Bergwiesen ist es gelegentlich nicht selten. Selbst in Feuchtwiesen und sehr lichten Kiefernmischwäldern trifft man es mitunter an.

Allgemeines:
In günstigen Biotopen bildet das Brandknabenkraut größere, lockere Gruppen oder neigt zu Horstbildung. Es ist noch nicht allzu selten, reagiert aber empfindlich auf Kunstdünger und längere Beschattung.
Zu den Begleitpflanzen gehören: Salep-, evtl. Dreizähniges und Helmknabenkraut, Mückenhändelwurz, Fliegen- und Hummelragwurz, Weiße Waldhyazinthe, Herbstwendelorchis, im Gebirge auch die Bergorchideen. Des weiteren wächst es gern in Gemeinschaft mit Wacholder, jungen Kiefern und Fichten, Storchschnabel, Bergsteinkraut, Buchskraut, Karthäusernelke, Küchenschelle, Kugelblume, Horn-, Hufeisen- und Geißklee, Kronwicke, Esparsette, Kleinem Habichtskraut, Mittlerem und Spitzwegerich, Thymian, Skabiose, Salbei, Acker- und Kammwachtelweizen, Fingerkraut, Mondraute, Frühlingssegge, Zitter- und Federgras, Fiederzwenke, Schafschwingel, Trespe, Moosen und Flechten.
Nach neuesten Erkenntnissen (DNA-Analysen) wäre das Brandknabenkraut aus der Gattung *Orchis* verwandtschaftlich herauszulösen und zu *Neotinea* zu stellen (K. Senghas 1997 mdl.).

Einzelblüten des Brandknabenkrauts, Oberpfalz (links); grünliches Exemplar, Thüringen (Mitte); Albino an der mittleren Donau (rechts).

a b c d

(a) Wacholderheide in der Oberpfalz (vgl. Kap. 3.4). Im sichtbaren Bereich nur Brandknabenkraut (ca. 40 Pflanzen), zum Teil in Gruppen; (b, c) Brandknabenkraut in den Lechauen/Bayern, (c) mit ungefleckten Lippen und (d) in der Oberpfalz.

5.11.1 Sommerform des Brandknabenkrauts

Orchis ustulata ssp. *aestivalis* KÜMPEL et MRKVICKA

Merkmale
20–80 cm hoch, kleinblütig, weitere: vgl. Kap. 5.11 „Verwechslungsmöglichkeiten"

Blütezeit
(M 6) M 7-A 8, manche Populationen bis A 9 (überschneidet sich kaum einmal mit ssp. *ustulata*)

Standort
Bis 2000 m (?). Diese Unterart wächst hauptsächlich in trockenen, flachgründigen Wiesen, gern über Kies in Flußniederungen. Sie ist weniger trockenresistent als die Nominatform, meidet also Extremstandorte. Man findet sie auch in feuchteren Biotopen, gelegentlich sogar nordexponiert oder im höheren Gras.

Sommerform des Brandknabenkrauts.

Allgemeines
Die Subspecies *aestivalis* gilt erst seit 1990 als eigenständig. Verbreitung, Biotope etc. bedürfen noch genauerer Untersuchung.
Möglicherweise bildet sie eine überlebensfähige Mutation als Anpassung an dichteren Krautwuchs und/oder Spätfröste, vor denen höheres Gras des Vorjahres besser schützt. Hierdurch wäre der kräftigere Wuchs bzw. die größeren, steiferen Blätter und der späte Blattaustrieb mancher Sippen (zu Ende des Winters) erklärbar.
Stellenweise wächst die Unterart *aestivalis* neben ssp. *ustulata* (Kaiserstuhl, Donau), ist also kein Ökotyp, kann diese aber auch ersetzen. In Flußauen begleitet sie u. a. die Hummelragwurz, Spitzorchis, Wanzen- oder Helmknabenkraut, an flachgründigen Hängen gelegentlich auch die Herbstwendelorchis, mit der sie sogar zur selben Zeit blühen kann. In manchen Gegenden (v. a. in höheren Lagen) überschneiden sich evtl. die Blütezeiten und Merkmale beider Unterarten, so daß eine Trennung oft kaum noch möglich ist. Andererseits existieren Sippen, die in dem ein oder anderen Merkmal von der Beschreibung abweichen. Am Oberrhein z. B. treiben sie schon im Herbst aus, in den Alpen hat eine Sippe einen dünnen Stengel und einen kurzen, stumpfen Blütenstand.
Bestäubt wird die Sommerform hauptsächlich von einem Bockkäfer (*Leptura levida*) und Hummeln, während bei der Nominatform meist eine Raupenfliege (*Echinomyia magnicornis*) als Bestäuber fungiert. Der Fruchtansatz bei der Sommerform fällt hier deutlich besser aus.

a b c

(a) Brenne an der mittleren Donau mit der Sommerform des Brandknabenkrauts. Weitere Arten: Hummelragwurz, Mückenhändelwurz, Wanzen- und Helmknabenkraut, Frühjahrsform des Brandknabenkrauts (zeitlich gut abgesetzt); (b, c) Sommerform des Brandknabenkrauts am selben Standort, (b) mit Widderchen im Anflug.

5.12 Purpurknabenkraut

Orchis purpurea Huds.

Merkmale
20–80 cm hoch; relativ großblütig.
Der Helm und die obere Hälfte des Stengels sind purpurbraun, die rosa bis weiße Lippe wirkt durch purpurne Haarbüschel gepunktet. Sie ist von Pflanze zu Pflanze sehr unterschiedlich: breiter oder schmäler, gesprenkelt oder gefleckt etc. Sehr selten kommen Albinos mit schmutzig weißen oder grün-weißen Blüten vor. Typisch ist der Kontrast dunkler Helm – helle Lippengrundfarbe (!). Die glänzenden, erst im Frühjahr erscheinenden Blätter bilden eine aufrechtstehende Rosette.

Verwechslungsmöglichkeiten
Das Brandknabenkraut ist viel zierlicher und kleinblütig. Bastarde mit dem nahe verwandten Helmknabenkraut und dem seltenen Affenknabenkraut sind v. a. an der schmalen Lippe und dem helleren Helm zu erkennen, manchmal aber schwer abzugrenzen.

Blütezeit
(E 4) A 5-M (E) 6

Standort
Bis 700 (1000) m.
Die stattliche, wärmeliebende Orchidee gedeiht auf kalkhaltigen Böden, gerne auf Löß und besiedelt in der Hauptsache lichte Buchenwälder. Allerdings kommt sie auch zwischen Fichten, unter Kiefern und im Auwald vor. Selbst an nach Süden geneigten Hängen mit nicht zu kurzem Halbtrockenrasen ist sie zu finden. Hier bilden sich oft fertile Hybridenschwärme mit dem dort häufiger wachsenden, mehr Trockenheit, aber weniger Schatten vertragenden Helmknabenkraut. Das Purpurknabenkraut bevorzugt in niederschlagsarmen Gegenden allerdings buschreiches, halbschattiges Gelände. Je dunkler der Standort ist, desto lockerer und armblütiger wird der Blütenstand, und desto höher wird im allgemeinen die Pflanze.

Allgemeines
Das Purpurknabenkraut ist nur stellenweise etwas häufiger, z. B. in der Eifel und in Rheinland-Pfalz. In Bayern fehlt die Art wohl südlich der Donau. Möglicherweise meidet sie Gebiete mit häufigen und ergiebigen Niederschlägen wie den Alpenstaubereich. Im Buchenwald steht das Purpurknabenkraut oft ohne Begleitvegetation, ansonsten zwischen jungen Buchen (auch Hainbuchen) und Fichten, Bergahorn, Efeu, Sanikel, Leberblümchen, Blaugrüner Segge, Nickendem Perlgras, Waldzwenke und anderen Süßgräsern. Gern wächst es in lichten, grasigen Bereichen um Weißdorn (leichtere Keimung durch Honigtau?). Der Fruchtansatz ist meist recht dürftig, blühende Pflanzen können aber schon nach 3–5 Jahren auftreten und über 20 Jahre alt werden. Im Kiefernwald bevorzugt es moosige Stellen mit Wacholdergebüsch, in offenem Gelände gedeiht es besonders zwischen Krüppelformen der Schlehe, unter Hartriegel, Liguster, Berberitze und dergleichen. Weitere Begleitpflanzen sind: Seidelbast, Wiesenschlüsselblume, Veilchen, Hornklee, Glockenblumen, Margerite, Feldmannstreu, Frühlingsplatterbse, Ehrenpreis, Spitzwegerich, Wiesensalbei, Kleiner Wiesenknopf, Fingerkraut und verschiedene Seggen. An Orchideen sind zu nennen: Helmknabenkraut, Mückenhändelwurz, beide Waldhyazinthen, alle drei Waldvögelein, Frauenschuh, Korallenwurz, Breitblättrige und Braunrote Stendelwurz, Fuchs' und Mannsknabenkraut, selten eine der Ragwurzarten, gebietsweise (Nahegebiet!) die Riemenzunge. Spätfröste schädigen oft manche Populationen.

Purpurknabenkraut in den Südwestalpen der Schweiz und Frankreichs; rechts: Albino.

(a) Buschreiches Obstbaugebiet (Osthang) in Unterfranken. Weitere Arten: Mückenhändelwurz und Großes Zweiblatt; (b, c) Purpurknabenkraut in Unterfranken, (d, e) im Altmühltal, (d) lockerblütige Waldform.

5.13 Helmknabenkraut

Orchis militaris L.

Merkmale
20–40 (60) cm hoch; Blütenhelm aschgrau, innen mit roten Adern, heller als Lippe (!), diese ist formenreich (manchmal sind sogar Seiten- und Mittellappen miteinander verwachsen), m. o. w. rosa mit roten Haarbüscheln. Selten findet man Pflanzen mit blaßrosa oder reinweißen Blüten. Die breiten, kräftigen Blätter sind hellgrün, eher matt und größtenteils rosettig angeordnet. Sie erscheinen erst im Frühjahr.

Verwechslungsmöglichkeiten
Hybriden mit Purpurknabenkraut besitzen meist einen dunkel überlaufenen Helm und breitere Lippen.
Das nahe verwandte Affenknabenkraut wächst sehr selten in besonders milden Gegenden entlang der südlichen Westgrenze Deutschlands und am Südrand der Alpen. Es besitzt dünne, lange, verdrehte Seiten- und Mittellappen an der Lippe. Der Blütenstand öffnet sich von oben nach unten. Hybriden zwischen Helm- und Affenknabenkraut sind schwer zu bestimmen. Sie liegen mit den Merkmalen zwischen beiden Arten, die Blütenstände öffnen sich meistens von unten nach oben.

Blütezeit
(E 4) M 5-M 6, auch E 10 wurden schon einzelne Pflanzen in Blüte angetroffen.

Standort
Kaum über 900 (2240) m.
Das Helmknabenkraut ist anscheinend an Kalk gebunden, kann aber vereinzelt auch auf kalkfreiem Untergrund vorkommen (Gneis). Es verträgt trockenen, steinigen, aber auch wechselfeuchten und relativ feuchten Boden. Gern wächst es auf Flußschotter oder auf Ton-, Lehm- und Lößböden. Hier bevorzugt es lockere Magerrasen und hält sich noch längere Zeit in ungepflegtem, halbhohem, dichtem Gras, zwischen und unter Buschwerk, selbst in lichten Baumbeständen. Die kräftige Pflanze besiedelt vorzugsweise Flußauen und ist dort in Brennen, Waldrändern und Hochwasserdämmen nicht selten. In weiten Gebieten ist sie verbreitet an busch- und wacholderreichen Trockenhängen zu finden, während sie andernorts in ähnlichen Biotopen völlig fehlt. Sekundärstandorte erobert diese Art oft lange vor den anderen Orchideen.

Allgemeines
Das Helmknabenkraut ist über weite Gebiete eine unserer häufigeren Orchideen, die gern in Gruppen wächst und durch Größe und Farbe auch Laien auffällt. Besonders aber in der südwestlichen Ecke und dem östlichen Teil Deutschlands sind eklatante Rückgänge zu verzeichnen, während sie im Norden und Nordwesten schon immer selten war. Sie kommt durch ihre „Anspruchslosigkeit" hinsichtlich des Standorts in Begleitung vieler anderer Arten vor. Zu erwähnen sind hier v. a.: Mückenhändelwurz, Bienen-, Hummel- oder Fliegenragwurz, Salep-, Dreizähniges, Brand- und Purpurknabenkraut, Großes Zweiblatt, Spitzorchis und Riemenzunge. Weitere Begleitpflanzen sind z. B. verschiedene Seggenarten, hohe und niedrige Süßgräser (z. B. Zitter- und Knäuelgras, Glatthafer, Trespe, Pfeifengras, Zwenken, Blau- und Schillergras), Kanadische Goldrute (verdrängt aber alle Orchideenarten!), Mädesüß, Salomonssiegel, Küchenschelle, Kugelblume, Hornklee, Fingerkraut, Wiesenknopf, Löwenzahn, Wolfsmilcharten (besonders Zypressenwolfsmilch), Labkraut, Brombeeren, Berberitze, Liguster, Wolliger Schneeball, verschiedene Weiden, Erle, Espe, Kiefer, Fichte u. v. m.
Da das Helmknabenkraut auch in Biotopen mit nährstoffreicheren Böden gedeiht, sind gerade reichhaltige Standorte durch zu dichte Vegetation bedroht.

Seltene Form des Helmknabenkrauts ohne Papillen, mittlere Donau (links); helle Variante, Thüringen (Mitte) und Albino, Unterfranken (rechts).

(a) Gepflegte Lechheide in Bayern. Weitere Arten (v.a. im Hintergrund): Spinnen-, Hummel- und Fliegenragwurz, Brandknabenkraut und Großes Zweiblatt; (b) Helmknabenkraut in Unterfranken und (c, d) an der mittleren Donau/Oberbayern.

5.14 Affenknabenkraut

Orchis simia LAM.

Merkmale
20–40 (50) cm hoch
Der Blütenstand wirkt relativ kurz und ist nicht zugespitzt, da die Einzelblüten sehr rasch von oben nach unten aufblühen (!), was oft auch an welkenden Blüten beobachtet werden kann. Wie beim nahe verwandten Helmknabenkraut sind sie rosa bis reinweiß, selten ist der Helm purpurn angehaucht, die Seiten- und Mittellappen der Lippe sind länger ausgezogen, meist dunkelrosa, verdreht und aufgebogen. Auch diese Art hat winzige, dunklere Haarbüschelchen auf dem hellen Labellum. Die Laubblätter sind ähnlich denen des Helmknabenkrauts, mitunter kürzer und rundlicher.

Verwechslungsmöglichkeiten
Helmknabenkraut und Hybriden, vgl. Kap. 5.13.
Sehr selten findet man auch Bastarde mit Purpurknabenkraut, die von unten nach oben aufblühen und in Farbe und Lippenform zwischen beiden Arten liegen.

Blütezeit
(E 4) A 5-E 5 (A 6)

Standort
Bis etwa 500 (1000) m.
Das Affenknabenkraut gilt als kalkhold, ist aber möglicherweise nicht auf dieses Mineral angewiesen. Gern wächst es auf Lößboden, der weniger leicht austrocknet. Sehr trockene, vegetationsarme Standorte meidet es meist. Die kräftige Pflanze bevorzugt buschreiche Halbtrockenrasen, gedeiht (besonders in den Südalpen) aber auch in lichtem Buschwerk. Gern steht sie an Südhängen im Mittagsschatten von Büschen und Bäumen, selten an Sekundärstandorten wie Bahn- und Straßenböschungen.

Allgemeines
Die mediterrane Orchidee ist in Mitteleuropa sehr selten, deutsche Fundorte sind nur entlang des Oberrheins und im Gebiet von Saar und Mosel bekannt. In den Südalpen ist die Art ab der Höhe von Meran häufiger, auch in Vercors; größere Bestände sind aber selbst dort eine Rarität.
Die Wiesen, in denen das Affenknabenkraut zu finden ist, sind im allgemeinen sehr artenreich. Typische Begleitpflanzen sind: Klappertopf, Wundklee, Hornklee, Esparsette, Blutroter Storchschnabel, Wiesensalbei, Büschelglockenblume, Feldmannstreu, Karthäusernelke, Kleiner Wiesenknopf, Salomonssiegel, Ästige Graslilie, Kreuzblümchen, Fingerkraut, Wiesenschlüsselblume, Wolfsmilchgewächse, Ackerwachtelweizen, Heckenrose, Wolliger Schneeball, Liguster, Weißdorn, Hartriegel und Flaumeichen.
Oft steht das Affenknabenkraut auf Flächen ohne Begleitorchideen. Mitunter findet man es aber gemeinsam mit Spitzorchis, Riemenzunge, Spinnen- oder Hummelragwurz, Puppenorchis, Helm-, Purpur- und Brandknabenkraut; in den Südalpen auch mit „Bertolonis" Ragwurz (v.a. *Op. drumana* und *Op. benacensis*), Dingel, Schwertblättrigem Waldvögelein und Dreizähnigem Knabenkraut. Die Eigenart, daß der Blütenstand von oben her aufblüht, ist lediglich von einer weiteren, südeuropäischen Art bekannt (Borys Knabenkraut, *Orchis boryi*). Sehr selten können allerdings schwache Exemplare von unten her aufblühen – ohne erkennbaren Einfluß des Helmknabenkrauts.
Bedroht ist die gut zu erkennende Art stellenweise durch den Fototourismus, aber gelegentlich auch durch aufkommende Goldrutenbestände. Offenbar ist sie auch sehr frostempfindlich.

Affenknabenkraut an der Nahe (westliches Deutschland); rechts: Albino (Gardasee-Gebiet).

(a) Ungenutzter buschreicher Magerrasen, Südhang in den italienischen Südalpen. Weitere Arten: Spinnen- und Insubrische Ragwurz, Dreizähniges und Salepknabenkraut, Spitzorchis; (b) Affenknabenkraut in den italienischen Südalpen und (c, d) den französischen Südwestalpen (Vercors), (c) von oben aufblühend.

5.15 Blasses Knabenkraut, Bleiches Knabenkraut

Orchis pallens L.

Merkmale
15–30 (40) cm hoch; Sepalen und Petalen der Blüte grünlich blaßgelb; Lippe gelb, ohne Zeichnung und mit 3 runden, ganzrandigen Lappen; Laubblätter glänzend, besonders auf der Unterseite, in grundständiger Rosette angeordnet.

Verwechslungsmöglichkeiten
Strohgelbes Knabenkraut, (Kap. 5.41) (wächst auf nassen Böden).
Die gelbe Form des Holunderknabenkrauts bevorzugt kalkfreie Böden und besitzt fast immer eine schwache, rötliche Zeichnung auf der gezähnten Lippe und hat matte, stengelbegleitende Blätter (Kap. 5.24).
Der Sporn ist dick und nach unten gebogen.
Das Provence-Knabenkraut hat gefleckte Blätter und fast immer rot gepunktete Lippen.

Blütezeit
M 4-M 6 (Alpen)

Standort
Bis 1600 m, selten über 2000 m.
Das Blasse Knabenkraut gilt als wärme- und kalkliebend und wächst in niederen Lagen eher schattig bis halbschattig, in Mittelgebirgen (niederschlagsreicher!) und den Alpen oft sonnig, selbst an Südhängen. In der Krautschicht von Auwäldern fällt es kaum auf. Seine bevorzugten Lebensräume sind Waldränder, helle, grasige Stellen und Lichtungen, vorzugsweise im Buchenwald. Gern steht es auch im buschreichen Gelände, besonders auf (ehemaligen) Kuhweiden. Im Wald bevorzugt es die Niederwaldwirtschaft (regelmäßiges Auf-Stock-Setzen der Gehölze).

Allgemeines
Das Blasse Knabenkraut ist relativ selten und bildet nur in Ausnahmefällen größere Bestände. Spätfröste und Trockenheit können die Pflanze empfindlich schädigen. Aus diesen Gründen ist der Samenansatz ohne menschliche Hilfe nicht gerade üppig. Verbreiteter anzutreffen ist die Art nur noch in der Schwäbischen Alb und in Osthessen bis Thüringen. Im Westen und Norden Deutschlands fehlt sie völlig. Die Blüten riechen (v. a. abends) nach Holunder. Der Geruch wird mitunter auch wie der von Katzenharn empfunden.
Hybriden mit Mannsknabenkraut, mit dem es oft gemeinsam wächst, haben rosa bis rote Blüten, sind gelegentlich sehr stattlich, besitzen meist glänzende Blätter und sind im Zweifelsfall auch am Duft zu erkennen.
Weitere typische Begleitpflanzen sind Bleiches, seltener Schwertblättriges oder Rotes Waldvögelein, die beiden Waldhyazinthen, einzelne Fichten, Rot- und Hainbuche, Eiche, Esche, Ulme, sogar Kiefer, Weißdorn, Hasel, Schlehe, Seidelbast, Leberblümchen, Buschwindröschen, Walderdbeere, Lungenkraut, Fingerkraut, Veilchen, Frühlingsplatterbse, Goldnessel, Ehrenpreis, Sternmiere, Waldlabkraut, Waldziest, Spitzwegerich, Haselwurz, Wiesenschlüsselblume, Aronstab, Türkenbund, Bärlauch, Seggenarten wie Blaugrüne, Berg-, Finger- oder Erdsegge und verschiedene Süßgräser (z. B. Waldzwenke). Mitunter ist es mit dem großen Zweiblatt, Frauenschuh, Fuchs', Purpur- oder Brandknabenkraut vergesellschaftet.
Empfindlich reagiert das Blasse Knabenkraut auf vorangegangene Dürrejahre, 1993 kamen z. B. in Thüringen an einem reich besetzten Standort (über 1000 Exemplare) nicht einmal 10 zur Blüte (R. Beyer mdl.). Bestäubt wird die Art wohl hauptsächlich von verschiedenen Hummeln.

(a) Einmahdige Wiese (ehemalige Kuhweide) in der südlichen Frankenalb. Weitere Arten: Mannsknabenkraut, Weiße und Grüne Waldhyazinthe, Bleiches Waldvögelein; (b, d) Blasses Knabenkraut in den italienischen Südalpen und (c) in der südlichen Frankenalb.

5.16 Mannsknabenkraut, Stattliches Knabenkraut

Orchis mascula L. ssp. *mascula* s. auch S. 79! + 82

Merkmale
20–50 (60) cm hoch, Blüten rotviolett, seltener rosa oder gar reinweiß. Lippe meist mit dunklerer, strichartiger Zeichnung. Oberer Stengelteil oft dunkel überlaufen. Laubblätter sind gefleckt oder (auch am Grund) rein grün; Blütenstand relativ gleichmäßig; seitliche Sepalen nach hinten außen verdreht und hochgeklappt, also von vorne unten kaum sichtbar, da hinter dem mittleren Sepalum versteckt. Meistens berühren sie einander.

Verwechslungsmöglichkeiten
Das Kleine Knabenkraut (Kap. 5.22) ist niedriger, die Sepalen sind grün gestreift;
die rote Form des Holunderknabenkrauts (Kap. 5.24) ist ebenfalls kleiner, auf der Lippe sind gelbe Partien; alle anderen rotviolettblühenden Knabenkräuter wachsen in Feuchtgebieten.
Das Prächtige Knabenkraut (ssp. *signifera*) s. Kapitel 5.16.1

Blütezeit
E 4-A 6

Standort
Das bis 2000 (2800) m (betrifft beide Unterarten) wachsende Mannsknabenkraut ist kalkhold, aber nicht an basische Böden gebunden. Es wächst in Steppenheidewäldern, häufiger in Auwäldern auf Lehmböden (unter Eschen), wo es besonders stattlich wird, es bevorzugt Buchen und gedeiht besonders an lichten Stellen im Wald, im Waldrandbereich unter Bäumen (gern bei Hainbuchen) westexponiert, nordexponiert eher außerhalb des Traufbereichs. Gern steht es zwischen Buschwerk, ist aber selbst in moosigen Wacholder-Halbtrockenrasen zu finden, die der Mittags- oder Morgensonne abgewandt sind. Seltener tritt es als Pionierart in stillgelegten, offengelassenen Steinbrüchen und deren Abraumhalden auf. M. Kutscher [1] gibt sogar Quell- und Feuchtwiesen in NO-Deutschland an. In Gebirgen kommt es oft an unbeschatteten Südhängen vor. Es verträgt dort auch durchaus extensiven Weidebetrieb. Oberflächliche Versauerung des Bodens und wechselfeuchte Verhältnisse werden ebenfalls in Kauf genommen. Verbreitet ist es in ganz Mitteleuropa, zwischen Donau und Alpenvorland besteht eine auffallende Verbreitungslücke.

Allgemeines
Das Mannsknabenkraut ist eine unserer häufigeren Orchideen, da es verschiedene Lebensbedingungen akzeptiert. Allerdings scheint es ebenfalls stellenweise in letzter Zeit stark zurückzugehen (trockenes Frühjahr?), besonders auf kalkfreiem Boden (saurer Niederschlag?).
Wächst es zusammen mit dem Blassen Knabenkraut, blüht es oft erst auf, wenn dieses in Hochblüte steht. Frostschäden sind deshalb unwahrscheinlicher.
Die typischen Begleitpflanzen sind im allgemeinen die selben wie beim Blassen Knabenkraut, in sauren Bereichen verschiebt sich das Artengefüge natürlich. Das Mannsknabenkraut kann hier beispielsweise zusammen mit dem Holunderknabenkraut oder unter Obstbäumen, ja sogar bei Birken gedeihen. Im Halbtrocken- oder Trockenrasen ist es meist um Buschwerk (Heckenrose, Wolliger Schneeball, Schlehe, Weißdorn, Wacholder etc.) zu finden. Wuchsfördernde teilweise Beschattung (v. a. morgens) bieten neben Hanglage auch Solitärbäume wie Kiefern, Fichten und Buchen oder Baumreihen (z. B. Espe, Feldahorn).

Mannsknabenkraut (f. *rosea*) an der Donau/Oberbayern (links) und in Unterfranken (rechts), beide mit Tendenz zu ssp. *signifera*.

(a, b) Nordhang einer Wacholderheide in Hessen (gleicher Standort wie Abb. a in Kap. 5.9 Dreizähniges Knabenkraut); (c, d) in den französischen Südwestalpen, (c) links im Bild Albino.

5.16.1 Prächtiges Knabenkraut

Orchis mascula ssp. *signifera* (VEST) SOO
O. mascula ssp. *speciosa* (HOST) HEGI
O. mascula ssp. *acutiflora* (KOCH) QUENTIN
O. signifera VEST
O. ovalis F.W. SCHMIDT ex MAYER

Merkmale
15–60 cm hoch, sehr ähnlich der Nominatform. Unterschiede: Blätter stets ungefleckt, doch am Grund (auch an der Stengelbasis) dunkel gestrichelt. Der Blütenstand wirkt weniger glatt, zerrupfter, etwas „barock"; die seitlichen Sepalen sind nicht nach oben geklappt, sondern stehen nur waagrecht ab, sind also von vorne unten zu sehen und berühren einander nie. Sie sind außerdem wie z. T. auch die übrigen Kronblätter m. o. w. spitz ausgezogen. Der Mittellappen der Lippe ist oft etwas verlängert, die Ränder sind gezähnt statt glatt. Häufig ist der Sporn etwas kürzer und dicker. Im Vergleich ist die Unterart meist weniger dunkel gefärbt.

Verwechslungsmöglichkeiten
keine

Blütezeit
(E 4) A 5-A 6 (A 7)

Standort
Das Prächtige Knabenkraut ist im Süden (gesamte Südalpen bis zum Vercors) und im Osten (Südostalpen bis Tschechien) verbreitet, m. o. w. deutliche Formen (Übergänge zur ssp. *mascula*) sind auch bis in die Nordalpen und die östlicheren Mittelgebirge (Bayerischer Wald z. B.) festzustellen. Selbst im Frankenjura und im Steigerwald sind noch einige Merkmale festzustellen, nach NW aber bei zunehmend weniger Pflanzen; im Westen und Norden Deutschlands ist die Nominatform bereits fast völlig rein ausgebildet, was nicht heißt, daß nicht auch in Westfrankreich Einzelpflanzen gefunden werden können, die an *signifera* erinnern (Dr. W. Wucherpfennig 1997 mdl.). Die Pflanzen aus dem westlichen Alpenraum sind etwas mehr der ssp. *mascula* angenähert und 1993 als **ssp. acutiflora** beschrieben worden. Die Biotope ähneln im wesentlichen der vorgenannten Unterart, eine Vorliebe für alpine Standorte (an Südhängen bis weit über 2000 m) ist allerdings festzustellen.

Allgemeines
Aufgrund des breiten, verzahnten Überschneidungsbereiches mit Zwischenformen zwischen beiden Unterarten wurde eine Trennung beider Sippen in Mitteleuropa meist abgelehnt (ähnlich wie bei Geflecktem und Fuchs' Knabenkraut).
Läßt man aber den mittleren Bereich des behandelten Gebietes außer Betracht, ist die Situation eindeutig; die Pflanzen sind augenscheinlich verschieden und gut anzusprechen.
Einzelpflanzen in typischer Ausprägung sind aber auch im Überschneidungsgebiet zu erkennen, häufig tragen dort die Pflanzen aber eine verwirrende Merkmalskombination.
Die Begleitflora und die ökologischen Ansprüche sind ähnlich dem Mannsknabenkraut. Das Prächtige Knabenkraut kommt häufiger mit dem Blassen Knabenkraut vor, mit dem es auch hybridisiert. Besonders im Gardaseegebiet findet man es ebenfalls oft zusammen mit dem Holunderknabenkraut in sonnigen Bergmatten.

Prächtiges Knabenkraut im Bayerischen Wald (vgl. Blattfleckung); rechts: Prächtiges Knabenkraut in den Weißkarpaten (CS/SK).

a

b

c

d

(a) Alpiner Rasen (Südhang, beweidet) im Gardaseegebiet mit Prächtigem und Holunderknabenkraut. In weiteren Bereichen auch Kugelorchis, Fuchs' und Spitzels Knabenkraut; (b, c, d) am selben Standort.

5.16.2 Südfranzösisches Knabenkraut, Hyères-Knabenkraut

Orchis mascula ssp. *olbiensis* (Barla) Ascherson & Gräbner
O. olbiensis (Reuter) ex Grenier

Merkmale
10–15 (25) cm hoch. Die 2–3 schmalen, rinnigen Grundblätter sind wenig gefleckt oder ungefleckt, der Blütenstand ist kurz und wenigblütig, die Blüten sind relativ klein, die seitlichen Sepalen nach außen gedreht, der Sporn ist lang (deutlich länger als die schmale Lippe!) und meist nach oben gebogen. Die Farbe variiert von rosa bis rot, sehr selten auch reinweiß.

Verwechslungsmöglichkeiten
Das Mannsknabenkraut (mit ssp. *signifera*) ist meist höher und hat einen längeren Blütenstand mit größeren, oft kräftiger gefärbten Blüten. Der Sporn ist im Verhältnis zur Lippe weniger lang und kaum gebogen. Die Blätter sind breiter.

Blütezeit
Im Gebiet M 4-A (M) 5, eher vor dem Mannsknabenkraut

Standort
Bis mindestens 650 m ansteigend.
Im Alpenbereich (französische Seealpen) ist die westmediterrane Sippe sehr selten. Man kann die Pflanzen am ehesten in relativ ebenem Gelände an halbschattigen Plätzen finden. Dort steht sie auf trockenen, oft schottrigen, kalkhaltigen Böden (kommt aber wohl auch mit kalkfreien Böden zurecht), am liebsten an vegetationsarmen, moosigen Stellen oder in lichtem, lockerem und kurzem Gras. Zeitweise Beschattung (besonders unter Mittag), z. B. durch Kiefern und Wacholder, verträgt sie durchaus.

Allgemeines
Die sehr wenigen in den Alpen bekannten Standorte sind relativ orchideenreich, meist kommen die anderen Arten, mit Ausnahme der Keuschorchis, aber nicht in unmittelbarer Nähe des Südfranzösischen Knabenkrauts vor.
Man findet in seiner Umgebung z. B. Saratos und Provence-Ragwurz, Spitzorchis, Puppenorchis und Dreizähniges Knabenkraut. Weitere Begleitpflanzen sind: Feldahorn, Heckenrose, Echter Thymian, Lavendel, Feldmannstreu, Hornklee, Kugelblume und verschiedene bodendeckende Flechten.
Selten kommen anscheinend auch Übergangspopulationen (Bastardschwärme?) zum Mannsknabenkraut vor, wenn beide Sippen in einem Gebiet wachsen. Ein Artrang für das Südfranzösische Knabenkraut wäre dann in Frage zu stellen, wenn es sich um fruchtbare Mischlinge handelte.

Beweidete, frische bis trockene, steinige Magerrasen in den franz. Seealpen (700 m) mit Südfranzösischem und Dreizähnigem Knabenkraut, Provence-, Schwarzer und Saratos Ragwurz, Keusch- und Spitzorchis, einer kleinblütigen Hummelragwurz und einigen mehr.

a b c d

Südfranzösisches Knabenkraut; (a, d) in Nordost-Spanien; (b, c) in den französischen Seealpen, Biotop siehe links.

5.17 Provence-Knabenkraut

Orchis provincialis LAM. et DC.

Merkmale
10–35 cm hoch; Blüten hellgelb; Lippe dreiteilig und rot punktiert; Blütenstand locker und wenigblütig. Die überwiegend rosettig angeordneten Blätter sind dunkelgrün, schmal, flach, lang und oberseits purpurn gefleckt.

Verwechslungsmöglichkeiten
eigentlich keine (Laubblätter)
Das Holunderknabenkraut besitzt einen kräftigen, nach unten gebogenen Sporn.

Blütezeit
M 4-M 5

Standort
Bis 1000 m, auf frischen bis feuchten, mäßig sauren bis leicht basischen Böden. Die im Mittelmeergebiet häufigere Art streift unser Gebiet nur in den Südalpen (z. B. Gardasee, Comer See, Tessin) und ist dort sehr selten. Etwas häufiger findet man sie in den französischen Alpen. Sie wächst gern im Halbschatten an grasigen Stellen in lichten Laub- und Nadelwäldern, auf extensiven Weideflächen, in felsigen Bergwiesen und an moosigen Böschungen in lückiger Vegetation. In höheren Lagen des Vercors (Frankreich) steht sie auch trocken und vollsonnig in kalkreichen, steinigen, beweideten Magerrasen.

Allgemeines
Typische Begleitpflanzen sind: Edelkastanie, Flaumeiche, Kiefer, Wacholder, Baumheide, Buchsbaum, Efeu, Habichtskräuter, Seggen und Süßgräser. Mitunter findet man in seiner Nähe das Mannsknabenkraut, mit dem es gern Bastarde bildet (rotblühend, Lippe wie beim Provence-Knabenkraut im Profil „schafsnasenförmig“), sowie Holunder-, Affen-, Helm-, Purpur-, Brand- und Dreizähniges Knabenkraut, Großes Zweiblatt und Drôme-Ragwurz. Auf kalkfreien Böden wächst sie meist ohne Begleitorchideen.

Blüte ohne Zeichnung (sehr selten), Vercors (französische Westalpen).

(a) Leichter Südhang im Vercors (Westalpen, 960 m) mit reichen Beständen an Provence-Knabenkraut und Drôme-Ragwurz. In weiteren Bereichen zahlreiche weitere Arten; (b, c) Provence-Knabenkraut am italienischen Südalpenrand und (d) in den französischen Westalpen.

5.18 Spitzels Knabenkraut

Orchis spitzelii Sauter ex. W. Koch

Merkmale
(10)15–35 cm hoch, großblütig.
Die Lippe dieser schönen Orchidee ist in der Form recht variabel, sie ist blaßrosa bis hellrot und punktiert. Sepalen und Petalen sind olivbraun und ebenfalls m. o. w. rot punktiert. Der Blütenstand ist locker, die rosettig angeordneten Blätter sind hell- bis dunkelgrün und glänzend.

Verwechslungsmöglichkeiten
Durch die grünlichen, punktierten Kronblätter im Alpenraum nicht zu verwechseln. Das ähnliche, in Oberitalien vorkommende Atlasknabenkraut (kürzerer Sporn) erreicht mit seinem Verbreitungsgebiet nicht die Alpen.

Blütezeit
M 5-A 7

Standort
800 bis 2000 m.
Der einzige Standort dieser seltenen Pflanze in Deutschland (Nagold in Baden-Württemberg) ist bereits 1888 durch Wegebau erloschen [25]. Sehr wenige Funde sind aus Österreich bekannt, sporadisch tritt sie noch in den Süd- und Westalpen auf (Italien, Schweiz, Jugoslawien, Frankreich). Ihr Hauptverbreitungsgebiet liegt in den Gebirgen Südeuropas. Isoliert kommt sie auf der Insel Gotland (Schweden) und in der Slowakei vor. Es scheinen Reliktstandorte eines ehemals größeren Verbreitungsgebietes der stammesgeschichtlich alten Art zu sein [34].
Spitzels Knabenkraut gedeiht in lichten Laub- und Nadelwäldern sowie auf Bergmatten in steinigem bis tonigem Gelände (Kalk), im Gebiet hauptsächlich in Mulden von warmen Süd- bis Südwesthängen. Hier ist es außerhalb des Waldes auf extensive Bewirtschaftung (Mahd, Beweidung) angewiesen, dazu fallen reiche Niederschläge und lange Schneebedeckung an den übriggebliebenen Fundorten auf. Allerdings zeichnen sie sich auch durch starke Sonneneinstrahlung aus. Es bevorzugt in den Alpen lockere, oft unbewachsene, manchmal grasige und moosige Bestände von Latschen oder Krüppelkiefern. Allerdings verträgt es auch Tanne, Fichte, Buche, Edelkastanie, Bergahorn und Eiche. Weitere typische Begleitpflanzen sind je nach Höhenlage: Blaugras, Weiße Segge, Zwergwacholder, Wacholder, Ginster, Buchskraut, v. a. Bärentraube, Kreuzblümchen, Esparsette, Hornklee, Habichtskräuter, Herzblättrige Kugelblume, Krokus, Christrose und verschiedene Enzianarten, in Österreich auch Pyrenäen-Drachenmaul. An Orchideen wären zu nennen: Kugelorchis, Manns-, Purpur-, Blasses und Fuchs' Knabenkraut, Großes Zweiblatt und Mückenhändelwurz, Weiße und Grüne Waldhyazinthe, Bleiches, Schwertblättriges oder Rotes Waldvögelein, Hohlzunge, Netzblatt und Breitblättrige Stendelwurz. Aus der Slowakei werden noch Frauenschuh, Nestwurz, Fliegenragwurz und Braunrote Stendelwurz angegeben [2].

Spitzels Knabenkraut in den französischen Südwestalpen.

a

b

c

d

Lichter Kiefernwald in den Seealpen (Frankreich). Weitere Arten: Fuchs' Knabenkraut, Großes Zweiblatt, Mückenhändelwurz, Weiße Waldhyazinthe; alle Aufnahmen am selben Standort.

5.19 Sumpfknabenkraut

Orchis palustris Jacquin
mit *O. elegans* Heuffel

Merkmale
30–50 (60) cm hoch, Blüten hellrotviolett bis rosa, selten rein weiß, Lippe in der oberen Mitte, gelegentlich ganz gefleckt oder gestrichelt, Spornende rund oder spitz, nicht gekerbt. Die Blüten sind relativ groß und locker angeordnet, die Blätter stets schmal, rinnig gefaltet, aufgerichtet und ungefleckt.
Die als eigene Art beschriebene ***O. elegans*** wird deutlich kräftiger (bis 80 cm) mit breiteren Blättern, die Lippe ist weniger 3-teilig, der Sporn etwas dünner. Sie ist vom Ostalpenrand nach Süden und Osten zu finden, manchmal zusammen mit dem Sumpfknabenkraut. Übergänge bzw. Bastarde sind dann häufig. Ob der Artrang gerechtfertigt ist, sei dahingestellt.

Verwechslungsmöglichkeiten
Westlich und südlich der Alpen (auch in warmen Alpentälern) wächst das Lockerblütige Knabenkraut, das bis zum Gardasee vorkommt. Es hat dunklere Blüten, die Lippe ist meistens unten zusammengeschlagen und in der oberen Mitte hell, ohne weitere Zeichnung (Kap. 5.20).
Auch Traunsteiners Knabenkraut (Kap. 5.30) braucht feuchten Boden, ist aber etwas kleiner, besitzt meist gefleckte Blätter; die häufig spitz ausgezogene Lippe (Mittellappen) ist stärker gezeichnet, und es blüht etwas später auf.

Blütezeit
E 5-E 6 (Alpennordrand)

Standort
Nur im Flachland bis zum Alpenrand und in den Südalpen, bis 600 m.
Das Sumpfknabenkraut braucht feuchten bis nassen Boden, bevorzugt basische Bereiche, kommt aber auch auf salzhaltigen, torfigen Wiesen und Sandböden vor. Flachmoore und Seeufer sind sein Lebensraum in Mitteleuropa. Hier steht es zwischen lockerem Schilf, aber auch im Klein- und Großseggenried. In Flußauen gedeiht es zeitweise in feuchten Sand- und Kiesmulden, manchmal fast ohne Begleitvegetation. Sogar in nassen Straßengräben wurde es vorübergehend schon gesehen (salzverträglich!).
Häufig steht es zeitweise in seichtem Wasser.

Allgemeines
Das Sumpfknabenkraut ist extrem selten geworden. Allein in den letzten 20 Jahren erloschen mehrere Vorkommen, offensichtlich durch Grundwasserabsenkung und/oder Stickstoffeintrag. Verstärkte Trittschäden der Orchideenliebhaber an den wenigen verbliebenen Standorten tun ihr übriges. Inzwischen fehlt die auffällige Pflanze über weite Teile Mitteleuropas. Bis auf wenige Ausnahmen ist ihre Verbreitung in Deutschland auf das östliche Alpenvorland und Brandenburg beschränkt. Am Rhein existieren noch kleine Restbestände (M. Merten 1993 mdl.). Nachdem kaum neue entsprechende Biotope entstehen, ist es zweifelhaft, ob es sich bei uns von den Verlusten erholen kann (vgl. Kap. 4.2).
Hybriden mit dieser Art sind relativ selten. Gelegentlich werden sogar Bastarde mit dem Wanzenknabenkraut (Neusiedler See) oder der Gattung *Dactylorhiza* gefunden. Begleitpflanzen sind vor allem Sumpfschachtelhalm, Kopfried, verschiedene Seggenarten (z. B. Scharfe und Sumpfsegge), Binsen (z. B. Alpenbinse), Pfeifengras, Breitblättriges Wollgras, Schilf, Moose (auch Torfmoos), Simsenlilie, Studentenrösl, Fettkraut, Wasserfenchel, Trollblume, Klappertopf und Mehlprimel. Des weiteren wächst es auch in Gesellschaft von Strohgelbem, Fleischfarbenem, Fuchs', Breitblättrigem oder Traunsteiners Knabenkraut. Weiße Stendelwurz, Glanzkraut, Einknolle und Mückenhändelwurz können hier ebenfalls vorkommen.

Einzelblüten des Sumpfknabenkrauts (Standort: Alpenrand/Bayern)

(a) Flachmoor am Alpenrand (Bayern), 1993 nur noch wenige Exemplare. Weitere Arten: Strohgelbes, Fleischfarbenes, Breitblättriges und Traunsteiners Knabenkraut, Fuchs' Knabenkraut, Mückenhändelwurz und Weiße Stendelwurz; (b, d) Sumpfknabenkraut am selben Standort und (c) O. *elegans* am Südostalpenrand/Slowenien.

5.20 Lockerblütiges Knabenkraut

Orchis laxiflora LAM.

Lockerblütiges Knabenkraut vom Rand der Südwestalpen.

Merkmale
20–60 cm hoch; Blüten dunkelviolett bis rosa, selten weiß; Lippe mit fast immer reinweißem Grund und einem Zentrum, das höchstens violett „angeschmutzt", aber nicht gepunktet ist; Seitenlappen herabgeklappt und länger als der Mittelteil. Sporn oft am Ende eingekerbt. Der Blütenstand ist wie beim Sumpfknabenkraut locker und dunkel überlaufen, die Laubblätter sind m. o. w. grundständig, schmal, lang und rinnig gefaltet.

Verwechslungsmöglichkeiten
Die Blüte des Sumpfknabenkrauts ist heller, die Lippe ausgebreiteter und im Zentrum m. o. w. deutlich gezeichnet. Die Seitenlappen sind kürzer als der Mittellappen. Der Sporn ist am Ende nicht eingekerbt.

Blütezeit
A 5-M 6, ca. 2 Wochen vor dem Sumpfknabenkraut am selben Standort

Standort
Bis ca. 400 (1000?) m; auf nassen, oft kalkarmen Böden. Die im mediterranen Raum häufigere Art streift unser Gebiet nur in den Süd- und Westalpen, wo sie sehr selten bzw. am Aussterben ist (z. B. Gardasee, Comer See, Tessin?). Etwas häufiger findet man sie in warmen Tälern der französischen Alpen. Ein Standort am Bodensee (angesalbt?) ist im Gespräch. In Frankreich kam sie nordwärts noch bis Belgien vor, ist aber inzwischen an vielen Standorten verschwunden. Sie gedeiht in Sumpf- und Streuwiesen, in Quellmooren und leicht feuchten, evtl. schwach basischen, einmahdigen oder spät beweideten Hangwiesen und Senken. Das Lockerblütige Knabenkraut steht meist sonnig, gern am Rand von Gebüschzonen. Empfindlich reagiert es auf Einstellung oder Intensivierung der Nutzung (z. B. Beweidung).

Allgemeines
Die auffallende Pflanze besiedelt ein Biotop oft als einzige Orchideenart. Gelegentlich wird sie vom Breitblättrigen und Salepknabenkraut begleitet, selbst vom Schwertstendel, auf trockenerem, leicht basischem Untergrund auch vom Großen Zweiblatt, Helm- oder Brandknabenkraut. Weitere Begleitpflanzen können sein: locker stehendes Schilf, Klein- und Großseggen, Binsen, Hahnenfuß, Beinwell, Sumpfwolfsmilch, Günsel, Spitzwegerich, Erle und verschiedene Weidenarten.
Hybriden mit dem Salepknabenkraut sind nicht allzu selten, ebenso mit dem Sumpfknabenkraut, wenn das Lockerblütige Knabenkraut abblüht. Trotz der Ähnlichkeit beider Arten sind im Vergleich (!) diese Bastarde gut zu erkennen.

(a) Gepflegte Streuwiese in einem Tal der Westalpen mit Lockerblütigem, Sumpfknabenkraut und Bastarden, dem Breitblättrigen und einer vielblütigen Sippe des Traunsteiners Knabenkraut; (b, d) Lockerblütiges Knabenkraut in den französischen Südwestalpen und (c) am Südalpenrand (Italien).

5.21 Schmetterlingsknabenkraut

Orchis papilionacea L. ssp. *expansa* (TENORE) RAINAUD
O. papilioniacea ssp. *grandiflora* (BOISSIER) H. BAUMANN

Merkmale
10–30 cm hoch, großblütig; die roten Sepalen stets, die rosa Lippe meistens dunkler gestreift. Die grundständigen, rosettig angeordneten Laubblätter sind spitz, schmal und rinnig gefaltet. Sie erscheinen bereits im Herbst.

Verwechslungsmöglichkeiten
s. Salepknabenkraut (Kap. 5.22)

Blütezeit
E 4-A 6

Standort
In den Südalpen kaum über 400 m Höhe.
Diese mediterrane Orchidee dringt nur entlang der großen Seen (z. B. Comer See, Gardasee) tiefer in die Alpen ein und wächst dort auf orchideenreichen, trockenen, steinigen und sonnigen Wiesen, die evtl. spärlich mit Gebüschen durchsetzt sind. Gern besiedelt es Flächen 1–2 Jahre nach einem Buschbrand und gedeiht dort, bis die übrige Vegetation wieder zu dicht ist. Einmahdige oder spät beweidete Flächen werden bevorzugt.

Allgemeines
Die auffallende Pflanze wächst oft in Gemeinschaft mit Salepknabenkraut, mit dem sie wegen der engen Verwandtschaft häufig Bastarde bildet. Selbst Hybriden mit dem exotisch wirkenden Schwertstendel sind bekannt. Weitere Begleitpflanzen sind: „Bertolinis“ Ragwurz (*O. benacensis* u. *aurelia*), Hummel- oder Bienenragwurz, Wohlriechendes Wanzenknabenkraut, Dreizähniges Knabenkraut, Mükkenhändelwurz und Spitzorchis, Klappertopf, verschiedene Wolfsmilcharten, Wacholder und Kiefer.

Blütenstand des Schmetterlingsknabenkrauts (Standort: Südwestalpen, Frankreich).

(a) Trockener Magerrasen in den italienischen Seealpen bei ca. 400 m mit Schmetterlingsknabenkraut, Schwertstendel und Spitzorchis; (b) Schmetterlingsknabenkraut in den Südwestalpen (Italien, Frankreich), (c) im Gardaseegebiet und (d) in den italienischen Seealpen.

5.22 Salepknabenkraut, Kleines Knabenkraut

Orchis morio L.
mit ssp. *picta* (Loiseleur) K. Richter

Merkmale
5–20 (40) cm hoch; Blüten nach Veilchen duftend oder duftlos, rotviolett, seltener rosa oder weiß, Lippe gepunktet bis stark gefleckt, meist an den Seiten herabgeklappt. Die seitlichen Sepalen (Helm) sind stets grün gestreift; die Blätter erscheinen bereits im Herbst (nach feuchterer Witterung schon ab A 8, in ungünstigen Jahren erst ab E 10), sind schmal, dunkelgrün, rinnig gebogen und bilden eine Rosette.

Verwechslungsmöglichkeiten
Das Schmetterlingsknabenkraut (Südalpen, mediterran) hat größere Blüten und keine Punkte auf der seitlich hochgebogenen Lippe; Hybriden zwischen beiden besitzen eine flache, gepunktete Lippe, die Blütendimensionen bewegen sich zwischen beiden Arten. Andere Arten haben keine grün gestreiften Sepalen.

Blütezeit
(A) M 4-M 5 (A 6)

Standort
Bis 1200 (1950) m Höhe.
Das Salepknabenkraut gedeiht auf mageren Feuchtwiesen, Halbtrocken- und Trockenrasen. Es bevorzugt kalkhaltigen Boden, kommt jedoch auf schwach saurem Untergrund (Silikatgestein) z. B. in Borstgrasrasen vor. Es wächst fast immer sonnig, in Trockenrasen gern an Felsblöcken, zwischen Wacholderbüschen und vor Kiefern. Die oft sehr niedrige Pflanze ist im Mittelmeerraum und in Mitteleuropa noch weit verbreitet, wird aber schon im nördlichen Drittel Deutschlands recht selten bzw. fehlt inzwischen sogar meistens.

Allgemeines
Das Kleine Knabenkraut war durch seine Anspruchslosigkeit bezüglich des Feuchtigkeits- und Kalkgehalts früher eine der häufigsten Orchideen. Es reagiert jedoch empfindlich auf organische, besonders aber mineralische Dünger [23]. Hinzu kommt, daß viele Feuchtwiesen trockengelegt und in Ackerland umgewandelt oder nicht mehr bewirtschaftet wurden und Trockenrasen verbuschten. Übriggebliebene Weideflächen werden oft zu intensiv genutzt. So ist der rapide Rückgang der konkurrenzschwachen kleinen Pflanze zu erklären. Vielfältig wie ihr Lebensraum ist auch die Liste auffälliger Begleitpflanzen: Mückenhändelwurz, Brand-, Helm- und Wanzenknabenkraut, Spinnen-, Fliegen-, Hummel- und Bienenragwurz, im September auch Herbstwendelorchis auf trockenen bzw. wechselfeuchten Böden. Auf nassem Untergrund begleiten u. a. die verschiedenen *Dactylorhiza*-Arten diese Pflanze. Dort findet man auch Natternzunge, Fieberklee, Frühlingsenzian (ebenfalls im Trockenrasen), Trollblume u. v. m. In trockenen Bereichen wächst *O. morio* gern zusammen mit dem Mittleren Wegerich, Katzenpfötchen, Kleinem Habichtskraut, Fingerkraut, Sonnenröschen, Kugelblume, Karthäusernelke, Wiesenschlüsselblume, Gemeiner Küchenschelle, dem Deutschen und dem Fransenenzian. An Grasarten sollen hier nur Frühlingssegge, Glatthafer, Trespe und Pfeifengras erwähnt werden.
Von manchen Autoren wird eine zweite Rasse (**ssp. picta**) abgetrennt, die mehr im Süden verbreitet sein soll [9]. Sie ist weniger kräftig, locker- und armblütiger, oft heller, die Blüten sind kleiner, der Mittellappen der Lippe ist kürzer (in [8] länger!) als die (ausgebreiteten) Seitenlappen. Ihr Status ist aber äußerst umstritten; zumindest für Mitteleuropa wird eine Trennung meist abgelehnt. In Dürrejahren kommen verstärkt kleinblütige Pflanzen zur Blüte (z. B. im Gardaseegebiet 1997).

a

b

c

Salepknabenkraut (a) f. *rosea* am Lech/Bayern, (b) Albino in den italienischen Südalpen (f. *rosea*, f. *alba*), (c) ssp. *picta* in den Südwestalpen (Italien/Frankreich).

a b c d

(a) Sporadisch gepflegte Wacholderheide in der Oberpfalz, Südhangauslauf. Weitere Arten: wenige Exemplare des Brandknabenkrauts; (b) Salepknabenkraut im Altmühltal (inzwischen von „Spatenbotanikern" gestohlen), (c) in der Oberpfalz und (d) in den italienischen Südalpen.

5.23 Drei-Knollen-Knabenkraut

Orchis champagneuxii Barnéoud

Merkmale
Sehr ähnlich der vorhergehenden Art (Salepknabenkraut, vgl. dort), doch weniger variabel, gelegentlich etwas bläulicher violett und oft wenigerblütig. Die Seitenlappen der Lippe sind herabgeschlagen, der weiße Mittelteil nur verwaschen gefleckt oder (häufig) ungezeichnet (!).

Blütezeit
M 3-A (E) 4 (Maures), eher vor dem Salepknabenkraut

Standort
Halbschattig, seltener sonnig oder schattig, auf nicht zu trockenen karbonatischen bis silikatischen Böden. Man findet die Art auch in grasig-krautigen, lichten Wäldern. Bekannt ist das Drei-Knollen-Knabenkraut aus dem südwesteuropäischen Raum bis hin zu den französischen Seealpen. Ob und wie weit sie hier aufsteigt, ist noch nicht geklärt.

Allgemeines
Normalerweise bildet das Drei-Knollen-Knabenkraut zwei gestielte statt einer neuen Knolle jährlich aus (Name!). Dadurch kommt es meist in lockeren bis dichteren Gruppen vor (vegetative Vermehrung). Einzelne blühende Exemplare werden evtl. wegen der Ähnlichkeit zur vorhergehenden, äußerst variablen Art (einschließlich ssp. *picta*) übersehen, da im Grenzbereich mit weniger vitalen, also überwiegend sterilen Populationen gerechnet werden muß.

Drei-Knollen-Knabenkraut südwestlich des Alpenfußes (Maures), rechts mit gezeichneter Lippe (eher selten).

Drei-Knollen-Knabenkraut, Maures.

5.24 Holunderknabenkraut, Holunder-Kuckucksblume

Dactylorhiza sambucina (L.) Soó
D. latifolia (L.) Baumann et Künkele

Merkmale
8–15 (30) cm hoch, Blüten gelb, mit roten Punkten auf der oft gezähnten Lippe oder zinnoberrot (bis lachsrot bzw. schmutziges Rot: Hybride zwischen gelber und roter Form) mit gelblichem Lippengrund. Charakteristisch ist der kräftige, nach unten gebogene Sporn (!). Der Blütenstand ist kurz und duftet schwach nach Holunder. Die größtenteils aufgerichteten, matt grünen Laubblätter sind am kurzen Stengel verteilt und erscheinen im Frühjahr.

Verwechslungsmöglichkeiten
Das Blasse Knabenkraut (Kap. 5.15) hat im Gegensatz zur gelbblühenden Variante des Holunderknabenkrauts eine rein gelbe, glattrandige bzw. gebuchtete Lippe und eine Blattrosette mit glänzenden Blättern. Ähnliche rotblühende Knabenkräuter sind höher und blühen später.

Blütezeit
E 4-A 6 (Gebirgslagen – A 7)

Standort
Bis 1600 m, in den Südalpen auch bis über 2000 m.
Das Holunderknabenkraut gedeiht nur auf silikatischem Gestein, Lehm oder oberflächlich versauerten Böden, in Mitteleuropa heute fast ausschließlich in höheren Lagen. Kalk meidet es größtenteils. Meist wächst es in mageren, kurzrasigen, trockenen bis frischen Wiesen, gern auch an Waldrändern und zwischen Gebüschen. Selten findet man es in lichten Wäldern. Die relativ kleine Orchidee verträgt auch extensive Beweidung durch Rinder. Im allgemeinen steht sie sonnig oder halbschattig.

Allgemeines
Die seltene Pflanze ist stark gefährdet. Die wenigen Standorte in gemäßigten Lagen der Mittelgebirge (z. B. Bayerischer, Thüringer, Pfälzer und Schwarzwald) drohen zu verbuschen, werden mit Fichten aufgeforstet, zu stark beweidet oder gedüngt. Eine leichte organische Düngung verträgt sie wegen ihrer frühen Blütezeit. Im deutschen Alpenraum fehlt die Art, wohl wegen des kalkhaltigen Bodens. Bereits im Salzburger Land ist sie jedoch schon zu finden (P. Müller 1995 mdl.). Meistens stehen gelbe und rote Exemplare durcheinander, es sind allerdings auch rein gelbe Populationen bekannt. Ziemlich selten wachsen andere Orchideenarten in der Nähe des Holunderknabenkrauts, besonders in den Mittelgebirgen. Auf trockenem Boden sind dies v. a. Mannsknabenkraut, Hohlzunge, Mückenhändelwurz, Höswurz, Weiße Waldhyazinthe, Kugelorchis, bei feuchterem Boden Geflecktes, Fuchs', häufig noch das Breitblättrige Knabenkraut. Sogar das Blasse Knabenkraut wurde schon in Begleitung des Holunderknabenkrauts gefunden. Hier treten vermutlich Spuren von Kalk an die versauerte Oberfläche. Weitere Begleitpflanzen sind: Buche, Fichte, Eiche, Besenginster, Heidekraut, Arnika, Katzenpfötchen, Habichtskräuter, Buschwindröschen, Pfingstrose, Fingerkraut, Hahnenfuß, Vergißmeinnicht, Bauernsenf, Gelber Enzian, Spitzwegerich, Pech- und Lichtnelke, Weiße Narzisse, Krokus Hainsimse und Borstgras. Oft sind diese kalkfreien Wiesen jedoch relativ artenarm.

Gelbes und rotes Holunderknabenkraut (Standort: Bayerischer Wald).

(a) Buschiger Südhang im Gardaseegebiet. Weitere Arten: Großes Zweiblatt, Prächtiges Knabenkraut; (b, c) Holunderknabenkraut im Bayerischen Wald, (c) Zwischenform (selten) und (d) im Gardaseegebiet.

5.25 Breitblättriges Knabenkraut / Kuckucksblume / Fingerwurz

Dactylorhiza majalis (Reichenbach) Hunt et Summerh. (ssp. *majalis*)
D. fistulosa (Mönch) Baumann et Künkele

Merkmale
15–40 (60) cm hoch; Blüten rotviolett mit etwas verwaschenem, gebietsweise sehr variablem Schleifenmuster auf der dreigeteilten Lippe. Selten kommen weiße, ungezeichnete Exemplare vor. Die breiten, stengelbegleitenden Laubblätter sind oberseits fast immer deutlich purpurn gefleckt (gebietsweise, z. B. Ostseeküste, oft ungefleckt) und stehen mehr oder weniger waagrecht (90°-45°) vom dicken, hohlen Stengel ab. Die recht variable Pflanze wirkt in niedriger Vegetation kräftig und gedrungen.

Verwechslungsmöglichkeiten
Die Unterart *alpestris* und das Blutrote Knabenkraut (vgl. Kap. 5.25.1 und 5.40) wachsen in Feuchtwiesen der Alpen.
Das Fleischfarbene Knabenkraut var. *haematodes* hat hellgrüne Blätter, die oberseits mit kleinen Punkten besetzt, schmäler und länger, die oberen dazu an den Spitzen kapuzenförmig zugezogen sind. Sie stehen in einem kleineren Winkel (unter 45°) vom Stengel ab, die Pflanze wirkt dadurch schlanker. Ihre Blüten sind weniger breit, heller und deutlicher gezeichnet. Sie blüht am selben Standort zwei bis drei Wochen später.
Das Gefleckte und Fuchs' Knabenkraut sind schlanker, höher, blühen ca. einen Monat später und haben blaßviolette, deutlich gezeichnete Blüten. Ihre Blätter sind dunkelgrün, ebenfalls kräftig gefleckt und flach, aber weniger breit. Sie sind v. a. an der unteren Hälfte des Stengels verteilt.
Traunsteiners Knabenkraut ist lockerblütig und besitzt sehr schmale Laubblätter.
Das Lappländische Knabenkraut ist zierlicher, die wenigen, kleineren Blüten sind oft einseitswendig. Es wächst nur in den Alpen und dem Alpenvorland.
Bei den zahlreichen und sehr variablen *Dactylorhiza*-Hybriden weisen meist gedrungener Wuchs und breite Blätter auf eine Beteiligung des Breitblättrigen Knabenkrauts hin. Eine genaue Bestimmung ist oft sehr kompliziert bzw. nicht durchzuführen.

Blütezeit
(E 4) A 5-M 6 (M 7)

Standort
Bis über 2000 m (geht ab ca. 1000 m örtlich fließend in die Unterart *alpestris* über, Kap. 5.25.1). Das Breitblättrige Knabenkraut ist auf feuchte bis nasse Wiesen angewiesen, wächst gern an Bachrändern und in Senken, gedeiht auf Kalkboden wie auf saurem Untergrund, wo die Konkurrenz von anderen Orchideen oft fehlt. Im Gegensatz zum Fleischfarbenen Knabenkraut findet man es häufiger über Lehm als auf durchlässigen Böden. Da es relativ früh blüht, kommt es mitunter in Biotopen vor, die später im Jahr relativ hohen und dichten Bewuchs aufweisen oder trockener werden. Allerdings muß dann die Biomasse bis zum Frühling wieder abgeräumt werden. So kann die kräftige Pflanze auch nährstoffreiche Lebensräume besiedeln. Die auffallende Orchidee steht fast immer sonnig, verträgt jedoch auch Beschattung über einen kurzen Teil des Tages. Sie meidet zu starken Säuregehalt des Bodens und fehlt deshalb meistens (vgl. Kap. 5.25.1) in Hoch- und Übergangsmooren.

Allgemeines
Noch ist das Breitblättrige Knabenkraut eine unserer häufigsten Orchideen. Im Nordwesten unseres Gebietes wird es allerdings seltener. Durch Entwässerung, Intensivierung der Landwirtschaft (auch Beweidung) und Brache verarmen viele Bestände und erlöschen. In geeigneten Biotopen allerdings ist das Knabenkraut bestandsbestimmend. In kalkhaltigen Wiesen kommt es gemeinsam mit Fleischfarbenem, Fuchs', Traunsteiners, Salep-, eventuell auch mit dem Übersehenen Knabenkraut vor. Dazu können sich Mückenhändelwurz (v. a. var. *densiflora*), Großes Zweiblatt, Weiße Stendelwurz, Glanzkraut, Einknolle, die Weiße Waldhyazinthe und sehr selten das Sumpfknabenkraut gesellen. Dementsprechend lang wäre die Liste möglicher anderer Begleitpflanzen. Erwähnt seien hier nur Natternzunge, die meisten Wollgrasarten, locker stehendes Schilf, Blutwurz, Trollblume, Sumpfdotterblume und andere Hahnenfußgewächse, Studentenrösl, Giersch, Mädesüß, Wiesenraute, Waldläusekraut und das seltene Karlszepter, Spitzwegerich, Teufelskralle, Prachtnelke, Kuckuckslichtnelke, Hohe Schlüsselblume, Mehlprimel, Fettkraut, Sonnentau (Rundblättriger), Pimpinelle, Frühlings-, Lungen- und Großblütiger Enzian, Fieberklee, Wiesenschaumkraut, Ackerminze, Schildehrenpreis, Blut- und Gilbweiderich, Beinwell, Teufelsabbiß, Wolfstrapp, Kratzdistel, Binsenschneide, Kopfried, Torfsegge, an wenigen Orten die Schachblume oder die Siegwurz, häufiger Sumpfwolfsmilch, Herbstzeitlose und Simsenlilie. Auf saurem Untergrund wäre die Liste der Begleitpflanzen erheblich kürzer, die Braune Segge dominiert hier, während man als Kalkzeiger die Davalls Segge ansieht.

(a) Einmahdige Feuchtwiese im Bayerischen Wald; (b, c) Breitblättriges Knabenkraut in der Oberpfalz und (d) am Alpenrand/Bayern.

(a, b) Breitblättriges Knabenkraut in der südlichen Frankenalb, (b) Albino, (c) Großblütige Sippe an der Peene (NO-Deutschland), (d) in den Südwestalpen (F), ca. 700 m.

Breitblättriges Knabenkraut, Einzelblüten (Standort: Unterfranken).

5.25.1 Breitblättriges Knabenkraut, alpine Unterart, Herztragendes Knabenkraut

Dactylorhiza majalis ssp. *alpestris* (PUGSL.) SENGHAS
D. fistulosa ssp. *alpestris* (PUGSLEY) BAUMANN et KÜNKELE

Der *majalis*-Komplex ist ungeheuer vielgestaltig. Zahlreiche Unterarten und Varietäten wurden schon im vorigen Jahrhundert beschrieben. Beispielsweise existiert eine var. *gracilis* in unserem Gebiet (mit schmäleren, schwach gefleckten Blättern). Übergänge bzw. Bastardschwärme mit der ein oder anderen Art sind nicht allzu selten und oft schwer einzuordnen.

Merkmale
Die Unterart ist von dunklen Exemplaren der Nominatsippe nur schwer abzugrenzen; beide gehen oft ineinander über. Im Gegensatz zur ssp. *majalis* wird die Pflanze kaum höher als 30 cm, der Stengel und die Tragblätter sind meist violett überlaufen, die Färbung geht mitunter auf die Ränder der oberen Laubblätter über. Oft sind die Blätter auffallend hellgrün und kräftig (also kontrastreich) gefleckt. Auch die lockerer stehenden Blüten sind oft intensiver gefärbt. Die große Blütenlippe ist nur undeutlich oder gar nicht dreigeteilt und in der Mitte oft spitz ausgezogen. Die nur 3–4 (5) kürzeren Laubblätter sind an der Spitze abgerundet und oberhalb der Mitte am breitesten (!).

Verwechslungsmöglichkeiten
Die Unterart *majalis* kommt ebenfalls stellenweise in höher gelegenen Feuchtwiesen vor, hat z. T. auch violett überlaufene Stengel und Tragblätter und nicht immer eine dreiteilige Lippe. Das alpine Blutrote Knabenkraut besitzt beidseitig gefleckte, kürzere Laubblätter; die Blüten ähneln denen des Fleischfarbenen Knabenkrauts.
Hybriden zwischen dem Breitblättrigen und dem Fleischfarbenen Knabenkraut können sehr ähnlich aussehen, sind aber hochwüchsig und haben oft etwas kleinere Blüten. Sie dürften auch im alpinen Bereich nicht vorkommen.
Weitere siehe unter Breitblättriges Knabenkraut, Kap. 5.25.

Blütezeit
E 6-E 7 (M 8)

Standort
Ab etwa 1000 m, steigt bis in 2600 m auf.
Das Herztragende Knabenkraut ist wahrscheinlich nur in den Alpen (auch Pyrenäen?) verbreitet, bevorzugt kalkhaltigen Untergrund und kommt ansonsten in ähnlichen Biotopen wie das Breitblättrige Knabenkraut vor. Häufiger wächst es in moosigen, lockerrasigen Quellgebieten und meidet dichte Begleitvegetation.

Allgemeines
Kenntlich sind diese Flächen oft schon aus Entfernung an rot blühenden Läusekräutern und Wollgras (z. B. Scheuchzers Wollgras). Kalkhaltiger Boden wird wieder von der Davalls Segge, kalkfreier Untergrund hier von der Horstigen Rasenbinse oder der Braunen Segge angezeigt. Hinzu kommen das Gewöhnliche oder das Alpenfettkraut, einige Habichtskräuter, Bayerischer und Schlauchenzian, Fettkraut, Simsenlilie, Schachtelhalme, Seggen und die höher aufsteigenden Begleitpflanzen des Breitblättrigen Knabenkrauts. An Orchideen finden sich hier praktisch nur Blutrotes, Lappländisches, Fuchs' und Geflecktes Knabenkraut (bzw. Übergangsformen, vgl. 5.38.1), eventuell die weiße Waldhyazinthe. Das Breitblättrige Knabenkraut ist an zahlreichen Standorten ebenfalls vorhanden, meistens mehr oder weniger mit der alpinen Unterart vermischt.
Bei vielen Fachleuten ist die Eigenständigkeit dieser Unterart wegen der Abgrenzungsschwierigkeiten umstritten. Auch die Verbreitung ist noch unklar. Aus den Pyrenäen sind ähnliche Pflanzen bekannt. Möglicherweise ist ssp. *alpestris* jedoch nur eine Extremform (Ökotyp) des Breitblättrigen Knabenkrauts, morphologische Veränderungen durch hochgelegenen Standort und Isolierung. Zumindest die Blattveränderung wäre so zu erklären (Allgemein wird die Blattgröße und -anzahl bei zunehmender Höhe kleiner, die Breite relativ größer, vgl. Blutrotes Knabenkraut.).

Herztragendes Knabenkraut in den Westalpen (CH/F).

(a) Feuchtwiese in den Schweizer Südalpen. Weitere Arten: Blutrotes und Lappländisches Knabenkraut sowie deren Hybriden. In trockeneren Bereichen Schwarzes Kohlröschen. (d) Am selben Standort und (b, c) in Südtirol bei der Sellagruppe (Standort 1990 erloschen, vgl. Kap. 4.1).

5.25.2 „Kurzblättrige" Unterart des Breitblättrigen Knabenkrauts

Dactylorhiza majalis ssp. *brevifolia* (BISSE) SENGHAS

Merkmale
10–20 cm hoch, Blätter im Gegensatz zum Namen relativ lang (auch das Typusexemplar zeigt dieses Merkmal!), schmallanzettlich, m. o. w. gefaltet, gefleckt, einander fast rosettenartig genähert. Sie reichen meist bis in den Blütenstand. Dieser ist sehr kurz (3–5 cm) und dunkel überlaufen.

Verwechslungsmöglichkeiten
Die Sippe gehört möglicherweise eher in den *russowii-traunsteineri*-Komplex als zum Breitblättrigen Knabenkraut, was v. a. durch die Laubblätter und die späte Blütezeit belegt wird.
Von den übrigen Sippen dieser Gruppe unterscheidet sie sich v. a. durch den zierlichen Habitus mit kurzem, dichterem Blütenstand, den etwas kürzeren, im Verhältnis dickeren Sporn und eine verwaschenere Zeichnung auf der weniger spitz ausgezogenen Lippe.
Das Ostsee-Knabenkraut hat auch meist hellere Blüten.
Das Lappländische Knabenkraut besitzt kürzere Blätter.

„Kurzblättrige" Unterart des Breitblättrigen Knabenkrauts (Standort: Peene, NO-Deutschland).

Blütezeit
A-M (E) 6, 10–14 Tage nach dem Breitblättrigen Knabenkraut, ca. 10 Tage vor dem Ostsee-Knabenkraut.

Standort
Die Pflanze wird als sehr selten, hier und da in Mittel- und Nordeuropa vorkommend angegeben [9, 15, 28, 40, 47]. Man kann sie an sehr mageren, relativ feuchten, kalkhaltigen Stellen finden, fast nur in sehr lückiger, niedriger Begleitvegetation. Sie gedeiht in Flachmooren und Quellbereichen, meist auf bemoostem Untergrund, besonders an Stellen mit beginnender Versauerung.

Allgemeines
Eine Auswahl an Begleitarten läßt sich wegen des zerstreuten Auftretens der Sippe kaum treffen; sie kommt in der Nähe der meisten Arten der Kalkflachmoore vor (z. B. Weiße Stendelwurz, Fleischfarbenes Knabenkraut), meidet aber meist die unmittelbare Nähe der anderen Orchideen. Auch geht sie an gemeinsamen Standorten nicht allmählich in die „Nominatform" über, sondern bildet gut anzusprechende Bastarde.
Allgemein sollte auf diese durch Nährstoffeintrag und Gehölzanflug sicherlich äußerst gefährdete Sippe verstärkt geachtet werden; zu vage sind bisher die Kenntnisse. Vermutlich wurde sie in der Vergangenheit häufig mit dem Lappländischen Knabenkraut verwechselt und fehlt – zumindest am Alpenrand – über weite Strecken. Ansonsten tritt sie offenbar so vereinzelt auf, daß (inzwischen?) größere Populationen nicht bekannt sind. Denkbar wäre auch ein hybridogener Ursprung (Breitblättriges x Ostseeknabenkraut), besonders wenn sich herausstellt, daß Angaben aus dem Alpenraum etc. zu *D. lapponica* zu stellen sind. In *majalis*-Populationen kommen zudem immer wieder zierliche Jungpflanzen mit längeren Blättern vor, in manchen Bereichen (z. B. Ostseeküste) sind selbst kräftigere Individuen teilweise mit diesem Merkmal ausgestattet.

(a-d) *Dactylorhiza majalis* ssp. *brevifolia* an der Peene (NO-Deutschland, Übergangssippe zwischen Ostsee- und Breitblättrigem Knabenkraut? Blütezeit M 6, zwischen beiden Sippen liegend).

5.26 Lappländisches Knabenkraut/Kuckucksblume/Fingerwurz

Dactylorhiza lapponica (HARTMAN) SOÓ

Merkmale
20 (10–30) cm hoch; Blütenstand wenigblütig, oft einseitswendig. Die Einzelblüten der recht variablen Pflanze sind relativ klein (kaum größer als beim Fleischfarbenen Knabenkraut (!)) und dunkelviolett, die spitz eiförmige Lippe ist kaum dreiteilig und mit dunklem Schleifenmuster versehen, seltener auch punktiert. Tragblätter und die obere Stengelhälfte sind mehr oder weniger violett überlaufen, die wenigen, oberseits gefleckten Laubblätter sind relativ kurz, flach, oft stumpf und stehen meistens fast waagrecht vom Stengel ab. In manchen Populationen sollen sie eher denen des Traunsteiners Knabenkraut ähneln [34].

Verwechslungsmöglichkeiten
Traunsteiners Knabenkraut hat große Blüten in längerem, lockerem Blütenstand und schmale, rinnige, längere Blätter. Verwandte Arten vgl. dort, bis auf „turfosa“ besitzen sie ebenfalls größere Blüten.
Das Blutrote Knabenkraut besitzt beidseitig gefleckte Blätter und ist reichblütiger.
Das Breitblättrige Knabenkraut (mit der alpinen Unterart) ist ebenfalls groß- und reichblütiger und hat breite, große Blätter. Bei einem leichten Druck auf den Stengel ist zu fühlen, daß dieser im Gegensatz zum Lappländischen Knabenkraut hohl ist.
Das Gefleckte und Fuchs' Knabenkraut sind viel höherwüchsiger und haben meist hellere, v. a. größere Blüten.
Hybriden mit anderen *Dactylorhiza*-Arten sind häufig und gelegentlich kaum eindeutig zu bestimmen.

Blütezeit
M 6-E 7 (A 8)

Standort
500–2200 m.
Das Lappländische Knabenkraut ist auf nasse Böden angewiesen. Es gedeiht in Hang-, Quell- und Flachmooren mit niedriger bzw. lockerer Vegetation. Gern steht es sonnig, mitunter auch halbschattig in Waldlichtungen (Fichte, Kiefer, Lärche, Birke, Weide). Die kleine Pflanze verträgt leichte Beweidung, häufig wächst sie an sickernassen, moosigen Steilhängen mit lichtem Grasbewuchs. Sie bevorzugt kalkhaltigen Untergrund und weicht nur gelegentlich auf Silikatgestein (wenn basenreich) aus.

Allgemeines
Deutsche Vorkommen der unauffälligen Orchidee wurden erst vor wenigen Jahren bekannt [1]; das Lappländische Knabenkraut scheint hier auf die Alpen und das Alpenvorland beschränkt zu sein. In Südtirol ist die relativ seltene Art etwas häufiger, sie kommt jedoch auch in Österreich und der Schweiz vor. Ihr zweites Verbreitungsgebiet liegt in Skandinavien (und Schottland). In sauren Mooren des Pfälzer Waldes kommen sehr kleinblättrige Pflanzen an mehreren Orten vor, die möglicherweise Hybridformen darstellen.

In höheren Lagen der Alpen findet man die Pflanze hauptsächlich zusammen mit Blutrotem, Breitblättrigem (ssp. *alpestris*) und Fuchs' Knabenkraut, in niedrigeren Lagen sind es v. a. Traunsteiners und das Fleischfarbene Knabenkraut, Mückenhändelwurz, Weiße Waldhyazinthe, aber auch die anderen Arten der Feuchtgebiete (vgl. Kap. 5.25 u. 5.25.1), die es begleiten, besonders die Gewöhnliche Simsenlilie, Fettkräuter, Mehlprimel, Brillenschötchen, Alpenmaßliebchen und Kopfried, auch einmal der Stengellose Enzian.
In sehr artenarmen Biotopen (wenig Konkurrenz, keine anderen Knabenkräuter) kann die Art gut überleben. In artenreichen Wiesen des Voralpenlandes wird sie meist durch Einkreuzung des konkurrenzstärkeren Traunsteiners Knabenkraut „aufgesogen“. Vermutlich wurden diese Pflanzen zur ssp. *brevifolia* des Breitblättrigen Knabenkrauts gerechnet.

Lappländisches Knabenkraut in den Westalpen (Vercors).

(a) Hangquellmoor in Österreich (Nordalpen). Weitere Arten: Einknolle, im hinteren Bereich auch Einblatt und Fuchs' Knabenkraut; (b, c) Lappländisches Knabenkraut in den Dolomiten und (d) im oberbayerischen Alpenvorland.

5.27 Torf-Unterart des „Breitblättrigen“ Knabenkrauts

Dactylorhiza majalis ssp. *turfosa* PROCHAZKA

Merkmale
(8) 10–15 (25) cm hoch mit dünnem, oben rot überlaufenem Stengel und relativ schmalen, langen, m. o. w. rinnigen Laubblättern (3–4), die schräg aufrecht stehen, oft in den Blütenstand hineinragen und meistens ungefleckt sind, aber auch deutlich gefleckt sein können. Der Blütenstand ist kurz und trägt nur 6–16 größere, dunkel rotviolette Blüten. Der Helm ist geschlossen, die relativ schmale (!) Lippe ist spitz ausgezogen, oft sogar kaum 3-teilig und mit (manchmal deutlichem) Schleifen- und Punktmuster, der Mittellappen ist gestreckt.

Verwechslungsmöglichkeiten
Aus sauren Mooren sind eigentlich keine anderen ähnlichen Sippen beschrieben, sie gelten als kalkstet. Hier und da findet man trotzdem sehr ähnliche Pflanzen auf vergleichbarem Boden (z. B. Harz). Es könnte sich hierbei auch um Ökotypen anderer Sippen handeln, ihr Status ist jedoch noch zu klären.

Torf-Unterart des „Breitblättrigen“ Knabenkrauts (Standort: Böhmerwald, Tschechische Republik).

Das Böhmische und Traunsteiners Knabenkraut werden höher, die Blätter erreichen den Blütenstand praktisch nie. Sie haben auch meist größere Blüten. Der Helm beim Böhmischen Knabenkraut ist weniger geschlossen, der kleine Mittellappen der Lippe ist oft nach hinten gebogen, die Blüten sind etwas bläulicher. Der Blütenstand von Traunsteiners Knabenkraut ist deutlich lockerer.
D. majalis ssp. *brevifolia* hat kleinere, weniger spitz ausgezogene Blüten, die deutlicher 3-teilig sind, der Sporn ist kürzer und im Verhältnis dicker. Die Lippenzeichnung ist undeutlicher.
Andere, leichter unterscheidbare Arten s. unter Traunsteiners Knabenkraut.

Blütezeit
(M) E 6-A (M) 7

Standort
1000–1100 m Höhe. Die Sippe ist von wenigen Stellen im Böhmerwald und dem Erzgebirge angegeben, aus sauren, leicht geneigten, artenarmen Hangmooren über silikatischem Gestein. Ähnliche Verhältnisse bestehen im Bayerischen Wald, aus dem es früher Meldungen für Traunsteiners Knabenkraut (!) gab (z. B. A. Fuchs 1917), neue Daten jedoch nicht bekannt sind. In Tschechien wächst sie in sehr nassen, hochmoorartigen Sumpfwiesen zwischen locker stehendem Gras im Torfmoos. Beschattung durch die hier ebenfalls vorkommenden Fichten und Birken meidet es.

Allgemeines
Weitere, auffallende Begleitpflanzen sind: Breitblättriges, seltener Fuchs' Knabenkraut (Übergänge zu Geflecktem Knabenkraut), verschiedene Seggen, Scheidiges Wollgras, Schachtelhalme, Moosbeere, Rundblättriger Sonnentau, Siebenstern, Greiskraut, Blutwurz und Rauschbeere.
Ssp. *turfosa* ist zwar als Unterart vom Breitblättrigen Knabenkraut beschrieben, gehört aber wohl eher zum *traunsteineri*-Formenkreis. Wie das Böhmische Knabenkraut (?) könnte sie ein Eiszeitrelikt des *traunsteineri-russowii*-Komplexes darstellen, das sich an sauren Untergrund angepaßt hat.
Seit der Beschreibung der Sippe (1982) haben sich die bekannten Biotope verändert. Wohl durch Nährstoffeintrag durch die Luft ist das Gras dichter geworden, das Breitblättrige Knabenkraut konnte verstärkt Fuß fassen, Übergänge bzw. Hybriden sind inzwischen häufig. Einzelne Bastarde mit Fuchs' Knabenkraut (Übergänge zum Gefleckten Knabenkraut) sind ebenfalls bekannt.

(a-d) Torf-Unterart des „Breitblättrigen“ Knabenkrauts im Böhmerwald (Tschechische Republik).

5.28 Böhmisches Knabenkraut/Kuckucksblume/Fingerwurz

Dactylorhiza bohemica BUSINSKY

Merkmale
(15) 25–40 (50) cm hoch, sehr schlanker Wuchs, Stengel dünn und hohl, spärlich beblättert, oben häufig violett überlaufen. Die nur 2–3 schmalen, langen, kaum rinnigen Stengelblätter sind manchmal ungefleckt, meist aber undeutlich und unregelmäßig gefleckt (v. a. in der oberen Hälfte) und stehen in spitzem Winkel vom Stengel ab. Sie sind nicht zurückgebogen, die unteren kurz zugespitzt oder gerundet, die oberen (auch das Hochblatt) erreichen den Blütenstand meistens nicht. Die 7–20 Blüten sind mittelgroß, eher blaßbläulich violett bis fast rosa, die Lippen breiter als lang und spitz ausgezogen. Der Mittellappen ist klein und leicht nach unten/hinten gekrümmt (!), die Seitenlappen schräg nach hinten geklappt. Das mittlere Sepalum steht etwas nach oben. Der Sporn ist gerade, m. o. w. waagrecht und verjüngt sich gleichmäßig. Die Pollinien sind meistens rot (!).

Verwechslungsmöglichkeiten
D. majalis ssp. *turfosa* aus dem Böhmerwald (und Bayerischen Wald?) ist zierlicher, eher dunkel rot violett, die Lippe ist schmäler, der Lippenmittellappen gerade, das mittlere Sepalum weniger aufrecht als beim Böhmischen Knabenkraut. Die Blätter erreichen den Blütenstand, der Stengel ist stärker violett überlaufen. Es gedeiht auf saurem Untergrund.
D. majalis ssp. *brevifolia* ist ebenfalls viel zierlicher, hat kleinere, rote Blüten, die oberen Blätter reichen trotz des Namens oft bis in den Blütenstand, der Sporn ist kurz.
Die Blüten des Traunsteiners Knabenkraut sind ebenfalls rötlicher, sie sind auch oft etwas größer, der Blütenstand ist wenigblütig und stark gestreckt, also sehr lockerblütig, die Blätter sind etwas kürzer und m. o. w. rinnig.
Das Ostsee-Knabenkraut ist eher etwas zierlicher, die zumeist deutlich gefleckten, rinnigen Blätter erreichen den Blütenstand meistens und sind oft gebogen. Die Lippen sind ausgebreitet, die Pollinien blaugrün.

Böhmisches Knabenkraut (Standort: Tschechische Republik).

Blütezeit
(M) E 6-A (E) 7

Standort
Die Sippe ist bisher nur von einem einzigen Standort in Nord-Böhmen (Tschechien) bekannt. Es handelt sich hier um einen größeren Moorkomplex auf ca. 260 m Höhe. Das Böhmische Knabenkraut kommt hier (in inzwischen sehr geringer Anzahl) in einer relativ mageren, niederwüchsigen, leicht kalkhaltigen, nassen Sumpfwiese zwischen Gebüsch- und Baumgruppen vor. Es steht sonnig bis zeitweise beschattet auf und am Rand von kleinen Bulten an moosigen Stellen zwischen Seggenbeständen und in letzter Zeit eingewandertem, lockerem Schilf.

Allgemeines
In dieser rauhen Gegend findet man zahlreiche Eiszeitrelikte, teilweise direkt zwischen den Knabenkräutern. Auffallende Begleitpflanzen sind: Böhmisches Fettkraut, Sumpfherzblatt, Fieberklee, Rundblättriger Sonnentau, Kugelige Teufelskralle, Zwergigelkolben, Simsenlilie, Wollgras, Weißes Schnabelried, Weiße Sumpfwurz, Weiße Waldhyazinthe und fast immer Torfmoos. In Randbereichen kommen noch das Gefleckte und das Breitblättrige Knabenkraut vor, mit denen hin und wieder auch Bastarde gefunden werden. Bei den Gehölzen handelt es sich um Kiefer, Hängebirke, Schwarzerle und Faulbaum.
Der Beschreiber der Sippe nimmt an, daß das Böhmische Knabenkraut aus 3 Arten hervorgegangen ist (Fleischfarbenes, Geflecktes und Breitblättriges Knabenkraut) und früher weiter verbreitet war. Eventuell deutet der nach hinten/unten weisende Lippenmittellappen auf einen Einfluß des Gefleckten Knabenkrauts hin. Ein anderer Ansatzpunkt wäre, daß die Sippe als Eiszeitrelikt des *traunsteineri-russowii*-Komplexes (wie *turfosa*?) hier überlebt hat. Gefährdet ist das Böhmische Knabenkraut durch zunehmende Sukzession (Nährstoffeintrag durch die Luft) und wohl auch durch den „Foto-Tourismus". Sogar Ausgrabungsspuren („altehrwürdiges" Herbarisieren?) sind zu beobachten. Inzwischen werden Teilflächen des Moores gepflegt.

(a) Böhmisches Knabenkraut in der Tschechischen Republik, weitere Arten: wenige Exemplare des Gefleckten Knabenkrauts, Weiße Sumpfwurz; (b, c, d) am selben Standort.

5.29 Ostsee-Knabenkraut / Kuckucksblume / Fingerwurz

Dactylorhiza russowii (Klinge) J. Holub
D. curvifolia (F. Nylander) Czerepanov
D. traunsteineri ssp. *curvifolia* (F. Nyl.) Soó

Merkmale
15–30 (45) cm hoch, sehr ähnlich Traunsteiners Knabenkraut. Es hat einen hohlen (bei den deutschen Pflanzen nicht zu ertasten!), relativ dünnen Stengel, wenige rinnige, schräg aufrecht stehende, schmale, meist gefleckte Blätter, die manchmal etwas zurückgekrümmt sind (curvifolia), die oberen erreichen meistens die Blüten (!). Der Blütenstand ist weniger gestreckt als bei Traunsteiners Knabenkraut (!), aufgeblüht eher eiförmig, die Blüten sind oft etwas zahlreicher, dichter stehend, heller (!) und kleiner (etwa wie *majalis*-Blüten). Die Lippen sind ebenfalls spitz ausgezogen, oft breiter und mit weniger kontrastreichem Schleifenmuster versehen.

Verwechslungsmöglichkeiten
Traunsteiners Knabenkraut wächst nicht im Nordosten unseres Gebiets, kann aber in Extremformen dem Ostsee-Knabenkraut gleichen. Normalerweise ist es lockerblütiger, groß- und armblütiger, dunkler als die nordöstliche Sippe. Der Blütenstand wird von den Blättern nicht erreicht.
Sehr ähnlich sind auch Böhmisches Knabenkraut, *D. majalis* ssp. *turfosa* und *D. majalis* ssp. *brevifolia*, vgl. Kapitel 5.28, 5.27 und 5.25.2. Deutlich unterscheidbare Arten siehe unter Traunsteiners Knabenkraut.

Ostsee-Knabenkraut (Standort: Peene, NO-Deutschland).

Blütezeit
(A) E 6-A 7

Standort
Das Ostsee-Knabenkraut ist vom äußersten Nordosten Deutschlands an über Polen nach Osten und in Schweden anzutreffen. In Deutschland ist allgemein nur noch ein einziger, schwach besetzter Standort wenig über Meereshöhe im äußersten Nordosteck des behandelten Gebietes bekannt. Er besteht aus einem kalkhaltigen, quelligen, flußnahen Flachmoor, wo die Art relativ begrenzt, fast nur in einem mageren Bereich mit niedriger, lückiger Vegetation überlebt hat. Sie ist wie viele Orchideen sehr konkurrenzschwach und verträgt kaum Beschattung. Der Boden ist moosig und dauerfeucht.

Allgemeines
Die Begleitpflanzen in diesem Moor sind größtenteils recht typisch für Flachmoore wie z. B. sehr locker stehendes Schilf, Binsen, Rostrotes Kopfried, Seggen (auch die Graugrüne Segge), Zitter- und Wollgras, Simsenlilie, Mehlprimel, Fettkraut, Fieberklee, Moorenzian, Klappertopf, Teufelsabbiß, Bachnelkenwurz, Baldrian und Blutwurz. Es kommt hier interessanterweise aber auch die Fliegenragwurz direkt neben dem Breitblättrigen Knabenkraut vor, was man nach Norden zu häufiger beobachten kann. Auch Fleischfarbenes (früher sogar Strohgelbes) Knabenkraut wächst hier, das Baltische Knabenkraut wurde in diesem Gebiet durch „Spatenbotaniker“ ausgerottet (nach R. Beyer 1996).
Weitere Begleitorchideen sind Großes Zweiblatt, Weiße Sumpfwurz in unmittelbarer Nähe und (selten) das Glanzkraut und Einknolle. An einer ungepflegten Stelle steht das Ostsee-Knabenkraut zwischen Gilbweiderich, Mädesüß, Bachnelkenwurz, Schlangenknöterich, Sumpflabkraut, Fieberklee und Helmkraut.
Mit dem dort vorkommenden auffallend großblütigen Breitblättrigen und dem Fleischfarbenen Knabenkraut (auch einer später blühenden, breitlippigen, dunkelrosa Variante) bastardisiert es gerne. Gefährdet ist es aber v. a. durch die zahlreichen Orchideenliebhaber, die selbst hier vor Ausgrabungen nicht zurückschrecken, zumindest aber Trittschäden im empfindlichen Biotop hinterlassen.
Die nordöstliche „Art“ steht Traunsteiners Knabenkraut sehr nahe, sie sollte eher als Unterart behandelt werden. Möglicherweise wurde sie während (nach?) der Eiszeit nach Norden abgedrängt. Als Eiszeitrelikte könnten auch das Böhmische Knabenkraut, *D. majalis* ssp. *turfosa*, evtl. sogar *D. majalis* ssp. *brevifolia* gelten. Selbstverständlich wurden sie inzwischen von verschiedenen anderen Arten beeinflußt.
Die wenigen Exemplare an diesem deutschen Standort sind möglicherweise schon stark von der dort ebenfalls vorkommenden ssp. *brevifolia* beeinflußt, die hier kurz vorher blüht. Die Blütenfarbe ist eher dunkler als in östlicheren Gebieten, der Blütenstand kürzer. Ein hohler Stengel ist auch nicht mehr zu ertasten.

a

b

c

d

(a) Ostseeknabenkraut an der Peene (NO-Deutschland), weitere Arten: Fleischfarbenes und Breitblättriges, früher auch Baltisches Knabenkraut, Fliegenragwurz, Zweiblatt, Weiße Sumpfwurz, sehr selten auch Glanzkraut; (b, c, d) am selben Standort.

5.30 Traunsteiners Knabenkraut / Kuckucksblume / Fingerwurz

Dactylorhiza traunsteineri (Reichenb.) Soó

Merkmale
15–35 (50) cm hoch, arm-, locker- und großblütig; die (bis zu 15) hell purpurvioletten Einzelblüten besitzen eine kaum dreiteilige, spitz ausgezogene Lippe mit deutlichem Schleifenmuster, seltener verwaschenen Strichen und Punkten. Der lange Sporn verjüngt sich kontinuierlich. Der dünne Stengel ist hohl oder markig, oben kantig und purpurn überlaufen; die (3–4) sehr schmalen, aufsteigenden Laubblätter sind rinnig gefaltet und zumeist deutlich gefleckt, hin und wieder auch ungefleckt.

Verwechslungsmöglichkeiten
Das Sumpfknabenkraut ist oft größer und hat keine Schleifen auf der Lippe.
Das Lappländische Knabenkraut besitzt breitere, flache, kurze Blätter und kleine Blüten.
Das Fleischfarbene Knabenkraut hat hellere, ungefleckte Blätter, die mehr am Stengel anliegen und kapuzenförmig zugezogen sind. Die Blüten sind kleiner.
Das Torfmoos-Knabenkraut wächst nur im Nordwesten, wo das Traunsteiners Knabenkraut nicht vorkommt. Alle anderen ähnlichen Knabenkräuter sind höher, reichblütiger und breitblättrig.
Sehr ähnlich sind das Ostsee-Knabenkraut im Nordosten unseres Gebietes, *D. majalis* ssp. *turfosa* im Böhmerwald, das Böhmische Knabenkraut in Tschechien und *D. majalis* ssp. *brevifolia* mit unklarer Verbreitung.
Unterschiede s. folgende Kapitel.
Das Dauphiné-Knabenkraut in den französischen Alpen hat kürzere, breitere Blätter und oft mehr Blüten, wird aber nicht so hoch (vgl. dort).

Blütezeit
A 6-M 7 (A 8)

Standort
(400) 500–2200 m; feuchte bis nasse, kalkhaltige bis (manchmal) relativ saure Torfböden. Die Pflanze braucht Stellen mit niedriger oder sehr lichter Vegetation. Traunsteiners Knabenkraut meidet lange Beschattung und gedeiht oft in Verlandungszonen von Seen, Hang-, Quell- und Übergangsmooren und dringt selten in Randbereiche des Hochmoors ein. Dort gedeiht es sogar in Torfmoos zwischen lokker stehenden Binsen, Seggen und Riedgras. Wächst es in Streuwiesen mit nährstoffreicherem Untergrund, bedarf es der jährlichen Mahd, sonst verschwindet es relativ schnell. Beweidung verträgt es weniger gut.

Allgemeines
Die ziemlich seltene und variable Orchidee wächst in den Feuchtgebieten der Alpen und des Alpenvorlandes. Auch aus SW-Tschechien ist sie angegeben (?). Sie bastardiert leicht mit anderen *Dactylorhiza*-Arten, was den Bestand von reinen Exemplaren stellenweise sicher kräftig dezimiert. Bei vielen Einzelpflanzen oder Populationen ist eine eindeutige Zuordnung aufgrund evtl. eingekreuzter Arten oder Hybriden nicht immer einfach, was auch für andere *Dactylorhiza*-Arten gilt.
Typische Begleitpflanzen sind (neben anderen *Dactylorhiza*-Arten): Weiße Sumpfwurz, Großes Zweiblatt, Glanzkraut, Schlauch- und Moorenzian, Mehlprimel, Simsenlilie, Fettkraut, Trollblume, verschiedene Wollgräser (z.B. Alpenwollgras), Kopfried, Davalls Segge sowie zahlreiche der in Kap. 5.25 erwähnten Begleitpflanzen.
Der gesamte *traunsteineri*-Komplex ist noch sehr unübersichtlich und vielgestaltig. Der Artrang für manche Sippen scheint hier unangebracht. Offenbar haben sich hier und da auch Hybridschwärme etabliert, was uns einer Lösung des Problems nicht gerade näher bringt.
In der Pfalz existiert eine Sippe, die in Richtung Torfmoos-Knabenkraut tendiert (P. Wolff 1998 in [3]). Sie wächst in Torfmooren in Gemeinschaft mit verschiedenen Torfmoos-Arten.

Traunsteiners Knabenkraut (f. *rosea*) in einem Tal am Nordalpenrand/Bayern.

(a) Kalkreicher Randbereich eines Hochmoors am bayerischen Alpenrand (einmahdige Feuchtwiese, 1989; heute größtenteils entwässert). Weitere Arten: Weiße Waldhyazinthe, beide Händelwurzarten, Sumpf-, Fleischfarbenes und Strohgelbes Knabenkraut; (b) in einem Tal am Nordalpenrand/Bayern, (c) Standort wie a, (d) im oberbayerischen Alpenvorland.

5.31 Dauphiné-Knabenkraut / Kuckucksblume / Fingerwurz

Dactylorhiza angustata (Arvet-Touvet) Tyteca & Gathoye
D. delphinensis Tyteca & Gathoye

Merkmale
15–35 cm hoch, die vegetativen Teile etwa intermediär zwischen Breitblättrigem und Traunsteiners Knabenkraut, der Blütenstand ähnlich dem letztgenannten. Von diesem unterscheidet es sich durch etwas breitere, etwas kürzere und meist weniger aufrechtstehende Blätter (3–7), die stets gefleckt und ebenfalls gekielt sind. Der Blütenstand ist nahezu so locker wie beim Traunsteiners Knabenkraut, die Einzelblüten eher noch größer und zahlreicher (-30!). Die Lippe ist spitz ausgezogen und kräftig (oft kontrastreich) gefärbt. Der Sporn ist lang, zeigt leicht nach unten und verjüngt sich kontinuierlich. Der Stengel ist im Blütenstandsbereich wie die relativ langen Tragblätter meist dunkel überlaufen, die oberen Stengelblätter reichen bis Blühbeginn oft bis in den Blütenstand.

Verwechslungsmöglichkeiten
Das Traunsteiners Knabenkraut s. o.
Weitere siehe unter Traunsteiners Knabenkraut bzw. Kap. 5.27–5.29.

Blütezeit
(E 5) A 6-M 7

Standort
800–2000 m,
bekannt aus den französischen Südwestalpen (Savoyen, Dauphiné), Seealpen, wohl auch Italien und evtl. der Schweiz. Die Art wächst auf kalkhaltigen, mageren, niederrasigen Feuchtwiesen, gern an Bächen oder an sickernassen Hängen, aber auch in nassen, grasigen Sickerbereichen in lichtem Kiefernwald, gelegentlich in extensiv beweideten Gegenden. Sie steht sonnig bis halbschattig, längere Beschattung oder dichten Graswuchs verträgt sie offenbar nicht.

Allgemeines
Das Dauphiné-Knabenkraut steht Traunsteiners Knabenkraut doch sehr nahe. Darüber, ob der Artrang gerechtfertigt ist, kann man streiten; ob alle Populationen sich deutlich abgrenzen lassen, ist zweifelhaft. Die typische *D. traunsteineri* scheint in diesem Gebiet jedoch nicht vorzukommen [47].
Kalkhaltige Feuchtwiesen sind auch in dieser Gegend relativ artenreich, das Dauphiné-Knabenkraut ist zusammen mit Weißer Stendelwurz, Wohlriechender und Mückenhändelwurz, dem Zweiblatt und sogar der Einknolle zu finden. Unter den „Dactylorhizen" sind besonders Fleischfarbenes, Breitblättriges und Fuchs' Knabenkraut zu erwähnen, mit denen es auch Bastarde bildet. Besonders mit dem Breitblättrigen Knabenkraut, welches dort nur kurze Zeit vorher aufblüht, können hier formenreiche Hybridschwärme entstehen.

Problematik
In verschiedenen Gegenden sehen Sippen aus dem *traunsteineri*-Komplex teilweise unterschiedlich aus. Beispielsweise wächst in der Gegend von Grenoble im Tal eine sehr hochwüchsige, vielblütige Sippe, die Einflüsse von *majalis* erkennen läßt (s. u.). Inwieweit sie mit *angustata* identisch ist, wäre noch zu prüfen. Ein Artrang für all diese Sippen (5.27–5.31) ist jedoch höchst umstritten.

Hochwüchsigere Sippe des Dauphiné-Knabenkrauts in einem Tal der Westalpen (Biotop vgl. Kap. 5.20).

(a) Teilweise bewaldetes Kalkflachmoor in den Südwestalpen (F) mit Dauphiné-Knabenkraut, Breitblättrigem und Fuchs' Knabenkraut; (b, c, d) Dauphiné Knabenkraut am selben Standort.

5.32 Torfmoos-Knabenkraut/Kuckucksblume/Fingerwurz

Dactylorhiza sphagnicola (HÖPPNER) SOÓ

Merkmale
15–40 (50) cm hoch, die einst von Höppner beschriebenen, um 50 cm hohen Pflanzen sind heute kaum noch zu finden. Blüten blaßrosa, selten dunkler. Die leicht dreiteilige bis ganzrandige Lippe ist mehr oder weniger gefaltet, gepunktet, mitunter gestrichelt, selten mit Schleifenmuster und kürzer als der Sporn (!). Die schmalen, ungefleckten, seitlich abstehenden Blätter (oft 4) sind meist rinnig gefaltet, das obere leicht kapuzenförmig zugezogen. Am Ansatz sind die Laubblätter oft scheidenartig erweitert.

Verwechslungsmöglichkeiten
Traunsteiners Knabenkraut und seine Kleinarten kommen nicht im Nordwesten und in Hochmooren vor, haben meist gefleckte Blätter und größere, lockerer stehende und dunklere Einzelblüten. Das Übersehene Knabenkraut wächst kaum zwischen Torfmoos, ist kräftiger, reichblütiger, im allgemeinen dunkler und hat breitere Blätter, wie auch die übrigen *Dactylorhiza*-Arten.
Das Gefleckte Knabenkraut, s. Kap. 5.38.

Blütezeit
M 5-M(E) 6, ca. eine Woche vor dem Übersehenen Knabenkraut.

Standort
Kaum über 600 m.
Das Torfmoos-Knabenkraut berührt unser Gebiet nur im Nordwesten; seine Verbreitung reicht von Nordfrankreich über Belgien bis Schweden. Es ist v. a. in Hoch- und Übergangsmooren zu finden, deren Böden nährstoffarm, sauer und naß bis feucht sind. Auch in feuchten Senken der Heide und auf Torf gedeiht es, selten in trockeneren, sandigen Mähwiesen in Feuchtgebieten. Fast immer steht die zierliche Pflanze sonnig, selten halbschattig, in sumpfigem Gelände, auf sehr locker mit Gräsern bewachsenem Boden oder im frischen Torfmoos. Ist der Untergrund ausreichend und dauerhaft durchfeuchtet, bevorzugt sie Erhebungen mit lichter Vegetation.

Torfmoos-Knabenkraut in der Lüneburger Heide (N-Deutschland).

Allgemeines
Die recht seltene Orchidee ist angeblich an einige Torfmoosarten gebunden (*Sphagnum papillosum, S. recurvum, S. inundatum, S. imbricatum, S. plumulosus, S. compactum, S. molle* [40]), kommt jedoch auch ohne Moos vor. Wegen ihrer extremen Standortansprüche gibt es nur wenige Begleitpflanzen. Zu erwähnen sind hier: Kiefer, Weidenarten, Birke (v. a. Moor-Birke), Gagelstrauch, Moos-, Rausch-, Krähen- und Heidelbeere, seltener die Kleinfrüchtige Moorbeere, ferner Rosmarinheide, Heidekraut, Glokkenheide, Beinbrech, Kleiner Wasserschlauch, Mittlerer und Rundblättriger Sonnentau, Pfeifengras, Sauergräser wie Weißes Schnabelried, Scheidige und Spitzblütige Binse, Aufsteigende Gelbsegge, Schmalblättriges Wollgras, selten Weiße Waldhyazinthe, Weichkraut oder Geflecktes Knabenkraut, auch Fuchs' Knabenkraut, mit dem es gern Hybriden bildet.
In trockeneren Biotopen steht das auch hier schon einmal zu verwechselnde Torfmoos-Knabenkraut bei Breitblättrigem Knabenkraut, Zweiblatt, Zittergras (und weitere Süßgräser), Kuckuckslichtnelke, Kriechendem Günsel, Rainfarn, Schafgarbe, Spitzwegrich, Kratzdistel, Johanniskraut, Hahnenfuß, verschiedenen Mierenarten, Rotklee, Natternzunge und Preiselbeere.
Manche Autoren [z. B. 7] rechnen die Art zum Übersehenen Knabenkraut, wovon sie sich jedoch mehr oder weniger deutlich im Wuchs und meist in den Standortansprüchen unterscheidet. Übergangsformen sind allerdings denkbar, besonders in aneinandergrenzenden Biotopen. In NW-Deutschland sind Übergänge zum Gefleckten Knabenkraut ssp. *elodes* bekannt. Auch hybridogener Ursprung unter Beteiligung von *D. traunsteineri* und *D. russowii* (Ostseegebiet) ist in der Diskussion. Es ist zumindest anzunehmen, daß nicht alle bekannten Standorte artreine Exemplare enthalten. Auch Pflanzen, die Traunsteiners Knabenkraut ähneln kommen gebietsweise vor (vgl. Kapitel 5.30).
In vielen Gebieten besteht akute Gefährdung durch Verbuschung, Entwässerung oder die Torfindustrie. Die Typuspopulation in der Wahner Heide ist bereits bis auf einen kleinen Rest zerstört.

a b c d

(a) Hochgelegenes Hochmoor im deutsch-belgischen Grenzgebiet. Keine weiteren Orchideenarten; (b, c, d) am selben Standort.

5.33 Übersehenes Knabenkraut / Kuckucksblume / Fingerwurz

Dactylorhiza praetermissa (DRUCE) SOÓ

Merkmale
(20) 25–70 cm hoch; Blüten hell-, seltener dunkelviolett; Lippe breiter als lang, flach, rundlich, vorne oft spitz, punktiert, selten mit Streifen, aber ohne Schleifenmuster, schwach dreilappig bis ganzrandig und stets länger als der Sporn (!). Die Randbereiche sind meist ungezeichnet und etwas nach oben gewölbt (!). Der Blütenstand ist sehr reichblütig (bis 100 Einzelblüten). Die langen, nach Osten zu oft relativ schmalen Laubblätter stehen vom Stengel ab, sind kaum kapuzenartig zugezogen, ungefleckt oder – seltener – oberseits oft ringförmig gefleckt (**var. junialis**). Hier kommt auch ein abgesetztes, deutliches Schleifenmuster in der Lippenmitte vor (!), offenbar ohne Zwischenformen.

Verwechslungsmöglichkeiten
Fuchs' Knabenkraut hat kürzere, dunklere, fast waagrecht abstehende Laubblätter, die meistens gefleckt sind, das Gefleckte schmälere, beide Arten haben oft Streifen bis Schleifen auf der helleren Lippe. Die Blätter des Fleischfarbenen Knabenkrauts sind hellgrün, spreizen sich nur wenig vom Stengel ab und sind oben kapuzenartig zugezogen. Die Blüten sind kleiner. Das Breitblättrige Knabenkraut ist gedrungener, mit fast immer gefleckten, kürzeren Blättern und blüht früher.
Das Torfmoosknabenkraut besitzt schmale, rinnige Laubblätter, ist meist heller, kleiner und armblütiger. Hybriden von Geflecktem mit Breitblättrigem Knabenkraut können sehr ähnlich aussehen und auch stabile Populationen bilden. Das an der Ostsee vorkommende Ruthes Knabenkraut sieht manchen Exemplaren äußerst ähnlich, besitzt aber Blätter, deren Ränder über eine lange Strecke parallel bleiben. Die Blütenlippe ist häufig länger, dreiteiliger, heller mit eckigeren Seitenlappen, einem aufgebogenen Mittellappen, gelegentlich auch ungezeichnet, was beim Übersehenen Knabenkraut nicht vorkommt. Die Pflanzen sind schlanker, der Sporn ist meist länger und dünner. Möglicherweise sind aber beide Sippen zu vereinigen.

Varietät *junialis*, Raum Hamburg

Blütezeit
E 5-M 7, ca. eine Woche später als das Torfmoos-Knabenkraut trotz trockeneren Biotops

Standort
Bis 600 m.
Die relativ seltene, atlantische Art kommt in Mitteleuropa nur an wenigen Stellen in NW-Deutschland (vom Saarland bis zum Harz und auf einigen Nordseeinseln), in Frankreich, Belgien, Holland und Dänemark vor. Dort steht sie in nassen bis feuchten Wiesen und Flachmooren auf kalkhaltigen bis leicht sauren, sandigen bis lehmigen Böden. Ihr Hauptverbreitungsgebiet liegt in Nordwesteuropa. Sie gedeiht hier sogar zwischen Dünen im kalkhaltigen, feuchten Muschelsand. Der Boden ist hier oftmals mager, der Konkurrenzdruck durch höhere Pflanzen geringer. Eine leichte Salzverträglichkeit scheint vorhanden zu sein.
Ähnliche Pflanzen wurden jedoch auch schon aus den französischen Alpen und Norditalien gemeldet (?) [9]. Das Übersehene Knabenkraut verträgt durchaus einen höheren Nährstoffgehalt des Bodens, wobei es auch in dichterer, hochwüchsiger Vegetation wegen seines kräftigen Habitus kaum zu übersehen ist. Allerdings besiedelt es ebenso Sekundärbiotope.

Allgemeines
Das Übersehene Knabenkraut ist auf nährstoffreichen Böden nach Wegfall der Mahd stark gefährdet. Oft wächst es in relativ dichten und hohen Schilf- und Großseggenbeständen, in denen viel Biomasse anfällt. Zur Begleitvegetation gehören u.a. Birken- und Weidenarten, Espe, Erle, Süßgräser wie Blaues Pfeifengras und Lanzettliches Reitgras, Schmalblättriges Wollgras, Binsen (z. B. Knäuelbinse), Riesenschachtelhalm, Kohl- und Kratzdistel, Gänsefingerkraut, Weißklee, Mieren, Spitzwegerich, Johanniskraut, Lungenenzian, Minze, Giersch, Kopfige Teufelskralle. Das Übersehene Knabenkraut kann durchaus die einzige Orchideenart in einer Wiese sein, oft wächst es jedoch zusammen mit Weißer Stendelwurz, Geflecktem, Fuchs', Breitblättrigem oder Fleischfarbenem Knabenkraut, seltener mit deren Begleitorchideen (vgl. Kap. 5.25). Wie alle „Dactylorhizen" bastardiert es sehr leicht.
Die **Varietät junialis** sollte vielleicht eher als Unterart behandelt werden; in Mischpopulationen (z. B. Raum Hamburg) findet man praktisch keine Übergänge, andererseits kommt sie auch ohne die Nominatform vor (z. B. in Luxemburg). Interessanterweise findet man auch immer beide Merkmale (ringförmige Blattfleckung und „Lätzchenmuster") auf der Lippe beieinander. Bastardformen sind recht gut unterscheidbar. Die **ssp. integra** (Belgien, Frankreich) fällt durch schmälere, langgezogene Lippen mit spitzem Mittellappen auf. Auch hier kommen gefleckte und ungefleckte Blätter vor.

a b c d

(a) Gepflegtes, aber nährstoffreiches Hangquellmoor im Saarland. Weitere Arten: Wenige Exemplare des Fuchs' Knabenkrauts, Weiße Stendelwurz; (b, c) am selben Standort, (d) im Raum Köln.

5.34 Ruthes Knabenkraut / Kuckucksblume / Fingerwurz

Dactylorhiza ruthei (M. SCHULZE) SOÓ

Merkmale
25–50 (70) cm hoch, kräftig, mit langen, relativ flachen, ungefleckten Laubblättern, die über eine große Länge fast gleichmäßig breit sind (!). Die blaß- bis dunkelrosa Blüten sind recht groß, die Lippe ist gestrichelt, gepunktet bis ungezeichnet, oft flach ausgebreitet und m. o. w. deutlich dreilappig (!). Der Mittellappen ist gelegentlich etwas verlängert und zugespitzt und weist einen Kiel, oft sogar ein „Anhängsel" auf (!), die Seitenlappen häufig fast eckig und eingekerbt. Zum Sporneingang zu tendiert die Farbe gegen Weiß.

Verwechslungsmöglichkeiten
Das Übersehene Knabenkraut ist weiter westlich bekannt, es ist „mastiger", hat breitere, kürzere, weniger gleichbleibend breite Blätter. Der Sporn ist im allgemeinen länger und schlanker. Seine Blütenlippen sind stets gezeichnet und kaum dreiteilig, Blütenform und -zeichnung können sich aber in wenigen Fällen überschneiden. Eine hellrosa Farbe kommt allerdings praktisch nicht vor. Der Artstatus beider Sippen ist zu überdenken.

Blütezeit
(E 5) A-E 6, mindestens 2 Wochen vor dem Übersehenen Knabenkraut bei Hamburg.

Standort
Im behandelten Gebiet sind bisher erst wenige Standorte im äußersten NO Deutschlands auf der Insel Usedom bekannt. Drei Angaben existieren noch für Polen (L. Bernacki 1997 mdl.), eine für Estland (D. und U. Rückbrodt 1996 in [1]).

Ruthes Knabenkraut (Standort: Usedom).

Die deutschen Standorte sind meernah, eine ausgeschobene Grube im Sandboden, der hier wechselfeucht und leicht kalkhaltig zu sein scheint, eine locker beschilfte Wiese mit gelegentlichem Salzwassereinfluß und einige kleine Vorkommen in großen verschilften, früher beweideten Flächen. Die letzteren (keine Sekundärbiotope) zeichnen sich dadurch aus, daß der Boden zur Blütezeit relativ trocken ist, weshalb die Kleinflächen auch wenig verschilft sind. Offenbar wurden sie in den letzten Jahrzehnten hin und wieder als Wildäsungsflächen gemäht und überdies vom Schalenwild stark beweidet. Gern stehen dort die Pflanzen im Traufbereich und Teilschatten von Wildbirnbäumen. Die Vegetationsdecke ist eher hoch und locker, zeigt aber bei dem Sekundärbiotop starke Tendenz zur Verbuschung. Der nahegelegene Wiesenstandort (Spülfeld) scheint auch ohne Pflege bisher einer stärkeren Verschilfung standgehalten zu haben. Auch zwischen Gebüsch sind noch einige kräftige Pflanzen auf fast krautfreiem Boden zu finden. Nach ausgiebigen Niederschlägen stehen viele Pflanzen ohne Schäden längere Zeit im Wasser. Der Untergrund ist oft moosig.

Allgemeines
Die auffällige Sippe wurde 1897 von R. Ruthe selbst von Usedom beschrieben, allerdings aus dem jetztigen polnischen Bereich. Offenbar existieren seit 1903 keine Belege mehr aus diesem Gebiet, sie wurde aber wohl noch Mitte dieses Jahrhunderts dort gesehen (R. Beyer mdl.). Im Zuge der Ermittlungen für das vorliegende Werk konnte Ruthes Knabenkraut 1997 hier wiederentdeckt werden (etwa 550 blühende Pflanzen!). Im Gegensatz zu den östlicheren Standorten ist der deutsche Bestand fast bastardfrei (ca. 3–5 % zeigen eine leichte Blattfleckung und/oder Schleifenmuster auf der Lippe), andere Knabenkräuter kommen dort bisher nur vereinzelt vor. Als Begleitorchidee ist lediglich die Weiße Stendelwurz bekannt, dazu wenige Exemplare des Breitblättrigen und des Fleischfarbenen Knabenkrauts.
Weitere Begleitpflanzen sind: Jungbirken, Weiden, Natternzunge, verschiedene Süßgräser (z. B. Honig- und Knäuelgras), einige Seggen, Binsen, etwas Schilf, Ackerschachtelhalm, Tausendgüldenkraut, Huflattich, Filzige Pestwurz, Löwenzahn, Wasserdost, Vogel- und Zaunwicke, Kukkucks-Lichtnelke, Scharfer Hahnenfuß, Sumpfkratzdistel, Schafgarbe, Gänsefingerkraut, Spitzwegerich, Wasserminze und Kratzbeere.
Die Gehölze stellen eine große Bedrohung dar, eine Pflege der Hauptstandorte wurde allerdings inzwischen durchgeführt. Des weiteren fallen in diesem Gebiet Orchideenknollen häufiger Wildschweinen zum Opfer. Bei Bekanntwerden der Fundorte wären diese zudem sicherlich zusätzlich durch „Gärtner" und Herbaristen bedroht, von Fotografierschäden ganz zu schweigen. Allerdings ist zu erwarten, daß in den dortigen ausgedehnten Schilffeldern (bis ca. 1930 beweidete Wiesen) verstreut noch kleine Restpopulationen existieren, die bei einer Pflege zu Tage kämen. Erst 1999 wurden einige kleine Populationen entdeckt (ca. 40, meist sterile Pflanzen zwischen Wildschweinwühlspuren).

(a-d) Ruthes Knabenkraut auf Usedom (NO-Deutschland).

5.35 Purpurblütiges Knabenkraut / Kuckucksblume / Fingerwurz

Dactylorhiza purpurella (T. & T. A. Stephenson) Soó

Merkmale
10–30 (40) cm hoch, Pflanze kräftig und häufig gedrungen, dichtblütig, mit eiförmigem bis langem Blütenstand. Die eher breiteren Blätter sind schräg aufwärts gerichtet, matt, milchig grün und ungefleckt (selten auch gefleckt?). Die Blüten sind kräftig gefärbt, auf der ganzrandigen (!) Lippe ist eine (manchmal aufgelöste) „Lätzchenzeichnung" zu erkennen, der Lippenrand ist meist nach oben gebogen (!).

Verwechslungsmöglichkeiten
Das Fleischfarbene Knabenkraut hat einen schlankeren Wuchs, schmalere, längere und hellere Blätter und hellere Blüten mit schmaleren Lippen.
Das Übersehene Knabenkraut ist wüchsiger, die Lippen der lockerer stehenden, oft helleren Blüten haben kaum Linien aufzuweisen.
Das Breitblättrige Knabenkraut hat gefleckte Blätter und nur selten ganzrandige Lippen.

Blütezeit
M-E 6 (A 7), 1–2 Wochen nach dem Fleischfarbenen Knabenkraut

Purpurblütiges Knabenkraut (Standort: Mitteldänemark).

Standort
Die gut anzusprechende Art ist v. a. auf den Britischen Inseln verbreitet, kommt aber auch in wenigen, maritim beeinflußten Gegenden Schwedens und Norwegens vor. In Dänemark existieren noch einige, teilweise gut bestückte Populationen. Hierbei handelt es sich meist um beweidete, wechselfeuchte bis nasse Wiesen in See- oder Meeresnähe hinter Dünen mit schwach kalkhaltigem Boden. Das Purpurblütige Knabenkraut verträgt aber auch leicht saures Milieu oder kalkreiches Substrat. Ein bekannter Standort liegt beispielsweise in einem Kreidebruch an der Ostküste Nordjütlands. Der Boden ist hier schottrig, fest, wechselfeucht und stark von Pferden beweidet, die Vegetation dementsprechend niedrig und lückig. Bei anderen Biotopen handelt es sich oft um Kuhweiden. Hier stehen die Pflanzen gern auf sehr nassem Boden zwischen Weidengebüsch (durchaus auch zeitweise in deren Schatten, normalerweise jedoch vollsonnig), v. a. zwischen Kräutern, die das Vieh verschmäht, also in üppigerer Vegetation.

Allgemeines
Auf neutralem bis leicht saurem Boden ist das Purpurblütige Knabenkraut manchmal die einzige Orchideenart im Biotop. Typische Begleitpflanzen sind hier neben verschiedenen Weidenarten v. a. Fieberklee, Schachtelhalme, Schlangenknöterich, Sumpfblutauge, Kuckuckslichtnelke und Sumpfdotterblume. An kalkreicheren Standorten trifft man neben Süßgräsern besonders die Graugrüne Segge an, dazu verschiedene Klee- und Hahnenfußarten, die Dornige Hauhechel, Schlüsselblume und Wilde Möhre. Je nach Biotop kommen auch verschiedene Knabenkräuter vor, die mit dem Purpurblütigen Knabenkraut attraktive Hybriden bilden: Breitblättriges, Fuchs', Geflecktes und Fleischfarbenes Knabenkraut. Hierzu treten häufig Weiße Stendelwurz, seltener die Weiße Waldhyazinthe.
Bedroht ist die Art stellenweise durch Brache und fortschreitende Sukzession, andererseits wird sie oft bis auf das letzte Blatt abgeweidet und ist so aufgrund späterer Samenreife gegenüber anderen „Dactylorhizen" etwas benachteiligt.
Dactylorhiza purpurella ist offenbar leicht zu züchten, verschiedene Gärtnereien bieten sie oder ihre Bastarde zum Verkauf an. So kann es geschehen, daß man auch mitten in Deutschland (z. B. südlicher Frankenjura) auf diese Art stößt, wo sie sich sogar selbst aussät. Die Gefahr der Vermischung und Verfälschung mit dort heimischen (autochthonen) Sippen ist dann natürlich groß.

(a-d) Purpurblütiges Knabenkraut in Mitteldänemark; weitere Arten im Biotop: Fleischfarbenes und Fuchs' Knabenkraut, Weiße Sumpfwurz.

5.36 Baltisches Knabenkraut/Kuckucksblume/Fingerwurz, Langblättriges Knabenkraut

Dactylorhiza baltica (KLINGE) ORLOVA
D. longifolia (NEUMANN) AVERYANOV

Merkmale
25–70 cm hoch, mit dünnem, hohlem Stengel. Die hellen (!) grünen Blätter sind meist schwach gefleckt, schräg aufrecht stehend; die Blüten sind rötlich blaßviolett (Pflanzen bei uns, also im Randbereich des Verbreitungsgebietes, dürften von anderen Knabenkräutern beeinflußt und dadurch dunkler sein, vgl. Fotos von Gotland/Schweden; Bernacki 1997 mdl.). Die Lippen sind ausgebreitet, schwächer dreiteilig, breiter als lang und weisen ein lätzchenförmiges, kräftig gefärbtes Streifenmuster auf, zu den breiten Rändern hin mit Punkten oder Streifen. Der kegelförmige Sporn ist etwas abwärts gerichtet, meist kürzer als der Fruchtknoten und gerade.

Verwechslungsmöglichkeiten
Das Breitblättrige Knabenkraut blüht früher, ist gedrungener mit rötlichen Blüten, deren Lippe oft nicht ausgebreitet ist.
Fuchs' Knabenkraut ist schlanker, oft blasser mit längerer, deutlicher dreigeteilten Lippe, der normalerweise das Lätzchenmuster bei abgesetztem breitem Rand fehlt.
Bastarde zwischen Fleischfarbenem und Fuchs' Knabenkraut sehen sehr ähnlich aus, meist sind die Laubblattspitzen aber zum Stengel hin verbogen (wie beim Fleischfarbenen Knabenkraut).

Blütezeit
M-E 6, A (E) 7

Standort
Die Sippe ist salzverträglich und steht gern in meernahen, teils sogar gelegentlich überschwemmten, feuchten bis nassen Wiesen. Sie besiedelt auch Fluß- und Seeufer, feuchte Straßengräben und wächst gern an Gebüsch- oder Waldrändern. Zeitweise Beschattung verträgt sie durchaus. Der Untergrund ist offenbar immer feucht und kalkhaltig, oft sandig, manchmal hochrasig oder stark verkrautet. Eine Beweidung mit Rindern verhindert bei nährstoffreichen Böden ein Zuwachsen.

Allgemeines
Meist wächst die Sippe in der Nähe des Fleischfarbenen Knabenkrauts, seltener bei der Weißen Sumpfwurz, Fuchs' oder dem Ostsee-Knabenkraut, häufiger ohne Begleitorchideen. An der Peene und auf Zingst kam sie zusammen mit dem Breitblättrigen Knabenkraut vor, welches sie nach Osten hin vertritt. In Estland und Polen sowie auf Gotland steht sie in der Nähe von Ruthes bzw. dem Fleischfarbenen Knabenkraut. Über weitere Begleitpflanzen soll aufgrund fehlender Kenntnisse in unserem Bereich nicht spekuliert werden.
Das Baltische Knabenkraut ist in der Reinform erst von Ostpolen an ostwärts anzutreffen (Bernacki 1997 mdl.), es war aber früher auch in Deutschland bekannt (Zingst: überbaut, Wildschweinfutter?, Usedom: überbaut, verschilft durch eingestellte Beweidung?, Peenewiesen: ausgegraben?, Müritz??). Eine wiederholte Nachsuche brachte jedenfalls keinen Erfolg. Auf Gotland wurden 1990 wenige Pflanzen gefunden, die jedoch in einigen Punkten von den östlichen abweichen (untypischer Habitus in hohem Gras, dunklere Farbe). Vermutlich sind sie von anderen Arten bereits stärker beeinflußt. Es ist jedoch anzunehmen, daß bei uns irgendwo noch einige Pflanzen überdauert haben oder durch „einfliegende" Samen neu aufgehen. Deshalb sollte auf diese Art – besonders in Ostseenähe – verstärkt geachtet werden.

Baltisches Knabenkraut
(Standort: Estland, Fotos: D. Rückbrodt)

(a) Baltisches Knabenkraut in Estland (Foto: D. Rückbrodt); (b, c, d) Baltisches Knabenkraut auf Gotland (Schweden), die Pflanzen sind möglicherweise durch andere Arten beeinflußt, in Deutschland dürften sie ähnlich aussehen.

5.37 Fuchs' Knabenkraut, Fuchssche Kuckucksblume / Fingerwurz

Dactylorhiza fuchsii (DRUCE) SOÓ
D. maculata ssp. *fuchsii* (DRUCE) HYLANDER
D. meyeri (RCHB. FIL.) TOURNAY
mit ssp. *sooana* (BORSOS) SOÓ und ssp. *psychrophila* (SCHLECHTER) SOÓ

Merkmale
Sehr ähnlich dem etwas helleren Gefleckten Knabenkraut, mit dem es möglicherweise häufig vermischt ist. Die reine Form unterscheidet sich von der des Gefleckten Knabenkrauts durch die oft kleinere, tief eingeschnittene dreiteilige Lippe, deren Mittellappen vorgezogen und mehr als halb so groß wie ein Seitenlappen ist. Das untere Laubblatt ist auffallend kurz und stumpf, die Flecken auf den oberseits dunkelgrünen, unten helleren Blättern sind meist queroval. Allgemein sind die Blätter etwas breiter, kürzer und weniger spitz. Das oberste, tragblattähnliche Stengelblatt ist stets weit vom Blütenstand entfernt. Bei einem leichten Druck auf den Stengel ist zu fühlen, daß dieser in Gegensatz zu „*maculata*" markig, also nicht hohl ist.

Verwechslungsmöglichkeiten
Geflecktes und Baltisches Knabenkraut, vgl. Kap. 5.38 und 5.36

Blütezeit
(E 5) A 6-A 7 (A 8)

Standort
Bis über 2200 m.
Fuchs' Knabenkraut bevorzugt kalkhaltige bis kalkfreie, oft tonige oder lehmige Böden, wurde aber schon in Randbereichen von Hochmooren gefunden; es kommt sowohl auf nassem (Streuwiesen, Flachmoore, Bachufer, Quellgebiete in Laub- und Nadelwald) als auch auf trockenerem, frischem bis feuchtem Untergrund (Waldränder, Waldwege, einmahdige Wiesen, Steppenheidewälder, junge Fichtenaufforstungen, Lichtungen, Steinbruchgelände) vor. Gern steht es luftfeucht in offengelassenen Steinbrüchen, zwischen Büschen und in lichten, grasigen Schilfbeständen zusammen mit anderen *Dactylorhiza*-Arten, es bilden sich gelegentlich die unterschiedlichsten Hybriden. Man kann es sowohl voll sonnig im Halbtrockenrasen als auch in dichtem, dunklem Jungwald (Espe, Weide, Erle) finden, wo es praktisch nur noch von Hummeln bestäubt wird.
Über die Verbreitung lassen sich bisher nur schwer Aussagen treffen, offenbar gehen die meisten nördlichen Fundorte auf das Gefleckte Knabenkraut zurück, obwohl *D. fuchsii* auch in Großbritannien und Skandinavien auftritt. Südlich der Donau bestehen bis zum Alpenvorland einige Verbreitungslücken dieser sonst nicht allzu seltenen Art.

Links: Albino am bayerischen Alpenrand; rechts: Fuchs' Knabenkraut in Niederbayern.

Allgemeines
Fuchs' Knabenkraut ist noch relativ häufig und wahrscheinlich oft mit dem Gefleckten Knabenkraut vermischt. Viele Autoren [7, 29, 35] trennen deshalb die beiden Arten nicht, obwohl sich die Chromosomensätze meistens (!) unterscheiden. Man ist allerdings heute noch weit davon entfernt, die verwandtschaftlichen Beziehungen genau zu durchschauen (Wucherpfennig 1993 mdl.). In lichten oder jungen Wäldern kennzeichnen oft Brennessel, Waldschachtelhalm, Dorn- und Frauenfarn den Standort. Auch hier ist offensichtlich die Esche am verträglichsten. Aufgrund der unterschiedlichen Standorttypen ist die Liste der begleitenden Arten natürlich äußerst umfangreich (vgl. Pflanzen der Feuchtgebiete in Kap. 5.25 und 5.38). In rasigem Kiefernwald auf Kalkboden kommt Fuchs Knabenkraut zwischen Frauenschuh, Netzblatt, Rotem Waldvögelein, Mückenhändelwurz, Braunroter Stendelwurz und anderen vor. An dieser Stelle sei ansonsten auf Kap. 3.8 und 3.9 verwiesen. Aus den Alpen und verschiedenen anderen Hochlagen ist noch eine sehr kleine Form bekannt (**ssp. *psychrophila***). Nach Osten zu (zumindest ab Cz) ist die **ssp. *sooana*** mit kürzerer, breiterer Lippe und meist gelben Pollinien (statt grün) zu finden. Allgemein ist diese Art je nach Standort sehr vielgestaltig, was jedoch nach dem heutigen Wissensstand nicht unbedingt Anlaß zu Neubeschreibungen von Unterarten und dgl. sein sollte.

(a) Straßenrandbereich in den österreichischen Zentralalpen. Keine weiteren Arten; (b) Fuchs' Knabenkraut im Toten Gebirge/Nordösterreich, (c) im Bayerischen Wald, (d) in der Rhön.

(a, b) Fuchs' Knabenkraut in den Südwestalpen (F), (a) auffallend breitlippige Sippe, (b) Albino; (c) Subspecies *psychrophila* im Erzgebirge (ca. 900 m) zusammen mit Übergangsformen (vgl. Kap. 5.38.1); (d) Subspecies *sooana* in der Slowakei.

Fuchs' Knabenkraut Subspecies *psychrophila* (Standort: Erzgebirge).

5.38 Geflecktes Knabenkraut / Kuckucksblume / Fingerwurz

Dactylorhiza maculata (L.) Soó
mit ssp. *elodes* (Grisenbach) Soó und ssp. *ericetorum* (Linton) Hunt & Summerhayes

Merkmale

20–50 (80) cm hoch; Blüten dunkelviolett bis reinweiß, meistens blaß bläulich violett, mehr oder weniger mit Punkten und Strichen, meistens auch mit Schleifenmuster auf der Lippe gezeichnet. Der relativ reiche Blütenstand wirkt anfangs oben zugespitzt. Die Lippen der Einzelblüten sind nur schwach dreilappig, wobei der Mittellappen viel kleiner und oft kürzer als die Seitenlappen ist. Die Pflanze wirkt schlank, ihre meist kräftig oberseits gefleckten, dunkelgrünen Blätter stehen schräg vom Stengel ab, werden nach oben deutlich schmäler, sind aber nicht kapuzenförmig zugezogen und hauptsächlich in der unteren Stengelhälfte angeordnet. Das unterste Laubblatt ist spitz. Die Blattflecken sind eher rund. In manchen Gegenden kommen sehr helle Unterseiten vor.

Verwechslungsmöglichkeiten

Traunsteiners Knabenkraut hat einen lockeren, wenigblütigen Blütenstand.
Das Torfmoos-Knabenkraut ist relativ klein und seine Lippen sind eher dicht punktiert, der Blütenstand ist kurz, es blüht am selben Standort bis zu 2 Wochen früher.
Das Breitblättrige Knabenkraut hat breitere Blätter, wirkt gedrungen und blüht ca. einen Monat früher.
Die Unterart *haematodes* des Fleischfarbenen Knabenkrauts besitzt gleichmäßiger schmale, oben kapuzenförmig zugezogene Blätter, die weniger vom Stengel abstehen.
Das Übersehene Knabenkraut wächst nur im Nordwesten, hat meistens ungefleckte, größere, hellere Blätter und rundlichere, lediglich gepunktete Lippen.
Das Fuchs' Knabenkraut, s. Kap. 5.37.

Blütezeit

(A)M 6-E 7, in den Alpen -A 8

Standort

Bis etwa 1200 m (unsicher).
Die variable Art bevorzugt sauren bis pH-neutralen Untergrund. Sie wächst in nassen Wiesen, feuchten, moosigen Stellen der Heide, in Steinbrüchen und Hochmooren, wobei sie extrem saure Bereiche meidet. Im allgemeinen steht sie sonnig bis halbschattig, letzteres v. a. in Weiden-, Erlen- und Birkenaufwuchs. Ihr Verbreitungsschwerpunkt ist in Nord- und Westeuropa.

Allgemeines

Da das Gefleckte Knabenkraut von Fuchs' Knabenkraut gebietsweise oft nur schwer oder kaum abzugrenzen ist, sind noch zahlreiche Fragen über Verbreitung und Standortansprüche offen. In vielen Gebieten haben sich beide Arten meist völlig miteinander vermischt (z. B. Alpenraum), so daß wohl mehr Übergangsformen als reine Formen existieren. Am ehesten finden wir reine *maculata*-Formen auf saurem Untergrund im Norden und Westen unseres Gebietes (z. B. schon im Schwarzwald und im Spessart).
Des weiteren wurden auch von dieser variablen Pflanze verschiedene Variationen und Unterarten beschrieben (z. B. **ssp. *elodes***, die große, relativ ganzrandige kontrastreich gefärbte Blütenlippen, einen auffallend dünnen, kurzen Sporn, wenige, kaum gefleckte, schmale, bis auf das unterste spitze, aufgerichtete Laubblätter besitzt und in sehr wenigen Hochmooren Norddeutschlands, Belgiens und Frankreichs vorkommt (evtl. Bastardsippe mit Beteiligung des Torfmoos-Knabenkrauts, H. Kretzschmar 1999 mdl.), eine **ssp. *ericetorum*** mit schmalen Blättern und kontrastarmer, heller Lippe und kleinerem Sporn), auf die hier aber nicht näher eingegangen werden soll [4, 9, 23]. Meistens sind sie zierlicher und wachsen auf sehr sauren Standorten (Ökotypen?). Sie sind im Gebiet (!) kaum durchgehend und eindeutig abgrenzbar.
Typische Begleitpflanzen sind: Torfmoos, Schachtelhalme, Seggen, Binsen, Wollgras (v. a. Schmalblättriges), Breitblättriges, Übersehenes und Torfmoos-Knabenkraut, auch einmal eine der Waldhyazinthen oder das Zweiblatt, Kratzdistel, Giersch, Siebenstern, Sonnentau, Fieberklee, Porst, Heidekraut und Glockenheide, Rausch-, Moos-, Preisel- und Heidelbeere, Wacholder, Birke, Espe, Gagelstrauch, Weide, Erle, Esche, Faulbaum, Kiefer und Fichte.
Als Bestäuber fungieren (wie für Fuchs' Knabenkraut) in der Hauptsache Bienen und Hummeln.

Albino mit ungefleckten Blättern, was bei *Datylorhiza* häufiger zu beobachten ist (Standort: Harz).

a

b

c, d

e

(a) Saures Hangquellmoor im Harz (Nordhang) mit Geflecktem Knabenkraut, keine weiteren Orchideenarten; (b, c) am selben Standort (ssp. *ericetorum*), (d) Subspecies *ericetorum* aus Norwegen, ähnliche Pflanzen wachsen in N-Dänemark, (e) in der Eifel.

5.38.1 Übergangsformen zwischen Fuchs' und Geflecktem Knabenkraut

Dactylorhiza fuchsii x *D. maculata*?
mit *D. maculata* ssp. *transsylvanica* (Schur) Soó
und *D. savogiensis* Tyteca & Gathoye, *D. sudetica* (Pöch ex Reichenbach fil.) Averyanov

In Überschneidungsgebieten beider Sippen (z. B. westlichstes Deutschland und stellenweise auf nassen, versauerten Böden über silikatischem Untergrund in Hochlagen (z. B. Zentralalpen, Böhmerwald, Erz- und Riesengebirge) existieren größere Populationen von Sippen, die nach optischen Kriterien zwischen Fuchs' und dem Gefleckten Knabenkraut stehen. Meistens handelt es sich um relativ kräftige Pflanzen, wenn man den sauren, nährstoffarmen Standort berücksichtigt. Oft sind sie auch auffallend hellblütig, was z. B. im Erzgebirge (D/Cz) dazu geführt hat, daß Einzelpflanzen oder Populationen zur **ssp. *transsylvanica*** (beheimatet in Gebirgen Sloweniens bis Rumänien) gestellt wurden. Diese ist jedoch immer fast reinweiß (mit Ausnahme von Bastarden), hat eine querovale Lippe und meist nur zwei aufrechte, beidseitig (!) gelblich grüne Blätter (Wucherpfennig 1997 mdl.).

Vermutlich gehört auch die aus den Westalpen (bis 2000 m) als eigene Art beschriebene ***D. savogiensis*** hierher. Sie wird sporadisch aus ganz Mitteleuropa, meist nur in Einzelexemplaren, angegeben. Sie hat relativ rötliche, eher dunkle, große Blüten mit breiter, schwach 3-lappiger Lippe, die von der Form her zu *maculata* tendieren, der Blütenstand ist meist dunkel überlaufen. Die Blätter sind leicht gekielt, in Form und Länge m. o. w. intermediär zwischen beiden Arten. Die Pflanzenhöhe wird mit (15) 23–46 (60) cm angegeben, sie ist also nicht gerade zierlich. Auf silikatischen Böden Hoch-Savoyens (1200–2000 m) zumindest bildet sie reine Populationen, in deren weitem Umkreis weder Fuchs' noch Geflecktes Knabenkraut vorkommen. Anderenorts sind allerdings auch Übergangspopulationen festzustellen, v. a. zu Fuchs' Knabenkraut (Gölz und Reinhard 1997 in [2]). Möglicherweise gehört auch die **ssp. *sudetica*** hierher, die aus den Alpen (nicht Sudeten?, kein Typusexemplar!) angegeben ist. Es handelt sich aber evtl. nur um einen Ökotyp hochgelegener und kalter Gebiete über silikatischem Gestein. Die Pflanze wird als schmächtig und schlank bezeichnet, ist wenigblütig und hat wenige kurze Blätter. Evtl. ist sie aber auch mit der kleinblütigen ssp. *psychrophila* (vgl. Kapitel 5.37) des Fuchs' Knabenkraut identisch. Mit *D. savogiensis* ist sie sicherlich nicht zu vereinen, obwohl dies in neuerer Literatur so angegeben wird [2, 32 z. B.].

Meist tendieren Sippen auf saurem Untergrund in Blattwerk und/oder Lippenform zum Gefleckten Knabenkraut, zumindest aber Einzelexemplare zeigen immer noch Anlehnung an Fuchs' Knabenkraut, oft nur in einem der beiden Merkmale. Eine Zuordnung gelingt gelegentlich über die Chromosomenzahl, die naturgemäß schwer und nicht im Gelände zu ermitteln ist. So wird für *maculata* 2 n = 80 angegeben (aber auch für *D. savogiensis*), für *fuchsii* 2 n = 40, allerdings auch 60, 80, 100 und 120 [15, 34]. Man muß einfach akzeptieren, daß nicht jede Pflanze bzw. Population eindeutig zugeordnet werden kann. Die beiden Sippen sollten eigentlich als Unterarten geführt werden, was aber inzwischen nicht mehr gebräuchlich ist. Dies trifft auch für einige andere Knabenkräuter zu, z. T. existieren aber nicht einmal Namen im Unterarten-Rang (z. B. *traunsteineri*-Komplex).

a

b

c

d

Übergangssippen; (a, b) im Erzgebirge, (b) oft als ssp. *transsylvanica* bezeichnet; (c) am bayerischen Alpenrand; (d) in den Schweizer Zentralalpen, Nähe Frankreich (*savogiensis*).

(a-d) Übergangssippe zwischen Fuchs' und Geflecktem Knabenkraut im Erzgebirge (verschiedene Standorte, kaum reine Formen vorhanden).

5.39 Fleischfarbenes Knabenkraut, Steifblättrige Kuckucksblume/Fingerwurz

Dactylorhiza incarnata (L.) Soó (ssp. *incarnata*)

Merkmale

20–50 (80) cm hoch, Blüten dunkelrosa oder blaßrosa, manchmal gelb „grundiert" mit deutlichem Schleifen- und/oder Punktmuster auf den Lippen, schmal. Bei der hellen Variante sind oft auch die Blüten kleiner (!) (**f. *rosea*** Zimm.). Albinos zeigen meist noch Reste der Lippenzeichnung. Stellenweise verschiebt sich deren Blütezeit (**var. *ochrantha*** oder ***albiflora***) nach vorne (vgl. Kap. 5.41). Der Blütenstand ist dicht- und reichblütig, gelegentlich bräunlich überlaufen. Die Pflanze wirkt schlank und hoch durch die stengelbegleitenden, steif aufrechtstehenden und relativ schmalen Laubblätter (3,5 cm breit). Sie sind gekielt, ungefleckt, hellgrün, die oberen haben eine nach innen geneigte Spitze. Am Stengel sind sie wechselseitig gegenüberliegend angeordnet, was sich abgeschwächt auch bei Hybriden durchsetzt.

Verwechslungsmöglichkeiten

Die beiden großwüchsigen Unterarten bzw. Varianten sind an den gefärbten Blättern kenntlich (vgl. Kap. 5.39.1 und 5.39.2), ssp. *serotina* s. Kap. 5.39.3.
Ähnlich ist auch das Übersehene Knabenkraut in NW-Europa (5.33), das allerdings größere Blüten besitzt; die Lippe ist breiter, spitz, ihr fehlen größtenteils die Streifen, oft ist sie nur gepunktet. Die weniger gekielten, teilweise gefleckten Laubblätter stehen mehr vom Stengel ab.
Das Purpurblütige Knabenkraut hat größere, dunklere Blüten, ist gedrungener im Wuchs und hat weniger aufrechte Blätter.

Blütezeit

(M 5) E 5-A 7

Standort

In Mitteleuropa kaum über 1400 m (Südalpen 2100 m).
Das Fleischfarbene Knabenkraut ist auf feuchte bis nasse, meist kalkhaltige Böden angewiesen, stellenweise gedeiht es auch auf wechselfeuchtem Untergrund (Flußschotter). Durchlässiger Boden mit langanhaltender Feuchtigkeit wird eher besiedelt als lehmige Biotope. Die Art bevorzugt sonnige, niedrige bis halbhohe Feuchtwiesen, Flach- und Quellmoore, verträgt lockeren Schilfbestand und besiedelt hin und wieder sogar feuchte Stellen in Kiesgruben. Günstig dürfte ein relativ lückiger Bewuchs sein. Dann steht sie sogar zwischen jungen Weiden und Erlen.

Allgemeines

Die nicht allzu seltene, variable Orchidee neigt wie alle *Dactylorhiza*-Arten zu Bastardbildung. Kenntlich ist die Beteiligung des Fleischfarbenen Knabenkrauts meist an kleineren Blütenlippen, den kapuzenförmig zugezogenen Laubblättern und höherem Wuchs. Die Liste der Begleitpflanzen deckt sich im wesentlichen mit der des Breitblättrigen Knabenkrauts auf Kalkboden, mit dem es hier sehr oft zusammen wächst. Allerdings scheint es etwas „anspruchsvoller" zu sein und magereren Boden zu bevorzugen.
Es ist noch recht verbreitet, gebietsweise (z. B. in Hessen) jedoch durch Biotopzerstörung oder Brache schon äußerst bedroht. Besonders in der westlichen Hälfte unseres Gebiets sowie nördlich der Mainlinie bestehen großräumige Verbreitungslücken.
An der Peene (NO-Deutschland) existiert noch eine breitlippige Sippe (Lippe kaum gefaltet), die auch durch ihre kräftige hellrosa Farbe und eine spätere (1–2 Wochen) Blütezeit auffällt. Sie kommt zusammen mit der Nominatform und der helleren f. *rosea* vor und blüht erst nach deren Hochblüte auf.

Fleischfarbenes Knabenkraut in Oberbayern; links: Albino; Mitte: hyperchrome Variante; rechts: spätere, breitlippigere Sippe an der Peene (NO-Deutschland).

(a) Verlandetes Seeufer, einmahdige Streuwiese in Oberbayern. Weitere Arten: Strohgelbes und Fuchs' Knabenkraut; (b, d) am selben Standort, (c) f. *rosea* an der Donau/Oberbayern.

5.39.1 Fleischfarbenes Knabenkraut, Varietät *haematodes*

Dactylorhiza incarnata var. *haematodes* (Reichenb.) Soó

Merkmale

20–40 cm hoch.

Die Varietät *haematodes* unterscheidet sich vom Fleischfarbenen Knabenkraut durch oberseits gefleckte Laubblätter. Die deutlich abgegrenzten Punkte sind bei manchen Individuen teilweise auch auf der Blattunterseite zu finden. Die Blütenlippe ist mitunter etwas spitzer, gleichmäßiger rosa und besitzt weniger Streifen. Die Blütezeit beginnt ca. eine Woche nach der der Nominatform.

Verwechslungsmöglichkeiten

Fleischfarbenes Knabenkraut, Unterart *hyphaematodes* s. Kap. 5.39.2.

Das Breitblättrige Knabenkraut blüht am selben Standort drei Wochen früher, hat breitere, abstehende Laubblätter und eine breitere Lippe.

Auch Fuchs' Knabenkraut hat abstehende Laubblätter, die zudem dunkelgrün sind. Seine Blüten sind größer und lockerer verteilt, sie sind eher bläulich lila, der Blütenstand ist kürzer.

Blütezeit

A-E 6

Standort

Wie der des Fleischfarbenen Knabenkrauts, mit dem es meistens gemeinsam vorkommt. Über die Verbreitung ist noch wenig bekannt, offensichtlich bevorzugt es Flußauen und Seeufer. In den Alpen scheint es zu fehlen.

Allgemeines

Der Status dieser sehr seltenen Variante ist äußerst umstritten. Einige Autoren erwähnen sie nicht oder rechnen sie zur Unterart *hyphaematodes*, deren Status ebenfalls noch nicht geklärt ist. Möglicherweise geht sie aus Hybriden des Typus mit dem Breitblättrigen Knabenkraut hervor, wogegen allerdings die späte Blütezeit spricht. Es wird auch die Meinung vertreten, daß es eine Rückkreuzung des Hybriden mit dem Fleischfarbenen Knabenkraut sein soll. Allerdings existieren Standorte, die sowohl die Nominatform als auch var. *haematodes* enthalten, nicht aber das Breitblättrige Knabenkraut.

Vom Fleischfarbenen Knabenkraut wurden noch zahlreiche weitere abweichende Formen beschrieben, z. B. die sehr zierliche und schmalblättrige **var. *drudei*** mit auffallend 3-lappiger Lippe, bei der der Mittellappen vorgezogen ist, eine **var. *brachyphylla*** mit sehr kurzen Blättern, eine bis zu 20 cm große aber kräftige **var. *lobelii*** mit abstehenden Blättern und größeren, dicht stehenden Blüten und langen unteren Tragblättern, eine ebenfalls niedrige aber kräftige **var. *sublatifolia*** mit kurzen, abstehenden, breiten (- 3,5 cm) Blättern und eine sehr wüchsige (– 1 m hohe) **var. *macrophylla*** mit 6–10 breiteren, abstehenden Blättern und langen Tragblättern (alle länger bis doppelt so lang wie die Blüten). Die **var. *extensa*** besitzt eine zierliche Infloreszenz und nur bis 1,5 cm breite Blätter [alle 40]. Vermutlich handelt es sich teils um Ökotypen, die sich auf bestimmte Umweltbedingungen eingestellt haben (genetisch fixiert?).

Varietät *haematodes* an der Donau/Oberbayern, unten: abweichende Lippenzeichnung, Biotop vgl. Kap. 4.1.

5.39.2 Fleischfarbenes Knabenkraut, Unterart *hyphaematodes*

Dactylorhiza incarnata ssp. *hyphaematodes* (NEUMANN) LANDWEHR

Merkmale
30–50 (80) cm hoch.
Weitgehend ähnelt die Unterart der Nominatform, wird aber oft größer. Die sehr langen Laubblätter, die Tragblätter und der obere Teil des Stengels sind beidseitig purpurn überlaufen bzw. fein und dicht, selten weniger dicht gefleckt. Die Farbintensität nimmt nach Blühbeginn ab. Die Blütezeit beginnt etwa eine Woche nach der der Unterart *incarnata*. Zu Beginn der Anthese überragen die Blätter weit den Blütenstand.

Verwechslungsmöglichkeiten
Das Blutrote Knabenkraut hat ebenfalls beidseitig gefleckte (weniger: überlaufene) Blätter, ist aber deutlich kleiner. Die Blätter sind eher waagrecht angeordnet und kürzer. Vermutlich verläßt es auch die Hochlagen der Alpen in Mitteleuropa nicht; *hyphaematodes* steigt, wie *incarnata*, nicht hoch ins Gebirge auf.

Blütezeit
A-E 6

Standort
Bis 1400 m.
Die Unterart *hyphaematodes* kommt meist zusammen mit der Nominatform vor, reagiert jedoch noch empfindlicher auf Trockenheit als diese. Dafür gedeiht sie noch relativ gut in höherem, dichterem Gras, beispielsweise wenn die Wiese mehrere Jahre nicht gemäht wurde. Die zarteren Pflanzen der Unterart *incarnata* bleiben dann oft schon aus. Auf diese Weise können auch Reinbestände der Unterart *hyphaematodes* entstehen. Im allgemeinen scheint auch diese kräftige Orchidee Biotope in Flußauen zu bevorzugen, wo der Nährstoffgehalt im Boden durch gelegentliche Überschwemmungen mehr Biomasse hervorbringt. Man findet sie manchmal zwischen Erlenaufwuchs oder in sehr lichten Pappelanpflanzungen. Einen höheren Beschattungsgrad verträgt sie allerdings nicht.

Allgemeines
Bei vielen Autoren wird diese doch recht auffallende, allerdings ziemlich seltene Unterart nicht erwähnt [z. B. 23 und 29] oder lediglich als Varietät [9, 34] bzw. Form [49] geführt. So wundert es nicht, wenn über Verbreitung und Standortansprüche noch recht wenig bekannt ist. Die Unterscheidungsmerkmale zu anderen Unterarten scheinen jedoch recht stabil zu sein. Kreuzungsprodukte mit der Nominatform sind z. B. leicht an teilweise (hauptsächlich oben) rot überlaufenen Pflanzen mit kräftigem Wuchs zu erkennen. Die Subspezies ist aus Süddeutschland, Österreich und auch Schweden bekannt, ob ähnliche Pflanzen aus dem übrigen Ausland und den mittleren Bereichen der neuen Bundesländer hierzu gehören, bedarf noch eingehender Überprüfung.

(a) Schmale Feuchtwiese an einem Donau-Altwasser, verbuschend (Aspekt E 5, vor Blütezeit). Weitere Arten: jeweils wenige Exemplare des Helm- und des Fleischfarbenen Knabenkrauts ssp. *incarnata*. Der Eigentümer weigert sich, Pflegemaßnahmen durchführen zu lassen, die Lichtung wird von Wildscheinen „besucht"; (b) am selben Standort, (c) an der Isar/Niederbayern.

5.39.3 Fleischfarbenes Knabenkraut, Spätblühende Unterart

Dactylorhiza incarnata ssp. *serotina* HAUSSKN.

Merkmale
15–30 (35) cm hoch.
Die Pflanze wirkt wie ein schlankes, zu klein geratenes Fleischfarbenes Knabenkraut mit auffallend kurzem Blütenstand. Allerdings sind die 3–4 ungefleckten, aufrechtstehenden Laubblätter manchmal verhältnismäßig lang (zu Blühbeginn manchmal höher als der Blütenstand) und schmal (bis 2 cm breit) und die wenigeren Blüten oft etwas kleiner und dunkler. Die Abgrenzung zur Nominatform fällt nicht immer leicht, Übergangsformen sind oft vorhanden.

Verwechslungsmöglichkeiten
siehe unter Fleischfarbenes Knabenkraut (Kap. 5.39).

Blütezeit
A 6-A 7, ca. 2 Wochen später als der Typus.

Standort
Die zierliche, seltene Pflanze ist aus ganz Deutschland, Schweiz, Österreich und anderen Ländern bekannt. Wie die Unterart *incarnata* gedeiht sie auf feuchten bis nassen Wiesen und Flachmooren. Auch Heiden und Heidemoore werden als Standorte in der Literatur angegeben. Mitunter besiedelt sie angrenzende Flächen, die für die Nominatform schon etwas zu nährstoffarm sind und bildet dort Reinbestände. Allerdings verträgt sie aufgrund ihrer geringen Größe nur sehr niedrige bzw. lockere Begleitvegetation. Beschattung meidet sie.
Ähnliche, aber feuchtere Standorte bevorzugt das Strohgelbe Knabenkraut, das man hier und da in ihrer Nähe finden kann.

Allgemeines
Die *incarnata*-Gruppe scheint sich zur Zeit in verschiedene Varianten und Unterarten mit z. T. unterschiedlichen Ansprüchen aufzuspalten (vgl. auch Kap. 5.39.1 unten). Die hier aufgeführten stellen lediglich die wichtigsten in unserem Gebiet dar. Zu beachten ist allerdings, daß bei zunehmender Bodenversauerung (Kalkmangel) viele *Dactylorhiza*-Arten weniger und/oder schmälere Blätter bekommen und dadurch zierlicher wirken [49].
Der gelegentlich verwendete Name „***pulchella***" ist vermutlich falsch; er bezieht sich auf eine britische Sippe (W. Wucherpfennig 1997 mdl.).

Spätblühende Unterart des Fleischfarbenen Knabenkrauts an der Donau in Oberbayern, Biotop vgl. Kap. 4.1.

Talmoor an der Peene (NO-Deutschland), vor wenigen Jahren entbuscht und seitdem wieder gepflegt. Im Bild folgende Arten: Fleischfarbenes, Strohgelbes und Breitblättriges Knabenkraut, Weiße Stendelwurz und Glanzkraut.

Pflege einer Feuchtwiese im Altmühltal durch den Bund Naturschutz. Der Mähtermin ist wegen starken Krautwuchses aufgrund von Trockenheit und Stickstoffeintrag durch die Luft bereits im Spätsommer. Noch ist ein guter Bestand von Fleischfarbenem und Breitblättrigem Knabenkraut vorhanden, der überdies bereits nach drei frühen Mahdterminen deutlich zugenommen hat (etwa 1000 blühende Pflanzen im Bildausschnitt, Situation 1999). Das Sumpfknabenkraut ist seit Jahrzehnten verschollen.

5.40 Blutrotes Knabenkraut / Kuckucksblume / Fingerwurz

Dactylorhiza cruenta (O. F. MÜLLER) SOÓ
D. incarnata ssp. *cruenta* (O.F. MÜLLER) P.D. SELL

Merkmale

10–30 cm hoch; die Blüten sind sehr ähnlich denen des Fleischfarbenen Knabenkrauts, etwas kleiner und dunkler im Schnitt. Die Blätter sind kürzer, etwas breiter, stärker abstehend und, wie die Tragblätter, beidseitig punktiert, sehr selten rot überlaufen oder ungefleckt. Im ganzen wirkt die Pflanze gedrungener als das Fleischfarbene Knabenkraut, der Stengel ist auffallend dick (!).

Verwechslungsmöglichkeiten

Fleischfarbenes Knabenkraut ssp. *hyphaematodes* s. o. hat lange, aufrechtstehende Laubblätter und einen im Verhältnis dünneren Stiel. Alle anderen Knabenkräuter haben bestenfalls oberseits gefleckte Blätter.

Blütezeit

M 6-E 7 (M 8)

Standort

Kaum unter 1000 m, bis 2500 m aufsteigend.
Offensichtlich kommt die Art in Deutschland nicht vor (Übergänge wurden allerdings schon im Bayerischen Grenzgebiet gefunden); sie ist bekannt aus den Süd- und Westalpen. Dort gedeiht sie in mageren Flach-, Quell- und Hangmooren mit kalkhaltigen Böden. Ein zweiter Verbreitungsschwerpunkt liegt in Skandinavien (bis Sibirien). Ältere Ausgaben (ca. 1960) geben noch Hinweise auf feuchte Dünensenken an der Ostsee, wo sie mit ungefleckten Blättern 2 bis 4 Wochen nach dem Fleischfarbenen Knabenkraut blühen sollte [40]. Eine erneute Nachsuche wäre sicherlich erfolgversprechend. Sie meidet längere Beschattung und besiedelt auch nasse Seeufer mit lockerem Grasbewuchs sowie nasse Kiefernwaldlichtungen.

Allgemeines

Die relativ seltene Pflanze steht oft ohne weitere Begleitarten zwischen verschiedenen Gräsern (Süßgräser, Seggen und Binsen). Auffallend sind oftmals die Wollgrasarten. Mitunter fällt es kaum ins Auge, wenn rotblühende Läusekräuter in derselben Wiese wachsen und das Bild bestimmen. Des weiteren findet man in ihrer Nähe gelegentlich das Gefleckte, Fuchs', das Lappländische oder das Breitblättrige Knabenkraut (auch ssp. *alpestris*), selten einmal Weiße Stendelwurz und Mückenhändelwurz, öfter auch das Gemeine oder Alpenfettkraut.
Möglicherweise stellt das Blutrote Knabenkraut nur eine Extremform (höhenangepaßter Ökotyp) der ssp. *hyphaematodes* dar, was einige morphologische Merkmale erklären würde. Übergangsformen weisen daraufhin, sind jedoch m. E. zu selten. Außerdem kommen auch beide Formen nebeneinander vor (z. B. Insel Gotland / Schweden). Ein Unterart-Rang ist jedoch in Erwägung zu ziehen.
Weitere Begleitpflanzen s. unter Kap. 5.39.1.

Blutrotes Knabenkraut; oben: in der Schweiz und unten: in Südtirol mit monströser Blüte.

(a) Südexponiertes Hangquellmoor in Südtirol. In den trockenen Bereichen im Hintergrund: Rotes und Schwarzes Kohlröschen, Höswurz, Hohlzunge, Mückenhändelwurz, Kugelknabenkraut, in den steinigen Bereichen Zwergorchis, Höswurz und Wohlriechende Händelwurz; Blutrotes Knabenkraut (b) im Gardaseegebiet, (c) in der Schweiz und (d) in Südtirol.

5.41 Strohgelbes Knabenkraut / Kuckucksblume / Fingerwurz

Dactylorhiza ochroleuca (Wüstenei ex Boll) J. Holub
D. incarnata ssp. *ochroleuca* (Boll.) Hunt et Summerh.

Merkmale
25–50 (70) cm hoch; völlig ungezeichnete, blaßgelbe Blüten, gelegentlich mit grünlichem Lippengrund; Wuchs und Blütenform ähnlich dem Fleischfarbenen Knabenkraut, aber oft Längsknick (wie zusammengezwickt) in der Lippe, der Blütenstand ragt oft weiter aus den Blättern heraus. In NO-Deutschland sind die Pflanzen deutlich größer (Wucherpfennig 1994 mdl.). Die kräftigen Blätter liegen eng am Stengel an (!).

Verwechslungsmöglichkeiten
Weiße bis rahmfarbene Varianten des Fleischfarbenen Knabenkrauts haben oft noch Reste einer Zeichnung auf der Lippe, die Seitenlappen sind etwas ausgebreiteter. Es fehlt die grünlich-gelbe Farbe, nur der Sporneingang ist gelegentlich gelblich. Auch der Knick im unteren Lippenteil fehlt oft. Ihre Blütezeit liegt eher vor der der roten Exemplare, nicht 2 Wochen später. Allerdings können auch sie fast reine Populationen bilden.
Andere gelbe Knabenkräuter sind kleinwüchsig und blühen im zeitigen Frühjahr auf trockneren Standorten.

Blütezeit
(E 5) A 6-A 7, 1–2 Wochen nach dem Fleischfarbenen Knabenkraut.

Standort
Kaum über 600 m.
Die auffallende Orchidee braucht nassen und sehr kalkhaltigen Boden. In dieser Hinsicht ist sie bedeutend anspruchsvoller als das Fleischfarbene Knabenkraut. Das Strohgelbe Knabenkraut wächst gern in lockeren Schilfbeständen, oft am Rande eines dichteren Schilfgürtels, mitunter ohne weitere Begleitvegetation im Moos (z. B. *Paludella squarrosa*). Man findet es allerdings auch zwischen halbhohen Seggen, Binsen, Süßgräsern und Kräutern. Gelegentliche Überschwemmungen verkraftet es durchaus. In Deutschland besiedelt es Flach- und Quellmoore entlang von Flüssen des Alpenvorlands bis zur Donau, Niederungen von Brandenburg bis Mecklenburg, oft verlandete Seeufer und Streuwiesen. Auch in Österreich und der Schweiz kommt die Pflanze vor (Alpentäler).

Allgemeines
Das Strohgelbe Knabenkraut ist eine sehr seltene Orchidee. In den letzten Jahren sind überdies einige Standorte erloschen. Der Grund hierfür ist hauptsächlich fehlende Feuchtigkeit durch Ausbleiben ausreichender Niederschläge, Entwässerung angrenzender Flächen oder fehlende Pflege. Normalerweise wächst die Art zusammen mit dem Fleischfarbenen (v. a. mit der spätblühenden Unterart), gelegentlich mit Fuchs', Breitblättrigem, Traunsteiners oder Sumpfknabenkraut, meist findet man es jedoch in angrenzenden, feuchteren Flächen, sofern das Schilf nicht zu dicht steht oder in tieferliegenden Mulden. Weitere Begleitpflanzen können sein: Weiße Stendelwurz, Einknolle, häufig Glanzkraut, Kopfried, Binsenschneide, Davalls und Schlammsegge, Torfbinse, Simsenlilie, Fettkraut, Fieberklee, Sonnentau, Studentenrösl, Mehlprimel, Sumpfschachtelhalm, Tarant, v. a. in Mecklenburg sogar Blutauge, Moosbeere und Rosmarinheide. Hier und da ist die Art von Birken-, Erlen- und Kiefernanflug bedroht und bedarf dort regelmäßiger Mahd. Im Blühverhalten zeigt sie sich relativ unbeständig, kann aber durch die aufrecht stehenden Blätter auch in sterilem Zustand erkannt werden (außer bei Jungpflanzen). Das Strohgelbe Knabenkraut besitzt das gleiche Chromosomenbild wie das Fleischfarbene Knabenkraut [29]. Blütenstand und die Form der Blüten sind fast gleich. Deshalb wird es von den meisten Autoren als Unterart oder Farbvariante geführt [14, 23, 29, 34, 38]. Allerdings ist es hinsichtlich Farbe, Blütezeit und Standortansprüchen deutlich von *D. incarnata* abgetrennt. Auch kommt es nicht zu Übergängen zwischen beiden Arten, sondern Hybriden nehmen eine deutliche Mittelstellung ein (gelber Blütenfarbstoff sichtbar, dgl. Lippenknick). Nach D. Pongratz (1998 mdl.) bestehen im Bestäubungsapparat beider Arten größere Unterschiede als beispielsweise zwischen Fleischfarbenem und Breitblättrigem Knabenkraut. Somit ist eine Eigenständigkeit als Art im Vergleich zu anderen „Arten“ gerechtfertigt.

Strohgelbes Knabenkraut an der Peene (NO-Deutschland).

(a) Sporadisch gemähtes Kalkflachmoor am Alpenrand/Bayern. Weitere Arten: Fleischfarbenes, Fuchs' und Traunsteiners Knabenkraut, Sumpfknabenkraut, Weiße Stendelwurz, Glanzkraut; (b, c, d) Strohgelbes Knabenkraut an einem verlandeten Seeufer/Oberbayern, (b) mit Hybride, siehe Kap. 6.1.

5.42 Höswurz, Weißzüngel

Pseudorchis albida (L.) Löve
Leucorchis albida (L.) F. Meyer

Merkmale
10–25 (35) cm hoch.
Die relativ kleinen Blüten sind blaßgelb, die dreilappige Lippe ist meist kräftiger gefärbt. Die kräftig grünen Laubblätter sind größtenteils rosettig angeordnet, begleiten aber auch mitunter die untere Stengelhälfte und stehen aufrecht.

Verwechslungsmöglichkeiten
Die Einknolle (Kap. 5.58) ist zierlicher mit lockerem Blütenstand, ihre Einzelblüten sind noch kleiner, eher grünlich, mit spitz ausgezogenen Petalen und Lippen.

Blütezeit
(A) M 6-M 8, je nach Höhe

Standort
Ab etwa 500 m bis über 2500 m.
Die Höswurz ist eine typische Gebirgspflanze, kommt aber auch vereinzelt in den Bergwiesen oder um Feuchtgebiete (z. B. Bruchwälder) der Mittelgebirge vor. Hier kümmert sie aber oft nur dahin und ist meistens schon durch hohe Begleitvegetation gefährdet. Regelmäßige, jährliche, späte Mahd oder extensive Beweidung halten die Bestände mittlerer Höhen am Leben. Im allgemeinen wächst die unauffällige Orchidee auf lehmigem, frischem bis feuchtem, saurem oder oberflächlich versauertem Untergrund (meist Silikat-Magerrasen), in hohen Lagen steht sie gelegentlich auch in Kalksteingeröll (ist also nicht unbedingt kalkfliehend) oder trockenen, schrotigen, kurzrasigen Wiesen. Sie bevorzugt sonnige Standorte, verträgt jedoch ebenso zeitweise Beschattung durch Hangneigung oder Nadelgehölze.

Höswurz im Erzgebirge (ca. 900 m).

Allgemeines
Die Höswurz ist im Alpengebiet und in Hochlagen des Schwarzwalds durch ihre relative Anspruchslosigkeit noch weit verbreitet. In einigen Mittelgebirgen ist sie akut vom Aussterben bedroht (z.B. im Bayerischen Wald) und überall stark zurückgegangen. Die Gründe liegen auch hier wohl in der Aufgabe traditioneller Nutzungsformen verbunden mit Stickstoffeintrag aus der Luft, also der natürlichen Sukzession. Konkurrenzschwache Arten können dann nicht mehr überleben.
Typische Begleitpflanzen in Gebieten, in denen die Höswurz noch häufiger vorkommt, sind: Astmoos, Zirbe, Tanne, Fichte, Latsche, Zwergwacholder, Rostrote, seltener Behaarte Alpenrose, verschiedene kleine Weidenarten (z. B. Netz- und Krautweide), Silberwurz, Steinrösl, Heidekraut, Preisel- und Heidelbeere, Alpenküchenschelle, Fingerkraut, Sonnenröschen, Blutwurz, Horn- und Wundklee, einige Enzianarten (z. B. Zierlicher, Punktierter, Gelber, Deutscher, Feld- und Schlauchenzian), oft Arnika, Habichtskräuter, Glockenblumen (z. B. Bärtige Glockenblume), Bärwurz, Kanten-Hartheu, Harzer Labkraut, Allermannsharnisch, Germer, Türkenbund, Feuerlilie, Krokus, Mondraute, verschiedene Süß- und Sauergräser (oft Seggenarten, Goldhafer, Rotschwingel oder Borstgras), Kugel-, Manns-, Holunder- und Brandknabenkraut, häufiger Mücken- und Wohlriechende Händelwurz, die Kohlrösl-Arten, Hohlzunge, Weiße Waldhyazinthe, Fuchs' Knabenkraut, selbst das winzige Zwergknabenkraut. Natürlich fehlen viele Arten auf sauren Böden, dann wächst die Höswurz gelegentlich auch einmal ohne Begleitorchideen in einem Biotop, in einem blütenarmen Grasbestand ebenso wie in bunten Matten, in denen oft die Korbblütler (z. B. Arnika) dominieren.
Bei ausbleibendem Insektenbesuch (z. B. Kleinschmetterlinge) aufgrund ungünstiger Witterung bestäubt sich die Blüte selbst [4]. Nach neuesten Untersuchungen (DNA-Analysen) ist die Höswurz nahe mit den Waldhyazinthen verwandt (Wucherpfennig 1997 mdl.).

(a, c) Beweidete Matte über kalkfreiem Gestein, Südtirol. Weitere Arten: Schwarzes Kohlröschen, Mückenhändelwurz, Hohlzunge; (b, d) in den österreichischen Nordalpen.

5.43 Wohlriechende Händelwurz

Gymnadenia odoratissima (L.) RICHARD

Merkmale
10–30 (50) cm hoch; Blüten dunkelrosa bis rein weiß, ohne Zeichnung. Die Lippe ist nur sehr undeutlich dreiteilig mit vorgezogenem Mittellappen. Der Sporn ist etwa so lang wie der Fruchtknoten. Der Blütenstand der zierlichen Pflanze ist lang gestreckt, die sehr schmalen, oft bläulich grünen, rinnig gebogenen Laubblätter sind überwiegend grundständig. Sie erinnern an Grasbüschel.

Verwechslungsmöglichkeiten
Die Mückenhändelwurz ist in allen Teilen deutlich größer, kräftiger, hat einen langen Sporn und breitere Laubblätter. Die Lippe ist meistens deutlich dreiteilig ohne vorgezogenen Mittellappen.
Die Höswurz ähnelt von weitem hellen Formen der Wohlriechenden Händelwurz, die hauptsächlich in höheren Lagen vorkommen. Ihre Lippe ist aber gelb und dreiteilig, die Blätter sind breiter.
Bastarde mit einem Kohlrösl findet man häufiger; sie besitzen einen kürzeren, gedrängten Blütenstand, die Lippen zeigen schräg nach oben.

Blütezeit
M 6-M 8

Standort
Bis über 2500 m, auf kalkhaltigen Böden.
Die Wohlriechende Händelwurz ist eher eine Orchidee der alpinen Matten, gedeiht aber auch in trockenen, feuchten bis nassen Magerwiesen mittlerer Lagen und in Flußauen (Brennen). Selbst lichte Kiefernwälder akzeptiert sie. In den Alpen steht die farblich sehr variable Pflanze oft auf vegetationsarmen oder kurzrasigen Flächen, beispielsweise an moosüberwachsenen Sekundärstandorten (Straßenränder), in Geröll und selbst auf bewachsenen Felsbrocken. In niedrigeren Lagen ist die recht zierliche Orchidee auf lichte Vegetation oder jährliche Mahd angewiesen, besonders in nährstoffreicheren Flachmooren. Sie ist in den ostdeutschen Bundesländern wohl bereits ausgestorben, nördlich der Main-Linie kommt sie nur noch vereinzelt im Bereich der Rhön vor. Auch ganz Südostbayern bis zum Westteil der Tschechischen Republik ist praktisch eine Verbreitungslücke.

Allgemeines
Oft wird die Wohlriechende Händelwurz mit schwachen Exemplaren ihrer größeren Schwesterart verwechselt. Neue Standortangaben sind daher genau zu prüfen.
Durch ihre Akzeptanz verschiedenster Lebensräume ist die Liste der Begleitpflanzen extrem lang und mannigfaltig. Beispielsweise wächst sie in Brennen und anderen Trockenrasen gern zusammen mit Fliegenragwurz, Brand- und Helmknabenkraut, in lichten Kiefernwäldern (Steppen- und Schneeheidekiefernwald) gemeinsam mit Netzblatt, beiden Waldhyazinthen, Breitblättriger oder Braunroter Stendelwurz, in Feuchtgebieten mit Traunsteiners, Breitblättrigem, Fleischfarbenem, selbst Sumpfknabenkraut, im alpinen Bereich mit Zwergknabenkraut, Höswurz, verschiedenen Kohlröslarten und deren Begleitpflanzen. Häufig sind in ihrer Nähe jedoch Kiefer (Latsche, Zirbe), Schneeheide, Fuchs' Knabenkraut und Mückenhändelwurz zu finden.
Als Bestäuber fungieren hauptsächlich Schmetterlinge wie z. B. Widderchen (*Zygaenidae*). Bastarde mit der Mückenhändelwurz sind erstaunlich selten und am intermediären Sporn zu erkennen (vgl. Kapitel 6.1). Bei Hybriden der Gattung *Gymnadenia* mit der Gattung *Dactylorhiza* setzen sich meist die abgespreizten, seitlichen Sepalen durch.

links: Widderchen mit Pollinien als Bestäuber der Wohlriechenden Händelwurz in Südtirol; Mitte: Dickkopffalter auf Wohlriechender Händelwurz in Baden-Württemberg; rechts: Albino in Südtirol

a

b

c

d

(a) Flachgründige, alpine Matte (Südhang) in Südtirol. Weitere Arten: einige Exemplare des Schwarzen und Roten Kohlröschen, Höswurz und Zwergorchis; (b, d) am selben Standort, (c) an der Isar/Niederbayern.

5.44 Mückenhändelwurz, Große Händelwurz

Gymnadenia conopsea (L.) R. Brown.
mit ssp. *densiflora* (Wahlenb.) Camus

Merkmale
(15) 20–60 (95) cm hoch; Blüten ungezeichnet, dunkelrosa bis reinweiß, sehr selten rosa mit weißer Lippe, Labellum mehr oder weniger dreiteilig. Der Sporn ist dünn, spitz und ca. doppelt so lang wie der Fruchtknoten. Die schlanke Pflanze ist reich- und dichtblütig, die überwiegend rosettig angeordneten, hellgrünen Laubblätter sind relativ schmal, rinnig gefaltet und stehen schräg nach oben.

Verwechslungsmöglichkeiten
Die Wohlriechende Händelwurz ist zierlicher, hat einen kurzen Sporn, der Mittellappen der Lippe ist vorgezogen, die Blätter sind schmäler und bläulich grün.

Blütezeit
(E 5) M 6-A 8 (E 8)

Standort
Bis 2800 m.
Die Mückenhändelwurz ist eine relativ anspruchslose Orchideenart. Sie bevorzugt Kalk, kommt aber auch auf neutralen und schwach sauren , v. a. lehmigen und tonigen Böden (besonders in Bergregionen) vor. Meist steht sie auf frischem bis sehr trockenem, oft auf wechselfeuchtem Untergrund, sogar in Feuchtwiesen, Flachmooren und sickernassen Hängen ist sie zu finden. Sie gedeiht in Steppenheidewäldern, in schwach beweideten oder ungenutzten Wacholderheiden, häufig in Brennen und an Hochwasserdämmen, auf Bergmatten sowie im Felsgeröll der Alpen. Lediglich dichtere Beschattung oder intensivere Beweidung meidet sie. Allerdings ist sie nicht in allen auf den ersten Blick geeigneten Biotopen anzutreffen. Sekundärstandorte wie Straßenböschungen und aufgelassene Steinbrüche nimmt sie gern an.

Allgemeines
Die auffallende Orchidee gehört zu den häufigsten in unserem Gebiet. Jedoch auch bei ihr sind Rückgänge zu verzeichnen. Besonders in der nördlichen und westlichen Hälfte Deutschlands sind schon große Verbreitungslücken festzustellen.
Dadurch, daß die Art solch unterschiedliche Lebensräume besiedelt, ist die Zahl der Begleitpflanzen immens (vgl. Kap. 5.43, Wohlriechende Händelwurz). Schwerer noch als bei ihrer Schwesternart ist hier eine Auswahl zu treffen. Praktisch kommt sie zusammen mit fast jeder anderen mitteleuropäischen Orchideenart vor, die nicht auf dichten Wald oder Hochmoore angewiesen ist.
Vor allem in Feuchtgebieten geht die Nominatform mitunter in die Unterart ***densiflora*** über. Diese blüht etwas später als der Typus, ist noch reich- und dichtblütiger, nach Gewürznelken duftend, oft dunkler oder bläulicher (bei etwas kleineren Blüten mit kurzem Mittellappen der breiten Lippe) und besitzt breitere Blätter. Allerdings ist sie nicht immer eindeutig von der ssp. *conopsea* abzugrenzen. Von vielen Autoren wird sie daher nicht erwähnt oder nur als Varietät bezeichnet.
Auch wurden noch weitere Unterarten bzw. Variationen beschrieben. Beispielsweise existieren Pflanzen mit intensiv gefärbten Blüten und gefleckten Lippen (***lapponica*** und ***alpina***). Selbst fehlender Blütenduft wird als Merkmal herangezogen (***montana***). Wie die Blütengröße variiert er in verschiedenen Populationen (wohlriechend – unangenehm) [9]. Sogar die Chromosomenzahl ergibt ein verwirrendes, uneinheitliches Bild [34]. Auch H. Sundermann weist darauf hin, daß offenbar eine zweite, nicht optisch unterscheidbare alpine Rasse auf saurem Untergrund existiert, was er durch pH-Messungen der Wuchsorte belegt [41].
Als Bestäuber kommen bei der Mückenhändelwurz Tag- und Nachtfalter in Betracht, worauf schon der lange Sporn hinweist. Bekannt ist dies z. B. von Dickkopffaltern (*Hesperidae*), Kiefern- und Weinschwärmern (*Sphingidae*). Manche Populationen duften besonders kräftig in der Abenddämmerung (W. Rummel in [1]).
Gattungshybriden bildet diese Art (wie auch die Wohlriechende Händelwurz) häufiger. Bekannt sind v. a. Bastarde mit Kohlröschen und „Dactylorhizen" (hauptsächlich Fuchs' Knabenkraut), natürlich auch der Artbastard mit der Wohlriechenden Händelwurz.

Mückenhändelwurz auf einer alpinen Matte in Südtirol; rechts im Bild Albino.

(a) Wechselfeuchte Wiese in den Lechauen (Bayern). Weitere Arten: Wanzenknabenkraut, Einknolle, Hummelragwurz; (b) Mückenhändelwurz im Oberrheintal, (c) ssp. *densiflora* in einer Feuchtwiese am bayerischen Alpenrand, Biotop siehe Abb. a, Kap. 5.30; (d) in den Lechauen (Bayern).

5.45 Mont Cenis-Kohlröschen

Nigritella cenisia FOELSCHE & GERBAUD

Merkmale
(10) 12–32 (34) cm hoch, auffallend kräftige Pflanze mit dickem Stengel (2,9–5,6 mm Durchmesser; 1 cm unter dem Blütenstand), der oben oft dunkelrot überlaufen ist. Die m. o. w. dunkelroten (ohne braunen oder violetten Farbstich), kleinen Blüten sind sehr dicht und zahlreich, der Blütenstand ist bei der Hochblüte eiförmig bis verlängert eiförmig, vorher lange spitz. Die Lippen sind meist tütenförmig eingerollt (!) und wirken dadurch sehr schmal. Bei den untersten Blüten kann die Lippe auch weit geöffnet sein, die untersten Tragblätter sind länger als die Blüten, sie sind an den Rändern dunkelrot, selten nur gesägt, meist mit wenigen bis sehr vielen Papillen besetzt. Die Pflanze wird durch Insekten bestäubt.

Verwechslungsmöglichkeiten
Durch die (bei kräftigen Exemplaren) sehr zahlreichen, dunkelroten Blüten mit überwiegend eingerollten Lippen kaum zu verwechseln.
Alle anderen dunklen Kohlrösl haben weit offene Lippen.

Blütezeit
(E 6) A 7-A (E) 8, kurz nach dem Schwarzen Kohlrösl aufblühend, doch aufgrund der vielen Blüten eine erheblich längere Blütezeit.

Standort
Die Art (erst E 1998 beschrieben) ist in den französischen und italienischen Westalpen bekannt und ist stellenweise gar nicht selten. Man findet sie zwischen 2000 und 2600 m über Kalk und Kalkschiefer auf feuchten bis trockenen, tiefgründigen Böden, die z. T. auch oberflächlich entkalkt sein können. Gern besiedelt sie Rillen und Mulden, sie kommt an Hängen jeglicher Exposition vor.

Allgemeines
Durch seine relativ breite ökologische Amplitude kann man das Mont Cenis-Kohlröschen mit zahlreichen anderen Orchideenarten antreffen. Meist steht es beim Schwarzen, gelegentlich auch bei Cornelias, selten beim Österreichischen Kohlröschen. In seiner Nähe findet man mitunter die Mückenhändelwurz, Kugelorchis, Hohlzunge und Höswurz, im Feuchten sogar Blutrotes und die Alpine Unterart des Breitblättrigen Knabenkrauts und Zwergorchis. Ferner werden u. a. Mont Cenis-Läusekraut, Stengelloses Leimkraut und Mondraute als Begleitpflanzen häufiger gefunden. Bastarde bildet es mit dem Schwarzen Kohlrösl und der Mückenhändelwurz.
In seiner typischen Ausprägung ist das Mont Cenis-Kohlröschen leicht zu erkennen, häufig findet man – besonders in Biotopen mit anderen Kohlröschen – Übergangs- bzw. Bastardformen, zumindest aber typische Exemplare mit weiter geöffneten Lippen, dunklerer Farbe und/oder weniger Blüten.

Orange Variante des Mont Cenis-Kohlröschens (Bastard mit Schwarzem Kohlröschen?, wenigblütige Pflanze in Mischpopulation).

(a-d) Mont-Cenis-Kohlröschen in den italienisch-französischen Südwestalpen (Fotos: W. Foelsche)

5.46 Schwarzes Kohlröschen, Gewöhnliches Kohlröschen

Nigritella rhellicani TEPPNER et KLEIN
mit *N. nigra* (L.) REICHENB. FIL.

Merkmale
8–15 (25) cm hoch; Blüten schwärzlich, meistens dunkelbraun, braun bis rot, orange, rosa, gelb oder weiß, selbst zweifarbig, nach Vanille duftend; Blütenstand dicht, anfangs kegelförmig, später eiförmig (seltener kugelig). Die Lippe zeigt nach oben und ist am Grund weit offen. Die untersten Tragblätter weisen meist einen Stiftchensaum auf (Lupe), der allerdings auch schwach ausgebildet sein kann oder fehlt (vgl. Österreichisches Kohlröschen). Die Laubblätter sind überwiegend rosettig angeordnet, schmal, lang und rinnig gebogen. Sie erinnern an dunkelgrüne, etwas bläuliche Grasbüschel.

Verwechslungsmöglichkeiten
Die rote Form ähnelt dem Roten Kohlröschen, das ca. zwei Wochen früher blüht. Seine Blütenlippen sind am Grund verengt (zugezogen).
Auch die rosa Form (Einzelexemplare!) und Hybriden können am offenen Lippengrund erkannt werden. Blütezeit und evtl. Gestein des Standorts beachten! Einzelexemplare (!) in Gebieten mit vielen Farbvarianten können mit den meisten anderen Kohlröschen durchaus verwechselt werden, bilden aber keine Gruppen oder gar Bestände.
Das Österreichische Kohlröschen hat einen kurzen Blütenstand (breiter als lang) und größere, oft hellere Blüten (Lippenlänge > 7 mm). Den Tragblättern der unteren Blüten fehlt der Stiftchensaum immer fast völlig (Lupe).

Blütezeit
(E 6) M 7-A 8 (E 8)
1 bis 2 Wochen nach dem Roten und dem Österreichischen Kohlröschen.

Standort
(800) 1200–2800 m; auf kalkhaltigen bis schwach sauren, lehmigen, trockenen bis leicht feuchten Böden. Das Kohlrösl ist eine Hochgebirgspflanze und kommt in ungedüngten kurzrasigen oder einmahdigen (extensiv beweideten) Bergmatten vor. Man findet es häufig in blütenreichen Wiesen über Kalkgestein, seltener auf relativ blumenarmen Magerrasen oder Zwergstrauchheiden über Urgestein. Allerdings existieren auch dort lokal große Bestände mit stattlichen Exemplaren. Die zierliche Orchidee besiedelt sowohl Süd- wie Nordhänge, flache wie steile, felsige Gebiete und Berggipfel, fast nur sonnige Stellen. Sie ist die anspruchsloseste Kohlröschenart.

Allgemeines
Das Schwarze Kohlröschen ist noch relativ verbreitet und die häufigste Art der Gattung. Auf Silikat trifft man in seiner Nähe oft Borstgras, Gelben, Punktierten, Deutschen und Feldenzian, Arnika, Besenheide, Bärentraube, Heidelbeere, Grüne Hohlzunge, Mückenhändelwurz oder Höswurz an, dazu Latsche, Zirbelkiefer, Zwergwacholder und Rostblättrige Alpenrose. Besonders auf basischem Untergrund findet man eher: Mondraute, Straußgras, Polster- und Schwarze Segge, Haldenblaugras, Krokus, Alpenküchenschelle, Silberwurz, Graugrünen und Moschussteinbrech (auch andere *Saxifraga*-Arten), Berufkraut, Felsenpippau, Edelweiß, Gemswurz, Habichtskräuter, Tragant, Rundblättriges Wintergrün, Horn-, Wund- und Wiesenklee, Glockenblumen (v. a. Bärtige Glockenblume und Teufelskrallen), Nelken, Enzianarten (z. B. Rundblättriger und Großblütiger Enzian), Brillenschötchen, Lausekräuter, Trauerblume, Drachenmaul, Knöterich, Sonnenröschen, Troddelblume, Fingerkräuter, Polsterpflanzen wie Stengelloses Leimkraut und Hauswurzarten, Behaarte Alpenrose, Seidelbast, Steinrösl, Orchideen wie die übrigen Kohlröslarten, die Wohlriechende und die Mückenhändelwurz, Manns- und Brandknabenkraut, Kugelorchis, Weiße Waldhyazinthe, mitunter noch die Zwergorchis.
In neuerer Zeit (1990) wurde von der zuerst aus Skandinavien beschriebenen *N. nigra* (L.) REICHENB. FIL. (apomiktische Fortpflanzung, vgl. Kap. 2.2) die Form der West- und Zentralalpen (verbreitet bis in den Balkan, Fortpflanzung sexuell nach Insektenbestäubung) als *N. rhellicani* TEPPNER et KLEIN abgetrennt. Die Ostalpensippe (Glocknergruppe, Dolomiten, Wiener Schneeberg, Koralpe über Deutschland bis in die Westalpen) wurde als *N. nigra* ssp. *austriaca*, jetzt als *N. austriaca* bezeichnet. Anscheinend ist die Gattung *Nigritella* im Augenblick mitten in der Entwicklung bzw. Aufspaltung, was sicherlich durch die extremen Standortbedingungen und Apomixis gefördert wird.

(a) Beweidete Matte über Urgestein in den Dolomiten, zahlreiche Farbvarianten. Im hinteren Bereich noch Höswurz und Mückenhändelwurz; (b, d) am selben Standort, (b) rötliche Variante, (c) mit Eulenfalter in den Südalpen (Italien/Schweiz).

(a–d) Farbvarianten von N. *rhellicani* in den Dolomiten

a

b

c

(a, b, c) Farbvarianten von *N. rhellicani* in den Dolomiten.

5.47 Österreichisches Kohlröschen

Nigritella austriaca (Teppner & Klein) Delforge
N. nigra ssp. *austriaca* Teppner & Klein

Merkmale
8–15 (17) cm hoch, sehr ähnlich dem Schwarzen Kohlröschen. Die Blätter sind allerdings oft eher am Stengel verteilt. Farblich sind die Blüten weniger variabel, offenbar kommt nur die dunkel rotbraune Färbung vor. Stehen die beiden Arten nebeneinander, wirkt das Österreichische Kohlröschen etwas heller, rötlicher (auch durch die Blütezeit bedingt). Der Blütenstand ist kurz, aufgeblüht halbkugelig oder kugelig, kaum länglich, also meist breiter als hoch (!). Seine Blüten sind etwas größer (Lippenlänge der untersten Blüten ohne Sporn mehr als 7 mm, beim Schwarzen Kohlröschen meist weniger), die Tragblättchen der untersten Blüten sind fast glatt, nur wenig und unregelmäßig genoppt (beim Schwarzen Kohlröschen meist mit regelmäßigem Stiftchensaum, Lupe!), was fast durchgehend zu beobachten ist. Es duftet nach Schokolade.

Verwechslungsmöglichkeiten
Das Gewöhnliche, Schwarze Kohlröschen s. o.
In den Bayerischen Alpen existiert noch eine spätblühende Sippe (nach *N. rhellicani* A-E 8), die sich praktisch nicht unterscheiden läßt, bestenfalls ist die Lippe etwas enger geschnürt. Ihr Status ist noch unklar.
Das Mont-Cenis Kohlröschen hat mehr (und dunkelrote) Blüten mit verengter Lippe. Es blüht sehr spät.

Österreichisches Kohlröschen in den Westalpen, Frankreich (*iberica?*).

Blütezeit
M 6-E 7 (A 8?), je nach Höhe, deutlich vor dem Schwarzen Kohlröschen, etwa gleichzeitig mit dem Roten, kurz nach Widders Kohlröschen.

Standort
1300–2500 m, bekannt aus den Ostalpen (Dolomiten, Großglocknergebiet, Koralpe, Schneeberg bis zu den Eisenerzer Alpen), inzwischen aber auch in den Bayerischen Alpen nachgewiesen.
Die in den Westalpen beheimatete **ssp. *gallica*** (westlich der Linie Genf-Grenoble, E. u. R. Breiner 1993 [2]) dürfte mit dem Österreichischen Kohlröschen (1990 vom Schwarzen Kohlröschen als Unterart abgetrennt) identisch sein. Dies gilt wohl auch für ***N. iberica*** aus den Pyrenäen. Möglicherweise sind beide aber auch identisch und aufgrund von Enzymuntersuchungen bzw. durch Blütenmaße (z. B. längerer Sporn als *austriaca*) doch abzutrennen (als ssp. *iberica*?) [42].
Das Österreichische Kohlröschen ist in kurzrasigen (in tieferen Lagen durch Rinder beweideten), oft steinigen Wiesen zu finden. Hier steht es bevorzugt an lückig bewachsenen Stellen, vorzugsweise m. o. w. südorientiert, aber auch in Gipfelbereichen oder an Nordhängen. Es scheint auf kalkhaltige Böden angewiesen zu sein, verträgt aber offenbar auch leichte, oberflächliche Versauerung.

Allgemeines
Im Gegensatz zum Schwarzen Kohlröschen pflanzt sich das Österreichische Kohlröschen apomiktisch fort (vgl. Kap. 2.2). An Wuchsorten mit beiden Arten sind Übergangsformen bzw. sogar -populationen bzw. Bastardschwärme nicht selten (Dolomiten, Bayern z. B.). Auch steht zu erwarten, daß noch weitere dunkle apomiktische Sippen (vgl. „Verwechslungsmöglichkeiten") entdeckt und beschrieben werden.
Die Begleitflora ist recht artenreich und typisch für kalkhaltige Gebirgswiesen. In Österreich wird die Art seltener vom Schwarzen, häufiger vom Roten, aber auch von Widders und dem Steirischen Kohlröschen begleitet. Häufig findet man in seiner Nähe die Hohlzunge, gelegentlich Höswurz, Fuchs' Knabenkraut, Händelwurz und andere Orchideenarten. Weitere Begleitpflanzen sind: Krokus, Schwingel, Zitter- und Borstgras, Mittlerer Wegerich, Schafgarbe, verschiedene Enzianarten, Alpenlabkraut, Felsenehrenpreis, Horn- und Wundklee, Silberdistel, Frauenmantelarten, Blutwurz, Hohe Schlüsselblume, Arzneithymian, Lebendgebärender Knöterich, Kugelige Teufelskralle, Silberwurz, Einblütiges Berufskraut und viele mehr, mitunter sogar Heidekraut.
In Frankreich kommen natürlich verschiedene westalpine Arten hinzu bzw. fehlen ostalpine Sippen. In unmittelbarer Nähe findet man hier z. B. das Schwarze und Cornelias Kohlröschen (letzteres nur wenig später aufblühend), Höswurz und Hohlzunge, Bärtige Glockenblume, Mutterwurz, Goldfingerkraut, Löwenzahn (*Leontodon* spec.), Alpenklee, Bergnelkenwurz, Hainsimse, sogar Säurezeiger wie Rausch- und Heidelbeere.

(a) Osthang im Grazer Bergland (AU) mit Österreichischem und Rotem Kohlröschen, Fuchs' Knabenkraut und Höswurz, (b, c) am selben Standort, (d) in den Westalpen, Frankreich (*iberica?*).

5.48 Cornelias Kohlröschen, Westalpen-Kohlröschen

Nigritella corneliana (Beauverd) Gölz et Reinhard
N. nigra ssp. *corneliana* (Beauv.) Treppneret Klein
mit ssp. *bourneriasii* E. u. R. Breiner

Merkmale
8–20 cm hoch; Blüten weißlich-lachsrot, recht variabel, die Knospen sind intensiver gefärbt (zinnoberrot, ohne bläulichen Ton). Lippe über dem Grund kaum verengt (außer bei **ssp. *bourneriasii***, vgl. unten); Sepalen nur wenig breiter als die Petalen; Blütenstand sehr dicht, kugelig bis länglich oval. Die vegetativen Pflanzenteile wie *N. rhellicani*, etwas hellgrüner, Blätter oft zahlreicher.

Verwechslungsmöglichkeiten
Keine; ähnliche Arten wachsen weiter im Osten.

Blütezeit
(E 5?) A 7-M 8, ca. 2 Wochen vor *N. rhellicani*, kurz nach dem Österreichischen Kohlröschen.

Standort
1800–2500 m; auf trockenen bis frischen, evtl. leicht feuchten Kalkböden. Die attraktive Art kommt nach dem bisherigen Kenntnisstand nur in den Südwestalpen (Frankreich, Italien, nordwärts bis Savoyen) vor. Dort wächst sie in sehr lichten, blumenreichen Lärchenwäldern auf Flächen, die außerhalb des Traufbereichs der Bäume (auch Fichte und Zirbelkiefer) liegen, und auf kurzrasigen, evtl. extensiv beweideten, bunten Magerrasen. Gern steht sie in Mulden und am Grund von Tälchen, manchmal sogar feucht, vorzugsweise an leichten Nordhängen, wo sie mitunter große Bestände bildet. Trockene, ungeschützte Standorte mit lückiger Vegetation meidet sie meist.

Allgemeines
Diese Orchidee ist nahe mit dem Roten Kohlröschen verwandt. Innerhalb ihres Verbreitungsgebietes ist sie nicht selten und ersetzt nach Süden zu das Schwarze teilweise. Häufig findet man es in der Nähe von Silberwurz oder zwischen rosa, weiß, rot und gelb blühenden Kleearten, wo es kaum ins Auge sticht. Des weiteren wachsen in seiner Nähe a. a. Heideröschen, die Bärtige Glockenblume, das Goldfingerkraut, Bergnelken- und Mutterwurz, Löwenzahn (*Leontodon* spec.), Alpenklee und Hainsimse. An Begleitorchideen trifft man in unmittelbarer Nachbarschaft das Gewöhnliche (Schwarze) und das etwa gleich große Österreichische Kohlröschen an, hin und wieder auch die Hohlzunge und die Höswurz. Manchmal zeigen Heidel- und Rauschbeere eine Versauerung an.
N. corneliana wird von Insekten bestäubt (hauptsächlich von Nachtfaltern).
1999 haben E. und R. Breiner eine einheitlich rot blühende Sippe aus dem nördlichen Teil der Westalpen als **ssp. *bourneriasii*** abgetrennt. Sie erreicht im selben Biotop ihren Blütenhöhepunkt ca. 7 Tage nach N. corneliana, wird etwas höher (– 26 cm) und besitzt relativ wenige Blätter. Die Lippe ist am Grund etwas zusammengedrückt. Möglicherweise handelt es sich hier um eine Sippe des Roten Kohlrösls, Übergänge zu diesem sind zumindest bekannt (R. Breiner 1997 mdl.).

Cornelias Kohlröschen auf einer Bergwiese in den französischen Südwestalpen

(a) Paß in den französischen Westalpen mit dem Österreichischen, Cornelias und dem Schwarzen Kohlröschen (letzteres sehr zahlreich), 2060 m, Südwesthang, Schafweide; (c, d) Cornelias Kohlröschen am selben Standort, (b) auf extensiv beweideter Wiese zwischen Lärchen und Fichten in den französischen Westalpen, weitere Arten: Mückenhändelwurz und Hohlzunge, Biotop siehe Kap. 3.1.

5.49 Steineralpen-Kohlröschen

Nigritella lithopolitanica RAVNIK

Merkmale
8–15 (30) cm hoch; Blüten weißlich rosa (mit bläulicher Komponente), die Knospen sind (wie auch in geringem Maße die Spitzen der Blütenblätter) intensiver gefärbt. Lippe über dem Grund meistens verengt, Sepalen oft deutlich breiter als die Petalen, Blütenstand sehr dicht und kugelig. Die vegetativen Pflanzenteile sind ähnlich *N. rhellicani* aber hellgrün, Blätter mitunter etwas schmaler und zahlreicher.

Verwechslungsmöglichkeiten
Widders Kohlröschen kommt in dieser Gegend offenbar nicht vor. Bei ihm sind die seitlichen Sepalen breiter als das mittlere, die wesentlich schmälere Lippe ist durch die Verengung in zwei annähernd gleich große Teile gegliedert, die Rostellumfalte ist von der Seite kaum sichtbar (Lupe!) (vgl. Kap. 5.50).
Buschmanns Kohlröschen ist in der Regel kräftiger gefärbt. Cornelias Kohlröschen hat einen wärmeren, rötlicheren Farbton.

Steineralpen-Kohlröschen mit heller Variante (Standort: Südalpen, Österreich/Slowenien).

Blütezeit
A 7-A 8, ca. 2 Wochen vor *N. nigra*.

Standort
1500-über 2100 m; auf felsigen, trockenen bis frischen Kalkböden. Die zierliche, aber attraktive Pflanze kommt nur in den südöstlichen Kalkalpen (Slowenien, Randbereiche von Österreich, westwärts bis in die Karawanken) vor. Sie gedeiht in mageren alpinen Wiesen, besonders in unbeweideten, kurzrasigen Flächen zwischen Latschen und Zwergwacholder. Sie steht gern völlig unbeschattet an Südhängen, auf Graten und Berggipfeln, jedoch auch an Nordhängen, die zeitweise im Schatten liegen.

Allgemeines
An manchen Fundorten ist die Orchidee recht zahlreich vertreten. Sie kommt mit den meisten der in Kap. 5.46 und 5.50 genannten Arten vor. Häufig wächst sie mit kleinen Seggenarten oder Stengellosem Leimkraut, bei Rundblättrigem Enzian, Lebendgebärendem Knöterich, Sonnenröschen und Hornklee. *N. lithopolitanica* wird von Insekten bestäubt (v. a. von Eulenfaltern). Die größeren Populationen sind dadurch relativ heterogen, ganz im Gegensatz zu denen von Widders Kohlröschen.
Die rote Farbe ist ein Anthocyan, das Orchicyanin II, das sehr früh in der Infloreszenz entsteht, das aber so instabil ist, daß seine Konzentration bereits beim Aufblühen der Knospe wieder sinkt. In älteren Blüten (unten) ist der Farbstoff kaum noch vorhanden (nach W. Uphoff).

(a) Kurzrasige, flachgründige Matte auf Bergsattel in den Südalpen (Österreich/Slowenien); (b, c, d) Steineralpen-Kohlröschen am selben Standort.

5.50 Widders Kohlröschen

Nigritella widderi TEPPNER et KLEIN

Merkmale
6–12 (20) cm hoch; Blüten weißlich rosa (mit bläulicher Komponente), Knospen und obere Blüten (wie auch in geringem Maße die Spitzen der Blütenblätter) intensiver gefärbt; Lippe über dem Grund verengt und dadurch in zwei etwa gleichgroße Teile gegliedert. Sepalen deutlich breiter als die Petalen, wobei das mittlere etwas schmaler als die beiden seitlichen ist. Zwischen den Pollinien ist bei künstlich geöffneter Blüte von der Seite (im Gegensatz zu *N. lithopolitanica*) mit der Lupe eine hervorspringende „Nase" (Rostellumfalte) zu erkennen. Beim Steineralpen-Kohlröschen tritt sie nicht hervor. Der Blütenstand wirkt dicht und kugelig, selten eiförmig; die obersten Blüten sind kleiner als die untersten. Die vegetativen Pflanzenteile ähneln denen von *N. rhellicani*, sie sind eher hellgrün.

Verwechslungsmöglichkeiten
Das Steineralpen-Kohlrösl kommt nur in den Südostalpen vor, wo *N. widderi* anscheinend fehlt. Bei ihm sind die seitlichen Sepalen nicht breiter als das mittlere, die Verengung gliedert die breitere Lippe in einen größeren Vorderteil und einen halb so großen hinteren Teil, die Rostellumfalte ist von der Seite mit der Lupe gut sichtbar. Die Blätter sind etwas breiter und kräftiger, wie dies bei Apomikten häufig der Fall ist.
Weitere vergleiche Kapitel 5.49.

Widders Kohlröschen in den bayerischen Alpen.

Blütezeit
(E 6) A–E 7, ca. 2 Wochen vor *N. nigra*.

Standort
1300–2000 m, auf trockenen bis frischen, kalkhaltigen Böden. Die kleine, aber attraktive und auffallende Pflanze ist aus Mittelitalien, den nördlichen Kalkalpen und dem Grazer Bergland bekannt. Ihr Verbreitungsschwerpunkt liegt hier im östlichen Teil; in Deutschland beschränkt sich ihr Vorkommen auf wenige, kleine Populationen; die Schweiz scheint sie nicht zu erreichen. Man findet sie in steinigen oder felsigen alpinen Magerrasen, die nicht oder nur selten beweidet werden. Meistens sind sie flachgründig, kurz- und lockerrasig. Gern wächst sie auf Berggipfeln oder relativ ungeschützten Graten, sonnig, oft auch an flachen Nordhängen, die hinter dem Grat liegen und weniger leicht austrocknen. Extrem trockene, feuchte oder schattige Standorte meidet sie.

Allgemeines
Meistens trifft man die hübsche Orchidee in Begleitung des Roten und/oder des Schwarzen Kohlröschens und dessen Begleitpflanzen (vgl. Kap. 5.46) an. Im Toten Gebirge kann man in ihrer Nähe selten auch das Erzherzog-Johann-Kohlröschen finden. Weitere, typische Begleiter sind Kalk-Blaugras, Immergrüne Segge, Ruchgras, Niedriger Schwingel, Alpennelke, Kugelige Teufelskralle, Berggamander, Wundklee, Ehrenpreisarten, Brillenschötchen, Frühlingsenzian, Mückenhändelwurz, Manns- und Brandknabenkraut, Kugelorchis, Weiße Waldhyazinthe, Höswurz und Grüne Hohlzunge.
Wie die fünf anderen rosablühenden Arten wurde das Widders Kohlröschen erst in den letzten Jahren als eigene Art eingestuft (für den deutschen Alpenraum auch neu entdeckt), wodurch natürlich noch breite Wissenslücken hinsichtlich Verbreitung und Lebensansprüchen bestehen.
Auch *N. widderi* pflanzt sich apomiktisch (vgl. Kap. 2.2) fort, was ihm in seinem ungeschützten, klimatisch nicht gerade begünstigten Lebensraum zugute kommt. Seine Blütezeit ist deshalb bei warmem, trockenem Wetter ausgesprochen kurz – mitunter kaum eine Woche bei der einzelnen Pflanze, eine Population ist oft schon 2 Wochen nach Blühbeginn völlig abgeblüht. Im Gegensatz zum Steineralpen-Kohlröschen (sexuelle Fortpflanzung) wirken die einzelnen Populationen für sich recht homogen, während sich viele Populationen untereinander deutlich unterscheiden können (Apomixis!). Manchmal sind die Blütenlippen sogar röhrenförmig ausgebildet, ähnlich dem Erzherzog-Johann-Kohlröschen.

a

b

c

d

(a) Südexponierte, flachgründige Matte in den Nordalpen (Österreich). Weitere Arten im sichtbaren Bereich: Schwarzes Kohlröschen, beide Händelwurzarten, Brand- und Mannsknabenkraut, Weiße Waldhyazinthe, Hohlzunge und Kugelorchis; (b, c, d) Widders Kohlröschen am selben Standort.

5.51 Buschmanns Kohlröschen

Nigritella buschmanniae Teppner & Ster

Merkmale

(3) 5–13 cm, der dunkel- bis hellrosa Blütenstand ist meist halbkugelig, selten flacher oder höher. Die Sippe ist mit Widders Kohlrösl verwandt, nur die hellsten Exemplare erreichen (beim Abblühen) dessen Farbe, die dunkelsten Pflanzen ähneln farblich dem Roten Kohlrösl (besonders am Beginn der Anthese), doch ist das Rot weniger leuchtend und besitzt einen leichten Blaustich. Während der Blühphase werden die Blüten meist schnell heller. Die untersten Tragblätter der Blüten besitzen einen kräftigen Stiftchensaum, der schon mit bloßem Auge wahrgenommen werden kann. Wie bei *N. widderi* schiebt sich – seitlich betrachtet – die Rostellumfalte wie eine Nase deutlich zwischen den Pollinien hervor (Lupe!). Die breite Lippe ist nur mäßig eingeschnürt, bei den untersten Blüten sogar m. o. w. weit geöffnet. Die Pflanzen duften kräftig, ähnlich wie Schokolade.

Verwechslungsmöglichkeiten

Das Rote Kohlröschen hat meist einen längeren Blütenstand, enger geschnürte Lippen, leuchtend rote Blüten, die im Verlauf der Anthese kaum heller werden.
Widders Kohlröschen kommt in den Dolomiten offenbar nicht vor und ist fast durchgehend heller gefärbt.
Einzelexemplare des Schwarzen Kohlröschens können in manchen Bereichen Südtirols durchaus Buschmanns Kohlröschen gleichen, bilden aber keine Gruppen bzw. Bestände. In solchen Gebieten sind normalerweise die unterschiedlichsten Farbvariationen anzutreffen.
Das Steineralpen-Kohlröschen wächst nicht in den Dolomiten, ist meist heller und hat eine Rostellumfalte, die von der Seite nicht sichtbar ist.

Blütezeit

A-M (E) 7, bei Kleingruppen relativ kurz (Apomixis?), zieht sich durch unterschiedliche Standorte etwa über 3 Wochen hin; 1–2 Wochen vor dem Schwarzen Kohlröschen am selben Standort, fast gleichzeitig mit dem Roten Kohlröschen.

Standort

ca. 1800–2400 m
Die erst 1996 beschriebene Pflanze ist bisher nur aus der Brenta-Gruppe in Südtirol/Italien bekannt. Dort wächst sie auf kalkhaltigem, humos-steinigem Boden zwischen Felspartien (Dolomit). Längere Beschattung (Steinblöcke, Gebüsch, steilere Nordhänge) meidet sie, meist steht sie süd- bis westorientiert an geschützten Stellen wie z. B. in Muldenrandbereichen. Zu trockene, schottrige, exponierte Standorte, die das anspruchslose Schwarze Kohlröschen bevorzugt besiedelt, meidet sie ebenfalls. Die Wiesen in dieser Region sind unbeweidet und aufgrund der Höhenlage kurzrasig. Manche Begleitpflanzen zeigen eine lange Schneepräsenz, sogenannte „Schneetälchen" an.

Allgemeines

Buschmanns Kohlröschen wächst in relativ artenreichen Biotopen. In seiner unmittelbaren Nähe steht öfters auch das Schwarze Kohlröschen, seltener die Hohlzunge, hier wächst die Netzblättrige oder die Stumpfblättrige Weide, Silberwurz, Steinrösl, Wund- und Alpenhornklee, Brillenschötchen, Trollblume, Alpenkreuzblümchen, Fingerkraut, Vergißmeinnicht, Kugelblume, Berufkraut, Trauerblume, Glänzende Skabiose, Schmuckblume, Stengelloser Enzian, Alpenglöckchen, Moosfarn, Mondraute, Löwenzahn (*Leontodon helveticus*), Immergrüne Segge, Schwingel, Alpenrispen- und Kalkblaugras. In weiterem Umkreis findet man auch Hös- und Händelwurz, gelegentlich das Rote Kohlröschen.
Die wärmeliebende Art unterscheidet sich auch durch den Chromosomensatz von den anderen bisher bekannten Kohlröschen; sie ist pentaploid (2n = 100) und pflanzt sich apomiktisch fort, wofür die farbliche Variabilität an einem Standort doch ungewöhnlich ist (vgl. Kap. 2.2).
Im Toten Gebirge (AU) wurden ähnliche Pflanzen, jedoch mit weit geöffneter Lippe, gefunden (Abb. s. Kap. 6.1). Vermutlich wird sich auch bei den Kohlröschen die „Artenzahl" noch erhöhen.

Scheckenfalter auf Buschmanns Kohlröschen

a

b

c

d

(a, b, c, d) Buschmanns Kohlröschen in der Brenta-Gruppe, Italien. Weitere Arten: Schwarzes und Rotes Kohlröschen.

5.52 Rotes Kohlröschen

Nigritella miniata (Crantz) Janchen
N. rubra (Wettst.) K. Richter

Merkmale
8–20 (30) cm hoch; Blüten leuchtend rubinrot (warmer Farbton), mitunter etwas rosa; Lippe über dem Grund meistens deutlich verengt; seitliche Sepalen etwas breiter als das mittlere und die Petalen. Der Blütenstand ist normalerweise zuerst spitz dreieckig, dann oval bis zylindrisch, die vegetativen Pflanzenteile ähneln denen von*N. rhellicani*; sie sind hellgrün.

Verwechslungsmöglichkeiten
Die rote Form des Schwarzen Kohlröschens hat meist einen kürzeren Blütenstand, die Lippe ist am Grund nicht verengt (blüht ca. 2 Wochen später).
Auch die (roten) Hybriden mit dem Schwarzen Kohlröschen sind an den nicht verengten Lippen kenntlich. Andere Kohlröschen-Arten sind nicht leuchtend rubinrot, das Dolomiten-Kohlröschen hat einen violetten Stich und offene Lippengründe. Buschmanns Kohlröschen ist meist deutlich heller und besitzt ebenfalls einen kurzen Blütenstand.
Hybriden mit den beiden Händelwurzarten erkennt man am längeren Blütenstand, einer blasseren Farbe und schwach dreilappigen, abgerundeten Lippen, die schräg nach oben stehen.

Blütezeit
(E 6) A 7–E 7 (A 8); ca. 2 Wochen vor *N. nigra*.

Standort
1200–2800 m; nur auf Kalk.
Das Rote Kohlröschen kommt in den nördlichen und südlichen Kalkalpen, im Grazer Bergland, selten in den Karpaten und Richtung Westen zumindest bis zum Tessin vor. Es bevorzugt warme, sonnige Hänge, gedeiht aber auch in den Gipfelregionen, oft im Schutz von Felsblöcken und in Mulden. Es steht in kurzrasigen, meist unbeweideten Magerwiesen (oft in Polsterseggenbeständen), an steilen Hangabschnitten, vor Latschengebüsch und in schrotigem Gelände. An humusreicheren Stellen unterhalb der Baumgrenze ist es auf eine jährliche, späte Mahd oder extensive Beweidung angewiesen. Für gewöhnlich trifft man es an flacheren bis steilen Südhängen an, die Nordseite eines Berges meidet es ebenso wie Beschattung durch Vegetation oder Felsen. Manchmal sind die Standorte sehr blütenreich.

Allgemeines
Die hübsche Pflanze kommt meistens zusammen mit dem Schwarzen Kohlröschen, mitunter auch mit einer anderen *Nigritella*-Art vor. Anscheinend existieren mit *N. rhellicani* hin und wieder Bastarde trotz apomiktischer Fortpflanzung (vgl. Kap. 2.2) von*N. rubra*, was voraussetzt, daß der Pollen (noch) funktionsfähig ist und in die Blüten des Schwarzen Kohlröschens gebracht wird. Es verfügt sogar noch über einen vanilleartigen Blütenduft.
Weitere Begleitpflanzen sind v. a. die beiden Händelwurzarten und die meisten kalkliebenden Arten in Kap. 5.46.
Das Rote Kohlröschen ist empfindlicher und anspruchsvoller als das Schwarze, und natürlich erheblich seltener. In Deutschland existieren z. B. nur wenige, kleine, isolierte Fundorte, vor einigen Jahrzehnten kam es hier möglicherweise noch gar nicht vor. Zumindest war lang nichts davon bekannt. Stellenweise wird der zunehmende Tourismus zu einer Gefahr.
Interessanterweise sind wohl nur die östlichen Populationen der Art apomiktisch (und tetraploid), in den Westalpen scheinen alle Roten Kohlröschen sexuell bestäubt zu werden und diploid zu sein (R. Breiner 1997 mdl.). Ähnliches ist ja auch beim Schwarzen Kohlröschen festzustellen.
Die verschiedenen Populationen sind nicht immer einheitlich. Aufgrund von Apomixis haben sich wohl verschiedene „Kleinstarten" herausgebildet, die sich durchaus geringfügig unterscheiden (Dolomiten-Kohlröschen?).
Nach neuesten Erkenntnissen (DNA-Analysen) wären die Gattungen *Nigritella* und *Gymnadenia* zu vereinen (K. Senghas 1997 mdl.).

(a) Kurzrasiger, flachgründiger Gipfelbereich eines Berges im Toten Gebirge (Österreich). Im weiteren Umkreis auch das Schwarze und das Erzherzog-Johann-Kohlröschen, (b) Rotes Kohlröschen am selben Standort, (c, d) im Grazer Bergland.

5.53 Dolomiten-Kohlröschen

Gymnadenia dolomitensis Teppner & Klein

Merkmale

5–10 cm hoch, zierlich, klein. Der Blütenstand ist (in der Hochblüte) eiförmig bis länglich eiförmig, bei schwachen Exemplaren auch halbkugelig. Die Blütenfarbe ist oft dunkelrot mit einem Stich ins Violette (kommt bei Fotos kaum heraus), die Blüten werden aber bei vielen Exemplaren im Zuge der Anthese heller (bis rosa – also sogar heller als das Rote Kohlröschen). Die unteren Tragblätter weisen einen Stiftchensaum auf. Die Lippen sind weit geöffnet, die Rostellumfalte ist von der Seite meist deutlich sichtbar (bei zerlegter Blüte, Lupe!). Das Dolomiten-Kohlröschen pflanzt sich apomiktisch fort.

Verwechslungsmöglichkeiten

Buschmanns Kohlröschen ist meist weniger intensiv rot, hat überwiegend eingerollte Lippen und einen kurzen Blütenstand.

Das Rote Kohlröschen hat eine rein karminrote Farbe ohne violetten Stich und eingerollte Lippen. Übergangsformen sind in den Dolomiten aber nicht selten.

Dolomiten-Kohlröschen (Standort: Dolomiten).

Blütezeit

A, M-E 7, noch nicht ausreichend bekannt

Standort

Bisher nur von wenigen Stellen in den östlichen Dolomiten zwischen 2000 und 2460 m bekannt. Die Sippe steht dort in flachgründigen Blaugras-Horstseggen-Halden über karbonatischem Gestein, z. T. auch bei kleinen Weidenarten oder bei Alpenrosen, gelegentlich auch auf beweideten Flächen (Pferde, Kühe). Oft stehen die Pflanzen auch an Nordhängen, sogar an länger beschatteten Stellen hinter Felsen und Gehölzen (z. B. Zirbel-Kiefer). Zumindest Übergangsformen kann man sogar auf Mähwiesen und über silikatischem Gestein (selten) finden.

Allgemeines

An Begleitflora werden für das Dolomiten-Kohlröschen folgende Arten häufiger gefunden: Zwergorchis, das Schwarze und das Österreichische Kohlröschen (diese beiden Arten öfters), des weiteren Wohlriechende Händelwurz, Mückenhändelwurz, Hohlzunge, Fuchs' Knabenkraut und Weiße Waldhyazinthe, Silberwurz, Behaarte Alpenrose, Schneeheide, Läusekräuter (z. B. *Pedicularis elongata*), Gemeines Sonnenröschen, Ungleichblättriges Labkraut, Behaarter Thymian, Stengelloses Leimkraut, Dorniger Moosfarn, Steinröschen, Clusius-Enzian, Frauenmantelarten, Wund- und Süßklee, Karpaten-Katzenpfötchen, Alpenaster, Alpenlöwenzahn, Zottiges Habichtskraut, Rundköpfige Teufelskralle, Lebendgebärender Knöterich, Langöhrige Schlüsselblume, Mehlprimel und Kalk-Blaugras.

Die Sippe wurde erst im August 98 beschrieben und zwar unter dem Gattungsnamen *Gymnadenia* statt *Nigritella*. Tatsächlich sind die beiden optisch deutlich unterscheidbaren Gattungen nach DNA-Untersuchungen so nahe verwandt, daß eine Eingliederung letzterer gerechtfertigt erscheint. Infolgedessen wurden alle Kohlröschen von den beiden Autoren umkombiniert (Ausnahme: Mont Cenis-Kohlröschen).

Problematik

Die Sippe ist in der typischen Ausprägung (offener Lippengrund, überwiegend dunkelrote Farbe mit violettem Stich) nur von wenigen Stellen bekannt. Offenbar ist sie aber in den Dolomiten weit verbreitet (und ersetzt dort das Rote Kohlröschen?), oft ist jedoch die Lippe m. o. w. verengt, stellenweise wird auch die Farbe heller. Sie geht dann optisch in das Rote Kohlröschen über. Diese Übergangsformen wurden mit Sicherheit schon oft als typische *N. rubra* fotografiert. Überspitzt formuliert hat bald jedes Gebirgsmassiv seine eigene, apomiktische Kohlröschen-„Art".

(a-d) Dolomiten-Kohlröschen in den Dolomiten; weitere Arten: Schwarzes und Österreichisches Kohlröschen, Mückenhändelwurz und Hohlzunge.

5.54 Steirisches Kohlröschen

Nigritella stiriaca (K.Rech) Teppner et Klein

Merkmale
10–15 (25) cm hoch; Blüten rosa (mit bläulicher Komponente), die einzelnen Blütenblätter an der Spitze heller (weißlich), die dunklen Tragblätter verstärken den zweifarbigen Eindruck noch; Sepalen deutlich breiter als Petalen, das mittlere etwas schmaler als die beiden seitlichen; Lippe über dem Grund verengt. Der dichte Blütenstand ist mehr oder weniger oval, vom Blütenbau her kommt es dem Roten Kohlröschen recht nahe. Die vegetativen Pflanzenteile, ähnlich denen von *N. rhellicani*, eher etwas heller. Die Blüten duften schwach nach Vanille.

Verwechslungsmöglichkeiten
Aufgrund der zweifarbigen Blütenblätter und der Verbreitung keine. Allerdings existieren in den Südalpen Formen des Schwarzen Kohlröschens, deren Blütenblätter ebenfalls hellere bis weiße Blütenblattspitzen besitzen. Die Grundfarbe ist jedoch weniger bläulich und ihre Lippe über dem Grund kaum verengt, auch kommen sie nur einzeln vor.

Steirisches Kohlröschen an einem Südhang im Salzkammergut/ Österreich.

Blütezeit
(M) E 6-E 7 (A 8)

Standort
1400–2000 m, auf trockenen bis frischen kalkhaltigen Magerrasen (z. B. über Kalkschiefer). Die relativ seltene Orchidee wurde als endemisch für das Salzkammergut (nordöstliche Kalkalpen) angegeben, ist inzwischen jedoch auch aus dem Grazer Bergland bekannt. Dort wächst sie meist m. o. w. südorientiert an überwiegend sonnigen Hängen, oft recht ungeschützt auf Graten und über steilen Abbrüchen. Sie gedeiht auch an Stellen zwischen lückig stehenden Grasbüscheln, die kaum niedriger als sie selbst sind. Steinige, vegetationsarme Flächen scheinen bevorzugt besiedelt zu werden, je nach Höhe werden die Standorte beweidet oder wachsen aufgrund der Höhenlage nicht zu.

Allgemeines
Typische Begleitpflanzen sind wieder die üblichen alpinen Arten auf Kalk (vgl. Kap. 5.46) wie Latsche, Sonnenröschen, Hohlzunge, Händelwurz, Fuchs' Knabenkraut, Kugelorchis, Schwarzes Kohlröschen, Höswurz, selbst Manns- und Brandknabenkraut. Niedriger gelegene Standorte (z. B. im Grazer Bergland) sind aufgrund regelmäßiger Beweidung und ausgeglichenen Klimas artenreicher als die Hochlagenbiotope. In der Nähe des Steirischen Kohlröschens kann man hier auch das zum selben Zeitpunkt blühende Österreichische und das kurz vorher aufblühende Widders Kohlröschen, in engerer Nachbarschaft auch das Rote Kohlröschen finden. Des weiteren trifft man hier Frühlings-, Deutschen und Schwalbenwurzenzian an, dazu Schafgarbe, Mittleren Wegerich, Kriechenden Günsel, Kopfige Teufelskralle. Hohe Schlüsselblume, Blutwurz, Frauenmantel (*A. glaucescens*), Wucherblume (*Ch. clusii*), Alpenlabkraut, Felsenehrenpreis, Arnika, Katzenpfötchen, Silberdistel, Rot-, Horn- und Wundklee, Krokus, Mondraute, Arzneithymian, Lebendgebärenden Knöterich, Zitter- und Borstgras, Schwingel und die Vogelfußsegge.
Das Steirische Kohlröschen pflanzt sich apomiktisch fort. Es wurde schon vor Jahrzehnten beschrieben, allerdings als besondere Form von *N. nigra* (f. *stiriaca* Rechinger) [23], bisher sind aber nur wenige Standorte bekannt, die zudem häufiger von Pflanzenliebhabern aufgesucht werden. In niedrigeren Lagen besteht die Gefahr der Überweidung (Trittschäden und Abfressen kurz nach dem Austrieb).

(a) Südhang im Grazer Bergland (AU) mit Steirischem und Rotem, in weiteren Bereichen auch Österreichischem Kohlröschen, Mückenhändelwurz, Fuchs' Knabenkraut, Hohlzunge und Höswurz; (b, d) Steirisches Kohlröschen am selben Standort, (c) im Salzkammergut (AU).

5.55 Erzherzog-Johann-Kohlröschen

Nigritella archiducis-joannis TEPPNER et KLEIN

Merkmale
8–15 (25) cm hoch; Blüten leuchtend dunkelrosa (werden im Verlauf der Anthese nicht heller!), öffnen sich nur wenig (röhrig!), alle Blütenblätter (bis auf die beiden seitlichen Sepalen) nach vorne gestreckt; Lippe über dem Grund verengt, seitliche Sepalen etwas breiter als die Petalen; Blütenstand kugelig bis halb-oval, kaum duftend (würzig). Die vegetativen Pflanzenteile ähneln denen des Schwarzen Kohlrösls. Sie sind hellgrün.

Verwechslungsmöglichkeiten
Aufgrund der ungewöhnlichen Farbe und der halb geschlossenen Blüten keine.

Blütezeit
(A) M 7-A 8 (M 8), 1–2 Wochen vor *N. rhellicani*.

Standort
1800–2000 m; auf kalkhaltigen, mageren, meist unbeweideten alpinen Rasen. Auch diese Art gedeiht v. a. in den Gipfelregionen höherer Berge. Sie steht vorzugsweise etwas geschützter zwischen verkarsteten Felsblöcken auf größeren sonnigen Wiesenflecken und in schrotigem Gelände auf freien Flächen zwischen Latschen, gern an leichten Südhängen auf relativ trockenem Untergrund. Den Nordhang meidet sie normalerweise. Sie wird als Endemit für das Tote Gebirge (Österreich) angegeben und ist nur von wenigen Standorten bekannt, die natürlich häufiger von Pflanzenfreunden frequentiert werden.

Allgemeines
Die sehr seltene Orchidee kann auf den ersten Blick für Klee gehalten werden. Sie pflanzt sich apomiktisch fort, worauf schon die fast geschlossenen Blüten hinweisen. Sie wächst in Gemeinschaft mit den üblichen alpinen Arten (vgl. Kap. 5.46), häufig in der Nähe vom Roten und Schwarzen Kohlröschen, eventuell auch von *N. widderi*, Drachenmaul, Teufelskralle, Rotem Läusekraut, Horn- und Wundklee, Sonnenröschen und niedrigen Weidenarten.
Nach R. Breiner (1997 mdl.) existieren auch Übergänge zum Widders Kohlröschen.

Erzherzog-Johann-Kohlröschen (Standort: Totes Gebirge, Österreich).

(a) Gipfelbereich eines Berges im Toten Gebirge. Im selben Biotop Erzherzog-Johann-, Rotes und Schwarzes Kohlröschen und Mückenhändelwurz; (b, c, d) Erzherzog-Johann-Kohlröschen am selben Standort.

5.56 Grüne Hohlzunge

Coeloglossum viride (L.) HARTMANN

Merkmale
(5) 10–20 (30) cm hoch; relativ lockerblütig, Helm grün, mehr oder weniger bräunlich überlaufen; Lippe gelb bis braunrot, lang. Die spitz ovalen Laubblätter begleiten größtenteils den Stengel.

Verwechslungsmöglichkeiten
Das Große Zweiblatt (Kap. 5.63) besitzt 2 große, gegenständige, eiförmige Blätter.

Blütezeit
M 5-A 8 (Alpen)

Standort
Bis in fast 3000 m.
Die Hohlzunge hat ihren Verbreitungsschwerpunkt im Alpengebiet. Dort steht sie auf kalkhaltigen (selten) bis sauren, vorzugsweise auf oberflächlich versauerten Böden. Sie besiedelt Bergwiesen (auch beweidete), kurzrasige, blumige Matten, Feuchtwiesen und lichte, humose, mäßig feuchte Wälder, selten frische Mähwiesen oder Borstgrasbestände. Man findet sie in offenem Gelände oft zwischen größeren Steinen und an Nord-, Ost- oder Westhängen.
Die relativ unauffällige Orchidee kommt neben den Alpen in höheren Lagen der Mittelgebirge und des Hügellandes vor, beispielsweise über Muschelkalk. Zwar ist sie dort stellenweise sehr stark zurückgegangen, es existieren aber noch größere Populationen (z. B. in der Eifel, dem Thüringer Wald, Erzgebirge, Schwarzwald). Auch in der Schwäbischen Alb und dem nördlichen Frankenjura ist sie öfters zu finden. Sie wächst dort hauptsächlich an lichten, grasigen Stellen im Wald, die jedoch oft durch Aufwuchs oder gar Aufforstung gefährdet sind, seltener am Waldrand im Halbtrockenrasen. Der Untergrund ist vielfach basisch, gelegentlich an der Oberfläche entkalkt oder schwach sauer (pH 5,0). In vielen Gebieten fehlt sie aus unerfindlichen Gründen. Vermutlich ist sie auf häufigere Niederschläge angewiesen.

Allgemeines
In den Alpen zählt die Hohlzunge zu den häufigeren Orchideen. Gern steht sie dort im Borstgras in Gemeinschaft mit der Höswurz und ihren Begleitpflanzen (vgl. Kap. 5.42), dem Schwarzen Kohlrösl, der Mückenhändelwurz, dem Kugel- und dem Fuchs' Knabenkraut. In kalkfreien Gebieten (z. B. im Thüringer Wald) kommt oft das Holunderknabenkraut und Arnika hinzu. Seltener findet man in ihrer Nachbarschaft weitere Kohlröslarten, die Wohlriechende Händelwurz, Einblatt und Weiße Waldhyazinthe.
In tieferen Lagen können praktisch alle schattig bis halbschattig, auf trockenerem Untergrund wachsenden Pflanzen die Hohlzunge begleiten. Selbst Standorte mit Riemenzunge, Puppenorchis und Ragwurzarten sind bekannt. Auf nassen, sonnigen Standorten wächst sie sogar zwischen Breitblättrigem Knabenkraut und vielen der dort aufgeführten Arten (vgl. Kap. 5.25).
In der Literatur wurden einige Varietäten beschrieben. Meistens beziehen sich diese auf Blütengröße und -farbe und die Länge der Deckblätter. Der normalerweise kleine Sporn kann fehlen. Als **var. *islandicum*** wird eine besonders kleine Sippe (4–10 cm) mit nur 2 Blättern bezeichnet. Sie wächst außer in Nordeuropa auch in manchen Hochlagen der Alpen und trägt nur 2–4 Blüten.
Nach neuesten Erkenntnissen (DNA-Analysen) wäre *Coeloglossum* zu *Dactylorhiza* zu stellen (K. Senghas 1997 mdl.).

Hohlzunge auf einer Waldwiese in der Oberpfalz.

(a) Beweidete Matte in den Dolomiten (Westhang). Weitere Arten: Mückenhändelwurz und Schwarzes Kohlröschen; (b, c) Hohlzunge am selben Standort, (d) in der Oberpfalz.

5.57 Zwergorchis, Zwergknabenkraut

Chamorchis alpina (L.) L. C. Richard

Merkmale
5–10 (15) cm hoch; Blütenhelm gelblichgrün, oft bräunlich überlaufen, Lippe gelb und ungeteilt. Die schmalen Laubblätter bilden eine grundständige Rosette, sind rinnig gefaltet und wirken wie ein kurzer, kräftiger Grasbüschel.

Verwechslungsmöglichkeiten
Die Hohlzunge hat breite Laubblätter und größere Blüten.

Blütezeit
(A) M 7-A (M) 8

Standort
Zwischen 1400 und 2700 m.
Die Zwergorchis ist auf das Hochgebirge beschränkt. Außerhalb der Alpen kommt sie noch in Skandinavien und der Hohen Tatra vor. Sie gedeiht auf kalkhaltigen, trockenen, meist steinigen Böden, v. a. an Stellen, an denen sich Humus sammelt. Man findet sie auf sehr kurz- und lockerrasigen Hochgebirgsmatten, auf bewachsenen Felsblöcken, windexponierten Graten und Berggipfeln. Manchmal steht die winzige, leicht zu übersehende Pflanze völlig ungeschützt in Lücken zwischen der übrigen Vegetation, meistens ist sie im kurzen Gras kaum zu erkennen. Beschattung durch größere Pflanzen oder Felsen meidet sie.

Allgemeines
Die Zwergorchis ist nur in einigen Gebieten der Alpen häufiger und verbreitet. Am geeigneten Standort wächst sie gern in Gruppen (vegetative Vermehrung). Wegen ihrer Vorliebe für extreme Biotope finden sich häufig kaum begleitende Orchideen in ihrer direkten Nähe. An etwas gemäßigteren Stellen trifft man auf verschiedene Kohlrösl-Arten, die Wohlriechende, seltener die Mückenhändelwurz, Hohlzunge oder Höswurz. Weitere Begleitpflanzen können sein: Stengelloses Leimkraut, Mannsschildarten (z. B. Zwerg-Mannsschild), Steinbrecharten (oft Graugrüner Steinbrech), Teufelskralle, Enziane (z. B. Frühlings- und Schnee-Enzian), die seltene Edelraute, Alpenaster, Sonnenröschen, Dolomitenfingerkraut, Mondraute, Dorniger Moosfarn, Zwergwacholder u. v. m. Meistens steht die Zwergorchis in Beständen der Polstersegge und in der Nähe von Silberwurz. Auch das Edelweiß findet man oft in ihrer Umgebung. Aufgrund des reichlichen Fruchtansatzes (nahe 100%) muß bei derartigen Extremstandorten Autogamie (Selbstbefruchtung) angenommen werden.

Zwergorchis in den Dolomiten.

(a) Kalklinse in Urgesteingebiet der westlichen Hochalpen (Frankreich). Keine weiteren Orchideenarten auf dem Buckel, an der feuchteren Nordwestseite Mont Cenis-Kohlröschen und Mückenhändelwurz; (b) Zwergorchis am selben Standort, (c, d) in den Dolomiten.

5.58 Einknolle, Herminie, Honigorchis, Elfenstendel

Herminium monorchis (L.) R. Brown

Merkmale
6–20 (30) cm hoch; Blüten sehr klein, gelblich, selten gelbgrün in lockerer Traube, nach Honig duftend. Die Lippe ist dreiteilig, der Mittellappen und die Petalen sind lang ausgezogen. Ein bis zwei (selten mehr) hell- bis dunkelgrüne Laubblätter sind im unteren Teil des dünnen Stengels angeordnet und stehen waagrecht oder schräg nach oben.

Verwechslungsmöglichkeiten
Die Höswurz (Kap. 5.42) besitzt etwas größere, weißlichere Blüten, welche dichter stehen. Die Einzelblüte wirkt nicht dreizipflig.

Blütezeit
(A) E 6-E 7 (M 8)

Standort
Bis nahe 2000 m, auf basenreichen Böden, meist über Kalk. Die Einknolle kann auf trockenem bis nassem Untergrund vorkommen. Gern wächst sie in lockerrasigen Kalkflachmooren, im Kleinseggenried, an sickernassen Hängen und auf einmahdigen Streuwiesen. Dichten, hohen Bewuchs (z. B. durch Schilf) verträgt sie nicht. Die Herminie gedeiht auch in Flußauen auf wechselfeuchtem, nährstoffarmem Boden an Stellen lückiger Vegetation. Interessanterweise findet man sie ebenso auf trockenen, evtl. beweideten Magerwiesen, selbst an sonnigen Südhängen (z. B. in der Eifel), sie bevorzugt aber Terrassen, die nur mäßig trocken und moosig sind, bzw. Flächen, die durch Hanglage oder Bewuchs (Espe, Kiefer, Wacholder) z. T. beschattet werden. Gern steht sie deshalb in Waldrandnähe. Eine gewisse Niederschlagsmenge und -häufigkeit ist hier offenbar Voraussetzung. In den Niederlanden kommt sie noch in einigen Dünensenken vor.

Einknolle am Lech (Bayern).

Allgemeines
Die Begleitflora ist bei dieser Art natürlich äußerst vielfältig. Charakteristische Grasarten sind z. B. Schilf, Seggen (v.a. Blangrüne Segge) und Binsen, Pfeifengras, Trespen, Blau-, Schiller- und Zittergras. Auf trockenem Boden trifft man die Einknolle oft in Begleitung von Silberdistel, Stengelloser Kratzdistel, Hauhechel, Knolligem Hahnenfuß, Sonnenröschen, Augentrost, Zypressenwolfsmilch, Mittleren Wegerich, Kleinem Habichtskraut, Aufrechtem Ziest, Deutschem und Fransenenzian, Hügelmeister, Kugelblume, Brunelle, Horn- und Wundklee, Esparsette, Küchenschelle, Kreuzblümchen, Mondraute u. v. m. An Orchideen ist sie hier mit folgenden Arten vergesellschaftet: Salep-, Helm-, Brand-, evtl. Dreizähniges Knabenkraut, Fliegen- und Bienenragwurz, Mückenhändelwurz, Braunrote und Breitblättrige Stendelwurz, beide Waldhyazinthen, in schattigeren oder feuchteren Bereichen einige mehr: Fuchs' und Mannsknabenkraut, Großes Zweiblatt, sogar Bleiches Waldvögelein.
Auf Flußschotter (wechselfeucht) findet man sie zusammen mit Weißer Stendelwurz, Großem Zweiblatt, Bienen- und Hummelragwurz, Mückenhändelwurz, Herbstwendelorchis, Brand- und (selten) Wanzenknabenkraut.
Auf nassem Untergrund ist es wieder die bereits in Kap. 5.25 erwähnte typische Vegetation der Kalkflachmoore (z. B. Breitblättriges Wollgras, Studentenrösl, Weiße Stendelwurz, Glanzkraut), die die zierliche Orchidee begleiten kann. Allerdings bevorzugt sie oft Stellen, die etwas erhöht, also nicht allzu naß sind.
Die nicht gerade auffallende Pflanze war über ganz Mitteleuropa verbreitet. Sehr viele Bestände sind völlig erloschen, so daß sie heute (mit Ausnahme der Alpen, des Alpenvorlandes, der Eifel und weniger kleiner Gebiete) extrem selten geworden ist. Beispielsweise fehlt sie in ganz Mittel- und Ostbayern (niederschlagsarm).
Sie kommt meistens in Gruppen vor, da sie sich auch vegetativ vermehrt. Dazu bildet sie mehrere längere Ausläufer, an deren Ende je eine neue Knolle sitzt, die bereits im folgenden Jahr eine Blüte hervorbringen kann. Bei ausbleibendem Insektenbesuch bestäubt sie sich selbst (fakultative Autogamie). Ansonsten kann man öfters Pollinien an Beinen der verschiedensten Insekten finden.
Empfindlich reagiert die Art auf Brache (Verbuschung) oder – über trockenen Böden – auf ausbleibende Niederschläge.

(a) Wechselfeuchte Wiese am Lech (Bayern). Weitere Arten: Mückenhändelwurz, Großes Zweiblatt, Fliegenragwurz, Brandknabenkraut; (b, c) Einknolle in einem Flachmoor am bayerischen Alpenrand, (d) am Lech (Bayern).

5.59 Einblatt

Malaxis monophyllos (L.) SWARTZ

Merkmale
7–30 (40) cm hoch; die extrem kleinen Blüten und der Stiel sind einheitlich gelbgrün, die Petalen fadenförmig herabhängend, die nach oben stehende Lippe (Fruchtknoten um 360° gedreht) ist breiter als die übrigen Blütenblätter. Der Blütenstand ist sehr reichblütig (bis 100). Am Stengelgrund sitzt ein schräg abstehendes, spitzovales Blatt (selten zwei).

Verwechslungsmöglichkeiten
Das Weichkraut kommt nur in Hochmooren vor (Torfmoos), ist niedriger mit 2 kleineren, stumpfen Blättern. Die Blütenlippe steht ebenfalls nach oben, ist aber schmäler als die Sepalen.

Blütezeit
(E 5) E 6-E 7

Standort
Bis 1800 m; auf basenreichen bis leicht sauren Böden. Das Einblatt ist eine Pflanze höherer, niederschlagsreicher Lagen. Außerhalb des Alpenraums hat es nur sehr wenige Standorte, wobei berücksichtigt werden muß, daß es sicherlich an vielen Stellen nur noch nicht gefunden wurde (Relativ auffällig sind die gelblichen Samenkapseln E 8–9. Auch die Blätter werden dann langsam gelb.). So sind im Westen Deutschlands keine, nördlich des Mains äußerst wenige Fundorte bekannt. Auch in den östlichen Bundesländern fehlt sie inzwischen völlig. Lediglich in der Schwäbischen und Fränkischen Alb existieren noch geringe Populationen, die in trockenen Jahren leicht erlöschen könnten. Hier steht die Art an hellen, aber überwiegend schattigen Stellen, beispielsweise an nach Westen oder Norden geneigten Hängen an Waldrändern (Nordseite), in luftfeuchten Mulden ehemaliger Steinbrüche, in Felsschutthalden, zwischen Fichten auf moosigen, kurz- oder lockerrasigen (nährstoffarmen!) Flächen. Allerdings kann sie ebenfalls unter Kiefern zwischen Gras (v. a. Waldzwenke) und Moos (oft Gattung *Hylocomium*) vorkommen. Selbst aus Erlenbruchwäldern ist sie bekannt (Nordostdeutschland).
In den Alpen und dem Alpenvorland ist die winzige, unauffällige Orchidee nicht allzu selten. Sie bevorzugt feuchten bis nassen Untergrund wie moosiges Gestein, Bach- und Seeränder, hauptsächlich sickernasse Hänge. Gern wächst sie halbschattig, gelegentlich auch sonnig. Dabei findet man sie häufig an Nordhängen und Böschungen, vorwiegend in der Nähe von Fichten.

Allgemeines
Meistens ist die Vegetation an solchen Plätzen sehr arten- und orchideenreich; beispielsweise trifft man das Einblatt außerhalb des Alpengebiets in Begleitung von Frauenschuh, Netzblatt, Fliegenragwurz, Großem Zweiblatt, Fuchs' Knabenkraut, Bleichem Waldvögelein, Braunroter und Breitblättriger Stendelwurz an. An anderen Orten wird es von Breitblättrigem, selbst Brandknabenkraut, der Mückenhändelwurz, der Weißen Waldhyazinthe, Hohlzunge, Höswurz, Kugelorchis und dem Schwertblättrigen Waldvögelein begleitet. Weitere auffallende Pflanzen können sein: Grüner Streifenfarn, Germer, Fransen-, Deutscher und Schwalbenwurzenzian, Huflattich, Kleine Glockenblume, Trollblume, Stengellose Kratzdistel, Breitwegerich, Braunelle, Akeleiblättrige Wiesenraute, Frauenmantel, Graugrüne Seege und Waldzwenke.
Beweidung verträgt das Einblatt durchaus, fällt jedoch in feuchterem Gelände oft den Hufen der Rinder zum Opfer. Bemerkenswert ist die Ausbildung eines zweiten Laubblattes bei manchen Pflanzen. Meistens ist diese Eigenart – auch innerhalb einer bekannten Gruppe – über Jahre an ein und derselben Pflanze festzustellen. Diese ist im allgemeinen kräftiger und reichblütiger als die übrigen. Von manchen Autoren (z. B. Ziegenspeck in [23]) wird diese Form als „gute Varietät" geführt (***diphyllos***). Allerdings steht sie normalerweise in Gemeinschaft mit der Normalform, sie kommt außerhalb des Alpengebiets offenbar relativ häufig vor (Anpassung an dichtere Begleitvegetation bei geringeren Niederschlägen?), fehlt aber in einigen größeren Populationen völlig. Es wäre zu prüfen, ob dieses Merkmal erblich ist.

Einblatt am Frankenjura-Südrand. Biotop s. Kap. 3.11.

(a) Trockener, grasiger, halbschattiger Bereich unter Kiefern (Oberpfalz). Weitere Arten: Braunrote Stendelwurz, Grüne Waldhyazinthe; (b, d) am selben Standort (*diphyllos*), (c) am Frankenjura-Südrand.

5.60 Weichkraut, Sumpf-Weichblatt

Hammarbya paludosa (L.) O. KUNTZE
Malaxis paludosa (L.) R. SWARTZ

Merkmale
5–20 cm hoch; Blüten sehr klein, gelbgrün, Fruchtknoten um 360° gedreht, so daß die Lippe nach oben zeigt; Sporn fehlt, Stengel kantig. Die meist zwei stumpfen, kleinen Laubblättchen entspringen einer Scheinknolle.

Verwechslungsmöglichkeiten
Das meist höhere Einblatt wächst nicht sonnig im Torfmoos von Mooren, die Lippe ist breiter, das mittlere Sepalum (unten!) schmäler, die Petalen sind fadenförmig und herabhängend, nicht zurückgeschlagen. Das Laubblatt (evtl. 2) ist größer und spitzer.

Blütezeit
(A) 7-E 8

Standort
Selten über 1000 (1200) m; auf kalkfreien, nassen Böden. Das Weichkraut ist ein extrem angepaßtes Pflänzchen, das im Torfmoos von Hoch- und Zwischenmooren vorkommt, selten auch an Seeufern, stets an stark sauren, nährstoffarmen Stellen. Hier ist es, oft truppweise, im unteren Bereich von Bulten und am Rand von Schlenken anzutreffen, meist freistehend, bei stärkerem Nährstoffeintrag durch die Luft zunehmend zwischen Seggen. Längere Beschattung meidet es.

Weichkraut in der Oberpfalz.

Allgemeines
Die trittempfindliche, sehr unauffällige und seltene Pflanze bevorzugt sonnige Flächen mit gleichbleibender Nässe, wie z. B. schwimmende Pflanzendecken (Schwingrasen). Anderenorts tritt sie in niederschlagsarmen Jahren nur sehr vereinzelt auf; die winzigen Blättchen sind im Torfmoos kaum zu erkennen. An den vorderen Blatträndern kann das Weichkraut kleine Brutknospen (Bulbillen, vgl. Kap. 2.2) ausbilden, die im Herbst abfallen und sich zu Knollen entwickeln können (Truppbildung).
Typische Begleitpflanzen sind Krüppelkiefer, selten Moorbirke oder Spirke, meist Sonnentau (v.a. Rundblättriger und Mittlerer), in Schlenken verschiedene Wasserschlaucharten oder Sumpfbärlapp, Torfmoos (*Sphagnum subsecundum*), Seggen und Binsen (z. B. Draht- und Fadenförmige Schlammsegge, Blumenbinse), oft Weißes Schnabelried, gelegentlich Sumpffarn, Siebenstern, Blut- und Gilbweiderich, Fieberklee, Wasserschierling, Blutauge, Moosbeere, Rosmarinheide, sehr selten die Weiße Waldhyazinthe, Korallenwurz, Glanzkraut, Geflecktes oder Traunsteiners Knabenkraut, im Norden evtl. das Torfmoosknabenkraut.
Während die sehr leicht zu übersehende Art in der Norddeutschen Tiefebene und den Alpen (mit Alpenvorland) noch einige Standorte hat, fehlt sie inzwischen im gesamten mittleren Bereich Deutschlands. Lediglich im äußersten Westen, Norden und im Osten existieren wenige, kleine Populationen (z. B. eine in Thüringen). Fast überall ist sie stark zurückgegangen (v. a. durch Biotopzerstörung und Nährstoffeintrag). Auch Orchideenfreunde können leicht die extrem trittempfindliche Lebensgemeinschaft Moor schädigen, wenn sie sich an den wenigen Standorten konzentrieren.

(a) Schwingrasen auf saurem Teich in der Oberpfalz; (b, c, d) Weichkraut am selben Standort.

5.61 Glanzkraut

Liparis loeselii (L.) RICHARD

Merkmale
5–15 (20) cm hoch; Blüten (3–15) grünlichgelb, nach oben gerichtet; Sepalen und Petalen fast fadenförmig. Die hellen Laubblätter (meist 2) sind grundständig, aufrechtstehend und glänzend. Sie sind zugespitzt; Pflanzen mit eher eiförmigen Blättern wurden als var. *ovata* beschrieben.

Verwechslungsmöglichkeiten
Keine

Blütezeit
(E 5) A 6-A 7 (M 7)

Standort
Bis 800 m (kaum über 1000 m).
Das Glanzkraut ist eine sehr seltene Orchidee der niederen Lagen, wohl etwas wärmeliebend. Sie fehlt heute über weite Teile Mitteleuropas, nur am Alpenrand, in Österreich und in Brandenburg ist sie etwas häufiger. Die wenigen übrigen Fundorte sind oft nur noch mit sehr wenigen Exemplaren bestückt.

Einzelblüten des Glanzkrauts (Standort: Usedom, NO-Deutschland).

Das unauffällige Pflänzchen besiedelt Flachmoore, nasse Streuwiesen, Mulden über Kies, dauerfeuchte Dünensenken und Verlandungszonen von Seen. Dabei bevorzugt es Kalkboden, kommt jedoch in geringer Anzahl auch in Zwischenmooren auf neutralen bis leicht sauren Böden vor. Selbst in Hochmooren wurde es schon gefunden. Normalerweise steht es an sehr nassen, moosigen Orten zwischen Braunmoosen, Binsen, Seggen (z. B. Graugrüne Segge), lichtem Schilf, Pfeifen- und Wollgras, mitunter auch recht versteckt. Es meidet aber dichte Vegetation und nährstoffreichen Untergrund. In dichterem Schilf oder aufwachsendem Weidengebüsch kümmert es noch einige Zeit dahin. Offenbar kann es auch auf Sekundärbiotope wie Lehm-, Sand- und Kiesgruben ausweichen.

Allgemeines
Die seltene Orchidee reagiert sehr empfindlich auf Trockenlegung und Nährstoffeintrag. In niederschlagsarmen Jahren kommt nur ein geringer Prozentsatz der Pflanzen zur Blüte. Meist wachsen diese dann an moosigen Rändern von Quelltöpfen und Rinnsalen.
Sie benötigt hohe Luftfeuchtigkeit; in heißen, trockenen Perioden verdorren oft die Blattenden.
Kennzeichnende Begleitpflanzen sind: verschiedene *Moosarten (Sphagnum* spec., *Paludella squarosa, Comarum palustre*), Davall-Segge, Rostrotes Kopfried, Wollgräser, Sonnentau (Rund- und Langblättriger), Mehlprimel, Trollblume, Studentenrösl, Teufelsabbiß, Fettkraut, Fieberklee, Tausendgüldenkraut, Simsenlilie, meistens Fleischfarbenes Knabenkraut und Weiße Stendelwurz, seltener Breitblättriges, Traunsteiners, Fuchs', Strohgelbes und Sumpfknabenkraut, Sommerwendelorchis und Mückenhändelwurz.
Autogamie ist beim Glanzkraut offenbar die Regel. Es kann sich in geeigneten Biotopen auch vegetativ vermehren. Dazu bilden sich an der Knolle (die im Moos sitzt) einige Jungpflanzen aus. Ähnliches wurde auch beim Einblatt beobachtet. So ist das oft truppweise Auftreten beider Arten zu erklären [23].

(a) Kalkflachmoor (einmahdig) in Ostbayern. Weitere Arten: Fleischfarbenes und Breitblättriges Knabenkraut, Weiße Stendelwurz; (b, c, d) Glanzkraut am selben Standort. Vergleiche auch Biotop Kap. 3.2.

5.62 Kleines Zweiblatt, Herzblättchen

Listera cordata (L.) R. Brown

Merkmale
5–15 (20) cm hoch; Blüten sehr klein, grün oder bräunlich rot. Die Lippe ist zweigeteilt mit spitzen Zipfeln, die 2 kleinen Laubblätter sind gegenständig, dreieckig bis eiförmig. Die Blüten bleiben auch nach der Bestäubung sehr lange „frisch", z. T. bis zum Platzen der Fruchtkapseln (bei ausreichender Luftfeuchtigkeit).

Verwechslungsmöglichkeiten
Das Große Zweiblatt ist in allen Teilen viel größer und besitzt stumpfe Lippenzipfel.

Blütezeit
(M) E 5-A 8 (M 8)

Standort
Bis 2200 m.
Das Kleine Zweiblatt ist eine Orchidee, die hohe Luftfeuchtigkeit braucht. Deshalb kommt es hauptsächlich in höheren Lagen (sehr selten auch im Norddeutschen Flachland) vor. In den Alpen ist es noch einigermaßen verbreitet; im Harz, den Vogesen, im Schwarzwald, in der Schwäbischen Alb und dem Bayerischen Wald ist es ebenfalls noch öfters zu finden. Alle übrigen mitteleuropäischen Fundorte zusammengenommen dürften aber die Zahl 20 nicht erreichen. Es ist außerhalb der genannten Gebiete also extrem selten, obwohl sicherlich einige Standorte existieren, die noch lange unentdeckt bleiben werden. Die sehr unauffällige, winzige Pflanze bevorzugt moosige, feuchte Nadelwälder auf saurem Untergrund. Man findet sie freistehend oder zwischen höherer Vegetation in Hochmooren (v. a. in baumbestandenen Randbereichen), Waldmooren und in Senken von Tannen- und Fichtenwäldern. In sehr niederschlagsreichen Lagen (z. B. Alpentäler) trifft man sie auch auf moosigen Erhebungen und an Böschungen an. Gern steht sie in leichtem Sprühnebel von Wildbächen und Wasserfällen oder an moosigen, dauerfeuchten Bachrändern und in Quellgebieten, an etwas trockeneren Standorten in Mulden und Rinnen.

Kleines Zweiblatt in den österreichischen Zentralalpen, vgl. Biotop auf nächster Seite.

Allgemeines
Fast immer wächst das Herzblättchen in Gemeinschaft mit Torfmoos, Sauerklee und Heidelbeere. Wo diese miteinander auftreten, kann man das winzige Pflänzchen zwischen und unter den Zwergsträuchern suchen. An diesen Stellen ist es mitunter recht dunkel, da meistens Fichten, Kiefern, Spirken oder Latschen zusätzlich für Beschattung sorgen. Auch Moose anderer Gattungen (z. B. Frauenhaarmoos) können hier den Boden bedecken. Einige Bärlapparten, Rippenfarn, Waldwachtelweizen, Alpenlattich, Fichtenspargel, Siebenstern, Kleines, Einseitswendiges, Rundblättriges oder Einblütiges Wintergrün, Heidekraut, Preiselbeere, Rosmarinheide, Rauschbeere, Farne, auf lichteren Flächen Moos-, Krähen- und Vogelbeere (Eberesche), Birke, Erle, selbst Wollgras (Scheidiges) können sie begleiten. Normalerweise ist sie die einzige Orchideenart in einem Biotop, nur manchmal gesellt sich die Korallenwurz, das Gefleckte oder das Breitblättrige Knabenkraut hinzu, in trockneren Bereichen selten einmal die Breitblättrige Stendelwurz, selten auch das Netzblatt.
Bei ausbleibenden Bestäubern (Ameisen?) tritt Selbstbestäubung [4] in Kraft, möglicherweise ist das Pflänzchen sogar apomiktisch [34] (vgl. Kap. 2.2). Die Fruchtreife kann noch während der Blütezeit erfolgen. Im Spätsommer/Herbst fallen die nun hellgelb leuchtenden Blättchen in der noch grünen Umgebung relativ leicht ins Auge, besonders wenn sie truppweise auftritt (vegetative Vermehrung durch Rhizomsprosse).

(a) Nasser Quellbereich (Urgestein) in den österreichischen Zentralalpen, Waldrand (nordexponiert), im Bild etwa 50 Exemplare des Kleinen Zweiblatts, z.T. steril; (b) Kleines Zweiblatt im Hochmoor-Randbereich (Österreich), (c, d) Hochmoor-Randbereich im bayerischen Alpenvorland.

5.63 Großes Zweiblatt

Listera ovata (L.) R. BROWN

Merkmale
20–40 (70) cm hoch; Blüten klein und grün, oft etwas bräunlich überlaufen. Die Lippe ist stumpf und zweiteilig, der Stengel drüsig behaart. Die beiden (selten 3 oder 4) großen, spitz eiförmigen, fleischigen Laubblätter sind gegenständig, matt und gerippt und oberhalb (!) des Erdbodens fast gegenständig am Stengel angeordnet.

Verwechslungsmöglichkeiten
Das Kleine Zweiblatt ist viel kleiner mit spitzer Lippe. Die Blätter der Waldhyazinthen sind länglicher, glänzend oder weißlich mit Luftpolstern und besitzen nur einen kräftigen Längsnerv.
Die Hohlzunge hat kleinere, wechselständige Blätter.

Blütezeit
(A) M 5-E 7 (M 8)

Standort
Bis 2000 (2300) m; auf kalkhaltigen, gelegentlich auf silikatischen Böden. Das Große Zweiblatt ist äußerst anpassungsfähig. Es verträgt sowohl nassen wie trockenen Untergrund (letzteres nur, so lange ausreichend Luftfeuchtigkeit vorhanden ist), lediglich sehr trockene, sonnige Standorte und Hochmoore meidet es. Bei ausreichender Feuchtigkeit steht es auch an unbeschatteten Südhängen, kommt aber genauso in relativ dunklen Partien von Laub- und Nadelwäldern vor, bleibt dort aber meist steril. Nährstoffreicheren Boden scheint es zu bevorzugen. Selbst in manchen Parkanlagen und in offengelassenen, alten Steinbrüchen ist es heimisch. Gern wächst es halbschattig in mäßig feuchten oder wechselfeuchten Wiesen (z. B. auf Flußschotter) und in Auwäldern zwischen dichterer Vegetation.

Allgemeines
Die relativ unauffällige Pflanze ist in ganz Mitteleuropa eine der häufigsten Orchideen. Nur in manchen (oft niederschlagsarmen) Landstrichen ist sie selten oder fehlt (z. B. in einigen Gegenden Ostbayerns).
Da sie nur Extremstandorte meidet, ist die Liste der Begleitpflanzen unüberschaubar. Im Auwald blüht sie gern in Gemeinschaft mit Esche, Heckenkirsche, Einbeere und Frauenschuh, in Feuchtwiesen a. a. beim Breitblättrigen Knabenkraut (vgl. Kap. 5.25), anderenorts mit der Breitblättrigen Stendelwurz oder auch als einzige Orchidee zwischen Fichten und Sträuchern. Die Blüten riechen etwas muffig; sie werden hauptsächlich von Käfern und Fliegen besucht. Die Klebmasse wird bei Berührung explosionsartig zwischen Pollinien und Insekten gespritzt. Die Lippe sondert Nektar ab, der selbst kleine Schlupfwespen und Ameisen anzieht. Der Fruchtansatz ist reichlich, was auch an der ungeschlechtlichen Fortpflanzung liegt (vgl. Kap. 2.2). Die Fruchtreife der untersten Blüten setzt schon während der Blütezeit ein.

Großes Zweiblatt in einer Feuchtwiese in Niederbayern; noch nicht vollständig aufgeblüht; rechts: in den Westalpen (Vercors/F).

(a) Muldiger Halbtrockenrasen in Hessen. Im Bild ca. 30 Exemplare zu Beginn der Blütezeit. Weitere Arten: Fliegenragwurz und Dreizähniges Knabenkraut; (b) Großes Zweiblatt in einem Auwald an der Donau in Oberbayern, (c) am Lech in Bayern, (d) in einer Feuchtwiese in Niederbayern.

5.64 Grün(lich)e Waldhyazinthe, Berg-Kuckucksblume

Plathanthera chlorantha (Custer) Reichbach

Merkmale
20–40 (65) cm hoch; Blüten weiß, Lippe, Sepalen und Petalen teilweise grünlich bis gelblich überlaufen, langer Sporn. Die Pollinien(-Fächer) treten unten breit auseinander (!), die Stielchen sind länger als die Pollenmasse (!). Der kräftige, kantige Stengel trägt meist mehrere kleine Blättchen, zwei (selten bis vier) glänzende, langeiförmige Laubblätter entspringen am Grund (!).

Verwechslungsmöglichkeiten
Vgl. Weiße Waldhyazinthe

Blütezeit
M 5-A 7 (oft 2 Wochen vor *P. bifolia*)

Standort
Bis 1800 m, selten über 2000 m (2300 m), auf kalkhaltigen bis schwach sauren Böden. Die Grünliche Waldhyazinthe ist weit verbreitet und relativ häufig. Größere Verbreitungslücken sind a. a. in NW- und SO-Deutschland zu erkennen. Sie besiedelt die unterschiedlichsten Lebensräume wie Halbtrockenrasen, Steppenheide-, Waldkiefern-, Laub- und Mischwälder, wo sie sogar an dunkleren Stellen noch vorkommt. Dort bleibt sie allerdings im allgemeinen steril. Selbst in feuchten Wiesen kann man sie mitunter finden. Hier scheint sie aber basischen Untergrund zu bevorzugen.

Allgemeines
Wegen der Unterschiedlichkeit der besiedelten Standorte erübrigt sich eine Aufzählung von Begleitpflanzen. Sie selbst kann man fast mit jeder heimischen Orchideenart zusammen antreffen (Ausnahme: hochalpine und Hochmoorarten). Oft kommen die beiden Waldhyazinthen im selben Biotop vor; sie scheinen sich aber gebietsweise gegenseitig auszuschließen. Beispielsweise ist die Grüne in einigen Brennen am Lech recht häufig auch ohne die Weiße Waldhyazinthe anzutreffen, diese findet man dagegen interessanterweise immer ohne ihre Schwesternart in den nicht allzuweit entfernten Brennen (und im Auwald) der mittleren Donau.
Beide Waldhyazinthen tragen einen sehr langen Sporn, der v. a. im hinteren Teil mit Nektar gefüllt ist. Der Eingang befindet sich am Lippengrund: eine kleine, runde Öffnung. Nur langrüßlige Insekten wie größere Schmetterlinge können an den Nektar gelangen. Die beiden Arten locken hauptsächlich Schwärmer und Eulenfalter (*Sphingidae* und *Noctuidae*) an und duften deshalb v. a. abends nach Jasmin (die Weiße Waldhyazinthe kräftiger) [W. Rummel in 1]. Manch andere Insekten (z. B. Hummeln, Käfer) öffnen jedoch den Sporn mitunter von der Seite und fungieren auf diese Weise nicht als Bestäuber. In letzter Zeit ist allerdings auch apomiktische Fortpflanzung bei dieser Art festgestellt worden (vgl. Kap. 2.2) [34].

Grüne Waldhyazinthe in der Oberpfalz; rechts: Bastard zw. Grüner und Weißer Waldhyazinthe, Lech (Bayern).

(a) Randbereich eines lichten, südexponierten Kiefernwaldes in der Oberpfalz. Im hinteren Bereich Braunrote Stendelwurz und Mückenhändelwurz; (b, c, d) Grüne Waldhyazinthe auf einem Halbtrockenrasen in Baden-Württemberg.

5.65 Weiße Waldhyazinthe, Zweiblättrige Kuckucksblume

Plathanthera bifolia (L.) L. C. Richard
mit ssp. *graciliflora* Bisse

Merkmale
(15) 20–40 (60) cm hoch; Blüten weiß, Lippenspitze mehr oder weniger grünlich, langer Sporn. Die Pollinien(-Fächer) stehen eng beieinander, senkrecht und parallel(!), die Stielchen sind kürzer als die Pollenmasse (!). Der hohe, kantige Stengel trägt meist mehrere kleine Blätter, zwei (selten bis vier) glänzende, langeiförmige Laubblätter entspringen am Grund (!).

Verwechslungsmöglichkeiten
Die Blätter des Zweiblatts sind über der Erde am Stengel angewachsen, sind breiteiförmig, mit mehreren kräftigen Längsrippen und glänzen nicht.
Die Grüne Waldhyazinthe wirkt etwas kräftiger, besitzt einen breiteren Blütenhelm, grünlichere Blüten und Pollinien (-Fächer), die unten auseinanderspreizen.
Hybriden zwischen beiden Arten kommen gelegentlich vor und nehmen eine Mittelstellung ein. Dies trifft auch für die Pollinienstiele zu (etwa so lang wie die Pollinien). Sehr selten treten sie sogar populationsbildend auf.

Blütezeit
E 5-M 7 (A 8)

Standort
Bis über 1600 m (2000 m).
Die Weiße Waldhyazinthe ist bezüglich ihres Standorts extrem anpassungsfähig. Deshalb ist sie weit verbreitet und eine unserer häufigsten Orchideen. Man findet sie in trockenen, kalkhaltigen Magerrasen, Steppenheidewäldern, in Laub- und Mischwäldern (v. a. Buchenwald) sowie im Sandkiefernwald, in Bergwiesen, in feuchten Dünensenken, basischen bis sauren Feuchtgebieten, vereinzelt sogar in Hochmooren.
Verbreitungslücken sind ähnlich verteilt wie die der Grünen Waldhyazinthe, sind aber weniger groß und zahlreich.

Allgemeines
Eine Aufzählung von Begleitpflanzen erübrigt sich angesichts ihrer Häufigkeit und der Variationsbreite ihres Lebensraums. Wie die etwas seltenere Grüne Waldhyazinthe lockt sie durch verstärkten Duft in der Dämmerung Nachtfalter (v. a. Schwärmer wie z. B. Kiefernschwärmer = *Sphinx pinastri*, Mittlerer und Kleiner Weinschwärmer = *Pergesa elepenor* und *P. porcellus*) an, worauf auch der sehr lange, nektargefüllte Sporn hinweist.
Aus Nordostdeutschland wurde noch die seltene Unterart **ssp. *graciliflora*** beschrieben, die auch in einigen anderen Gebieten (z. B. in der Eifel, Dünensenken Dänemarks) anzutreffen ist. Sie ist klein und besitzt keinen lockeren, sondern einen dichten, langen Blütenstand und blüht etwa drei Wochen nach der Nominatform [9]. Die Spornlänge beträgt statt 40 höchstens 25 mm. Möglicherweise ist sie jedoch nur ein „Ökotyp" saurer, nährstoffarmer Standorte, da sie sich in regenreichen Jahren an den Normaltypus angleicht [4].
Beide Waldhyazinthen sind besonders im Winter bei Niedrigschnee leicht zu finden und an den eng am Stengel anliegenden Samenkapseln gut zu erkennen, aber kaum zu unterscheiden.
Stellenweise werden auch die Waldhyazinthen vom Wild stark verbissen, die Knollen werden von Dachs und Wildsau „geerntet".

Weiße Waldhyazinthe in der Oberpfalz; rechts: ssp. *graciliflora* im Norddänemark.

(a) Südexponierter Trockenhang in der Oberpfalz. Weitere Arten: Brandknabenkraut und Braunrote Stendelwurz; (b, c, d) Weiße Waldhyazinthe, Brenne an der Donau/Oberbayern.

5.66 Sommerwendelorchis, Sommerdrehwurz

Spiranthes aestivalis (POIR.) RICHARD

Merkmale
10–30 (40) cm hoch, Blüten klein, weiß, spiralig bis einseitswendig angeordnet. Stengel und Blätter sind eher gelbgrün, letztere rosettig angeordnet, aber lanzettlich und aufrechtstehend.

Verwechslungsmöglichkeiten
vgl. Kap. 5.67, Herbstwendelorchis

Blütezeit
(A) E 7-M 8

Standort
Bis 900 m, in den Südalpen über 1500 m.
Die zierliche Pflanze gedeiht nur in nassen Wiesen und Flachmooren, deren Vegetation niedrig bzw. sehr licht ist. Sie benötigt bei uns kalkhaltigen Untergrund und steht auch an leicht anmoorigen Stellen, manchmal bei Tuffbildung. Längere Beschattung meidet sie. In Deutschland kommt sie nur noch in Alpennähe und am Oberrhein vor und bevorzugt dort verlandete Seeufer, Randbereiche von Mooren und sickernasse Hänge. Stellenweise wächst sie fast ohne Begleitvegetation auf moosigem Tuffgestein, Ton oder Lehm mit oder ohne sehr locker stehendem Schilf, fast nur auf Flächen, die mit Rostrotem Kopfried bestanden sind und schon auf Entfernung dunkel bräunlich grün wirken.

Sommerwendelorchis an einem verlandeten Seeufer (Bayern).

Allgemeines
Weitere Begleitpflanzen können sein: Davall-Segge, Blutwurz, Fettkraut, Mehlprimel, Lang- oder Rundblättriger Sonnentau, Studentenrösl, Simsenlilie, Torfmoos, Wollgras und weitere Süß- und Sauergräser, Faulbaum, Weiden und Birken. Oft ist die sehr selten gewordene Art die einzige Orchidee in einem Bereich, zumeist findet man aber mindestens in angrenzenden Gebieten das Glanzkraut, Mückenhändelwurz und Weiße Stendelwurz, gelegentlich Fleischfarbenes, Fuchs', Strohgelbes, Traunsteiners, Lappländisches, Breitblättriges oder Sumpfknabenkraut.
In trockenen Jahren kann der Anteil an blühenden Pflanzen stark zurückgehen, bei längerer Austrocknung (Entwässerungsgräben auch in größerer Entfernung) erlischt der Bestand unweigerlich. Fast ebenso schädlich ist Düngung oder Verdichtung der Vegetation aufgrund eingestellter Pflegemaßnahmen bzw. Streunutzung; selbst Beweidung wird nur schlecht vertragen. Die äußerst konkurrenzschwache Sommerwendelorchis ist akut vom Aussterben bedroht.
Wie bei der Herbstwendelorchis ist auch bei dieser Art eine vegetative Vermehrung durch Ausbildung von zwei statt einer Knolle (Rübe) häufiger zu beobachten. Darüber hinaus scheint sie sich noch durch Ausbildung von Bulbillen (Brutknospen) in den Achseln von Niederblättern vermehren zu können. Diese Fähigkeit hat den Vorteil, daß durch die Größe der kugeligen Körperchen (0,3 mm) im Gegensatz zur geschlechtlichen Fortpflanzung ein Zeitgewinn erzielt wird [23]. Besonders bei Verbiß des Blütenstands stehen hierfür Nährstoffe zur Verfügung.
Die kleinen Blüten werden hauptsächlich von Bienen- und Hummelarten bestäubt, dabei reifen die Pollen vor der Narbe. Die Insekten fliegen zuerst die unteren Blüten an, laden mitgebrachten Pollen ab, klettern höher und nehmen frischen Pollen auf. Dies gilt auch für die Herbstwendelorchis.
Der Fruchtansatz liegt über 50 %, Ende September sind die meisten Kapseln reif.
Die Gattung *Spiranthes* ist in Europa mit drei Arten vertreten; ihr Hauptverbreitungsgebiet liegt in Nordamerika.

(a) Verlandetes Seeufer im bayerischen Alpenvorland. Weitere Arten im linken Randbereich: Mückenhändelwurz und Weiße Stendelwurz. (b, c, d) Sommerwendelorchis am selben Standort.

5.67 Herbstwendelorchis, Herbstdrehwurz

Spiranthes spiralis (L.) CHEVALLIER

Merkmale
8–20 (35) cm hoch; Blüten klein, weiß, innen grünlich (mit Vanilleduft). Der Blütenstand ist meistens mehr oder weniger gewendelt, gelegentlich einseitswendig, Stengel und Deckblätter sind bläulichgrün und weiß behaart; die bereits im Herbst neben dem Stengel erscheinenden breiten Laubblätter sind dunkelgrün, spitz, glänzend und bilden dicht am Boden eine sehr flache Rosette, die neben dem Blütenstengel angeordnet ist.

Verwechslungsmöglichkeiten
Die Sommerwendelorchis besitzt reinweiße Blüten, aufrecht stehende Blätter und wächst stets auf nassem Untergrund. Das Netzblatt hat ebenfalls reinweiße, aber drüsig behaarte Blüten, die netzartig geäderten Blätter liegen nicht eng am Boden an. Es steht im Schatten.

Blütezeit
(E 7) E 8-E 9 (M 10) Ein trockener Sommer kann die Blütezeit nach hinten verschieben.

Standort
Kaum bis 1400 m.
Früher kam die Herbstwendelorchis u. a. häufiger in mageren, feuchten Wiesen vor. Diese Standorte sind heute fast alle erloschen. Man findet die attraktive, aber unauffällige Orchidee noch in sehr lockerrasigen, trockenen bis wechselfeuchten Wiesen in Flußauen über Schotter, häufiger auf trockenen bis frischen Schaftriften, vornehmlich auf Kalk-, Lehm- und Sandboden. Allerdings verträgt die Art auch leicht saure, sogar anmoorige Böden. Besonders gut gedeiht sie offenbar in Grenzbereichen zwischen kalkhaltigem und oberflächlich versauertem bzw. sandigem, tonigem Untergrund, oft kenntlich an Heidekraut auf Kalkmagerrasen. Als einzige Orchideenart bevorzugt diese zierliche Pflanze stärker beweidete Biotope, in der Hauptsache nach Süden, Osten oder Westen geneigte Wacholderhänge, in niederschlagsarmen Gegenden v. a. die unteren, wenig geneigten Abschnitte. Dort blüht sie gern an moosigen und sehr kurzrasigen Stellen, die kurzzeitig von einem Baum oder Busch (meistens Waldkiefer, Wacholder, Liguster) beschattet werden, sowie an sonnigen, flacheren Absätzen, die weniger austrocknen. Geländeabschnitte, in denen Feuchtigkeit austritt, werden oft besser angenommen, besonders bei sandigen Böden. Daneben besiedelt sie auch beweidete, mehr oder weniger nach Süden geneigte Bergwiesen. Kleine Bestände findet man immer in Südwestlage, oft in der Nähe von Pilzringen (Hexenringe).

Allgemeines
Die Herbstwendelorchis ist in ganz Mitteleuropa noch einigermaßen verbreitet, obwohl sie bereits über weite Teile fehlt (z. B. in Ostbayern, dem gesamten Norden und größtenteils im Westen Deutschlands). Stellenweise gibt es große, reichhaltige Vorkommen, die anscheinend an Beweidung durch Schafe gebunden sind (z. B. im Altmühltal). Hierbei sind wohl weniger die Schafe das Wesentliche, sondern die niedrige Vegetation (v. a. von September bis zum Frühsommer) trotz gewisser Bodenfeuchtigkeit. Eine Anpassung an Weidevieh zeigt sich in den niederliegenden Blättern, die sich nach Trittschäden erneuern können und in der kurzen Fruchtreife trotz kühlerer Jahreszeit (5–6 Wochen!). In manchen Jahren (z. B. nach trockenem Frühling) kommen nicht einmal 10% der „üblichen" Anzahl der Pflanzen zur Blüte (in Altmühltal z. B. 1992; nach einem weiteren Dürrejahr 1993 an manchen Orten gerade noch 1%). Auch fressen die Schafe mitunter nahezu alle Blütenstände eines Bestandes ab, wenn sie das Gebiet zur Blütezeit beweiden. Sensibel reagiert die zierliche Pflanze auf ein Ausbleiben der Beweidung, das mit einem Höherwachsen der übrigen Krautschicht gekoppelt ist. Hier ist eine Mahd im Sommer unerläßlich, was einen Rückgang aber nicht immer verhindern kann.
Die Anzahl der Begleitpflanzen variiert je nach Untergrund, Beweidung und Niederschlagsmenge. Die häufigsten sind: Feldthymian, Besenheide, Sonnenröschen, Stengellose Kratzdistel, Kleines Habichtskraut, Feldmannstreu, Zypressenwolfsmilch, Flockenblume, Skabiose, Labkraut, Braunelle, Mittlerer Wegerich, Hauhechel, Augentrost, Karthäusernelke, Hügelmeister, Klappertopf, Kleine Bibernelle, Steppenfenchel, Echtes Tausendgüldenkraut, Deutscher, Kreuz- und Fransenenzian. Je nach Standort findet man auch Flechten, Graugrüne oder Frühlingssegge, Rotes Straußgras, Trespe, Borst- oder Pfeifengras, in feuchten Bereichen sogar Wurmfarn und Teufelsabbiß. In der näheren Umgebung wachsen gerne Bartgras und Roter, selten Gelber Zahntrost.
Oft ist die Herbstwendelorchis (bei starker Beweidung) die einzige Orchideenart eines Biotops, anderenorts kommt sie mit Brand-, Helm- und Salepknabenkraut vor, auch Mükkenhändelwurz, Wanzenknabenkraut, Weiße und Grüne Waldhyazinthe, Einknolle, Braunrote und Breitblättrige Stendelwurz, selbst Bienen-, Hummel- oder Fliegenragwurz können sie begleiten. Bei günstigen Standortverhältnissen ist eine vegetative Vermehrung nicht selten. Bestäubt wird die Art von verschiedenen Bienen- und Hummelarten.

Herbstwendelorchis mit Honigbiene als Bestäuber

(a) Beweideter Ablagerungshügel an der Donau (Oberbayern), teils kalkhaltig, teils versauert; Biotop vgl. Kap. 4.1, (b, c, d) Herbstwendelorchis im Altmühltal.

5.68 Netzblatt, Kriechendes

Goodyera repens (L.) R. Brown

Merkmale
10–20 (30) cm hoch.
Die kleinen Blüten sind weiß, spitzlippig und drüsig behaart. Auch der Fruchtknoten und der hellgrüne Stengel sind behaart. Der Blütenstand ist meist mehr oder weniger einseitswendig, die dunkelgrünen, rosettig direkt am Boden angeordneten Blätter besitzen deutliche, oft helle Quernerven zwischen den üblichen Längsnerven.

Verwechslungsmöglichkeiten
vgl. Kap. 5.67, Herbstwendelorchis

Blütezeit
A 7-E 8

Standort
Bis über 2000 m.
Die zierliche Pflanze bevorzugt kalkhaltigen Untergrund, kommt aber auch auf neutralen bis schwach sauren oder oberflächlich versauerten Böden vor. Selbst auf Sandboden gedeiht sie. Das Netzblatt steht halbschattig bis dunkel in Nadel- und Mischwäldern an Stellen mit wenig Laub. Oft findet man es im Kiefernwald (auch Schwarzkiefernforste) zwischen Jungfichten im Moos, an ähnlichen Stellen um und in alten Steinbrüchen auf vegetationsfreiem Untergrund oder – v. a. an Südhängen – im Schutz von Gräsern, aus denen der Blütenstand kaum herausragt. Gern wächst es in Waldrandnähe; offenbar wirkt die von Herbst bis in den Vorfrühling schräg einfallende milde Sonne förderlich. Auffallend sind große Verbreitungslücken über ganz Mitteleuropa verteilt (z. B. Ostbayern, zwischen Donau und Alpenvorland, NW-Deutschland). In den Schneeheide-Kiefernwäldern der Alpen ist es nicht selten, ebenso in moosreichen, lichten, krautarmen Tannen- und Fichtenwäldern. Im mittleren Teil Deutschlands und in Thüringen trifft man es hauptsächlich in Steppenheidewäldern mit eingestreuten Fichten und Jungbuchen an. Wachsen die Buchen hoch, kann es im Fallaub nicht mehr existieren.

Netzblatt-Rosetten in der Nadelstreu, Netznervatur hier nur angedeutet

Es verträgt keine längere Besonnung am Mittag, da das Rhizom nicht tief in den Boden reicht, nur wenig verdickt ist und somit kaum Wasser speichern kann. Aus diesem Grund kommt es auch häufiger in niederschlagsreichen Gegenden vor. Allerdings scheint es im Bayerischen Wald zu fehlen.

Allgemeines
Die Blattrosetten der recht unauffälligen Pflanze sind immergrün und stehen oft in Gruppen zusammen. Man kann sie also am leichtesten – außer in der Blütezeit – in schneearmen Wintern oder im Vorfrühling entdecken, wenn die meisten anderen Kräuter nur noch gelbe Blätter haben. (Einige der unten erwähnten Begleitarten fallen dann ebenfalls besonders wegen ihrer winterharten Blätter ins Auge.) In der kalten Jahreszeit ziehen an manchen Orten gelegentlich Amseln die Pflanzen aus dem Boden. Deshalb findet man diese Orchidee dort eher im Schutz von herabgefallenen, dürren Ästen.
Das Netzblatt ist oft mit Wintergrünarten (besonders mit dem Einseitswendigen Wintergrün) vergesellschaftet, in den Alpen und dem Alpenvorland begleitet es gern die Schneeheide. Weitere noch nicht erwähnte Begleitpflanzen sind: verschiedene Moos- (besonders aus den Gattungen *Polytrichum, Scleropodium, Mnium* und *Hylocomium*) und Süßgrasarten (v. a. Graugrüne Segge, Nickendes Perlgras, Waldzwenke), Wacholder, Berberitze, Steinbeere, Buchskraut, Veilchen, Pimpinelle, Bergtäschelkraut, Waldehrenpreis, Eichenblättriger Gamander, Fingerkraut, Fransenenzian, Walderdbeeren (z. B. Knack-Erdbeere), Ästige Graslilie, auf silikatischem Boden öfters Siebenstern, Heidel- und Preiselbeere, Heidekraut, Drahtschmiele, sehr selten sogar Kleines Zweiblatt, häufiger Breitblättrige oder (über Kalk) Braunrote Stendelwurz, Nestwurz, Rotes und Bleiches Waldvögelein, Mückenhändelwurz, Fliegenragwurz, Großes Zweiblatt, Frauenschuh, Fuchs' Knabenkraut, Grüne, mitunter Weiße Waldhyazinthe und Einblatt. Als Bestäuber wurden Hummeln und Furchenbienen beobachtet. Rosetten, welche Blütenstände bis zur Fruchtreife hervorgebracht haben, sterben oft anschließend ab.

(a) Grenzbereich zwischen saurem Sand und kalkhaltigem Boden in Kiefern-Fichten-Wald (Oberpfalz). Hier auch Breitblättrige Stendelwurz; (b, c) Netzblatt am selben Standort, (d) im Altmühltal.

Stendelwurz-Übersicht

Die Gattung *Epipactis* ist auch für Fachleute teilweise sehr schwierig. Offenbar befindet sie sich gerade wie *Dactylorhiza* evolutionsmäßig in der Aufspaltung, die Unterschiede zwischen den Arten / Unterarten sind doch oft sehr gering. Hinzu kommt, daß wohl noch längst nicht alle Sippen erkannt bzw. beschrieben sind, andererseits besonders selbstbestäubende Arten zu lokalen Ausprägungen neigen. Im Gegensatz zu *Dactylorhiza* sind die Taxone aber relativ wenig variabel und Bastarde eher selten, sodaß man sie oft schon durch direkten Blütenvergleich einordnen kann.

Im folgenden werden die Einzelblüten von vorne (Hypochilform und -farbe, Epichilform, Durchgang beachten !) und von der Seite (störende Blütenblätter entfernt oder zurückgebogen; Säulenbau, Lage der Pollinien, Klebdrüse beachten!) größtenteils in 2,8-facher Vergrößerung (am Dia 2 : 1) dargestellt.

Säulen der *Epipactis*-Arten von der Seite (schematisiert):

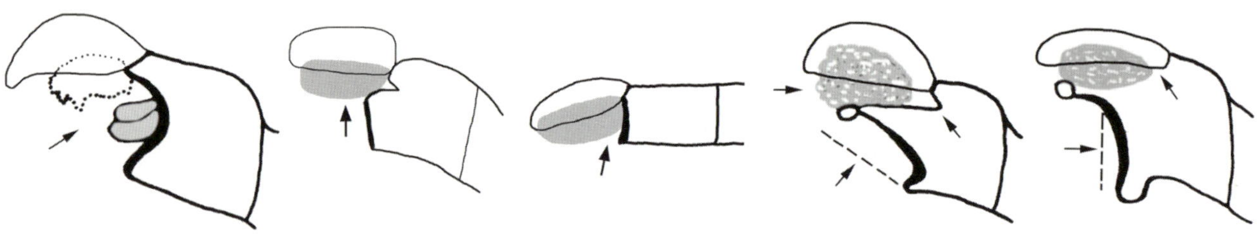

Müllers Stendelwurz Klebdrüse fehlt (ebenso Pollenschüssel); oft sind die Pollinien zerbröselt oder sitzen wie zwei „Hörner“ auf der Narbe (**Piacenza-Stendelwurz**)

Peitz' Stendelwurz (**Greuters Stendelwurz** mit längerem Antherenstiel) (einige Sippen der **Spitzlippigen Stendelwurz**)

Spitzlippige Stendelwurz Sippe Limburg (**Peitz' Stendelwurz** hat eine kürzere Säule)

Spitzlippige Stendelwurz
Übersehene Stendelwurz
Klebdrüse klein (eingetrocknet, funktionsuntüchtig) oder fehlt; Pollinien lösen sich bald auf

Breitblättrige Stendelwurz und viele weitere Arten Klebdrüse fehlt nur selten, wenn Pollinien vorhanden

Epipactis palustris Niederbayern (SO-D)

Epipactis atrorubens Usedom (NO-D)

Epipactis microphylla Mittelfranken (Nördl. Frankenalb)

Epipactis purpurata Oberbayern (Südl. Frankenalb)

Epipactis leutei Kärnten (S-AU)

Epipactis pontica Burgenland (O-AU)

Epipactis voethii Wien und Burgenland (O-AU)

Epipactis helleborine ssp. *distans* Oberpfalz und Berlin

Epipactis helleborine Moselgebiet (D/F) und Emsland (NW-D)

Epipactis helleborine ssp. *tremolsii* Corbières (S-F) und Maures (SW-F)

Epipactis helleborine ssp. *neerlandica* Belgische Küste

Epipactis renzii Nordjütland (N-DK)

Epipactis leptochila Oberpfalz und Oberbayern (Altmühltal)

Epipactis leptochila ssp. *neglecta* Oberbayern (Südl. Frankenalb) und Unterfranken

Epipactis peitzii Taunus

Epipactis muelleri Wien (O-AU) und Mittelfranken

Epipactis placentina Grenoble (Franz. W-Alpen)

Epipactis greuteri Brno (S-CZ) und Burgenland (O-AU)

Epipactis albensis Österreich/Ungarn

Epipactis nordeniorum Burgenland und Österreich/Ungarn

Epipactis rhodanensis Genf (CH) und Rhônetal (F)

Epipactis phyllantes Mitteldänemark

Epipactis phyllantes („confusa“) Århus (Mittel-DK)

Epipactis phyllantes f. degenera Brüssel (B)

Epipactis gracilis Österreich/Ungarn

5.69 Weiße Stendelwurz, Echte Sumpfwurz / Sitter

Epipactis palustris (L.) CRANTZ

Merkmale
20–40 (60) cm hoch, Blütenlippe weiß mit gelben und rosa Partien, zweigeteilt; die Petalen sind weißlich, die Sepalen grün und purpurn überlaufen. In manchen Populationen kommen Pflanzen vor, bei denen die purpurne Komponente (auch an Stiel und Fruchtknoten) fehlt. Der Blütenstand ist meist einseitswendig, die graugrünen, lanzettlichen Laubblätter sind v. a. im unteren Teil des Stengels angeordnet und stehen schräg nach oben.

Verwechslungsmöglichkeiten
Keine

Grüne Form mit dunklen Früchten in Niederbayern.

Blütezeit
M 6-E 7 (A 8)

Standort
Bis 1300 (1750) m.
Die schöne Orchidee bevorzugt kalkhaltigen Untergrund, gedeiht jedoch mitunter auch in kalkfreien Feuchtgebieten. Sie besiedelt nasse Dünentäler, Pfeifengraswiesen, Quell- und Flachmoore, sickernasse Hänge, Seeufer und wechselfeuchte Mulden über Kies in Flußauen, auch an lichten Kiefern- und Pappelwäldern. Gelegentlich findet man sie als Relikt in langsam trockengefallenen Magerwiesen, wo sie noch recht lang überdauern kann. Sie benötigt niedrige Vegetation oder jährliche Mahd; zu nährstoffreiche Böden oder dichteren Schatten meidet sie. Gern steht sie zwischen locker gestreutem Schilf und an moosigen Stellen mit lückigem Bewuchs. Hier und da nimmt sie auch Sekundärbiotope an.

Allgemeines
Häufig trifft man die Art zusammen mit Sumpfschachtelhalm, Rostrotem Kopfried, Davall-Segge, Pfeifen- oder Wollgras, Schilf, Herbstzeitlose, Simsenlilie, Kohl-Kratzdistel, Blutweiderich, Minze, Fettkraut, Rundblättrigem Sonnentau, Sumpf-Herzblatt, Mehlprimel, Mückenhändelwurz (hier öfters die ssp. *densiflora*) und verschiedenen *Dactylorhiza*-Arten an (weitere Begleitpflanzen siehe unter Kap. 5.25). In geeigneten Biotopen bilden sich mitunter Massenvorkommen der Sumpfwurz. Ihre Blüten werden recht gut von Bienen und Schwebfliegen, sogar Käfern besucht; darüber hinaus kann sie sich bei ausbleibenden Bestäubern selbst befruchten (durch Zerfall der Pollinien, die über den Narbenrand hinausstehen). Meistens findet man sie in lockeren Gruppen stehend. Dies rührt daher, daß sich zur vegetativen Vermehrung das unterirdische Rhizom verzweigen kann, an dessen Spitzen sich junge Pflanzen entwickeln. Dazu kommt eine recht kurze Entwicklungszeit vom Samen bis zur Blüte (< 2 Jahre !), was auch bei vielen *Dactylorhiza*-Arten festzustellen ist. So ist es nicht verwunderlich, daß diese Art trotz ihrer Gefährdung durch Trokkenlegung, Verbuschung, landwirtschaftliche Intensivierung und Abpflücken örtlich noch relativ häufig und in Mitteleuropa verbreitet ist. Nur in ausgeräumten Gebieten, über Silikat und in geschlossenen Wäldern fehlt sie oder ist zumindest extrem selten.

(a) Feuchtwiese mit Quellbereich in Niederbayern. Die Wiese wird gepflegt, ist aber sehr klein (ca. 60 x 80 m) und von Intensiv-Landwirtschaftsflächen umgeben. Dementsprechend üppig ist die Vegetation, neben dem Massenbestand von Weißer Stendelwurz (ca. 2000 Exemplare) finden sich u.a. noch Breitblättriges und Salepknabenkraut, Großes Zweiblatt, Frühlingsenzian, Natternzunge, Fieberklee und Trollblume; (b) Weiße Stendelwurz am Lech/Bayern, (c, d) in einem niederbayerischen Flachmoor.

5.70 Braunrote Stendelwurz, Dunkelrote Sumpfwurz / Sitter / Waldstendel, Strandvanille

Epipactis atrorubens (Bernh.) Besser
mit ssp. *triploidea* J. Gelbrecht et Hamel

Merkmale
(15) 20–40 (80) cm hoch; die oft einseitswendigen Blüten nach Vanille duftend, bräunlich rot, manchmal teilweise, selten ganz gelb mit weißer statt dunkelrosafarbener Lippe. Letztere ist im vorderen Teil herzförmig mit 2 krausen (!) Höckern. Fruchtknoten und Stengel sind drüsig behaart, die lanzettlich-spitzeiförmigen Laubblätter zweizeilig wechselständig (!) am Stengel angeordnet und meistens die unteren auf der Unterseite (wie der untere Stengel) rot überlaufen.

Verwechslungsmöglichkeiten
Andere Stendelwurzarten haben grüne oder weiße Farbtöne in den Blüten und außer der Kleinblättrigen keine krausen Lippenhöcker.

Blütezeit
(M) E 6-M 7 (A 8) (Alpen und NO), ssp. *triploidea* E 7-M 8

Standort
Bis über 2400 m, fast immer auf trockenen, vegetationsarmen, durchlässigen Kalkböden. Die Braunrote Stendelwurz kommt hauptsächlich in Steppenheidegebieten vor. Hier steht sie in lichtem, grasigem Kiefernwald, zwischen Buschwerk oder vollsonnig in kurzem Magerrasen. Sie gedeiht ebenfalls in Misch- und Laubwäldern (v. a. unter Buchen und auf trockenen, steinigen Buckeln und Felsen), wo sie allerdings Randbereiche, Kahlschläge oder Wegränder bevorzugt. Häufig findet man sie als Erstbesiedler in und um Steinbruchgelände im Gesteinschutt und an Straßenböschungen, gern in der Nähe (Halbschatten) von jungen Espen, Weiden, Kiefern und Fichten. Selbst an hellen, oft steinigen Stellen in reinem Fichtenwald kann man sie antreffen. Hier bevorzugt sie vegetationsarme, moosige Flächen in Hanglage, was auch andernorts beobachtet werden kann. Wechselfeuchte Pfeifengraswiesen mit lückigem Bewuchs gehören zu ihrem Lebensraum ebenso wie kiesige Stellen in Schneeheide-Föhrenwäldern oder steinige Bergmatten. Die recht attraktive Pflanze ist in ganz Mitteleuropa (mit Ausnahme der Silikatgebiete) verbreitet. Noch ist sie nicht allzu selten, und man findet an günstigen Wuchsorten mitunter reichhaltige Bestände. Im Norden begegnet man ihr sogar zwischen Sanddünen. Lehmige, undurchlässige und feuchte Böden meidet sie.

Braunrote Stendelwurz mit teilweisem und vollständigem Fehlen der Blütenfarbe; links: auf Usedom (NO-Deutschland), rechts: am Frankenjura-Südrand.

Allgemeines
Dadurch, daß die Art in typischen, artenreichen Orchideenstandorten auf trockenem Untergrund vorkommt, ist die Liste der Begleitpflanzen wieder äußerst umfangreich. In den Steppenheidegebieten trifft man sie mit Fiederzwenke, Mückenhändelwurz, Helm- und Brandknabenkraut oder Fliegenragwurz an. Weitere Arten siehe Kap. 5.101. In Wäldern wird sie häufig von der Breitblättrigen Stendelwurz oder dem Frauenschuh begleitet. Die moosigen Stellen sind oftmals noch mit Flechten, Wintergrün, Gamander-Arten, Schwalbenwurz, Schwarzwerdendem Geißklee, Walderdbeeren, Buchskraut und Habichtskräutern bewachsen. Meistens sind sie von Aufforstung oder wildem Aufwuchs bedroht.
Aus Brandenburg wird von einer hochwüchsigen (- 130 cm) **ssp. *triploidea*** berichtet, die einen triploiden Chromosomensatz (2 n = 60) besitzen soll, mindestens 4 Wochen nach dem Typus blüht, intensiver gefärbte Blüten besitzt und an Rändern von Kiefernwäldern auf saurem bis schwach basischem Sandboden vorkommt [27].
Die Braunrote Stendelwurz wird von Bienen und Hummeln besucht. Bastarde mit der Breitblättrigen Stendelwurz sind nicht allzu selten, doch oft schwer zu erkennen. Sie scheinen stellenweise populationsbedingt aufzutreten, sind also offenbar fruchtbar.

(a) Abraumhalden eines Plattenkalk-Steinbruchs über dem Altmühltal. Im Bild (vor allem im grasigen Bereich) 243 blühende Exemplare. Daneben gute Bestände des Rundblättrigen Wintergrüns und der Mondraute; (b, d) Braunrote Stendelwurz an einer Steinbruchoberkante (Dolomit) in der Oberpfalz, (c) am Lech/Bayern.

5.71 Kleinblättrige Stendelwurz / Sumpfwurz / Sitter / Waldstendel

Epipacits microphylla (EHRH.) SWARTZ

Merkmale
15–30 (40) cm hoch; Blüten klein oder mittel, etwas hängend und höchstens glockenförmig geöffnet. Sie sind grünlich, mehr oder weniger rötlich überlaufen und besitzen eine in frischem Zustand funktionsfähige Klebdrüse. Allerdings kann sich die Art bei ausbleibendem Insektenbesuch durch Zerfall der Pollinien selbst bestäuben. Angeblich sollen kleinblütige Sippen durch Selbstbestäubung bereits in der Knospe und durch hochgeklapptes Epichil bei kaum geöffneten Blüten obligat autogam sein [23]. Das Hypochil (Schüsselchen) ist weiß bis rosa und meist nektarführend. Der Stengel und der Fruchtknoten sind weißlich behaart, die wenigen, winzigen Laubblätter gelegentlich etwas violett überlaufen und kürzer (!) als die Stengelabschnitte (Internodien). Sehr selten kommen glatte Stengel vor.

Verwechslungsmöglichkeiten
Schwache Exemplare der Violetten Stendelwurz besitzen Blätter, die meistens länger als die Stengelabschnitte sind. Ihre Blüten sind groß und weit geöffnet, das Hypochil ist innen hellbraun. Das Epichil der Kleinblättrigen Stendelwurz ist stark zerklüftet.

Blütezeit
(M) E 6–E 7 (A 8)

Standort
Kaum über 1200 m.
Die Art ist zwar über ganz Mitteleuropa verbreitet, weist jedoch außerhalb der Alpen, Thüringens, Nordhessens und Südniedersachsens in unserem Bereich nur wenige Fundorte, v. a. in Flußtälern auf. Man trifft sie in milden, bergigen Lagen an; dort gedeiht sie in lichten bis schattigen Buchenwäldern, selten in Nadelwäldern, fast immer auf kalkreichem, relativ trockenem Untergrund, manchmal im Bereich zwischen Riffkalken und einer drunterliegenden Tonschicht bei zeitweiser schwacher Bodenfeuchtigkeit. Mitunter steht sie in Berührungszonen zwischen Laub- und Nadelwald. Anscheinend bevorzugt sie aber Gegenden mit häufigen Niederschlägen (hat aber offenbar geringere Ansprüche an die Luftfeuchtigkeit als die Spitzlippige Stendelwurz). Hier findet man die unauffällige Pflanze an lichteren, auch länger besonnten Stellen wie z. B. an Waldwegrändern (gern in schottriger, lockerer, durchlässiger, humoser Erde) unter Windbruch oder ähnlichem. Steile, nach Norden geneigte, laubfreie (!) Flächen besiedelt sie ebenfalls mit Vorliebe, besonders in niederschlagsarmen Gegenden. Meistens sind ihre Standorte arm an Unterwuchs, sie wächst allerdings auch zwischen halbhohen Kräutern und jungen Bäumchen. In Tälern mit N-S-Richtung, die nach Süden abfallen, ist es warm genug für diese seltene Art, und durch den Windschutz nach fast allen Richtungen entsteht genügend Luftfeuchtigkeit. Auf feuchterem Boden steht sie auch exponiert. In den Südwestalpen ist sogar ein Standort an einem dauerfeuchten Bachrand (zusammen mit der Grünblütigen Stendelwurz) bekannt.

Kleinblättrige Stendelwurz in den italienischen Südalpen; rechts: sterile Exemplare (sehr selten!) am Südwestalpenrand (F).

Allgemeines
Neben der Buche akzeptiert sie noch Esche, Eiche, Ulme, Hainbuche, sogar Kiefer und die Fichte in ihrer Umgebung. Weitere, typische Begleitpflanzen sind: Graugrüne Segge, Nickendes Perlgras, häufiger Hasel, Seidelbast, Pfaffenhütchen, Waldbingelkraut, Efeu, Waldmeister, Waldlabkraut, Nesselblättrige Glockenblume, Lungenkraut, Sanikel, Gemeine Akelei, Christophskraut, Veilchen, Sauerklee, Buschwindröschen, Einbeere, Maiglöckchen, Perlgras, Waldsegge, Waldzwenke und Waldgerste, Bleiches (selten Rotes) Waldvögelein, Nest- und Korallenwurz, Grüne Waldhyazinthe, Breitblättrige und Spitzlippige Stendelwurz. Selbst der Widerbart wird als Begleitorchidee angegeben.
Die Kleinblättrige Stendelwurz bildet fast nur blühende Sprosse aus und zeigt sich oft jahrelang nicht über der Erde. Mit ihren kleinen Blättchen kann sie nur wenig assimilieren; sie ist daher stark mykotroph (abhängig von einer Versorgung durch Pilzmyzel). Dies zeigt sich wohl auch darin, daß manche Bestände von Jahr zu Jahr „wandern“ (nach A. Zirnsack). Viele Pilze verbrauchen die für sie wichtigen Anteile des Substrats, sterben an diesem Platz ab, wachsen unterdessen aber in anschließendem passendem Substrat weiter, was z. B. auf Wiesen an den sog. „Hexenringen“ zu beobachten ist.
Wegen ihres unregelmäßigen Erscheinens, ihres kleinen Wuchses und ihres relativ unattraktiven Standorts dürften noch zahlreiche Populationen unentdeckt sein. Hier läßt sich sicher noch manche Verbreitungslücke schließen, obwohl davon ausgegangen werden muß, daß diese Art tatsächlich sehr selten ist.
Die Blüten duften nach Nelken.

a b c d

(a) Lichter Buchenwald in oberbayerischem Flußtal, Südosthangauslauf. Keine weiteren Orchideenarten; (b) Kleinblütige Stendelwurz in Mittelfranken, (c) am Standort (a), (d) in den italienischen Südalpen.

5.72 Violette Stendelwurz / Sumpfwurz / Sitter / Waldstendel

Epipactis purpurata Smith
mit *E. pseudopurpurata* Meredá

Merkmale
20–50 (80) cm hoch mit kräftigem Stengel; Sepalen blaßgrün (ohne Rot!), Petalen weißlich, Lippe weißlich bis rosa, Hypochil (Schüsselchen) innen hellbraun (!) mit Nektar; Rostellum vorhanden. Die Einzelblüten schimmern innen, sind recht groß und auffallend weit geöffnet, auch in der Dämmerung noch sichtbar, der Blütenstand ist reichblütig und manchmal länger als der sterile Stengelabschnitt. Sämtliche Teile der Pflanzen (v. a. die Blattunterseiten und der Stengel) sind mehr oder weniger lila überlaufen, was im Lauf der Vegetationsperiode etwas nachläßt. Grüne Exemplare (ohne die violetten Anthocyane) sind selten. Die Laubblätter sind relativ klein und schmal, aber meist länger als der Abstand dazwischen und stehen fast waagrecht ab.

Verwechslungsmöglichkeiten
Die Kleinblättrige Stendelwurz blüht ca. einen Monat früher, hat kleinere Blüten und Blätter. Der Stengel und die Fruchtknoten zeigen weniger bzw. kein Violett, sondern sind weißlich behaart.
Die braunrote Stendelwurz hat rote Blüten. Andere *Epipactis*-Arten sind nicht lila überlaufen.

Blütezeit
E 7–E 8 (A 9)

Standort
bis knapp 1000 m (1250 m); auf frischen bis leicht feuchten, tiefgründigen, basenreichen Böden. Die Violette Stendelwurz ist im Gebiet ziemlich verbreitet, fehlt jedoch v. a. über Silikatgestein und ist über weite Strecken nur sehr selten

Violette Stendelwurz lus. *rosea* in Mittelfranken.

und lückig anzutreffen (z. B. fehlt sie in Ostbayern, in Norddeutschland und fast überall in NW-Deutschland). Häufiger wird sie auf lehmigem Untergrund über Kalkgestein. Hier steht sie sogar in Fichtenmonokulturen, selbst zwischen dichtem Jungwuchs. Ihr ursprünglicher Biotop ist wohl der Buchen(misch)wald, wo sie gern in Mulden und an Wegrändern in lockerem, humusreichem Boden wächst, vornehmlich in lichteren Bereichen unter Buschwerk, an Waldrändern am Hangauslauf, an alten Holzschäl- und -lagerplätzen und in Berührungszonen zwischen Laub- und Nadelwald. Austretende Feuchtigkeit an geologischen Grenzlinien (z. B. über Ornatenton) oder nahe Waldtümpel sind oft ein Hinweis auf dies Art. Sie hat einen sehr geringen Lichtbedarf und wächst auch in dunklen Waldbereichen. Selbst Straßengräben und die Zone der Hartholzaue werden hin und wieder besiedelt (H. Ziesche in [1]).

Allgemeines
Meistens findet man die Art auf Flächen mit wenig oder ohne nennenswerten Unterwuchs, manchmal allerdings zwischen Gräsern (z. B. Nickendes Perlgras) und Kräutern. Zur Begleitflora gehören auch Eiche, Espe, häufig Esche, Weidenarten oder Hainbuche, daneben Bergahorn, Birke, Hartriegel, Hasel, Traubenholunder, Brombeere, Taubnessel, Brennessel. Sauerklee und Moose (v. a. Laubmoose). Meistens ist sie die einzige Orchideenart im Biotop, an lichteren Stellen gedeiht oft die Breitblättrige Stendelwurz (mit der sie gelegentlich hybridisiert), hier und da das Bleiche Waldvögelein, die Nest- oder die Korallenwurz, sehr selten auch der Widerbart.
Die Violette Stendelwurz bildet wohl nur blühende Triebe aus, die spät und schnell austreiben, in ungünstigen Jahren aber fast ausbleiben, was – wie die kleinen Blätter – auf eine lebenslange Abhängigkeit vom Pilzmyzel hindeutet. In Dürrejahren können die frischen Triebe noch vor der Blütezeit absterben, was natürlich Kartierungsarbeiten erheblich erschwert.
Auch eine chlorophyllfreie Form (**lus. *rosea*** oder ***erdneri***) weist auf die Pilzsymbiose hin. Sie wäre in allen Teilen völlig weiß, die Anthocyane lassen sie aber blaßrosa (einschließlich der Blüten) erscheinen. Sie kann sehr selten im gesamten Verbreitungsgebiet vorkommen. Die Anthocyane können ebenfalls bei Einzelexemplaren fehlen. Diese sind dann grün.
Die frischen, fleischigen Blütentriebe scheinen dem Rehwild außerordentlich gut zu schmecken. Zu Ende der Blühsaison trifft man fast überall mehr verbissene als fruchtende Exemplare an. Dies dürfte mit ein Grund sein, daß sich diese Art besonders gern vegetativ vermehrt und auf günstigem Untergrund in dichten Büscheln zu finden ist. Sie wird trotz ihres meist sehr schattigen Standorts an warmen Tagen recht gut von Wespen besucht, scheint nötigenfalls aber auch auf Selbstbestäubung „zurückzugreifen", wie der 100%ige Fruchtansatz beweist.
Aus der Slowakei wurde inzwischen eine äußerst zierliche, autogame (selbstbestäubend, ohne Klebdrüse) ***E. pseudopurpurata*** beschrieben.
Vermutlich ist sie zumindest auch in Tschechien zu finden.

(a) Artenarmer Fichtenforst im südlichen Frankenjura (Albüberdeckung); (b, d) Violette Stendelwurz am selben Standort, (c) in einem Eschen-Fichtenwald, (d) mit Deutscher Wespe als Bestäuber.

5.73 Leutes Stendelwurz

Epipactis leutei ROBATSCH

Merkmale
20–40 (45) cm hoch, Stengel dick und unten rötlich überlaufen. Die Blätter sind relativ klein, lanzettlich, lang zugespitzt, m. o. w. waagrecht abstehend, steif, am Rand etwas gewellt. Die relativ weit geöffneten Blüten (m. o. w. einseitswendig) nicken ein wenig, Sepalen und Petalen sind außen einheitlich dunkel rötlich überlaufen (!), innen oft nur grün, die Petalen etwas weißlicher. Die Vorderlippe ist etwas herzförmig, manchmal zurückgeschlagen, eher länger als breit und weiß mit rosa Anflug, besonders auf dem Kallus. Ältere Blüten sind durchgehend intensiver gefärbt. Das Hypochil ist innen dunkelrot bis rotbraun, der Durchgang relativ eng. Eine funktionsfähige Rostelldrüse ist vorhanden (!).

Verwechslungsmöglichkeiten
Die Violette Stendelwurz sieht Leutes Stendelwurz am ähnlichsten, hat aber violett überlaufene Blätter, die eher noch kleiner sind. Die Blüten sind außen nicht schmutzig grün, sind weiter geöffnet, das Hypochil innen hellbraun.

Einzelblüte.

Manche Sippen bzw. Einzelexemplare der Breitblättrigen Stendelwurz mögen ähnlich aussehen, haben aber entweder größere Blätter, einen weniger dicken Stengel, außen weniger dunkle Blüten, ein andersfarbiges Hypochil oder ein breiteres Epichil.

Blütezeit
(M) E 7–A (M 8), eher etwas vor der Breitblättrigen Stendelwurz.

Standort
Meist steht die Art sehr schattig im steilen, krautarmen Buchenwald (*Fagetum nudum*), bevorzugt in Mulden und Rinnen. Im allgemeinen handelt es sich um luftfeuchte Nordhänge mit schottrigem, durchlässigem Kalkboden (pH 7,5 [32]) auf ca. 900 m Höhe. Auslichtung des Waldes verträgt die Pflanze, nicht aber längere direkte Besonnung. Auch bei stärkerem Krautwuchs bleibt sie aus. Wegebau oder gar Kahlschlag ist tödlich.

Allgemeines
Am ungestörten Standort finden sich als Begleitpflanzen gelegentlich einzelne Tannen und Fichten, Alpenveilchen, Christrose, Einseitwendiges Wintergrün, Sauerklee, Dreiblättriges Schaumkraut, Mauerlattich, fast immer der hier häufige Widerbart, oft Kleinblättrige, selten Breitblättrige Stendelwurz, mit der sie dann hybridisiert. Ab und zu stehen auch die drei Walvögeleinarten in der Nähe, bei stärkerem Lichteinfall sogar Müllers- oder Braunrote Stendelwurz. In offeneren Bereichen wächst in diesem Bereich auch Huflattich, Zwiebeltragende Zahnwurz, Immenblatt und Brennessel, was auf Nährstoffreichtum hindeutet.
Die Pflanzen stehen gern in kleinen Gruppen, sterile Triebe sind nicht bekannt.
Leutes Stendelwurz wurde erst vor ca. vier Jahren beschrieben. Sie ist bisher nur aus einem relativ begrenzten Gebiet im Grenzbereich von Österreich (Kärnten) und Slowenien bekannt. Ähnliche Standorte sind allerdings in den SO-Alpen und südlicher nicht allzu selten, so daß eine „Ausweitung" des Areals zu erwarten ist.

(a) Steiniger Buchenwald-Nordhang mit Leutes Stendelwurz (im Vordergrund 2 chlorophyllfreie Exemplare), Kleinblättriger Stendelwurz und Widerbart; (b, c, d) Leutes Stendelwurz im weiteren Umkreis.

5.74 Pontische Stendelwurz

Epipactis pontica TAUBENHEIM

Merkmale
15–30 (40) cm hoch, Sepalen hellgrün, Petalen noch etwas heller, Vorderlippe in etwa herzförmig, breiter als lang, weiß, oft etwas grünlich oder in der oberen Mitte bräunlich angeschmutzt, leicht zurückgeschlagen, stumpf. Das Hypochil ist relativ groß, braun, manchmal grünlich, flach, oval und nektarführend, der Durchgang zwischen Epichil und Hypochil meist relativ breit und flach. Die zierliche Pflanze wirkt eher kleinblütig, die Blüten öffnen sich nur glockig. Der untere bandförmige Wulst der Narbe ist oft geteilt (!), eine Klebdrüse ist vorhanden, aber im allgemeinen funktionslos, der Pollen wird bald krümelig, danach trocknet die Klebdrüse ein. Die meist schmalen, leicht bläulich grünen Laubblätter (3–5 oberhalb eines schuppenförmigen Blattes) sind relativ lang, etwas gekielt und gebogen und stehen fast waagrecht vom Stengel ab. Manchmal sind sie (wie in der Türkei) in der Stengelmitte zusammengedrängt, die Pflanze wirkt „hochbeinig". Mitunter findet man jedoch auch Populationen, bei denen kleine, kurze Laubblätter am Stengel verteilt sind. Der Stengel ist dünn, manchmal etwas hin- und hergebogen.

Verwechslungsmöglichkeiten
Aufgrund der grünen (fast nie Rottöne!), glockigen Blüten mit funktionsunfähiger Klebdrüse, des querovalen, stumpfen Epichils und der schmalen, dunkelgrünen Blätter kaum verwechselbar.

Blütezeit
E 7-M 8 (A 9)

Standort
Unter 1000 m; man findet die unauffällige Pflanze hauptsächlich in lichten Hainbuchen- (und Rotbuchen-)wäldern, vorzugsweise an Südhängen im inneren Waldrandbereich. Sie geht jedoch auch bis in West- oder Ostlagen, seltener trifft man sie in ebenen Bereichen an. Sie gedeiht am besten auf trockenen bis frischen, mageren, kalkhaltigen, tonigen Böden an laubarmen Stellen mit schütterer, niedriger oder fehlender Vegetation. Senken und Bachtäler scheint sie aufgrund höherer Luftfeuchtigkeit zu bevorzugen. Meist ist die Pflanze kurzzeitig besonnt, längere Besonnung meidet sie allerdings.

Allgemeines
Neben den aspektbildenden Hainbuchen oder Buchen findet man am Standort noch Espe, Feldahorn, Eichenarten (Trauben- und Zerreiche v. a.), Linde, Birke oder Fichte, um die Pflanzen häufig Keimlinge von Hainbuchen, was dann in wenigen Jahren zum Verschwinden der Pontischen Stendelwurz in diesen Bereichen führt. Unter den krautigen Begleitpflanzen sind Alpenveilchen und Efeu herauszuheben, des weiteren Immenblatt, Waldmeister, Walderdbeeren, Veilchen, Sanikel, Schlüsselblume, Immergrün, Glockenblumen, Christophskraut, Giersch, Nickendes Perlgras, unter den Orchideen Nestwurz, Violette, Kleinblättrige und Breitblättrige (?) Stendelwurz, Bleiches (und Rotes) Waldvögelein, Frauenschuh und Weiße Waldhyazinthe. Sehr selten wird von Hybriden mit anderen Stendelwurzarten berichtet (W. Timpe 1994 und 1996).
Lange Zeit war die Pontische Stendelwurz nur aus der Türkei bekannt. 1989 wurde sie dann auch in Österreich (Steiermark, Niederösterreich) erkannt. Inzwischen kennt man zahlreiche Standorte, auch im Burgenland, in Ungarn, Rumänien, Slowenien, Tschechien und in der Slowakei. Eine weitere „Ausbreitung" der Art ist also zu erwarten. Bei längerer Trockenheit können die Blüten wie bei manchen anderen *Epipactis*-Arten geschlossen bleiben. Sie fallen dann meist ab. Sterile Exemplare sind von der Pontischen Stendelwurz nicht bekannt, ebenso kommt Gruppenbildung wohl nicht vor. Allerdings findet man manchmal Pflanzen mit nur 1 oder 2 Blüten.

Problematik
Im Burgenland findet man auch Populationen, deren Pflanzen habituell und farblich der Pontischen Stendelwurz sehr ähneln. Auch die Standortansprüche sind gleich. Diese Pflanzen haben aber ein verhältnismäßig kleineres Hypochil bzw. größeres Epichil. Die Klebdrüse ist funktionsfähig.
In diesem Gebiet trifft man in ähnlichen Biotopen auch auf Populationen, deren Pflanzen ebenfalls habituell und ökologisch der Pontischen Stendelwurz nahekommen, deren Blüten aber im Variationsbereich der Breitblättrigen Stendelwurz liegen. Sie besitzen Rosatöne, sind aber relativ klein, bei einer Sippe fehlt sogar die Klebdrüse. Möglicherweise handelt es sich hierbei um stabilisierte Bastardformen, eventuell auch unter Beteiligung von Vöths Stendelwurz. Nach bisherigem Kenntnisstand sind sie nur sehr kleinräumig verbreitet (Fotos in Kap. 5.76).

(a) Hainbuchenwald in Burgenland (AU) mit Pontischer Stendelwurz, in weiteren Bereichen auch Nestwurz, Bleiches und Rotes Waldvögelein, Weiße Waldhyazinthe und Frauenschuh; (b, d) Pontische Stendelwurz im selben Biotop; (c) im Grenzbereich Österreich/Ungarn.

5.75 Vöths Stendelwurz

Epipactis voethii ROBATSCH

Merkmale
(10) 20–40 (85) cm hoch mit dünnem, häufig hin- und hergebogenem Stengel und schmalen, langen, waagrecht abstehenden, oft bogigen Blättern. Die relativ wenigen und kleinen Blüten sind lang gestielt (ebenso wie die auffallend schlanken Früchte), sehr weit geöffnet, was für eine autogame Sippe sehr ungewöhnlich ist, m. o. w. einseitswendig und nickend. Nach der Anthese schließen sie sich wieder halb und hängen stärker. Die Kronblätter sind außen grün, innen heller, besonders die Petalen innen manchmal m. o. w rosa überlaufen, ebenso das sonst weiße Epichil (Einfluß der Breitblättrigen Stendelwurz?). Das Hypochil ist innen oliv, hellbraun oder rot, nur bei ausreichender Feuchtigkeit nektarführend, die herzförmige Vorderlippe oft stark zurückgeschlagen, der Durchgang ist eng. Eine Klebdrüse ist bei feuchter Witterung meist noch vorhanden (trocknet schnell ein), doch normalerweise funktionsunfähig; der Pollen wird bald pulvrig (fakultative Autogamie).

Vöths Stendelwurz in der Nähe von Wien.

Verwechslungsmöglichkeiten
Aufgrund der relativ kleinen, weit geöffneten, hellen Blüten zusammen mit dem zierlichen Habitus eigentlich keine.

Blütezeit
(A) M-E 7

Standort
Bisher bekannt von 250–580 m Höhe; die Art wächst in buschreichen (Eichen-) Hainbuchenwäldern mit flacher Neigung (in tieferen Lagen eher gegen Norden, höhere Standorte eher gegen SW geneigt), besonders gern halbschattig an alten Wegrändern und Böschungen. Das Blätterdach ist hier relativ licht- und regendurchlässig, der Krautwuchs oft dementsprechend üppig. Wird er nicht zu dicht, kann sich Vöths Stendelwurz noch eine Weile halten; man findet sie jedoch vorwiegend an krautarmen Stellen, v. a. in flacheren Bodenmulden (höhere Luftfeuchtigkeit) oder in deren Randbereichen, in denen weniger Fallaub liegt. Der Boden ist hier kalkhaltig (z. B. Kalkschiefer), nicht zu trokken und etwas lehmig.

Allgemeines
Neben Hainbuchen und Eichen finden sich an den Standorten (größtenteils auch als Jungwuchs) Linde, Spitz-, Feld- und Bergahorn, Esche, Hasel, Liguster, Kornelkirsche, Hartriegel, Gewöhnlicher Schneeball, Rote Heckenkirsche und Waldrebe, an Kräutern Haselwurz, Hainwachtelweizen, Walderdbeere, Veilchen, Mauerlattich, Alpenveilchen, Glockenblumen, Schlüsselblume, Immenblatt, Waldlabkraut und Christophskraut, dazu Schwertblättriges Waldvögelein, Nestwurz und Waldhyazinthe, sogar einmal auch die Kleinblättrige Stendelwurz. Stellenweise stehen die Pflanzen in lockeren (auch höheren) Süßgräsern. Wird der Standort zu dunkel, kann die Art auch steril überdauern, obwohl sogar sehr kleine Pflanzen mit einer Blüte gefunden werden.
Vöths Stendelwurz wurde erst 1993 vom Bisamberg bei Wien beschrieben, doch sind dort die Populationen sehr klein oder teilweise schon verschwunden. Auch findet man hier keine besonders großen Individuen, dafür aber buntere Blüten, was ein Hinweis dafür sein kann, daß die Pflanzen bereits von der Breitblättrigen Stendelwurz beeinflußt sind und es sich wohl um eine „sterbende" Population handelt (Robatsch 1997 mdl.). Im Zuge der Ermittlungen für das vorliegende Werk wurde aber im Günser Gebirge eine sehr vitale und individuenreiche Population entdeckt. Weitere Funde dürften noch folgen.

Problematik
In Ost-Österreich existieren noch weitere Populationen mit ähnlich aussehenden Pflanzen (habituell), die jedoch Blüten besitzen, die im Variationsbereich von *E. helleborine* liegen, z. T. allerdings mit schnell eintrocknender Klebdrüse. Sie haben ähnliche ökologische Ansprüche, sind offenbar aber nur sehr kleinräumig verbreitet (Fotos in Kap. 5.76).

(a) Alter Waldweg im Burgenland nahe Ungarn mit Vöths Stendelwurz, Schwertblättrigem Waldvögelein und Waldhyazinthe; (b, d) Vöths Stendelwurz im selben Biotop, (c) in der Nähe von Wien, (d) aufblühend.

5.76 Kurzblättrige Stendelwurz

Epipactis helleborine ssp. *distans* (C. ARVET-TOUVET) ENGEL & QUENTIN
E. distans C. ARVET-TOUVET

Merkmale
15–60 (30) cm hoch, Blüten groß und blaß, weit geöffnet. Die Sepalen sind innen hellgrün (!), Petalen weißlich bis dunkelrosa und breiter (!) als die relativ schmale Vorderlippe, welche oft eine weiße Grundfarbe besitzt und meist nur in der Mitte etwas braun bis rötlich „angeschmutzt" ist, im Osten des behandelten Gebiets auch rötlich. Stets sind aber die Petalen kräftiger gefärbt als die Lippe. Die Farbintensität nimmt bei älteren Blüten zu. Das Hypochil ist innen dunkelbraun, seltener rötlich. Der auffallend kräftige, flaumig behaarte Stengel trägt wenige (meist 3–5) kurze, locker, steif und schräg aufwärts stehende Laubblätter, die unteren sind oft fast rund, stumpf, löffelförmig stengelumfassend. Besonders in den SW-Alpen sind sie häufig gelbgrün.
Junge und beschattete Pflanzen weisen aber normalerweise etwas längere Laubblätter auf. Durch den langen, sehr dichten Blütenstand wirken die oft in Gruppe (bis zu 20!) wachsenden Pflanzen wie die Violette Stendelwurz etwas „kopflastig". Sterile Sprosse sind sehr selten.

Verwechslungsmöglichkeiten
Kurzblättrige Formen der Breitblättrigen Stendelwurz (?) haben häufig buntere (ins Violett gehende) Blüten (besonders in den Sepalen und Lippen), mehr Blätter, wachsen oft einzeln, stehen auf dünnen Stengeln oder blühen nicht früher. Die unteren Laubblätter sind etwa doppelt so lang wie die Internodien (bei *distans* etwa gleichlang).

Blütezeit
(M 6) A-E 7 (A 8, M 8)

Standort
bis 2200 m; nur auf kalkhaltigen, trockenen Böden (sowohl lehmig als auch durchlässig), vorzugsweise in höher gelegenen, sommerwarmen, niederschlagsreicheren Gegenden. Man findet die nicht sehr auffälligen Pflanzen oft in halbhohem Gras in der Nähe von Kiefern, besonders an Süd- bis Südwesthängen. Die bisher meist verkannte Art wächst auch gern auf schottrigem Boden (hier auch ohne Begleitvegetation), z. B. an Straßen- und Wegrändern, fast immer sonnig bis halbschattig am Waldrand, selten im Inneren von lichten Kiefernwäldern (oft Schneeheide-Kiefernwälder), im Südosten des Gebiets sogar in Schwarzkiefernforsten über Flußschotter. Im Nordosten Deutschlands und an der Nordsee trifft man sie auf leicht kalkhaltigen Sandböden an, beispielsweise in Senken und an sonnigen bis halbschattigen Abhängen im Bereich der Graudüne.
Ein Verbreitungsschwerpunkt scheint auch die nördliche Frankenalb (Fränkische Schweiz) zu sein. Hier kommt *distans* in größeren Beständen auf ehemals beweideten Flächen auf Dolomit-Sanden an und unter Waldkiefern vor, hauptsächlich im Bereich von jungen Espen (oft Stockaustrieb); *helleborine* wächst dort nicht in ihrer Nähe, häufiger aber *atrorubens* (abblühend – verblüht), die Mückenhändelwurz und das Rote Waldvögelein.

Allgemeines
Die Kurzblättrige Stendelwurz steht oft allein im Biotop, in näherer Umgebung findet sich meist die Braunrote (besonders in Dünen), an der Nordsee auch die Holländische, in schattigen Nachbarbereichen manchmal die Breitblättrige, selten die Kleinblättrige oder Müllers Stendelwurz. Des weiteren begleiten sie das Rote Waldvögelein, Spitzorchis, Fliegenragwurz, Weiße Waldhyazinthe, Netzblatt, die Wohlriechende oder die Mückenhändelwurz, in niederschlagsreichen Gegenden auch Fuchs' Knabenkraut und das Große Zweiblatt. Im Alpenraum trifft man sie in Schneeheidebeständen an (oft in der Nähe von Jungfichten), in den Südwestalpen bei Hakenkiefern neben Buchsbäumchen in höheren Bereichen bei der Zirbe, an blumenreichen Standorten dominieren oft Kleearten (z. B. Rot-, Horn- und Wundklee), Vogel- und Bunte Kronwicke, Brunelle oder Klappertopf, Schafgarbe, Stengellose Kratzdistel, Silberdistel, Veilchen, Walderdbeere, Wiesen- und Echtes Labkraut, Kleine Bibernelle, Wiesenwitwenblume, Ehrenpreis, Mittlerer Wegerich, Feldthymian, Zypressen-Wolfsmilch, Glockenblumen, verschiedene Habichtskräuter, Pippau und Sonnenröschen. An Gräsern sind Zittergras, Fiederzwenke, Glatthafer, Rotes Straußgras, Rotschwingel und Dichtährige Stachelsegge häufiger vertreten. Typische Begleitpflanzen in den Ostseedünen außer der Waldkiefer sind: Weidenarten, Silbergras, Strandroggen, Sandglöckchen, Wiesenwachtelweizen, Sandstrohblume, Beifuß, aber auch Säurezeiger wie Heidekraut und Heidelbeere, dazu Moose und Flechten.
In den französischen Südwestalpen war die Kurzblättrige Stendelwurz schon lange bekannt, erst seit etwa 1994 kann man ihr wahres Verbreitungsgebiet erahnen, ihre Grenzen liegen sicher noch länger im unklaren. Bisher wurde sie von den Pyrenäen über den Alpenbogen bis ins Burgenland gefunden, in Tschechien und der Slowakei, sogar in Mittelschweden, in Deutschland zumindest in den bayerischen Alpen, im Alpenvorland, in Thüringen (?) und im Frankenjura mehrfach erkannt. Bei den Ermittlungen für das vorliegende Werk wurde sie sogar in der Mark Brandenburg (Biosphärenreservat Schorfheide) und auf Usedom (D und PL) gefunden. In Südtirol ist sie häufiger. Neueste Meldungen kommen von der Nordseeküste (J. Kleynen 1999 mdl.).

(a) Straßenrandbereich (SW-Hang) in den Dolomiten mit Kurzblättriger Stendelwurz (z.T. abgemäht), keine weiteren Orchideen; (c) Kurzblättrige Stendelwurz am selben Standort, (b) in Tirol (AU), (d) nördlich von Berlin.

Problematik

Die Breitblättrige Stendelwurz scheint eine Sammelart unterschiedlichster Typen zu sein, eine sichere Abgrenzung, auch zur Kurzblättrigen Stendelwurz, ist oft unmöglich oder zumindest sehr schwierig. Auch hier treten an hellen, trockenen Standorten sehr kurzblättrige Pflanzen auf. Manchmal ist aber der Stengel auffallend dünn (z. B. mittlere Donau), die Blüten zu stark gefärbt (z. B. Mittelfranken) oder die Blätter zu zahlreich bzw. zu breit, wellig, zu „mastig" (Fränkische Alb, Alpennordrand z. B.). Ob es sich hier um Hybridschwärme (stabilisiert?), eigenständige Sippen oder nur Standorttypen handelt, läßt sich im einzelnen oft nur vermuten. Typische *helleborine* oder Übergangsformen in der unmittelbaren Nachbarschaft deuten zumindest darauf hin, daß es sich wohl doch nicht um *distans* handelt. Unklar ist auch, warum in manchen Populationen einige Pflanzen erst E 7 oder gar bis M 8 blühen, in enger Nachbarschaft mit frühblühenden Individuen (z. B. Wiener Becken, Mark Brandenburg, Ostseeküste). Der Unterart-Status ist hier wohl sinnvoller als ein Art-Status.

Im Altmühltal existieren einige frühblühende, gruppenbildende Populationen ohne sterile Sprosse in trockenem Buchenwald, deren Blätter waagrechter angeordnet und etwas länger sind, wie dies im Schatten auch zu erwarten wäre. Allerdings besitzen die Pflanzen kaum die typische Blütenfärbung und das helle, schmale Epichil. Eine eindeutige Zuordnung ist hier nicht möglich.

Formen mit abstehenden, rundlichen Blättern wurden unter dem Namen *orbicularis* beschrieben, sind jedoch wohl nur Ökotypen oder Bastardformen.

Blätter zur Zeit der Samenreife in der Oberpfalz; rechts: Wespe bei der Bestäubung (Standort: nördlich von Berlin).

a

b

(a, b) Buchenwaldsippe im Altmühltal, wohl *Epipactis helleborine* zuzurechnen, doch deutliche Anklänge an *Epipactis distans*.

(a, b) Sehr zierliche Sippe im Burgenland mit deutlichen Anklängen an *Epipactis pontica* (vgl. Kap. 5.74). Die Klebdrüse funktioniert, die Sippe ist wohl *Epipactis helleborine* zuzurechnen; (c, d) Relativ zierliche Sippe vom Neusiedler See (AU) mit funktionierender Klebdrüse, aber Anklängen am Vöths Stendelwurz. Sie ist sicherlich der Breitblättrigen Stendelwurz zuzurechnen; (e, f) Relativ zierliche Sippe aus dem südlichen Burgenland mit deutliche Anklängen an Vöths Stendelwurz. Die Klebdrüse trocknet schnell ein. Vermutlich ist auch diese Sippe zu *Epipactis helleborine* zu rechnen.

5.77 Breitblättrige Stendelwurz / Sumpfwurz / Sitter / Waldstendel

Epipactis helleborine (L.) Crantz
mit ssp. *minor* (Engel) Engel und *E. futakii* Mered'a et Potůček

Merkmale

20–50 (90) cm hoch; Blüten grün bis weißlich, oft mehr oder weniger rot oder violett, recht variabel; Hypochil (Schüsselchen) innen oliv (seltener) bis dunkel schokoladenbraun; Epichil (Lippenvorderlappen) meist rosa bis rot/lila, breiter als lang, oft nach hinten geschlagen, im breiteren Teil mit typischen Querwülsten; Klebdrüse meistens (!) gut entwickelt. Die 5–8 Laubblätter sind im allgemeinen relativ breit und großflächig, je nach Lichtintensität waagrecht bis schräg nach oben stehend, kaum rinnig gefaltet. Sterile Sprosse sind häufig, besonders in sehr schattigen Bereichen. Die zuerst als Varietät beschriebene **ssp. *minor*** hat einen zierlichen Wuchs, weniger und kleinere Blüten und kurze, kaum die unteren Blüten überragende Tragblätter.

Verwechslungsmöglichkeiten

E. purpurata hat kleinere, unterseits violette Blätter und weiter geöffnete Blüten mit hellbraunem Hypochil.
E. leutei hat ebenfalls kleinere Blätter, die Blüten sind außen dunkel, das Epichil ist herzförmig, der Durchgang zum rötlichen Hypochil eng.
E. leptochila besitzt oft kleinere Blätter, blassere Blüten und eine Lippe, deren Epichil länger als breit ist und eher Längs- als Querwülste aufweisen. Oft wächst sie an dunkleren Stellen. Klebdrüse klein oder fehlend.
E. muelleri hat schmale, oft rinnig gefaltete, an den Rändern gewellte, sichelförmig gebogene Blätter, hängende, helle Blüten, keine Querwülste auf der Vorderlippe, keine roten Farbstoffe in Sepalen und Petalen, Klebdrüse fehlt. Säulenstruktur beachten!
E. distans hat meist sehr kurze, wenige Blätter, immer hellgrüne Sepalen und eine Vorderlippe (etwa so breit wie lang), die heller als die rosa Petalen ist und eine dunkle Mittelrippe aufweist. Der Durchgang ist eng.
Im Osten des Gebietes existieren noch einige zierlichere, z. T. recht ähnliche Sippen (*E. pontica, E. voethii*, vgl. dort, Fotos: Kap. 5.76.).

Blütezeit

(M) E 7-E 8

Standort

Bis 1600 (1900) m; auf kalkhaltigem bis mäßig saurem, trockenem bis leicht feuchtem Untergrund, sonnig bis sehr schattig wachsend. Aufgrund dieser Anspruchslosigkeit ist die Breitblättrige Stendelwurz in ganz Mitteleuropa (mit Ausnahme von extrem sauren oder feuchten Gebieten und der Hochlagen) verbreitet und, zusammen mit dem Großen Zweiblatt, unsere häufigste Orchidee. Man findet sie selbst in Parks und Gärten, oft an Straßenböschungen (hauptsächlich hangabwärts), in fast allen Waldtypen, selbst in sonnigen, nicht zu trockenen Bergwiesen. Gern wächst sie zwischen Buschwerk, am Waldrand, an Waldwegen, auf Kahlschlägen, in lichten Buchen- und Hainbuchenbeständen oder auf moosigem Boden zwischen Fichten (z. B. auf Sandboden in Heidelbeerbeständen), an Stellen, wo sich saure und basische Zonen begegnen (z. B. in Sekundärbiotopen auf saurem Untergrund, vgl. Kap. 3.10), und in wechselfeuchten Pfeifengras-Kiefernwäldern. Hier und auf Flußschotter können sich auch sehr individuenreiche Bestände bilden. Selbst durch Schwermetalle gestörte Bergbau- und Steinbruchhalden werden wegen der lückigen Vegetation besiedelt. Das selbe gilt für Braunkohle-Abraumhalden. Die ssp. *minor* wächst nur an wenigen Stellen (z. B. Vogesen) mit silikatischem Boden (Ökotyp?).

Allgemeines

Eine Aufzählung der begleitenden Arten erübrigt sich wegen der unterschiedlichen Lebensräume.

Problematik

Ihre Anpassungsfähigkeit scheint sich auch in Variabilität auszudrücken; offenbar ist bei dieser Gattung ebenfalls eine genetische Aufspaltung im Gange (vgl. Kap. 5.39). Die Übergänge zu anderen Stendelwurzarten sind mancherorts fast fließend.
Epipactis helleborine wird von Wespenarten bestäubt, wodurch gelegentlich Hybriden mit anderen *Epipactis*-Arten entstehen. Allerdings scheint sie sich in Ausnahmefällen die Möglichkeit der Selbstbestäubung bewahrt zu haben [23]. Beispielsweise finden sich Pflanzen ohne funktionsfähige Klebdrüse (z. B. Altmühltal, Burgenland), es gibt Populationen, in denen sich die klebrige Rostelldrüse von den Pollinien löst (Biosphärenreservat Schorfheide) oder sogar Pflanzen, bei denen Anthere und Pollinien verkümmert sind (Rügen). Interessanterweise ist hier der Fruchtansatz immer besonders gut. Es steht zu erwarten, daß aus dieser „Sammelart" noch weitere Typen ausgegrenzt werden. „Verdächtig" ist auch eine zierliche Sippe mit weißlich-gelblichen Blüten, die hier und da, meist zusammen mit der Normalform vorkommt. In der Slowakei wurde jüngst eine ***E. futakii*** beschrieben, die kleistogame Blüten besitzt, die sich (außen) von grün über violett bis braun (verblüht) verfärben, häufig auch zweifarbig sind (z. B. Blütenblätter hinten grün, vorne violett). Eine Klebdrüse ist nur in sehr frischen Blüten wirksam [30].

(a) Gepflegtes Parkgelände am Lech/Bayern; (b) Breitblättrige Stendelwurz in der Oberpfalz, (c) am Lech/Bayern, (d) auf Usedom/NO-Deutschland.

(a, b) Breitblättrige Stendelwurz in der Oberpfalz; (c, e, f) im Altmühltal, (c) ohne Klebdrüse, mit Schwebfliege, (f) chlorophyllfreie Pflanze; (d) Albino im südlichen Frankenjura.

(a) Typische Schattenform der Breitblättrigen Stendelwurz mit chlorophyllfreien Exemplaren im Taunus; (b) Form magerer Böden (*minor*?) auf Usedom (NO-Deutschland); (c) Lichtform (Einfluß von *Epipactis distans*?), *orbicularis* am Lech/Bayern; (d) Blätter der Sonnenform, kaum zu unterscheiden von *Epipactis muelleri* (Standort: Wien).

5.77.1 Tremols Stendelwurz

Epipactis helleborine ssp. *tremolsii* (Pau) E. Klein
E. tremolsii Pau

Merkmale
Im Gebiet (10?) 20–40 cm hoch mit langem Blütenstand, sehr ähnlich der Breitblättrigen Stendelwurz. Sie unterscheidet sich von dieser v. a. durch die relativ dunklen, breiten, am Rand gewellten, manchmal nach unten verschobenen, gedrängt stehenden Laubblätter (ziemlich gleichmäßig breit und lang!), durch die relativ kräftig gefärbten, eher glockig geöffneten, nickenden Blüten (oft mit gelblich-bräunlichem Farbton), häufig mit innerseits grünlichem bereitem Hypochil und einem breiten Durchgang zum Epichil. Der dicke Stengel ist zumindest an der Basis pupurn überlaufen und im Blütenstand behaarter.

Verwechslungsmöglichkeiten
Die Breitblättrige Stendelwurz hat von außen grüne Blüten und Knospen, *tremolsii* eher gelbliche, weitere Unterschiede s. o.; an beschattetem Standort entzerrt sich der typische Wuchs von Tremols Stendelwurz, besonders im Gebiet der SW-Alpen, eine eindeutige Zuordnung ist manchmal kaum noch möglich. Doch wirken die Blüten oft rundlicher, da die Kronblätter und das Epichil etwas kürzer sind.

Tremols Stendelwurz in den Corbières (S-Frankreich).

Blütezeit
(A 5) M 6-A 7 (am Südfuß der SW-Alpen schon ca. 3 Wochen früher), deutlich vor der Breitblättrigen Stendelwurz, sogar vor Müllers Stendelwurz.

Standort
Die Sippe ist in SW-Europa weit verbreitet und streift unser Gebiet in den französischen Alpen, wo sie aber kaum über 600 m aufsteigt (Vercors). Gern besiedelt sie hier Straßenböschungen (bessere Wasserversorgung !), fast immer auf durchlässigen bis schottrigen, kalkreichen Böden. Oft steht sie halbschattig bis sonnig in lockerem Gras, auch einmal ohne nähere Begleitpflanzen, vorzugsweise an Südhängen.

Allgemeines
Meistens findet man in ihrer Nähe Kiefern oder Eichen, gelegentlich Buchsbaum, Feld- oder Echten Thymian, Efeu, Ginster, Hornklee, Sonnenröschen oder die Binsenlilie. Stetige Begleitorchideen sind nicht zu erkennen. Bei Tremols Stendelwurz handelt es sich wohl – ähnlich wie bei der Holländischen Stendelwurz – um eine Gestaltsveränderung/Anpassung aufgrund extremen Klimas. Die Unterschiede zur Breitblättrigen Stendelwurz verschwimmen im Übergangsbereich bei beschatteten Einzelpflanzen. Inwiefern hier ein Artrang gerechtfertigt ist, sei dahingestellt.

(a) Straßenrandbereich im südlichen Vercors mit Tremols Stendelwurz (Westalpen/F); (b) Tremols Stendelwurz am SW-Rand der Alpen; (c, d) in Maures (südwestlich der Alpen).

5.77.2 Holländische Stendelwurz

Epipactis helleborine ssp. *neerlandica* (Vermeulen) Buttler
E. neerlandica (Vermeulen) J. et P. Devillers-Terschuren

Merkmale
10–50 cm hoch, mit dickem, behaartem Stengel. Die ziemlich kurzen Blätter (spitzeiförmig) stehen an sonnigen Standorten dicht gedrängt tief am Stengel und sind an den Rändern aufgebogen. Im Schatten rücken sie auseinander und sind flach und leicht aufwärts abgespreizt. Der Stengel wird hier auch dünner. Die 10–40 Blüten nicken m. o. w. und öffnen sich oft nur glockig. Die Sepalen sind meist dunkelgrün, manchmal etwas bräunlich, die Petalen weißlich bis rötlich grün. Das Hypochil ist innen dunkelbraun und nektarführend, das Epichil relativ breit herzförmig, die Spitze etwas zurückgekrümmt. Es ist weiß und v. a. im Hökkerbereich rotbraun oder grün überlaufen. Die stets vorhandene Klebdrüse ist voll funktionsfähig (!), kann aber bei extremer Witterung bald eintrocknen.

Verwechslungsmöglichkeiten
In Küstenwäldern scheint die Sippe in die Breitblättrige Stendelwurz überzugehen, die größere Blätter, höheren Wuchs und weniger nickende Blüten mit etwas weniger breitem Epichil hat.
In Norddänemark wächst in den Dünen Renz' Stendelwurz (vgl. Kapitel 5.78), die sich im Blütenbau unterscheiden läßt.

Blütezeit
(M) E 7-M 8 (A 9)

Holländische Stendelwurz im französisch-belgischen Grenzgebiet.

Standort
Die umstrittene Sippe ist nur im Dünenbereich der Nordsee (Großbritannien?, Frankreich, Belgien, Niederlande, Deutschland, Dänemark?), evtl. auch an der Ostsee (Pommern?) zu finden. Auf Inseln wird sie stellenweise häufiger. Hier steht sie vorwiegend im Stadium der Graudüne, manchmal in Randbereichen von Küstenwäldern (meist Kiefern) oder im lockeren Sand, gern in der Nähe von feuchten Dünensenken, aber auch exponiert oben auf den Dünen, selbst auf der Südseite. Eine bestimmte Hanglage scheint sie nicht zu bevorzugen, gern wächst sie aber in niedrigem Weidengestrüpp und im Halbschatten von Sträuchern am Dünenfuß, auch in grasigen und moosigen Bereichen.

Allgemeines
Fast überall steht die Holländische Stendelwurz in Beständen von Kriechweide oder zumindest in deren Nähe. Verschiedene Grasarten können sie begleiten, am bekanntesten sind wohl Strandhafer und Strandroggen. Manchmal findet man hier auch Veilchen oder das Rundblättrige Wintergrün. Beschattung bieten hin und wieder Pappeln, Wald-Geißblatt oder Brombeeren. In manchen Gebieten gedeihen in ihrer Nähe auch Krähenbeere, Tüpfelfarn, Johanniskraut und Schmalblättrige Weidenröschen. Begleitorchideen fehlen meist, J. Kleynen gibt die Kurzblättrige Stendelwurz an (1998 pers. Mitteilung), in Dünensenken wachsen manchmal unmittelbar unterhalb Weiße Sumpfwurz, Fleischfarbenes oder Übersehenes Knabenkraut, auch die Weiße Waldhyazinthe auf feuchterem Boden. In NO-Deutschland (Ostseeküste, äußerst fraglich!) soll die Braunrote Stendelwurz in ihrer Nähe stehen, in N-Dänemark Renz' Stendelwurz.
Sterile Exemplare sind bei der Holländischen Stendelwurz selten (ausreichende Versorgung mit Licht), eine Gruppenbildung ist häufiger zu beobachten. Neben den ersten bereits voll erblühten Pflanzen kann man an den meisten Standorten ebenso kleinknospige Exemplare finden, die erst 2 Wochen später aufblühen. Besonders auf einigen friesischen Inseln werden in manchen Jahren fast alle Exemplare von Kaninchen verbissen.

Problematik
Die Holländische Stendelwurz wird häufig nur als Ökotyp der Breitblättrigen Stendelwurz angesehen. Eine Abtrennung, selbst als Unterart, wäre dann hinfällig. Allerdings würde die Breitblättrige Stendelwurz, an solch extremen Standorten ausgesät, wohl kaum auf Dünen gedeihen. Andererseits ändert sich der Habitus deutlich mit zunehmender Beschattung, was vielleicht experimentell noch bei Einzelpflanzen durch ein Zelt und ausreichende Wasserversorgung, also Schutz gegen Wind und Austrocknung, nachzuweisen wäre. Einen weiteren Ansatz bieten Enzym- oder Genuntersuchungen. Das in der Literatur angeführte Merkmal „unregelmäßigere, schwächere Zähnung am Blattrand" ist (leider) nicht bei allen Exemplaren zu beobachten, bzw. tritt auch bei typischen Pflanzen der Nominatform auf.

(a) Dünengebiet im französisch-belgischen Grenzgebiet mit der Holländischen Stendelwurz; (b, c, d) Holländische Stendelwurz im selben Gebiet, (c) entzerrte, teilweise beschattete Pflanze.

5.78 Renz' Stendelwurz

Epipactis renzii K. ROBATSCH

Merkmale

10–40 cm hoch, vom Habitus ähnlich der Holländischen Stendelwurz, also bei sonnigem Standort kurze, dunkelgrüne Blätter, dicht gedrängt im unteren Bereich des kräftigen, behaarten Stengels, Blütenstand m. o. w. einseitswendig, Blüten stark hängend. Auch hier ändert sich der Habitus mit dem Standort, doch weniger deutlich: Im Schatten entzerrt sich der Blattstand, die Blätter stehen eher steif und schräg aufwärts, die Blüten hängen weniger stark. Allerdings bleiben sie nur glockig geöffnet. Sie sind stets autogam, man könnte sie fast als degeneriert bezeichnen. So „versinkt" die Griffelsäule weitgehend im Hypochil, die Pollenschüssel ist zurückgebildet, eine Klebdrüse fehlt oder ist, wenn vorhanden, funktionsunfähig (!). Die Pollinien können kompakt oder auch pulvrig sein. Petalen und Sepalen sind gleichförmig, meistens rein grün, außen etwas gelblich, die Petalen am (gezähnten bis gewellten!) Rand mitunter etwas rot, aber kaum heller als die Sepalen. Die Lippe ist weißlich, das Hypochil flach, innen rotbraun bis dunkelbraun, der Durchgang flach und breit, das Epichil meist nach vorne gestreckt, kaum an der Spitze zurückgebogen, zumindest im Höckerbereich, oft auch am hochgebogenen Rand rot überlaufen. Die Blüten sind für eine autogame Sippe oft relativ bunt.

Blüte mit funktionsloser Klebdrüse (seitliche Blütenblätter entfernt) bei wenig degeneriertem Blütenbau (Bastard?).

Verwechslungsmöglichkeiten

Die Holländische Stendelwurz besitzt Blüten, die im Variationsbereich der Breitblättrigen Stendelwurz liegen, die Klebdrüse ist immer vorhanden und funktionsfähig, trocknet aber bei extremer Witterung bald ein.

Blütezeit

M 7-A (E) 9

Standort

Renz' Stendelwurz ist bisher nur von der Nordspitze Dänemarks, also vom nördlichsten Punkt des behandelten Gebietes bekannt. Sie wächst dort wie die Holländische Stendelwurz in den Dünen, sowohl sonnig auf dem Dünenkamm (bei ausreichend feuchter Witterung) als auch am Nordabhang unter Kriechweiden, also relativ schattig. Meist sind die wenig auffälligen Pflanzen aber in der niedrigen, fast fehlenden Vegetation gut zu sehen, wachsen aber a. a. O. nur selten über das Kriechweidengestrüpp hinaus. Der Standort ist hin und wieder lockersandig, meistens aber grasig oder mit Moos bzw. Flechten bewachsen.

Allgemeines

Die Dünen sind hier relativ artenarm, Begleitorchideen kaum vorhanden, bestenfalls die Holländische Stendelwurz und an feuchteren Stellen die Weiße Waldhyazinthe. An Stellen, die weniger der Sonne ausgesetzt sind, fallen außer der Kriechweide, auf die die seltene Orchidee wohl angewiesen ist, öfters Schachtelhalme, Knöterich, Grasnelke, Schafgarbe, Veilchen, Glockenblumen, Kleines und Rundblättriges Wintergrün, Wicken, Beifuß, Sanddorn, Heckenrose, Heidekraut oder Krähenbeere ins Auge.

An ein und demselben Standort findet man im August völlig verblühte Exemplare, während andere gerade am Aufgehen sind. Sterile Pflanzen sind selten. In manchen Jahren vertrocknen alle Pflanzen, die stärker der Sonne ausgesetzt sind, Dünen sind eben schlecht wasserhaltend. Ständiger Wind und damit häufiger Sandflug am exponierten Standort hat bei dieser Art wohl dazu geführt, daß sich die Blüten nur wenig öffnen. Dadurch werden kaum Bestäuber angelockt, die an vielen Tagen dort sowieso nicht fliegen können – die Sippe hat sich also auf Selbstbestäubung „verlegt". Dadurch ist auch eine auffällige Blütenfarbe und eine gleichzeitige Anthese aller Individuen überflüssig. In der Folge degenerieren die Pflanzen wieder (Rückschritt in der Evolution), es können sich morphologische Veränderungen schnell durchsetzen. Dies bewirkt auch eine gewisse Uneinheitlichkeit der Art. U. a. ist dies auch bei Nordens Stendelwurz zu beobachten.

(a) Nordseite einer Düne an der Nordspitze Dänemarks mit Renz' Stendelwurz; (b, c, d) Renz' Stendelwurz im selben Gebiet.

5.79 Spitzlippige Stendelwurz / Sumpfwurz / Sitter

Epipactis leptochila GODFERY
mit var. *cleistogama*(C. THOMAS) YOUNG
und *E. carantana* ROBATSCH

Merkmale
15–50 (70) cm hoch; Sepalen grün oder gelblich (selten außen rötlich überlaufen), lang und spitz; Petalen mitunter weißlich und rosa überflogen; Lippe grünlich bis blaßrosa, Hypochil (Schüsselchen) braunrot bis grün, mit oder ohne Nektar, Epichil (Vorderlappen) länger als breit, meistens nur gerade vorgestreckt; Klebdrüse klein und nicht funktionsfähig, trocknet ein oder fehlt völlig. Die Pollinien zerfallen und gelangen auf die Narbe, allerdings ist vorher eine Fremdbestäubung (und Bastardisierung) möglich. Die Tragblätter sind sehr lang, die Laubblätter sind am fleischigen Stengel meist zweizeilig verteilt, relativ klein und hängen oft schlaff herab. Die Blüten wirken auf Entfernung grünlich-gelb, also ohne Rotton, und hängen oft auffallend, sie müssen ja nicht bestäubt werden.
Häufig trifft man auf Populationen, in denen die Blüten fast oder völlig geschlossen bleiben (verklebte, gelbliche Kronblätter) und so von unten her schwarz werden, d. h. welken (**var. *cleistogama***), manche öffnen sich nur bei hoher Feuchtigkeit. Hier findet natürlich obligate Autogamie statt.

Verwechslungsmöglichkeiten
Die Breitblättrige Stendelwurz hat meistens größere Blätter, die Sepalen sind kürzer, häufig rötlich, das Epichil ist breiter als lang, oft zurückgeschlagen, die Klebdrüse (im allgemeinen) vorhanden und funktionsfähig.
Die Übersehene Stendelwurz hat meist eine zurückgekrümmte Vorderlippe mit einem engen Hypochildurchgang. Die Blüte ist zarter.

Kleistogame Pflanze im Altmühltal mit „Bestäuber" (Erdhummel).

Blütezeit
(M) E 7–M 8 (E 8), normalerweise deutlich vor der Breitblättrigen Stendelwurz am selben Standort, dafür kürzer.

Standort
bis 1450 m, stets auf kalkreichem Untergrund. Die relativ seltene, wärmeliebende Art weist deshalb wie *E. muelleri* ähnliche, große Lücken in ihrer Verbreitung auf. Sie gedeiht in schattigen bis dunklen Buchen(misch)wäldern an humusreichen Stellen, gern auf lockerer, steiniger Erde (z. B. unterhalb von geschobenen Waldwegen und Steilhängen). Oft steht sie an Stellen ohne nennenswerte Begleitvegetation oder zwischen jungen Bäumchen. Man findet sie häufig am Nordhang eines Berges, an dessen lichtem Südhang die Müllers Stendelwurz vorkommt, hauptsächlich in luftfeuchten Rillen und Mulden am Hangauslauf, bei geeignetem Untergrund selten auch auf Bergrücken und Hochflächen. Dauernde Bodenfeuchtigkeit, lehmige oder flachgründige Böden meidet sie. In neuester Zeit wurden allerdings auch Populationen entdeckt, die an warmen Süd- und Südosthängen existieren (Altmühltal). Die Pflanzen stehen hier in lichten Buchenbeständen, z. T. sogar nur halbschattig, sehr selten sogar sonnig. Sie sind überwiegend kleistogam bzw. öffnen die Blüten nur glockig. Auch stehen sie weniger am Hangauslauf, vielmehr in mittleren Bereichen. Einige Pflanzen von *E. helleborine* blühen hier kurz vorher oder gleichzeitig mit *leptochila*, andere in gewohntem Abstand danach (?).

Allgemeines
Typische Begleitpflanzen sind: Buchenspargel, Nesselblättrige Glockenblume, Waldlabkraut, Bingelkraut, Nest- und Korallenwurz, Bleiches Waldvögelein, Breit- und Kleinblättrige Stendelwurz, auf etwas helleren Flächen Frauenschuh, Großes Zweiblatt, Rotes Waldvögelein, Purpurknabenkraut und die beiden Waldhyazinthen. Des weiteren kann man in den relativ artenarmen Wäldern Waldzwenke, Waldgerste, verschiedene Farne, Quirlblättrige Weißwurz, Maiglöckchen, Haselwurz, Christophskraut, Wolfseisenhut, Leberblümchen, Ährige Teufelskralle, Gelbes und Weißes Buschwindröschen, Waldmeister, Walderdbeere, Frühlingsplatterbse, Veilchen, Hohe Schlüsselblume, Waldziest, Gemeines Hexenkraut, Lungenkraut, Efeu, Seidelbast, Bergahorn und Eibe antreffen.
Die Spitzlippige Stendelwurz gilt als Sammelart, da sie sich durch große Variabilität auszeichnet (Genetische „Defekte" können durch die Selbstbestäubung leicht weitervererbt werden, vgl. Bienenragwurz).
Sicherlich wurde manches Vorkommen bisher übersehen, da auf diese Art noch nicht lange geachtet wird und sie nur schwer abzugrenzen ist. Sterile Sprosse bildet sie recht selten aus, was, ebenso wie Standort und Blattfläche, auf lebenslange Symbiose mit Pilzen hinweist. Sie neigt an günstigen Standorten zu Gruppenbildung. Mitunter werden die Pflanzen – wie alle *Epipactis*-Arten – von äsendem Wild stark dezimiert. Kahlschlag kann eine Population vollständig vernichten.

(a) Buchenwald (Nordhang) in der Oberpfalz; (b, d) Spitzlippige Stendelwurz in der Oberpfalz, (c) Kleistogame Pflanze im Altmühltal, (d) mit Merkmalen der Übersehenen Stendelwurz, (e) var. *altensteiniana* in Thüringen (Foto: M. Merten).

Problematik

Die Spitzlippige Stendelwurz ist als sehr formenreich bekannt, bei selbstbestäubenden Arten ist dies nichts Neues. So kann man in manchen Gebieten weit geöffnete Blüten (z. B. Oberbayern), in anderen nur einen glockigen Aspekt beobachten, in einem Gebiet entspricht der Bestäubungsapparat fast dem der Breitblättrigen Stendelwurz, in einem anderen steht das Pollinium weit über den Narbenrand vor (z. B. Eifel).

Im Raum Limburg (wohl auch weiter am Rheintalrand) existieren abweichende Populationen, die eventuell abzutrennen wären. Die Sippe ist offenbar nicht auf Kalk angewiesen, bevorzugt aber basenreichen Boden. Sie wurde bisher an steilen Nordhängen und auf ebenem Untergrund gefunden. In ihrer Nähe treten feuchtigkeitsliebende Pflanzen auf, was normalerweise weder bei *leptochila* noch bei *neglecta*, wohl aber bei der nicht weit entfernten *E. peitzii* zu beobachten ist (z. B. Aronstab). Die Säule ist waagrecht verlängert, vor der senkrechten Narbe sitzen oberhalb die Pollinien, die durch eine Krümmung der Anthere beim Aufblühen direkt vor die Narbe gelangen (ist seltener auch bei *E. peitzii* zu beobachten, jedoch ohne Verlängerung der Säule). Die Blüten sind stets weit geöffnet, relativ grünlich bis teilweise violett gefärbt (in der Population einheitlich). Sterile Exemplare sind nicht bekannt.

a

b

c

(a, b, c) Abweichende Sippe im Taunus (vgl. Säule!)

Auf der Insel Rügen kann man im lichten Buchenwald über Kreidefels eine spätblühende (A-M 8) Sippe finden, die eher zur ssp. *neglecta* tendiert: enger Durchgang zum Hypochil, deutliche Violettöne in der Blüte. Die Pflanzen sind jedoch relativ gedrungen mit großen Laubblättern, die Pollinien sind weit über die Narben vorgeschoben, eine Klebdrüse fehlt. Sterile Exemplare sind häufig. Ähnliche Pflanzen wurden jüngst aus der Slowakei als *E. komoricensis* beschrieben. Sie haben allerdings relativ kurze, helle Blätter.

Nach K. Robatsch (1998 mdl.) wartet auch in Kärnten eine ähnliche Sippe auf ihre Beschreibung (*E. carantana*). Sie wächst meist gruppig in Buchenwäldern über Kalk, besitzt kurze Blätter (ähnlich wie *E. leutei*) und eine vorgestreckte, spitze Vorderlippe mit engem Durchgang zum Hypochil. Die Blüten sind grünlich, gelegentlich etwas violett gefärbt, die Klebdrüsen sind nur kurz funktionsfähig bevor sie eintrocknen.

a

b

c

(a, b, c) abweichende Sippe auf Rügen (NO-Deutschland) (vgl. Säule!), vermutlich der ssp. *neglecta* zuzurechnen.

5.79.1 Übersehene Stendelwurz

Epipactis leptochila ssp. *neglecta* KÜMPEL
Epipactis neglecta (KÜMPEL) KÜMPEL

Merkmale
Der Habitus dieser Sippe entspricht dem der Spitzlippigen Stendelwurz, stellenweise ist er etwas schwächer. Die Blattfärbung ist am selben Standort dunkler. Auch in den Blüten zeigen sich Unterschiede: Eine Klebdrüse ist in der frischen Blüte oft vorhanden, aber nach kurzer Zeit unwirksam, der Durchgang vom Epichil zum Hypochil ist nicht V-förmig, sondern fast immer schmal spaltförmig, die Vorderlippe etwas weniger spitz, manchmal relativ kurz, im allgemeinen zurückgeschlagen, seitlich herabgeschlagen oder verdreht statt nach vorne gestreckt. Die Blüten sind weit geöffnet (sehr selten geschlossen) und m. o. w. rosa überlaufen (innen an den Petalen selten, häufig auf der Lippe). Es fehlen die Grüntöne in der Lippe, die Säule ist im Vergleich deutlich zierlicher. Das Hypochil ist flacher, die seitlichen Wände steiler (parallel). Die Anthere ist nicht oder kaum gestielt, hinter den Pollinien also kein Freiraum. Dieses Merkmal haben aber auch einige Populationen der Spitzlippigen Stendelwurz. Auch kleistogame Populationen werden mitunter gefunden (z. B. Oberpfalz), aber offenbar keine glokkig geöffneten Pflanzen.

Verwechslungsmöglichkeiten
Nordens Stendelwurz ist zierlicher, hat kleinere Blüten und Blätter und keine spitze Lippe.
Von den übrigen Stendelwurzarten hebt sie sich durch den engen Durchgang von der Vorder- zur Hinterlippe ab.

Blütezeit
A-E 7, relativ kurz, oft ca. 10 Tage vor der Spitzlippigen Stendelwurz.

Standort
bis über 1000 m. Wie die Spitzlippige kommt die Übersehene Stendelwurz in milden Lagen im Buchen(misch)wald vor, manchmal zusammen mit ihr. Sie besiedelt alle Hanglagen, bevorzugt aber eher die südexponierten Stellen. Im Schnitt sind die Standorte weniger extrem. Der Boden ist hier meist krautarm, frisch bis trocken und kalkhaltig. Längere Besonnung meidet sie.

Allgemeines
Diese doch recht auffallende aber variable Sippe ist zumindest aus Thüringen, Niedersachsen, Hessen, Bayern, Österreich, Tschechien und der Schweiz bekannt, was den Erstbeschreiber bewog, sie in den Artrang zu erheben. Viele Fachleute stellen aber sogar ihren Unterartstatus in Frage, da die Spitzlippige Stendelwurz insgesamt als Art nicht homogen erscheint. Dies wird wohl durch permanente Selbstbestäubung an oft extremen Standorten hervorgerufen; jede Änderung im Erbgut wird an alle Nachkommen weitergegeben. Die Möglichkeit der Einkreuzung anderer Arten mag weitere Variationen erzeugen. Einige der Merkmale sind in anderer Kombination von anderen Sippen der Spitzlippen Stendelwurz bekannt, was wohl zwangsläufig zu weiteren Neubeschreibungen führen wird. Neuerdings neigt man sehr schnell dazu, abweichenden Formen einen neuen Namen zu verleihen.
Die Liste der Begleitorchideen ist für den thermophilen Orchideen-Buchenwald typisch: Hier und da die Nominatsippe, Müllers, Kleinblättrige, Braunrote und Breitblättrige Stendelwurz, Rotes und Bleiches Waldvögelein, Korallenwurz, Nestwurz und die beiden Waldhyazinthen. Sogar vom Widerbart wird berichtet. Neben der Rotbuche wachsen hier häufig Feldahorn, Jungwuchs von Esche und Bergahorn, Hartriegel, Hasel, Weißdorn und Heckenkirsche, abgesehen vom Waldbingelkraut nur wenige Kräuter und Gräser, z. B. Waldmeister, Sanikel, Veilchen und Immenblatt. Eine Gruppenbildung ist eher selten, ebenso sterile Exemplare.
Stellenweise kommen offenbar frühblühende Bastardformen mit der Breitblättrigen Stendelwurz auch populationsbildend ohne Eltern vor (z. B. in der südlichen Frankenalb, mit funktionierender Klebdrüse).

a b c d

(a-d) Variationen in verschiedenen Populationen im Altmühltal (südlicher Frankenjura/Oberbayern), (a) Albino, (b) untypisch breiter Durchgang, (d) relativ kurze Lippe.

(a) Lückiger Buchenwald im Altmühltal, Osthangauslauf mit Übersehener Stendelwurz, Bleichem Waldvögelein und Nestwurz, in weiteren Bereichen noch andere Arten; (b, d) Übersehene Stendelwurz im selben Biotop, (c) Exemplar einer trocken stehenden, kleistogamen Population in der Oberpfalz.

5.80 Peitz' Stendelwurz

Epipactis peitzii H. Neumann & W. Wucherpfennig

Merkmale

15–25 (35) cm hoch; die Pflanze hat einen kräftigen Stengel mit dunkelgrünen, etwas ledrigen, spitzeiförmigen, meist schräg aufwärts stehenden Blättern (wie beim Bleichen Waldvögelein!). Seltener kommen längere, am Rand gewellte, waagrecht abstehende Blätter vor. Der Blütenstand ist einseitswendig, die blaß wirkenden, höchstens leicht nikkenden Blüten öffnen sich relativ weit und schließen sich nach der Befruchtung (durch Selbstbestäubung) wieder. Die Sepalen sind grün mit hellem Rand, die Petalen blasser, randlich etwas rosa, das Hypochil innen meist rotbraun (grün bis dunkelbraun), das herzförmige Epichil (so lang wie breit) ist zugespitzt und oft nur an der Spitze zurückgeschlagen, grünlich weiß mit rosa Kallus und rötlicher Längsrippe. Der Durchgang ist eher eng. Eine Klebdrüse (Viscidium) fehlt schon in der Knospe, die Pollinien ragen über die Narbe hinaus (!), bei einigen Exemplaren sogar in ganzer Länge. Sie werden nicht pulvrig, sondern kippen als Ganzes nach vorne/unten, wenn sie nicht sowieso schon vor der Narbe sitzen.

Abweichende Pflanze mit langen Blättern (Standort: Taunus).

Verwechslungsmöglichkeiten

Die Übersehene Stendelwurz hat schlaffere, nicht aufwärts stehende Blätter, eine längere Vorderlippe und nur wenig überstehende Pollinien.

Blütezeit

(M) E 7 (-A 8), deutlich vor der Breitblättrigen Stendelwurz an ähnlichen Standorten.

Standort

Bisher ist erst ein Standort (ca. 120 Pflanzen) dieser Art mit Sicherheit bekannt (ein weiteres Vorkommen auf Holy Island/England wird angenommen), dieser liegt auf ca. 230 m im nördlichen Taunus, einem klimatisch milden Mittelgebirge. Es handelt sich um einen steileren NO-exponierten Rotbuchenwald auf Massenkalk. Der Boden ist wasserdurchlässig, humos und etwas schottrig, in der oberen Schicht praktisch neutral (pH 6,8 nach H. Neumann). Tiefere Schichten scheinen jedoch wasserhaltender (lehmiger) zu sein. Der Untergrund ist überwiegend mit Fallaub bedeckt, stellenweise auch mit wenigen Kräutern, aber kaum mit Buchenjungwuchs bewachsen.
Der Standort ist relativ dunkel, die Art steht allerdings auch noch auf Flächen, die durch Baumfällung kein Kronendach mehr haben. Hier sind auch Jungbuchen häufiger.

Allgemeines

An Begleitorchideen finden sich lediglich die Nestwurz, das Bleiche und das Rote Waldvögelein, letzteres im geschlossenen Wald fast nur steril. Weitere Begleitpflanzen sind: Jungpflanzen von Berg-, Feld- und Spitzahorn, von Eichen, Eschen und Linden, des weiteren Efeu, Nesselblättrige Glockenblume, Buchenspargel, Aronstab (!) und – stellenweise flächendeckend – Waldbingelkraut.
Obwohl die Blüten zum großen Teil nektarlos sind, werden sie von Wespen besucht. Meist stehen die Pflanzen einzeln im kaum niedrigeren Bingelkraut, es sind allerdings auch 2er- und 3er-Gruppen bekannt. Neumann berichtet überdies von extrem wenigen sterilen Exemplaren. Auffallend ist, daß auch sehr kleine Pflanzen zur Blüte kommen. Unter Trockenheit scheint die Peitz' Stendelwurz an diesem Standort sehr zu leiden, 1996 kamen gerade einmal 20 % der üblichen Anzahl zur Blüte, Früchte waren praktisch nicht zu finden.
Die Art wurde erst 1996 beschrieben. Es ist also zu erwarten, daß ihre wahre Verbreitung noch einige Zeit unbekannt bleiben wird, zumal man zur sicheren Erkennung den Säulenbau heranziehen muß. Die Sippe ist wohl sehr nah mit der Übersehenen und so auch mit der Spitzlippigen Stendelwurz verwandt. Interessanterweise existiert von letzterer eine ökologisch und bestäubungsbiologisch ähnlich abweichende Sippe in der selben Gegend (vgl. Kap. 5.79).

(a) Lichter Buchenwald-Nordhang im Taunus mit Peitz' Stendelwurz, Bleichem und Rotem Waldvögelein und Nestwurz; (b, c, d) Peitz' Stendelwurz im selben Biotop.

5.81 Müllers Stendelwurz / Sumpfwurz / Sitter / Waldstendel

Epipactis muelleri Godfery

Merkmale
20–60 (90) cm hoch; Blüten nickend bis hängend, gelblich, seltener (im Waldesinneren) grün; Petalen oft weißlich; Lippe weiß, selten rosa, fast ohne Querhöcker, dafür mit einer Längsmittelrippe, innen (Hypochil) rot, selten braun; Klebdrüse fehlt, die Pollinien werden meistens schon in der Knospe auf die direkt darunterliegende Narbe gesetzt (obligate Autogamie). Sie zerfallen dann in älteren Blüten. Gelegentlich bröseln sie auch später auf die Narbe (möglicherweise witterungsabhängig). Sie ist dann fakultativ, nur in manchen Gebieten obligat autogam.
Der Durchgang zwischen Epi- und Hypochil ist breit und flach.
Der Stengel ist filzig behaart, die Laubblätter sind schmal, spitz, sichelförmig nach unten gebogen und oft rinnig gefaltet. Ihr Rand ist gewellt. (In feuchteren Jahren deutlicher ausgebildet.) Diese Art ist leicht mit „Lichtformen" der *E. helleborine* zu verwechseln. Ein sicheres Merkmal ist der Bau der Säule (vgl. Skizze).
Allerdings kann man hier und da (z. B. in der Eifel) sehr wüchsige Populationen oder Einzelexemplare mit Klebdrüse finden. Ähnliches ist von Greuters Stendelwurz bekannt (Atavismus ?). Ein Rostellum ist dann vorhanden. Aus Niedersachsen [4] ist eine zartere Waldform mit wenigen, höher über dem Boden ansetzenden Blättern bekannt, die ein innen hellgrünes Hypochil besitzt.

Verwechslungsmöglichkeiten
Die Breitblättrige Stendelwurz kann an sonnigen Standorten in Wuchs und Blättern sehr ähnlich werden. Die Klebdrüse ist meist vorhanden. Das Epichil ist wulstig aufgeworfen. *E. muelleri* besitzt in niederschlagsarmen Jahren an sonnigen Standorten ebenfalls kürzere, kaum gewellte Blätter, ist dort aber an den gelblichen Blüten (mit den aufgesetzten Pollinien auf den Narben und der glatten Vorderlippe) gut abzutrennen.

Blütezeit
(M 6) A 7-E 7 (M 8), deutlich vor *E. helleborine* und kurz nach *E. atrorubens*.

Standort
Bis 900 (1300) m; auf sehr kalkhaltigem, trockenem Boden. Die Art gedeiht an hellen Stellen von Laub- und Nadelwäldern in wärmeren, niederschlagsarmen Gegenden. Sie steht sonnig bis halbschattig an grasigen Orten, gern auf Kahlschlägen, an Waldrändern oder breiteren Waldwegen. Selbst in dichten Fichtenforsten wurde sie schon gefunden. Sie tritt auch hinaus in den Trockenrasen, wenn einzelne Bäume oder Büsche als zeitweiser Sonnenschutz vorhanden sind. Mitunter findet man sie vereinzelt auf trockenen Brennen in Flußauen im Halbschatten. Lehmige, undurchlässige und feuchte Böden meidet sie.

Allgemeines
Die wärmeliebende Müllers Stendelwurz ist recht selten. Über weite Teile Mitteleuropas fehlt sie völlig (z. B. in Ostbayern und südlich der Donau, in N- und NW-Deutschland). Vermutlich wurden bisher aber noch zahlreiche Populationen wegen Erkennungsschwierigkeiten übersehen. Neufunde sind jedoch genau zu überprüfen.
In manchen Gebieten (z. B. mittlere Frankenalb) fallen die Pollinien nicht als Ganzes herab, sondern bröseln – zumindest bei bestimmtem Witterungsverlauf – erst deutlich nach dem Aufblühen auf die Narbe. Hier sind Hybriden mit anderen Arten möglich.
Normalerweise bildet die Art nur blühende Sprosse (gern zwei nebeneinander) aus; es wird allerdings auch von sterilen Trieben in schattigeren Bereichen berichtet, nicht blühende Jungpflanzen sind selten. Die Blütezeit der einzelnen Pflanzen ist wegen der Autogamie auffallend kurz.
Meistens wächst sie in der Nähe von Buchen und/oder Kiefern. Sie gedeiht aber auch bei Fichten, Eichen, Mehl- und Elsbeeren, Eschen und verschiedenen Sträuchern, wie z. B. Liguster und Wolligem Schneeball. Weitere Begleitpflanzen können sein: Seggen (z. B. Blaugrüne, Finger-, Berg- und Erdsegge), Süßgräser (v. a. Fiederzwenke, auch Pfeifengras), Walderdbeeren, Bingelkraut, Schwalbenwurz, Echter Gamander, Blauroter Steinsame, Brombeere, Stein- und Himbeere, Ziest, Gamander, Abgebissener Pippau, Sichelblättriges Hasenohr, Nickendes Wintergrün, Glockenblumen, Habichtskräuter, Maiglöckchen, Ästige Graslilie, Nestwurz, Bleiches und Rotes Waldvögelein, Netzblatt, Frauenschuh, Fliegenragwurz, Großes Zweiblatt, Grüne Waldhyazinthe, einige Knabenkräuter (z. B. Purpurknabenkraut), Wohlriechende und Mückenhändelwurz, oftmals Braunrote und Breitblättrige Stendelwurz, in sehr warmen Gebieten evtl. Dingel, Riemenzunge, Puppen- und Spitzorchis.
In den W-Alpen (Vercors) trifft man auf eine relativ kurzblättrige Sippe, die gern auf vegetations- und laubfreien Flächen unter Eichen wächst.

(a) Waldrand (Mischwald, Südhang) in Mittelfranken, 15 Exemplare im vorderen Bereich, wenige weiter hinten. Keine weiteren Arten; (b) in der Oberpfalz (Buchenwald), (c, d) in Mittelfranken mit *helleborine*-ähnlicher Blattausbildung auf trockenem Boden an sonnigem Standort (e) in Unterfranken.

5.82 Piacenza-Stendelwurz

Epipactis piacentina BONGIORNI & GRÜNAGER

Merkmale
10–25 (40) cm hoch, meist flache, oft fast ovale Blätter m. o. w. waagrecht abstehend (bei stärker besonnten Pflanzen länglicher, rinniger, aufrechter). Die hängenden Blüten sind glockig bis weiter geöffnet, Sepalen und Petalen relativ schmal und steif. Die Sepalen sind grün, leicht (v. a. am Rand) rosa überlaufen, die Petalen dunkelrosa. Das Epichil ist ebenfalls dunkelrosa, spitz dreieckig, fast glatt und gerade vorgestreckt (!). Das Hypochil ist außen weißlich, innen dunkelrosa, nektarführend, die Ränder sind etwas nach außen gebogen, der Durchgang ist breit. Die ganze Blüte wird im Lauf der Anthese intensiver rot. Der Säule fehlt das Rostellum (wie bei Müllers Stendelwurz, mit der sie nahe verwandt ist, wie dort ist es in manchen Blüten noch angedeutet), die Pollinien liegen meist in der Narbe.

Verwechslungsmöglichkeiten
Aufgrund der roten Färbung und der glatten Lippe eigentlich keine, rötliche Exemplare der Breitblättrigen Stendelwurz haben größere Blätter, Wülste auf der Vorderlippe und ein Rostellum mit Klebdrüse.

Einzelblüte.

Die Braunrote Stendelwurz hat gekräuselte Höcker auf der Vorderlippe und meist zweizeilig angeordnete Blätter.

Blütezeit
(E 6) A-M 7

Standort
Etwa 650 m (-1100 m ? [43])
Die erst 1993 aus dem Apennin beschriebene Art wurde inzwischen auch auf Sizilien (Ätna) und in der Slowakei (?) gefunden. Aus dem Alpenbereich ist sie bisher nur von einem (zwei?) Standort(en) in den französischen Südwestalpen (Grenoble) bekannt. Es handelt sich hier um eine steile Straßenböschung (Süd- bis Südwestneigung) und den daran angrenzenden Eichenwald. Der Boden ist zwar etwas kalkhaltig, scheint aber auch teilweise silikatisch wie an den übrigen benannten Standorten zu sein. Alle Pflanzen stehen über längere Zeit am Tag im Schatten, die meisten aber auch etwa den halben Tag über vollsonnig, an der Straßenböschung teils im vegetationsarmen erdigen Untergrund, teils in dichterer Krautschicht, im Wald im humosen Boden licht beschattet.
1999 ist ein zweiter alpiner Standort in der Schweiz bekannt geworden. Hier handelt es sich um relativ kleinblütige Pflanzen (R. Peter 1999 mdl.).

Allgemeines
Sehr selten findet man auch sterile Exemplare (O. Gerbaud 1998 mdl.). Begleitet wird die Art in Frankreich von Müllers Stendelwurz (wenige cm Abstand), vom Roten und vom Schwertblättrigen Waldvögelein. Einen größeren Abstand halten Braunrote und Breitblättrige Stendelwurz sowie Fuchs' Knabenkraut. Weitere Begleiter sind: Eichen, Fichte, Salweide, Edelkastanie, Birke, Gemeine Waldrebe, Rot- und Fuchsschwanzklee, Strauchkronwicke, Färberginster, Immenblatt, Huflattich, Günsel, Ziest, Echtes Tausendgüldenkraut, Bitterling, Oregano, Waldwachtelweizen, Adlerfarn und Heidekraut (z. T. in unmittelbarer Nähe). Bei letzteren handelt es sich um Säurezeiger. Einige Süßgräser und die Graugrüne Segge sind dort ebenfalls anzutreffen. In weiterer Entfernung kommt auch der auffallende Gelbe Fingerhut vor.

(a) Südwestorientierte, steile Straßenböschung mit Piacenza- und Müllers Stendelwurz; (b, c, d) Piacenza-Stendelwurz im selben Biotop.

5.83 Greuters Stendelwurz

Epipactis greuteri H. Baumann et Künkele

Merkmale
20–50 (76) cm hoch, mit dickem, im oberen Bereich weißlich behaartem Stengel und auffallend langem Blütenstand (bis halbe Höhe). Die recht kräftige Pflanze ähnelt Müllers Stendelwurz, sie besitzt ebenfalls dunkelgrüne, manchmal rinnige, am Rand gewellte Blätter, die jedoch für einen dunklen Standort recht kurz sind (spitzeiförmig) und häufig herabhängen (!). Die 10–25 Blüten hängen nach unten (!) und sind meist weit geöffnet. Die Kronblätter sind blaßgrün (wobei die Petalen etwas heller wirken) und relativ schmal und lang. Die Lippe ist weiß, das Hypochil innen grün bis bräunlich und nektarführend. Das Epichil ist im Mittelteil (Kallus, flach, spitz dreieckig) grün bis bräunlich „angeschmutzt", die Spitze ist bei älteren Blüten zurückgekrümmt. Der Durchgang von der Vorder- zur Hinterlippe ist breit und flach. Der Bau der Säule ähnelt ebenfalls dem von Müllers Stendelwurz, (eine Klebdrüse fehlt meistens bereits in der Knospe), deshalb sitzen die Pollinien nebeneinander auf der Narbe. Auffallend sind die langen, hängenden Tragblätter (!), bis auf die obersten länger als die Blüten, und die schlanken, langen Fruchtknoten. Aus einigem Abstand wirkt die Pflanze sehr grünblütig, schlaff und „durstig".

Greuters Strendelwurz in der Tschechischen Republik.

Verwechslungsmöglichkeiten
Die Spitzlippige Stendelwurz kann Greuters Stendelwurz vom Habitus ähnlich sehen, hat aber kürzere Tragblätter, eine längere Vorderlippe und eine andere Säulenstruktur. Müllers Stendelwurz wächst nicht auf feuchtem Untergrund, ihre Blätter sind im Waldesinneren stets länger. Allerdings wird von übergangsähnlichen Populationen zu beiden Arten berichtet (z. B. in der Slowakei), möglicherweise sind sie so eng verwandt, daß sie fruchtbare Bastarde bilden können.

Blütezeit
E 7-A (E) 8

Standort
Bis 1000 m; Greuters Stendelwurz wurde bisher nur in Bereichen mit recht hoher Luftfeuchtigkeit und leichter aber andauernder Bodenfeuchtigkeit gefunden, z. B. in engen Bachtälern nahe bis direkt am Bach oder im Bereich von Dolinen (Thüringen). Die Standorte sind stets sehr schattig und windgeschützt. Meist handelt es sich um auwaldähnliche Standorte, aber auch Buchenwaldschluchten oder Fichtenforste (Thüringen) werden angenommen. Zumindest geringe Spuren von Kalk im Untergrund (Kalkphyllit, Dolomit z. B.) scheinen in Mitteleuropa Voraussetzung für ein Gedeihen der Art zu sein. Meist sind die Standorte sehr artenreich, und die nicht gerade unauffälligen Pflanzen wachsen in dichter, krautiger Vegetation (nährstoffreicher Boden). Begleitpflanzen können jedoch auch weitgehend fehlen. Eine gewisse Wärmebedürftigkeit ist festzustellen. In den slowenischen Südalpen, wo sie etwas häufiger ist, meidet sie Südhänge (Riechelmann 1998 mdl.).

Allgemeines
Erst 1981 wurde die gut abzugrenzende Art aus Nordgriechenland beschrieben. Inzwischen ist sie aus Slowenien, Italien, Österreich (1992) und Tschechien (1993) von wenigen, relativ isolierten Standorten bekannt. Erst 1995 wurde sie auch an einer Stelle in Thüringen erkannt. Weitere Fundortmeldungen sind also zu erwarten.
Normalerweise kommt sie in „guten" Jahren eher in Gruppen als in Einzelexemplaren zur Blüte, wobei knospige neben verblühenden Individuen stehen können. Sterile Pflanzen wurden bisher nicht beobachtet. Manchmal öffnen sich die Blüten sehr unregelmäßig (nicht von unten nach oben), genetische Schäden (verdrehte Säule, verdrehtes Epichil z. B.) sind öfters festzustellen.
Begleitpflanzen, die an allen bekannten mitteleuropäischen Standorten vorkommen, sind nicht zu erkennen (eventuell der Sauerklee). Öfters finden sich jedoch Rot- und Hainbuche, Tanne, Erle, Esche, Feldahorn, Mehlbeere, Hasel, Holunder, Gemeiner Schneeball, Seidelbast, Mauerlattich, Giersch, Brennessel, Kleines Springkraut, Farne, Christophskraut, Haselwurz, Waldlabkraut, Walderdbeere, Waldziest, auch einmal Alpenveilchen oder Brauner Storchschnabel.

(a) Bachlauf an einem Südhang im Burgenland (O-Österreich) mit Greuters Stendelwurz. Keine weiteren Orchideenarten. (b, c, d) Greuters Stendelwurz im selben Biotop.

5.84 Elbe-Stendelwurz

Epipactis albensis Nováková et rydlo
mit *E. fibri* Scappacci et Robatsch

Merkmale

10–20 (48) cm hoch, die oft „hochbeinig" wirkende Gesamtpflanze ist sehr zierlich und unauffällig. Die meist 3, m. o. w. waagrecht vom relativ kräftigen Stengel abstehenden Laubblätter sind kurz, elliptisch (unten) bis breit lanzettlich (oben), am Rand gewellt; zumindest das Tragblatt der untersten Blüte ist meistens stengelblattähnlich und 2–3,5 mal so lang wie der Fruchtknoten (!), also auffallend groß. Die älteren Blüten stehen im allgemeinen waagrecht vom Stengel ab (!), häufig ist der Blütenstand einseitswendig. Im allgemeinen öffnen sich die Blüten nur kurz und glockig, besonders bei Trockenheit und an kühlen Standorten können sie kleistogam sein, fallen dann aber meisten ab. Bis auf die Lippe bleiben die übrigen Blütenteile noch lang frisch. Die Sepalen sind hell- oder gelblich grün, die Petalen weiß mit grünem Mittelnerv, manchmal mit rosa Anflug. Das Hypochil ist rötlich bis braun, das Epichil weiß, selten etwas rosa, spitz herzförmig, glatt mit hochgebogenem, grünem Rand (!). Es ist eher länger als breit, selten etwas zurückgekrümmt. Der Durchgang ist V-förmig. Schon in der Knospe fehlt die Klebdrüse (Rostelldrüse), der Pollen krümelt ebenfalls schon beim Aufblühen.

Verwechslungsmöglichkeiten

Ähnliche Arten haben im allgemeinen eine (funktionslose) Klebdrüse. Nordens Stendelwurz besitzt einen ähnlichen Habitus, allerdings eher noch kürzere Blätter, kein vergrößertes Tragblatt und keine spitze, am Rand aufgebogene Vorderlippe.
Die Grünblütige Stendelwurz ist weniger aus dem Osten bekannt, wird meist größer und hat hängende Blüten mit einem „normalen" Epichil.
Die Rhône-Stendelwurz ist im Südwesten des Gebiets bekannt, auch sie hat nicht die spitze, gerandete Lippe. Sie blüht etwa 1 Monat früher.

Blütezeit

(M 7) A 8-M 8 (M 9, A11?), nach der Breitblättrigen Stendelwurz; am selben Standort können Pflanzen mit bis zu dreiwöchigem Abstand aufblühen.

Standort

Bis 500 m, auf leicht feuchtem bis feuchtem, leicht kalkhaltigem oder kalkfreiem tonigem, manchmal sandigem Boden (eigentlich immer m. o. w. neutrale Bodenreaktion, z. B. in Aulehmen). Die bekanntesten Populationen liegen in fluß- und bachbegleitenden Auwäldern (Weich- und Hartholzaue), in jüngerer Zeit wurden allerdings des öfteren Populationen in quelligen Bereichen und an kleinen Bächen in Buchenmischwäldern fast ohne Begleitvegetation gefunden. In 95 % der Fälle wachsen die Pflanzen in unmittelbarer Nähe des Baches, eines Tümpels oder sumpfigen Bodens bei hoher Luftfeuchtigkeit in warmen Gegenden. Im artenreichen Auwald (oft Pappelforste) findet man die Elbe-Stendelwurz besonders in der Nähe von großen Bäumen (Schwarz- und Hybridpappeln, Eschen, Espen etc.), oft nur wenige cm vom Fuß entfernt oder unter Sträuchern. Möglicherweise sind die in (unter) der üppigen Krautschicht verborgenen Exemplare nur schlechter zu finden. Offenbar bevorzugt die Art stickstoff- und nährstoffreiche Standorte, wobei sie selbst Sicker- und Staunässe, gelegentliche Überschwemmungen und starke Beschattung in Kauf nimmt. Ausnahmsweise wächst sie allerdings auch in schlammigen, sonnigen Straßengräben und feuchten Wiesen am Waldrand (nach W. Timpe). Sehr selten (z. B. in Brandenburg) gedeiht sie zudem auf trocknerem, humosem Sandboden in vegetationsarmen Buchenaltbeständen in der Nähe von Erlenbrüchen.

Allgemeines

Wie bei anderen kleinwüchsigen *Epipactis*-Arten sind sterile Exemplare nicht bekannt. Bei dieser Art ist auch kaum Gruppenbildung zu beobachten. Einzelne Exemplare bleiben mitunter mehrere Jahre aus, die Populationen schwanken deutlich. Noch nicht genannte, typische Begleitpflanzen sind: Rot- (auch im Auwald) und Hainbuche, Hängebirke, Ulme, Ahorn, Espe, Esche, Linde, Fichte, Salweide und andere Weiden- und Pappelarten, Erle, Holunder, Kratzbeere, Brennessel, Hexenkraut, Wasserdost, Geißfuß, Hopfen, Sumpfdotterblume, Mauerlattich, Waldziest, Huf- und Hasenlattich, Waldlabkraut, Efeu, Sauerklee und Hängende und Sumpf-Segge. An Begleitorchideen findet man bestenfalls die Zierliche oder Nordens Stendelwurz im Südosten unseres Gebietes, in Brandenburg (Buchenwald) dagegen Breitblättrige Stendelwurz, Bleiches und Rotes Waldvögelein. Typische Buchenwaldpflanzen sind: Entferntährige Waldsegge, Waldtrespe, Waldzwenke, Leberblümchen, Buschwindröschen, Schuppenwurz, Waldmeister und Waldveilchen.
Erst 1978 wurde diese unscheinbare Pflanze aus den Auwäldern der Elbe beschrieben. Inzwischen sind Fundorte aus Brandenburg, Sachsen, Polen, Tschechien, Slowakei, West-Ungarn und Ost-Österreich bekannt. Interessanterweise wurden an der Rhône in Frankreich äußerst ähnliche Pflanzen gefunden, die als *E. fibri* beschrieben wurden. Somit ist es ziemlich wahrscheinlich, daß sich das Areal der schwer und unangenehm zu suchenden Art (Brennesseln und Stechmücken, warme Standorte) noch weiter als bisher bekannt erstrecken wird, eventuell entlang der Donau und am Rhein, möglicherweise auch bis in die norditalienische Po-Ebene oder an den Südalpenrand.

(a) Bachlauf an einem Westhang im Burgenland (O-Österreich) mit Elbe- und Nordens Stendelwurz; (b, c, d) Elbe-Stendelwurz in einem Bach-Auwald im Grenzgebiet Österreich/Ungarn.

Problematik

Die Elbe-Stendelwurz ist – wie viele selbstbestäubende Arten – offenbar sehr variabel. Nach Norden zu nehmen die roten Farbtöne eher ab, der Bau der Säule variiert offenbar leicht, selbst bei Pflanzen aus einem Biotop.

So findet man bei Berlin (Biosphärenreservat Schorfheide) sehr kräftige, reichblütige Pflanzen, deren Vorderlippenrand kaum aufgeworfen ist; die Blüten sind nur gelblich grün und besitzen eine Säule, die z. T. stark an die der Pflanzen an der Rhône erinnern (K. Robatsch 1998 mdl.). Der Aspekt dieser Pflanzen ist ein völlig anderer als der der österreichisch-ungarischen. Dazwischen (Tschechien) kann man jedoch Übergänge finden. Nach Osten zu treten weitere unterscheidbare Sippen auf, in der westlichen Slowakei z. B. Pflanzen mit weit geöffneten Blüten, die eine rundliche, ungerandete Vorderlippe und eine funktionslose Klebdrüse besitzen. Eine „Invasion neuer Arten“ im Osten ist abzusehen, teilweise schon in vollem Gange.

Etwas abweichende Sippe nördlich Berlin

Stark abweichende Sippe der Elbe-Stendelwurz in der südwestlichen Slowakei.

5.85 Nordens Stendelwurz

Epipactis nordeniorum K. Robatsch

Merkmale

(5) 10–35 (50) cm hoch; in ein und derselben Population kann die Pflanzenhöhe und somit der Habitus völlig unterschiedlich sein, z. B. wachsen in einem Park hauptsächlich kleine bis sehr kleine Pflanzen z. T. in lockeren Gruppen, einige Meter entfernt davon auffallend hohe Individuen. Der Stengel ist kräftig und behaart, die Blütenstielchen sind oft rötlich überlaufen. Die Pflanze trägt am Stengel (2) 3–5 (7) steife, waagrecht abstehende (!) Laubblätter, die relativ kurz, manchmal breit oder leicht gewellt sind, das unterste ist rund, eiförmig bis eilanzettlich (an sonnigem Standort). Die (2) 5–11 (25) Blüten sind, waagrecht bis leicht aufwärts stehend, deutlich kleiner als bei der Breitblättrigen Stendelwurz und unterschiedlich (aber standorteigen) gefärbt: Sepalen grün, manchmal (auch außen) rötlich braun überlaufen, Petalen weiß bis grünlich, oft mit rosa bis rotem Anflug, die Lippe weiß (Hypochil innen hellbraun, Epichil meist m. o. w. rosa überlaufen). Charakteristisch ist der sehr enge Durchgang (!) zwischen Vorder- und Hinterlippe, der aber nicht in jeder Population zu finden ist. Das Epichil ist etwa herzförmig, an der Spitze zurückgebogen, meistens am Rand gekerbt, der Kallus (Lippenwülste) ist deutlich ausgeprägt, manchmal auch nahezu fehlend. Die Blüten öffnen sich fast immer, allerdings eher glockig (!), eine Klebdrüse ist in der frischen Blüte vorhanden (aber funktionsunfähig), sie trocknet nur langsam ein; der Pollen wird erst in der offenen Blüte krümelig (!) und bröselt über den Narbenrand. Die Früchte sind bereits vor der Reife relativ kurz und dick, die Knospen länglich und spitz.

Verwechslungsmöglichkeiten

Im Habitus sowie vom Standort her ist die Art ähnlich der Elbe-Stendelwurz, die jedoch eine auffallende Lippe und keine Klebdrüse besitzt, der Pollen krümelt schon beim Aufblühen. Nordens Stendelwurz hat auch kein vergrößertes unterstes Tragblatt.
Die Rhône-Stendelwurz im Südwesten des Gebietes blüht früher und besitzt ein vorne verengtes Hypochil.

Nordens Stendelwurz im österreichisch-ungarischen Grenzgebiet.

Blütezeit

(M) E 7-E 8 (A 9, E 10), nach der Breitblättrigen Stendelwurz; am selben Standort können die Pflanzen mit 3 Wochen Unterschied aufblühen; an dunklen, laubreichen Standorten werden die Pflanzen offenbar nicht nur höher und farbloser, sondern blühen auch deutlich später.

Standort

Zwischen 270 und 540 m
Die Standorte dieser offenbar nur kleinräumig verbreiteten Art (nur aus der Steiermark, dem Burgenland, evtl. bis Ungarn und Tschechien bekannt) zeichnen sich durch einen ausgeglichenen Wasser- und Ionenhaushalt aus. Der Boden ist leicht aber dauerfeucht bis naß, oft stickstoffreich, feinsandig bis lehmig-tonig, wenig kalkhaltig (z. B. auf Aulehmen, Serpentin, Phyllit oder Grün-Schiefer). Meistens stehen die Pflanzen nahe am Wasser (Bäche, Teiche, Weggräben mit wenig Begleitvegetation), gern über Fels. Interessanterweise sind in einer Stadt auch Standorte im relativ trockenen pilzreichen Park und in Gärten bekannt. Hier findet man sie in typischen Mähwiesen (fast vollsonnig, hauptsächlich halbschattig bis schattig), v. a. im Traufbereich der Bäume, aber auch in verschiedenen Sekundärbiotopen. Der Großteil der bisher bekannten Standorte befindet sich in luftfeuchten, warmen bis kühlen Hain- und Rotbuchen bzw. Eichen-Ulmen-Mischwäldern und ist oft sehr schattig, aber auch feuchtere, halbschattige Straßen- und Wegrändern gehören dazu.

Allgemeines

Die spätblühende, relativ unauffällige Art wurde erst 1991 beschrieben, mit einer erheblichen Arealausweitung ist aber eher nicht zu rechnen, zu deutlich sind die Unterschiede zu anderen Arten. Allerdings haben sich bereits standorteigene „Rassen“ in bezug auf Farbe, Habitus und Durchgang von Epichil zu Hypochil herausgebildet, wie dies für autogame Sippen aufgrund fehlenden Genaustauschs typisch ist. Es könnten also doch anderswo noch verkannte, abweichende Pflanzen gefunden werden, wobei die manchmal extremen Standorte einen Hinweis geben können. An Begleitorchideen kommen am ehesten die Breitblättrige oder die Elbe-Stendelwurz in Frage, die an wenigen Standorten direkt mit Nordens Stendelwurz zusammen wachsen. Weitere Begleitpflanzen sind: Hainbuche (ca. 95 % der Standorte), Rotbuche, Weide, Esche, Espe, Ulme, Linde, Eiche, Bergahorn, Tanne, Fichte, Holunder, Efeu, Waldlabkraut, Hasenlattich, Lungenkraut, Sauerklee, Moose. In den artenreichen, moosigen Parkwiesen fallen zur Blütezeit v. a. Giersch, Roter Wiesenklee, Margeriten, Veilchen, Brunelle, Ehrenpreis, Gänseblümchen, Hahnenfuß, Spitzwegerich, Schafgarbe, Löwenzahn, Sauerklee, Pfennigkraut und einige der o. g. Arten ins Auge.
Sterile Exemplare sind sehr selten.

(a) Bach im österreichisch-ungarischen Grenzgebiet, Nordhang mit viel Fallaub, wenige Exemplare einer hellen, spätblühenden Sippe von Nordens Stendelwurz; (b) Nordens Stendelwurz im selben Biotop, (c, d) in einer Parkanlage im Burgenland (O-Österreich).

5.86 Rhône-Stendelwurz

Epipactis rhodanensis A. Gevaudan et K. Robatsch

Merkmale

(15) 20–50 (60) cm hoch, sehr variabel im Habitus. Die meisten Pflanzen wirken zierlich mit relativ wenigen und kurzen, flachen, m. o. w. waagrecht abstehenden Blätter. Daneben kommen ebenso recht kräftige Pflanzen vor oder auch solche mit sehr kurzen, manchmal rinnigen, sichelförmig herabgebogenen oder steif aufrecht stehenden Blättchen. Die Blüten sind klein, fast kleistogam (wenige Pflanzen bzw. Gruppen) oder glockig, seltener weit geöffnet. Petalen und Sepalen sind grün, erstere etwas heller. Das Hypochil ist innen braun, nektarlos, der Rand weiß und nach außen umgebogen. Das herzförmige, oft nach unten umgebogene Epichil ist ebenfalls weiß und – v. a. im oberen Bereich – rosa überlaufen, was sich bis auf den Hypochilrand hinzieht (!). Der Durchgang ist sehr eng. Die Klebdrüse ist unwirksam, der Pollen wird bald krümelig.

Verwechslungsmöglichkeiten

Die Elbe-Stendelwurz (mit *E. fibri*) hat in den meisten Populationen einen hochgebogenen Epichilrand und eine Säule bei der das Rostellum fast oder ganz fehlt. Sie blüht etwa 1 Monat später.
Nordens Stendelwurz kommt in Oberösterreich vor, das Hypochil wirkt weniger vorgezogen und besitzt einen weniger breiten Rand. Sie blüht ebenfalls etwa 1 Monat später.
Der Grünblütigen Stendelwurz fehlen die Rosatöne auf der Lippe, das Hypochil ist nicht vorgezogen (vorne verengt). Der Stengel ist praktisch unbehaart.
Andere Stendelwurzarten haben größere Blüten, größere Blätter oder/und einen weniger feuchten Standort.

Blütezeit

(A) M-E 6, E 6-M 7, in größeren Populationen sehr uneinheitlich, selbst nahe beieinander stehende Pflanzen
A-E 7 (helle Variante)

Standort

Bis ca. 1000 m. Die Art wurde 1994 von der Rhône beschrieben, wurde aber bald darauf in den Pyrenäen, den französischen SW-Alpen, den Cevennen, dem Französischen Jura bis hinein in die Schweiz erkannt. Eine weitere „Ausbreitung" (Rhein ...) ist zu erwarten.
Die Rhône-Stendelwurz scheint gestörte Biotope zu bevorzugen, meist findet man sie entlang von Bächen und Flüssen in Bereichen, die gelegentlich von Hochwasser überspült werden. Hin und wieder steht sie in Galeriewäldern an Seeufern, selbst in städtischem Parkgelände, an Hochwasserdämmen bzw. -mauern, sogar zwischen und auf (!) Flußuferbefestigungssteinen. Ihr Wuchsoptimum scheint sie 0,5 m-1,5 m über dem normalen Wasserstand zu haben. Dort wächst sie im lichten bis tiefen Schatten; längere Besonnung meidet sie. Der Untergrund ist meist sandig, tonig, kalkhaltig, oft kraut- und laubarm, manchmal auch grasig oder mit Efeu bewachsen, meistens handelt es sich um Bereiche, in denen Schlamm oder Sedimente abgelagert wurden.

Allgemeines

Neben der Normalform findet man selten eine helle Varietät (**var. *blanche***), der die rosa Töne in der Lippe fehlen. Das Hypochil ist hier innen grün, Fruchtknoten und Stengel im Gegensatz zur Normalform kaum behaart, die Blätter sind eher kleiner. Sie blüht ca. 1–3 Wochen später.
Sehr selten sind sterile Exemplare; bereits kleinste Pflanzen können blühen.
Die Rhône-Stendelwurz steht unter Pappel- und Weidenarten (gern Silberweide), Ulmen, Maulbeerbäumen, Berg- und Spitzahorn, Grauerle, Hasel, Holunder und Weißdorn, sie wird begleitet von Giersch, Efeu, Ackerschachtelhalm, Kratzbeere, Brennessel und Süßgräsern. Mitunter wachsen auch die Breitblättrige, in hellen Bereichen sogar die Braunrote Stendelwurz in ihrer Nähe.

Links: Rhône-Stendelwurz im Rhônetal; rechts: weiße, spätblühende Variante in Genf.

(a) Flußbegleitendes Schwemmland in Genf (CH) mit der Rhône-Stendelwurz, in weiteren Bereichen selten auch Braunrote und Breitblättrige Stendelwurz; (b, c, d) Rhône-Stendelwurz im selben Biotop; (d) fast kleistogam.

5.87 Grünblütige Stendelwurz

Epipactis phyllanthes G. E. SMITH
E. confusa YOUNG

Merkmale
Im Gebiet sind die Pflanzen 10–30 (65) cm hoch, der Stengel ist kräftig und nur spärlich behaart (!). Auffallend sind ihre meist nur 3–5 kurzen, waagrecht bis schräg nach oben stehenden spitzen Blättchen, die für ihre Länge relativ breit sind und hoch über dem Boden beginnen. Sie sind oft zweizeilig angeordnet und am Rand meist etwas wellig. Die Blüten hängen oft, besonders in hellen Bereichen. Sie sind glokkig bis weit geöffnet, selten auch fast kleistogam. Das Hypochil ist grün bis blaß rötlich. Hinsichtlich der Blüten nehmen die belgischen Pflanzen (sowie einige Populationen im übrigen Verbreitungsgebiet) eine Sonderstellung ein. Sie sind kleinblütig, fast völlig kleistogam, nur wenige Blüten öffnen sich bei feuchter Witterung geringfügig. Die Lippe ist degeneriert (f. *degenera*), das Hypochil nur angedeutet und kaum vom dreieckigen, glatten Epichil getrennt. Alle Blütenteile sind grün, die Sepalen etwas weißlich, ebenso die Lippe, die an den Seiten noch rosa angehaucht ist. Selbst die Säule ist weißlich grün. Ausdifferenziertere Blüten bis zum „normalen" Blütenbau sind im übrigen Verbreitungsgebiet die Regel. Eine Klebdrüse scheint bei der f. *degenera* zu fehlen, bei der „normalen" Sippe ist sie funktionsunfähig und trocknet schnell ein. Sepalen und Petalen bleiben auch nach der Befruchtung noch länger frisch.

Verwechslungsmöglichkeiten
Die Zierliche Stendelwurz hat schmälere und längere, bogige Blätter und eine unverwechselbare Blüte.
Andere Stendelwurzarten haben behaarte Stengel.

Blütezeit
(A) E 7-M 8, vor der Breitblättrigen Stendelwurz

Standort
Die Pflanze ist von den Britischen Inseln, entlang des Atlantiks in Frankreich und Spanien bekannt, nach Osten strahlt sie bis Belgien hinein aus (Brüssel), nach Schleswig-Holstein, im Norden auch bis Dänemark (hier häufiger) und nach neuesten Erkenntnissen bis Rügen (Usedom?).
Erst 1997 wurde die Art auch im Rhônetal und am Südwestfuß der Alpen erkannt.
In Belgien wächst die f. *degenera* sehr schattig bis schattig in einem Altbuchenbestand an beiden Böschungen einer Straße, die von West nach Ost führt und hohlwegähnlich angelegt ist. Der Boden ist lehmig (normalerweise eher humossandig und leicht kalkhaltig). Sicherlich spielt eine zeitweise hohe Luftfeuchtigkeit durch Sprühnebel der Autos eine Rolle, im umgebenden relativ ebenen Wald fehlt die Grünblütige Stendelwurz wohl völlig. Einige Pflanzen stehen nur wenige cm vom Straßenrand entfernt in einer dicken Fallaubschicht, andere bis hinauf auf den Kamm der Böschung. Der Standort ist größtenteils vegetationsfrei, nur an laubarmen, lichteren Stellen haben sich krautige Pflanzen angesiedelt.
In Dänemark und in Deutschland findet man die Grünblütige Stendelwurz im vegetationsarmen Buchenhochwald über Kreide- oder Sandboden an luftfeuchten Stellen (Mulden, Traufbereich großer Buchen im Küstenbereich), am Ufer größerer Gewässer (beispielsweise 1 m über dem Ostseespiegel), in Weichholzbeständen mit leicht feuchtem Boden, dort sogar unter einzelnen größeren Weiden an Nordhängen. Ein relativ warmer, halbschattiger Standort in einem Kreidebruch (SW-Lage, Hangfuß) ist ebenfalls bekannt.

Allgemeines
Typische Begleitpflanzen sind je nach Standort: gelegentlich Breitblättrige Stendelwurz, Birke, Rotbuche, verschiedene Weidenarten, Esche, Berg- und Spitzahorn, Erle, Ulme, Weißdorn, Kratz- oder Brombeere, Efeu, Zwiebeltragende Zahnwurz, Bergehrenpreis, Wilde Möhre, Huflattich, Margerite, Echte Nelkenwurz, Glockenblume, Hahnenfuß, Akker- oder Winterschachtelhalm, hier und da spärlich Süßgräser.
Die Grünblütige Stendelwurz bevorzugt offenbar maritimen Einfluß und ist am ehesten in küstennahen Wäldern zu finden. Möglicherweise ist sie leicht salzverträglich. Außer in Buchenwäldern ist sie noch unter Kiefern und Pinien (Atlantik) zu finden. Vom Habitus her sieht sie der Spitzlippigen Stendelwurz ähnlich, in Frage kommende Standorte wie luftfeuchte Mulden und Einschnitte (besonders in maritim beeinflußten Gegenden) sollten noch einmal überprüft werden. Es ist zu erwarten, daß sich ihr Areal noch deutlich „ausweitet".
Schon sehr kleine Pflanzen blühen, sterile Exemplare kommen sehr selten vor. Meist stehen sie einzeln oder in sehr lockeren Gruppen, von hellen Standorten ist auch Büschelbildung bekannt.

Problematik
Die Grünblütige Stendelwurz ist äußerst heterogen; offenbar wurden und werden völlig unterschiedliche Sippen unter diesem Namen vereinigt, obwohl weder Habitus noch Blütenbau, oft nicht einmal Biotopansprüche übereinstimmen. Eine Zeitlang wurden v. a. dänische Populationen mit zierlichen Pflanzen unter dem Namen „Kahle Stendelwurz" (*E. confusa*) geführt, was jedoch mit Zustimmung der meisten Orchideenkenner 1998 von Faurholdt, Pedersen und Christiansen wieder rückgängig gemacht wurde [20].

(a) Randbereich eines Kreidebruchs, z.T. sonnig mit Grünblütiger Stendelwurz, Mittel-Dänemark; (b) gelegentlich besonnte Pflanze im selben Biotop, (c, d) kräftige Pflanze von lichtem Nordhang eines nahegelegenen Biotops, 1 m über Ostseespiegel, 1 m Entfernung von Meeresbucht (typischer *phyllantes*-Habitus), (d) Einzelblüte.

a b c d e

(a, b) *Epipactis phyllantes* f. *degenera* (Standort: Brüssel); (b) Einzelblüten; (c) Knospende Pflanzen der Grünblütigen Stendelwurz in einem Buchenwald in Mittel-Dänemark (typische *confusa*-Form); (d, e) Teilblütenstand und Einzelblüte (als *confusa* geführt).

Biotop der Grünblütigen Stendelwurz auf Rügen: Alter Buchenwald mit häufigem Küstennebel.

5.88 Zierliche Stendelwurz, Schmächtige Stendelwurz

Epipactis gracilis B. et H. BAUMANN
E. persica (SOÓ) NANNFELD ?

Merkmale

15–35 cm hoch, Blüten sehr klein und blaß, oft nur kurz glockig geöffnet, dann wieder geschlossen, seltener weit geöffnet, nickend bis hängend. Der Blütenstand ist locker, oft einseitswendig, 3–10blütig. Die Sepalen sind grün, die Petalen weißlich grün, die Lippe grün-weißlich rosa, das Hypochil grünlich bis bräunlich, das kurz herzförmige Epichil wirkt „verbogen", der Durchgang ist relativ eng. Im Gegensatz zu den anderen Arten ist der Kallus (Querwulst auf der oberen Vorderlippe) geteilt (!). In der frischen Blüte ist eine funktionslose Klebdrüse vorhanden, der Pollen wird aber schnell pulvrig. Auffallend sind bei der unauffälligen Pflanze die hoch über dem Boden angesetzten, sehr dunkel grünen, schmalen, kleinen Laubblätter (außer den beiden schuppenartigen Grundblättern nur 2–4), die nach unten gebogen sind. An den Blatträndern stehen weißliche Papillen in Büscheln (Lupe!). Der Stengel ist fast kahl (!), der Fruchtknoten auffallend lang. Sterile Sprosse fehlen offenbar, dagegen stehen die Pflanzen manchmal in Gruppen.

Natürlicher Waldbestand an einem Bach (AU/H) mit Zierlicher Stendelwurz.

Verwechslungsmöglichkeiten

Aufgrund des Habitus und der kleinen, unverwechselbaren Blüten eigentlich keine.
Einen fast kahlen Stengel besitzt noch die Grünblütige Stendelwurz, die sich jedoch leicht durch Habitus und Blüte abgrenzen läßt.

Blütezeit

(A) M (-E) 7

Standort

Bis 1995 war die Zierliche Stendelwurz nur aus Griechenland, Türkei und Italien bekannt, inzwischen gibt es aber auch wenige Fundorte im österreichisch-ungarischen Grenzgebiet (Günser Gebirge), weitere Funde dürften folgen. Diese Fundorte am Ostrand unseres Gebietes liegen bei etwa 400 m Höhe, alle weniger als einen Meter von Bächen entfernt. Der Untergrund ist hier leicht feucht und etwas kalkhaltig (m. o. w. neutrale Bodenreaktion, Kalkphyllit, Grünschiefer), es handelt sich um eher kühlere Standorte in engeren Tälern mit hoher Luftfeuchtigkeit. Man findet die Pflanzen dort in auwaldartigem Eschenwald, im Buchen-Mischwald, selbst im Fichtenforst an relativ krautarmen, wenig lichten Stellen. Die meisten Exemplare stehen an Plätzen, die bei Hochwasser überspült werden, normalerweise auf schottrigem Boden, der mit Feinsanden vermischt ist.

Allgemeines

Neben den bereits genannten Arten findet man in der Nähe der Zierlichen Stendelwurz u. a. noch folgende Begleitvegetation: Widerbart (der dort zur selben Zeit, aber auch bis in den Oktober blüht), Elbe-Stendelwurz, Lebermoos, Farne, Hängende Segge, Rasenschmiele, Mauerlattich, Schwarzer Germer, Silberblatt, Haselwurz, Kleines Springkraut, Sauerklee, Veilchen, Hexenkraut, Geißfuß, Christophskraut, Brombeere, Efeu, Holunder, Himbeere, Hartriegel, Espe, Bergahorn und Hainbuche.
Viele Orchideenkenner sind der Meinung, daß die Abtrennung der Zierlichen Stendelwurz von der Persischen Stendelwurz (***E. persica***), nur aufgrund der Größe, nicht nachvollziehbar ist, zumindest nicht nach den bekannten Populationen im Süden Europas und aus der Türkei; die persischen Pflanzen könnten aber durchaus von diesen abweichen. Blütenfotos von dort vermitteln zumindest einen anderen Eindruck.

(a) Mit Fichten aufgeforsteter Nordhang am Bach (AU/H) mit der Zierlichen Stendelwurz und Widerbart; (b, c, d) Zierliche Stendelwurz im selben Biotop.

5.89 Bleiches Waldvögelein, Weißes Waldvögelein

Cephalanthera damasonium (Miller) Druce

Merkmale
(15) 20–30 (60) cm hoch; Blüten geblich weiß, meist geschlossen, nach oben stehend; Lippe gelb und seitlich eingerollt. Wie bei den anderen Waldvögelein haben die Pollinien keinen Stiel mit Klebkörper; sie sind insgesamt klebrig. Der Blütenstand ist locker und wenigblütig. Die unteren Tragblätter sind erheblich länger als die Blüten, die spitz ovalen Laubblätter verteilen sich am Stengel.

Verwechslungsmöglichkeiten
Das Schwertblättrige Waldvögelein besitzt reinweiße Blüten; die Tragblätter sind alle kürzer als die Blüten, die Laubblätter lang und schmal.

Blütezeit
(M) E 5–E 6, ca. 1–2 Wochen nach dem Schwertblättrigen Waldvöglein

Standort
Bis 1200 (über 1800) m.
In ganz Mitteleuropa ist das Bleiche Waldvögelein weit verbreitet und relativ häufig. Lediglich in Gebieten ohne Wald oder mit sauerem Untergrund fehlt es (z. B. teilweise in Ostbayern und in NW-Deutschland). Es gilt als kalkliebend, kommt aber auch auf neutralen, selten auf schwach sauren Böden vor. Im allgemeinen bevorzugt es lichte, unterwuchsarme Buchen- und Fichtenwälder (aufgeforstete Buchenstandorte). Selbst in dichten, halbwüchsigen Fichtenforsten kann man es finden, vornehmlich allerdings in Randbereichen (sehr geringer Lichtbedarf), wo es interessanterweise oft sehr kräftig wird und Büschel bildet. Manchmal wächst es an moosigen oder grasigen Stellen, die von Büschen und Jungwuchs durchsetzt und nicht direkt besonnt sind. Es tritt selten sogar aus dem Wald ein Stück in die magere Wiese hinaus. Besonders gern steht es unter Solitärbuchen im Magerrasen und auf bewaldeten Felsköpfen.

Allgemeines
Die Waldvögelein-Arten besitzen keine Klebdrüse – die Pollinien werden durch den Narbenschleim den Bestäubern (meist Bienen) aufgeklebt. Dadurch, daß die Hautflügler sich erst an der Narbe, die hinter den Pollinien liegt, „einkleistern“ müssen, werden die Pollenpakete erst beim „Rückzug“ herausgezogen, was einer Fremdbestäubung entgegenkommt.
Typische Begleitpflanzen sind für diese anspruchslose Orchidee nur schwer anzugeben. Häufig findet man in ihrer Nähe außer den bereits erwähnten Baumarten die Linde, Weidenarten oder die Hasel, Seidelbast, Immenblatt, Frühlingsplatterbse, eine der beiden Waldhyazinthen, Nestwurz oder die Breitblättrige Stendelwurz. Doch auch die übrigen Waldorchideen kommen in Frage. Begleitende Gräser sind oft Nickendes Perlgras oder Graugrüne Segge.
Die Blüten des Bleichen Waldvögeleins öffnen sich selten und nur bei sommerlichen Temperaturen oder Besonnung. Sie sind zur Fremdbestäubung fähig, was selten vorkommende Bastarde beweisen.
Normalerweise befruchtet sich die Pflanze jedoch selbst, was ihr besonders in den dunklen Bereichen des Waldes zustatten kommt. Gerade diese extremen Standorte und die Tatsache, daß auch dort nur wenige sterile Exemplare zu finden sind, weisen auf eine lebenslange Abhängigkeit von Pilzen hin, ebenso das gebietsweise häufigere Auftreten von chlorophyllfreien Exemplaren. Diese können sogar in aufeinanderfolgenden Jahren zur Blüte kommen. Möglicherweise befindet sich das Bleiche Waldvögelein (neben anderen Orchideenarten) auf dem selben Weg, den unsere vier „Moderorchideen“ (Kap. 5.92–5.96) beschritten haben.
Oft ist bei dieser Art vegetativer Vermehrung (Horstbildung durch Anlage mehrerer Sprossen im Rhizom) zu beobachten, selbst in scheinbar so ungeeigneten Biotopen wie z. B. dichtem, halbwüchsigem Fichtenforst, der im allgemeinen allerdings ein ehemaliger Buchenwald sein dürfte. Die Anzahl der Sprosse steigt im Laufe der Jahre, geht aber mit der Zeit wieder zurück. Auch das Bleiche Waldvögelein wird gern von Schalenwild verbissen.

Bleiches Waldvögelein, chlorotische Pflanze.

(a) Buchenmischwald, Südhang im Altmühltal. Keine weiteren Orchideenarten; (b) Bleiches Waldvögelein in einer Buchenwald-Lichtung, Osthangauslauf (Oberpfalz), (c) im Altmühltal, (d) in Baden-Württemberg.

5.90 Schwertblättriges Waldvögelein, Langblättriges Waldvögelein

Cephalanthera longifolia (L.) Fritsch

Merkmale
15–30 (60) cm hoch; Blüten reinweiß (extrem selten auch gelblich), meist etwas geöffnet; Lippe im vorderen Teil orangegelb; Tragblätter immer kürzer als die Blüten. Die langen, schmalen, rinnig gebogenen Laubblätter sind stengelbegleitend und stehen überwiegend schräg nach oben.

Verwechslungsmöglichkeiten
Das Bleiche Waldvögelein hat cremeweiße Blüten, die sich nur selten öffnen und kurze, ovale Blätter. Die untersten Tragblätter sind deutlich länger als die Blüten.
Hybriden mit dem Roten und Bleichen Waldvögelein kommen gelegentlich vor und nehmen in etwa eine Mittelstellung ein.

Blütezeit
(E 4) M 5-E 6 (M 7), 1–2 Wochen vor dem Bleichen Waldvöglein

Standort
Bis 1300 (1700) m, meist auf trockenen, kalkreichen Böden, seltener über silikatischem Gestein (Gneis). Das Langblättrige Waldvögelein ist zwar verbreitet, aber erheblich seltener als die beiden anderen Arten der Gattung. Häufiger wird es nur im Alpengebiet, v. a. in den Südalpen. Verbreitungslücken bestehen wieder v. a. in Ostbayern und in NW-Deutschland.
Es gedeiht sowohl in lichten Nadel- und Laubwäldern (z. B. Fichten-, Buchen- oder Eichenbestände), als auch in buschreichen Magerwiesen. Mitunter steht es relativ dunkel am Wegesrand zwischen aufgewachsenen Fichtenmonokulturen, eher aber halbschattig in Steppenheide-Kiefernwäldern, selten sogar vollsonnig am Waldrand. Anscheinend bevorzugt es niederschlagsreichere Gegenden, zumindest meidet es jedoch möglichst den Regenschutz hoher Bäume. Gelegentlich trifft man es an Böschungen und Straßenrändern bei Eschen, Espen und Weiden an.

Allgemeines
Obwohl die Orchidee nicht gerade häufig ist, besiedelt sie doch die unterschiedlichsten Lebensräume. Dementsprechend umfangreich wäre die Liste der Begleitpflanzen. Erwähnt werden sollen hier nur die wichtigsten: Wald- und Fiederzwenke, Leberblümchen, Waldbingelkraut, Kamm-Wachtelweizen, Doldige Wucherblume, Haselwurz, Walderdbeere und Veilchen. Auf den schwach sauren Böden wächst sie meistens ohne weitere Orchideenarten in der Nähe, bestenfalls findet man hier noch die Breitblättrige Stendelwurz. Auf basischem Untergrund kommt sie gern zusammen mit Frauenschuh, den Waldhyazinthen, Großem Zweiblatt und Bleichem oder Rotem Waldvögelein vor. Stellenweise trifft man sie in Gemeinschaft mit Fliegenragwurz, Mückenhändelwurz, Nest- und Korallenwurz, Fuchs', Manns-, Brand-, Purpur-, Helm-, selbst Salepknabenkraut, Braunroter Stendelwurz, Hohlzunge, Netzblatt, selten mit anderen Orchideen an.
Bestäubt wird die durchaus attraktive Pflanze vorwiegend von Hummeln. In der Literatur [23] wird Autogamie bei ausbleibendem Insektenbesuch angegeben, wogegen jedoch ein – zumindest gebietsweise – geringer Fruchtansatz spricht.

Links: Extrem seltenes Exemplar mit gelblichen Blüten (Gotland/S, auch aus dem Vercors/F bekannt); rechts: Gruppe mit Wuchsstörung (Bastarde mit dem Bleichen Waldvögelein?), Altmühltal/Bayern.

(a) Lückiger Kiefernwald, Osthang in Thüringen. Weitere Arten: Großes Zweiblatt, Mückenhändelwurz, Purpurknabenkraut; (b, d) Schwertblättriges Waldvögelein im Gardaseegebiet, (c) in den österreichischen Nordalpen.

5.91 Rotes Waldvögelein

Cephalanthera rubra (L.) L. C. Richard

Merkmale
20–50 (90) cm hoch; manchmal über 20 Blüten, diese groß, dunkelrosa (selten weiß) und drüsig behaart; Lippe zweigeteilt, beweglich, innen rinnig, hellgrau und gelblich (zuckerhaltige Längsleisten). Der Blütenstand ist locker, die bläulichgrünen, schmalen Laubblätter sind stengelbegleitend und oft (zumindest die oberen) rinnig gefaltet.

Verwechslungsmöglichkeiten
keine

Blütezeit
(A) M 6-E 7 (A 8), in den Südalpen noch früher

Standort
Bis über 1500 (1900) m.
Das Rote Waldvögelein ist kalkliebend, kommt jedoch gelegentlich auch auf neutralen bis leicht sauren, evtl. oberflächlich entkalkten (Sand-)Böden vor. Es gedeiht in lichten Laub-, Misch- und Nadelwäldern, v. a. an süd- bis westexponierten Hängen im Kalkbuchen- und Steppenheidewald. Gern steht es an grasigen Stellen zwischen Jungwuchs und an Wegrändern im Halbschatten, anderenorts ohne nennenswerte Begleitvegetation im Buchenlaub oder sogar an schattigen Steinbruchhängen oder an moosigen Straßenböschungen.

Rotes Waldvögelein, Einzelblüte; in der Oberpfalz (oben); Albino im Altmühltal/Bayern (unten).

Allgemeines
Die recht attraktive Orchidee ist in Mitteleuropa noch ziemlich verbreitet und stellenweise nicht selten (größere Verbreitungslücken über Urgestein, z. B. in Ostbayern und im nördlichen und westlichen Bereich unseres Gebietes). Allerdings ist sie potentiell durch Abpflücken und, wie andere Waldorchideen, durch Aufforstung gefährdet. Auch natürliche Sukzession kann ihr zu schaffen machen, da sie oft zwischen jungen Kiefern, Fichten und Buchen wächst. Dazu scheint sie für Rehe recht wohlschmeckend zu sein.
Typische Begleitpflanzen sind wieder in der überaus reichhaltigen Vegetation der lichten Kiefern- und Buchenwälder zu finden (vgl. Kap. 5.102 und 5.104), z. B. Vogelfuß- und Graugrüne Segge, Nickendes Perlgras, Doldige Wucherblume, verschiedene Glockenblumen, Rote Heckenkirsche, Weißdorn, Wolliger Schneeball, Mehl- und Elsbeere. Häufig gedeiht es in der Nähe von Nestwurz, den Waldhyazinthen, dem Bleichen Waldvögelein, Braunroter und Breitblättriger Stendelwurz, Frauenschuh oder Fliegenragwurz. Wintergrünarten (besonders Birnblättriges Wintergrün) weisen ebenfalls gelegentlich auf die schöne Pflanze hin.
Obwohl das Rote Waldvögelein von kleinen Solitärbienen (und Hummeln) bestäubt wird, ist es bei ausbleibendem Insektenbesuch autogam (selbstbestäubend). Nach neueren Untersuchungen suchen die Insekten die Orchidee, deren Blüte (wie die der übrigen Waldvögelein-Arten) keinen Nektar enthält, irrtümlich auf. Für Hautflügler ähnelt das Rote Waldvögelein offenbar in Duft und Farbe der Pfirsichblättrigen Glockenblume, die häufig in der Nähe wächst. Es scheint darüber hinaus noch als Schlafstätte benutzt (und dabei bestäubt?) zu werden.

(a) Forstweg durch Buchenwald im südlichen Frankenjura. Östlich des Weges im sichtbaren Bereich ca. 60 Rote Waldvögelein (größtenteils verbissen) und zwei Weiße Waldhyazinthen; (b, c, d) Rotes Waldvögelein in der Oberpfalz, (c) mit Solitärbienen.

5.92 (Violetter) Dingel

Limodorum abortivum (L.) SWARTZ

Merkmale

15–50 (80) cm hoch, kräftig, sehr großblütig. Die Blüten sind meliert, hell und violett (auf Fotografien mit Blitz oder in der Sonne erscheinen sie eher rötlich), sie öffnen sich örtlich nicht, nur wenig oder nur bei Besonnung, anderenorts klaffen die seitlichen Sepalen und Petalen weit auseinander. Die Lippe ist zweigliedrig, der Sporn mindestens halb so lang wie der Fruchtknoten (15–25 mm). Der dicke, bläuliche (selten grünliche) Stengel trägt keine Laubblätter, sondern nur grau violette Schuppenblätter und wirkt vor der Blütezeit wie ein gefärbter Spargel.

Verwechslungsmöglichkeiten

Trabuts Dingel mit kurzem Sporn und ungegliederter Lippe.

Blütezeit

(M 5) A 6-M 7

Bekanntes, gepflegtes Naturschutzgebiet am Oberrhein. Jeder Orchideenfreund möchte deutschen Dingel fotografieren. Im sichtbaren Bereich noch Spitzorchis und Hummelragwurz.

Standort

Bis 500 (1600) m, nur in sehr warmen Gegenden (sehr selten am Oberrhein und im Moselgebiet, Innsbruck, etwas häufiger in den Südalpen ab Höhe Meran, in Ost-Österreich), gern auf kalkhaltigen, tiefgründigen Böden (z. B. Löß). Man findet diese tropisch anmutende Art bei uns in warmen, lichten Eichen-, Kiefern- und Buchenwäldern (stellenweise auch sehr schattig), auf mageren Hangwiesen und in heißen, trockenen Mulden der Flußauen. In den Südalpen wächst sie gern in Halbtrocken- und Trockenrasen, in und um Buschwerk, in humusreichen, lichten Wäldern und offengelassenen Weinbergen. Gelegentlich ist die stattliche Orchidee fast in der Krautschicht verborgen.

Allgemeines

Sofern der Dingel nicht in schattigen Buchenwäldern wächst, ist die Begleitflora sehr artenreich. Meistens findet man in seiner Nähe die Kiefer oder die Flaumeiche, Espe, mitunter Els- oder Mehlbeere, Perückenstrauch, Kreuzdorn, Berberitze, Liguster, Wolligen Schneeball, Heideröslein, Schneeheide, Kronwicke, Horn- und Wundklee, Zypressenwolfsmilch, an Orchideen Riemenzunge, Puppenorchis, Fliegen-, Hummel- oder Bienenragwurz, Helm-, Brand- und Salepknabenkraut, Braunrote Stendelwurz, oft Rotes Waldvögelein und Mückenhändelwurz, natürlich auch andere Arten. An Rhein und Mosel (Kiefernmischwaldpopulationen) wird er v. a. von Blutrotem Storchschnabel, Doldiger Wucherblume, Nickendem Perlgras, Rotem Waldvögelein und Braunroter Stendelwurz begleitet.

In ungünstigen Jahren (z. B. nach kalten, trockenen Perioden) erscheint nur ein geringer Prozentsatz blühender Pflanzen. Ist die Erdoberfläche zu hart oder treiben die Pflanzen unter einem Stein, blühen und fruchten einige Exemplare unterirdisch und verkrümmt (M. Merten 1993, mdl.). Bei ausbleibendem Insektenbesuch und geschlossen bleibenden Blüten bestäubt der Dingel sich selbst und zeigt so stets guten Fruchtansatz.

Die merkwürdige Orchidee ist vollmykotroph (vgl. Kap. 2.3) und besitzt kaum Chlorophyll. Bei manchen Exemplaren sind die amethystblauen Farbstoffe (Anthocyane) weniger reich ausgebildet; der Stengel ist dann mehr oder weniger grün, die Blüten bräunlich. Bedroht ist die Pflanze bei uns durch Zerstörung der wenigen Fundorte, bei ausbleibender Pflege durch natürliche Sukzession und – wie andere seltene Arten – durch übermäßige Frequentierung ihres Biotops von zahlreichen Orchideenliebhabern.

(a, c) Violetter Dingel im Gardaseegebiet, (b) in den französischen Südwestalpen.

5.93 Trabuts Dingel

Limodorum trabutianum BATTANDIER

Merkmale

10–55 cm hoch; sehr ähnlich dem Violetten Dingel, doch sind die Pflanzen im Schnitt etwas zierlicher und gelegentlich an Stengel und Fruchtknoten weniger violett. Die Blütenlippe ist schmäler, ungegliedert (!) und lang spatelförmig, der Sporn sehr kurz (-4mm!). Zeitweise (stellenweise?) öffnen sich die Blüten kaum und stehen m. o. w. nach oben.

Verwechslungsmöglichkeiten

Der Violette Dingel hat einen langen Sporn und eine zweigliedrige Lippe.

Blütezeit

Im Gebiet (M) E 5-A (M) 6

Standort

Es ist am Rand des behandelten Gebietes nur ein Standort dieser auch sonst seltenen Art bekannt, er wurde erst 1997 bei den Ermittlungen für dieses Werk gefunden (Grand Canyon du Verdon/F). Er liegt auf ca. 750 m Höhe, ein leichter Nordhang, der mit Flaumeichen bestanden ist. Die Pflanzen wachsen hier auf relativ trockenem, teils steinigem, kalkhaltigem Untergrund im Bereich einer Schneise und im Randbereich eines sehr dunklen Waldstücks mit viel Fallaub.

Allgemeines

Die Blüten waren auch bei dunkel stehenden Exemplaren weit geöffnet, was vielleicht auf das „gute" Wetter zurückzuführen ist.

Im Bereich von Trabuts Dingel waren außer Moos, Efeu, Bleichem Waldvögelein und knospenden Pflanzen von Tremols (?) Stendelwurz praktisch keine weiteren Begleitpflanzen auszumachen. In weiterem Umkreis (an helleren bis sonnigen Stellen) fanden sich Spitzorchis, Hummel-Schnepfenragwurz-Bastarde, abblühende Provence-Ragwurz und Riemenzunge. Über die Hälfte der Dingel-Pflanzen (ca. 20) waren von Wild abgeäst, ob es sich hierbei auch um Violetten Dingel handelte, konnte noch nicht festgestellt werden. Normalerweise wächst diese Art in der Nähe von Trabuts Dingel. Beide Arten blühen fast gleichzeitig, Trabuts Dingel wohl etwas früher und kommt auch noch unbeständiger zur Blüte.

Die Blüten der interessanten Art sind im Gegensatz zu denen des Violetten Dingels durch ihre Säulchenstruktur obligat autogam. Sie öffnen sich kaum bei zu heißem oder zu kaltem Wetter (J. Claessens und J. Kleynen 1997 mdl.).

Trabuts Dingel in den französischen Südalpen.

(a) Eichenbestand in den französischen Südalpen mit Trabuts Dingel und Bleichem Waldvögelein; (b, c, d) Trabuts Dingel am selben Standort.

5.94 Widerbart

Epipogium aphyllum SWARTZ

Merkmale
5–20 (30) cm hoch; hell gelblich weiß, sehr selten ganz weiß, ohne Blätter und Chlorophyll; 1–4 (10) große Blüten, Lippe (weiß mit roten Kielen) nach oben gerichtet (Fruchtknoten nicht gedreht). Kronblätter mitunter rötlich gefleckt, Variationen und Hybriden sind nicht bekannt.

Verwechslungsmöglichkeiten
keine

Blütezeit
(A) M 7-M (E) 8 (A 10)

Standort
Kaum über 1700 m.
Der Widerbart bevorzugt Kalkboden, ist jedoch nicht auf dieses Mineral angewiesen, aber auf ausreichenden Basengehalt. Er wächst ausschließlich in schattigen Wäldern unter Fichten, Buchen und Tannen, oftmals an Berührungszonen zwischen Laub- und Nadelbeständen, sogar in Fichtenmonokulturen. Voraussetzung sind ein humusreicher Untergrund und hohe Luftfeuchtigkeit bzw. reiche Niederschläge, weshalb man ihn vor allem in mittleren Höhenlagen und windgeschützten, oft felsigen, steilen, manchmal schottrigen Nord- bis Osthängen antrifft.
Anderenorts weicht er gelegentlich auf Talmulden und Trichter aus, in denen sich im Sommer Kaltluftseen halten können. Mitunter ist er in der Nähe von Waldbächen und -tümpeln, auch in Quellgebieten, zu finden.

Allgemeines
Die faszinierende Pflanze erscheint manchmal Jahre bis Jahrzehnte nicht oberirdisch (H. Merkel 1988 mdl.). Offensichtlich benötigt sie schneereiche Winter und ein feuchtes Frühjahr, um auszutreiben. Deshalb blüht sie vorzugsweise an (manchmal schwer zugänglichen) Stellen, wo sich das Kronendach des Waldes gelichtet hat (durch Schnee- und Windbruch, forstwirtschaftliche Entnahme einzelner Bäume), wenn Sonnenschutz besteht. Im dunklen Wald ist der Samenansatz denkbar gering (obwohl häufiger Fliegen auf den Blüten sitzen), der Widerbart vermehrt sich jedoch auch vegetativ durch die Bildung von Wurzelknöllchen, die eventuell durch Schmelzwasser oder ähnliches verbreitet werden können [23]. Dies würde auch das Auftreten von dichten Büscheln (bis über 30 Einzelpflanzen) der ansonsten sehr seltenen Pflanze erklären. Umgebende Vegetation fehlt aufgrund von Lichtmangel manchmal völlig oder ist gelegentlich auf Pilze und Moose (im Nadelwald hauptsächlich die Gattungen *Mnium, Dicranum* und *Rhytidiadelphus*) beschränkt. Typische Begleitpflanzen sind Farne (z. B. Hirschzunge), im Buchenwald meist Waldlabkraut, Seidelbast und Veilchenarten, sonst Milzkraut, Quirlblättrige Weißwurz, Sauerklee, Wintergrün-Arten, Netzblatt, Korallenwurz, Bleiches Waldvögelein, Violette Stendelwurz und Nestwurz. Seine Verbreitung ist äußerst lückig. In Deutschland fehlt er offenbar z. B. völlig im gesamten Rheinland, um Main und Donau (mit Ausnahme des Oberlaufs). In den östlichen Bundesländern ist er ebenfalls verschollen (R. Beyer 1994, mdl.). Etwas häufiger findet man ihn in den Alpen und in der Schwäbischen Alb. In den SO-Alpen (Kärnten / Slowenien) existieren noch reiche individuenstarke Bestände. Hier ist auch der Fruchtansatz recht gut (Hummeln als Bestäuber). Die Fruchtreife dauert nur 2–3 Wochen! In seiner Nähe wächst dort auch manchmal Leutes Stendelwurz. Manche Fundorte beschränken sich auf sehr wenige Exemplare, die ab und zu im Abstand von mehreren Jahren wieder auftauchen. Sicherlich werden deshalb immer wieder Populationen übersehen. Auch sind dichte Wälder nicht sonderlich attraktiv für Kartierer. Eine Bestäubung durch den Menschen wäre fast überall sehr wünschenswert, auch wenn dies bei einigen Populationen sehr schwierig ist. Erhält die austreibende Pflanze in einem gewissen Stadium zu wenig Wasser, kann sie eine Laubschicht nicht durchdringen und verkümmert „unterirdisch".
Die Tatsache, daß der Widerbart kein Blattgrün besitzt und nicht regelmäßig über der Erde erscheint, deutet schon darauf hin, daß er vollmykotroph ist, sich also von einem Pilz ernährt. Die Grenze zwischen Symbiose und Parasitismus scheint hier eher zu letzterem überschritten zu sein; der Pilz dürfte nicht viel mehr als abgestorbene Wurzeln für seine „Nährstofflieferungen" bekommen. Eventuell könnte die Orchidee noch als Wasserspeicher dienen.

Buchen-Tannen-Wald in Kärnten, Nordhang mit Hunderten von Widerbartexemplaren. In weiterem Umkreis u.a. auch Kleinblättrige und Leutes Stendelwurz.

(a) Dichter, kühler Fichtenforst in Bodenmulde, Baden-Württemberg; (b) Widerbart am selben Standort, (c) in den österreichischen Nordalpen, (d) in den Dolomiten.

5.95 Korallenwurz

Corallorrhiza trifida CHTELAIN

Merkmale
5–20 (30) cm hoch.
Die wenigen (bis 10) Blüten sind wie der Stengel gelblich grün, die Spitzen der Petalen sind manchmal braun (hauptsächlich bei Pflanzen in Nadelwäldern). Die Lippe ist weiß, meistens mit dunkelroten Punkten, die mitunter auch an der Säule und den Petalen zu finden sind. Die zierliche Orchidee besitzt, außer einigen wenigen Scheideblättern, keine Laubblätter. Bei dieser Art finden sich vier statt zwei Pollinien !

Verwechslungsmöglichkeiten
keine

Blütezeit
A 5-E 6 (M 7)

Standort
Bis über 2000 m.
Die Korallenwurz bevorzugt Buchenwald auf Kalkboden, kommt aber ebenso in sauren Nadelwäldern vor, gern auf oberflächlich versauertem Untergrund. Selbst aus Erlenbeständen und Hochmooren ist sie bekannt. Sie steht dort recht feucht, besonders auf Erhöhungen in Torfmoos zwischen Seggen, meist in der Nähe von Sträuchern und Bäumen. In dunklen Nadelwäldern gedeiht sie an Stellen ohne nennenswerte Begleitvegetation, häufiger in Lücken zwischen den Bäumen in Moos, Flechten und Gras, oft unter am Boden liegendem Geäst. Meistens trifft man sie in luftfeuchter, kühler Umgebung an, in Buchenwäldern findet man sie v. a. an Nordhängen, mitunter aber auch warm und südexponiert auf Flächen, an denen das Laub der Vorjahre weniger dick liegt oder fehlt und deshalb Moosbewuchs zuläßt. Dies ist z. B. an Erhöhungen der Fall. Selten tritt sie sogar aus dem Wald weiter in Lichtungen hinaus, besonders an moosig-grasigen Nordhängen.

Allgemeines
Aufgrund ihrer relativen Anspruchslosigkeit hinsichtlich des Biotops kann sie mit nahezu allen Waldpflanzen zusammen vorkommen. Beispielsweise tritt sie gemeinsam mit verschiedenen Wintergrün-Arten (ebenfalls auf Pilzsymbiose angewiesen), Heidelbeere, Waldwachtelweizen, Graugrüner Segge und einigen Moosen (z. B. aus der Gattung „Hylocomium“) auf. Öfters wächst sie gemeinsam mit Nestwurz, den Waldhyazinthen, dem Bleichen Waldvögelein oder Frauenschuh, in sauren Bereichen evtl. mit Kleinen Zweiblatt oder Netzblatt. An dunklen, kühlen Stellen mit hoher Luftfeuchtigkeit kann ihr truppweises Auftreten (vegetative Vermehrung durch Rhizomverzweigung in humusreichem Boden) ein Hinweis auf den seltenen Widerbart sein. Kiefern oder Fichten an ihrem Standort (oft ehemaliger Buchenwald) scheint sie besonders zu schätzen. Auffälliger als die unscheinbaren blühenden Pflanzen sind die prallen Fruchtkapseln zur Zeit der Fruchtreife. Sie setzt aber bei länger trockenem Boden kaum Früchte an. In feuchten Jahren und durch Autogamie bei ausbleibenden Bestäubern ist der Ansatz an großen Kapseln außerordentlich gut. Auch sie enthalten Reste von Chlorophyll, welches jedoch für eine eigene Ernährung nicht ausreicht [23]. Sie lebt saprophytisch (vgl. Kap. 2.3). In ungünstigen Jahren (nach trockenem Herbst, Winter und/oder Vorfrühling) ist sie auch an reichlich bestückten Plätzen nur vereinzelt zu entdecken.
In weiten Bereichen Deutschlands fehlt die Korallenwurz völlig (Rheinland und angrenzende Gebiete, Main, mittlere und untere Donau, in der Nordhälfte unseres Gebietes wird sie sehr selten). Offenbar meidet sie das Flachland, Flußauen, trockene und warme Landstriche, selbst scheinbar passende Biotope ohne erkennbaren Grund. Innerhalb ihres Verbreitungsgebietes ist sie allerdings kaum gefährdet.

Korallenwurz-Gruppe im Buchenwald (Frankenjura-Südrand).

(a) Südexponierter Buchenwaldrand im Frankenjura. Weitere Arten: Nestwurz, Grüne und Weiße Waldhyazinthe, Bleiches und Rotes Waldvögelein, Großes Zweiblatt und Fliegenragwurz; (b, c) Korallenwurz in einem moosigen Fichten-Kiefernwald über Sandboden in der Oberpfalz, (d) am Südrand des Frankenjura.

5.96 (Vogel-)Nestwurz

Neottia nidus-avis (L.) L. C. Richard

Merkmale
15–30 (50) cm hoch, im allgemeinen einheitlich gelblich braun, selten mit hellgelben, weißlichen Blüten (**f. *pallida***); ab und zu findet man völlig reinweiße oder schwefelgelbe Pflanzen (**f. *nivea*** und ***sulphurea***). Die Form ***glandulosa*** besitzt dichte, kurze Drüsenhaare an Stengel und Fruchtknoten. Meist sind nur noch 1–2 scheidenförmige, chlorophyllfreie Blätter am Stiel vorhanden.

Verwechslungsmöglichkeiten
keine

Blütezeit
M 5-E 6 (M 7)

Standort
Bis 1800 m.
Die kräftige Pflanze bevorzugt Buchenwald auf Kalk, kommt jedoch auch häufiger in anderen humusreichen oder lehmigen Laub-, Misch- und Nadelwäldern (oft ehemalige Buchenstandorte oder natürliche Bergfichtenwälder) vor. Sie meidet dauerfeuchten oder gar nassen Untergrund, gedeiht allerdings auf neutralen und oberflächlich versauerten Böden. Dort steht sie vollkommen schattig, auf lichten Flächen oder am Waldrand und tritt manchmal an länger beschatteten Stellen selbst auf die Wiese hinaus.

Allgemeines
Die Nestwurz ist im ganzen Gebiet noch weit verbreitet und nicht gefährdet. Sie bestäubt sich bei ausbleibendem Insektenbesuch selbst (in der Literatur finden sich v. a. Fliegen und Ameisen als Bestäuber) [4, 23, 34] und kann sich vegetativ vermehren. Dazu treiben aus den einzelnen Wurzelspitzen bei ausreichender Ernährung neue Wurzelstöcke. In günstigen Jahren steht die Orchidee deshalb hier und da in großen Trupps zusammen, in manchen Jahren dagegen treibt sie kaum Blütenstände. Ihre unscheinbaren Blüten duften nach Honig. Sie lebt mykotroph (vgl. Kap. 2.3) und enthält fast kein Chlorophyll. Die kräftigen, unverkennbaren Fruchtstände (sehr guter Fruchtansatz, widerstandsfähige Stengel) überdauern meistens den Winter, fallen in niedrigem Schnee besonders auf und sind leicht zu erkennen.
Da die Nestwurz die unterschiedlichsten Waldtypen besiedelt, kann sie praktisch mit allen Waldpflanzen vorkommen. Häufig findet man sie in Begleitung von Bleichem Waldvögelein, der Weißen Waldhyazinthe, der Korallenwurz oder ohne Begleitorchideen. Selbst an Stellen mit fehlender Bodenvegetation trifft man sie an.
Farbvariationen trifft man interessanterweise häufiger in direkter Nachbarschaft der Normalform an, auch wenn sie eigene Gruppen bildet.

a

b

(a) Buchenwald, leichter Nordhang, im südlichen Frankenjura mit Nestwurz (f. *sulphurea*), Korallenwurz, Bleichem und Rotem Waldvögelein, Breitblättriger und Braunroter Stendelwurz, Weißer und Grüner Waldhyazinthe, alle in größerer Anzahl; (b) Schwefelgelbe Form der Nestwurz im selben Biotop.

(a) Lichter Mischwald in der Oberpfalz. Weitere Arten: Frauenschuh, Bleiches und Rotes Waldvögelein, Weiße Waldhyazinthe, Braunrote Stendelwurz; (b, c, d) Nestwurz in einem Buchenwald (Südhang) am Südrand des Frankenjura, (b) rechts im Bild f. *pallida*

5.97 Gelbe Ragwurz

Ophrys lutea CAVANILLES

Merkmale

(5) 10–20 cm hoch, wenig- und großblütig. Die kontrastreich gefärbte Lippe ist nach unten „abgeknickt", im oberen Teil mit einer Längsrille versehen. Die flach aufliegende Blattrosette ist zur Blütezeit oft schon verwelkt (gelb oder braunschwarz), vorher eher milchig matt hellgrün, die Blätter wie bei der Braunen Ragwurz relativ kurz, also fast oval.

Verwechslungsmöglichkeiten

In tiefen Lagen bzw. weiter im Süden kommt auch die kleinblütigere ***Ophrys sicula*** vor (wohl nicht im behandelten Gebiet). Sie hat eine kaum geknickte Lippe mit einem weniger breiten gelben Rand (besonders an der Spitze).
Die Braune Ragwurz und ähnliche Arten haben bestenfalls einen sehr schmalen gelben Rand (Kap. 5.98 bis 5.100).

Blütezeit

A 3-A (M) 4

Standort

Bis ca. 400 m (A. Zirnsack 1997 mdl.) auf frischen bis trokkenen, meist kalkhaltigen, basenreichen, mergeligen, steinigen oder humosen Böden. Meist steht sie sonnig bis halbschattig, gern an freien Stellen in Kiefernwäldern, in alten aufgelassenen Kulturterrassen auf ebenen oder leicht geneigten, der Sonne abgewandten Flächen. Man findet sie in lockerer Krautvegetation, häufig auch auf unbewachsenem oder schwach bemoostem Boden, dort sogar auch einmal in praller Sonne.

Allgemeines

Wie die Sippen der Braunen Ragwurz werden auch die der Gelben Ragwurz mit dem Hinterleib der Bienenmännchen (Gattung *Andrena*) bestäubt (Abdominalbestäubung). Die Tiere werden durch die Härchen auf der Lippe in die richtige Position dirigiert.
Die Gelbe Ragwurz ist mit der Braunen Ragwurz nahe verwandt und kann mit dieser bastardieren. Im Mittelmeergebiet ist sie weit verbreitet und stellenweise noch recht häufig. Unser Gebiet streift sie nur am Rand (in den französisch-italienischen Seealpen) und ist hier sehr selten, vgl. Kap. 3.9 (hier auch Begleitpflanzen).

Gelbe Ragwurz südwestlich des Alpenfußes (Provence).

Bestäubung der Kleinen Gelben Ragwurz (*O. sicula*, Griechenland, wohl nicht in Südfrankreich oder Norditalien) mit dem Abdomen.

5.98 Braune Ragwurz

Ophrys fusca Link
O. lupercalis Devillers & Devillers-Terschuren

Merkmale

(5) 10–20 (25) cm hoch, meist nur (1) 3–6 Blüten. Die große, samtig braune Lippe (12–25 cm lang) weist ein glattes, bläulich-gräuliches, selten rötliches, marmoriertes Mal auf. Sie ist im oberen Teil durch eine auslaufende Rille und einen m. o. w. leichten Knick gekennzeichnet. Die Seiten- und Mittellappen sind meist etwas herabgeschlagen; ein sehr dünner gelber Rand ist oft vorhanden.

Verwechslungsmöglichkeiten

Im Mittelmeergebiet wachsen noch zahlreiche, äußerst ähnliche, für uns manchmal kaum unterscheidbare Sippen, die jedoch verschiedene Bestäuber und Blütezeiten haben. Erst langsam und meist nur im direkten Vergleich fallen geringfügige Unterschiede auf, und das oft nur, wenn man größere Populationen vergleichen kann. Im Gebiet wachsen noch mindestens 2 (3? 4?) weitere Sippen, vgl. Kap. 5.99 und 5.100. Teilweise wurden sie vor langer Zeit beschrieben, z. T. aber auch schon mehrfach unter unterschiedlichen Namen. Vermutlich gibt es im Mittelmeerraum noch einige Zeit Neubeschreibungen bei den *fusca*-Sippen, im Gebiet werden derzeit noch 2 vermutet.

Blütezeit

(E 1) M 2-E 3 (E 4), eine in den Seealpen (I, F, bisher über 600 m) in 5–6 blühende Form könnte zu einer anderen Art gehören. Von der Braunen Ragwurz kann man gleichzeitig aufblühende und verblühte Pflanzen im selben Biotop beobachten!

Standort

Bis mindestens 600 m. Die Sippe ist im Mittelmeer (und am Atlantik bis zur Bretagne) weit verbreitet und kommt im behandelten Gebiet in den französischen und italienischen Seealpen vor. Im Gebiet nördlich Nizza (300–400 m) ist sie stellenweise recht häufig. Hier steht sie sowohl sonnig an Südhängen als auch (halb-)schattig an Nordhängen und unter Kiefern. Gern wächst sie auf vegetationsarmem mergeligem, häufig moosigem Untergrund, nur selten in dichterer Vegetation. Hin und wieder findet man Pflanzen in alten, locker grasigen, steinigen Kulturterrassen.

Allgemeines

Alle Sippen der Gelben und der Braunen Ragwurz werden von Bienen mit dem Hinterleib bestäubt, die Bestäuber drehen sich also nach dem Anflug durch die Stellung der Härchen und führen ihr Abdomen durch die Längsrille der Lippe in die Narbenhöhle ein (vgl. Kap. 5.97).
Die Braune Ragwurz wird von *Andrena nigroaenea* bestäubt, einer Art, die auch die Spinnenragwurz (aber vorwärts!) „bedient" (H. Paulus 1997 mdl.).
Die Braune Ragwurz kommt auch gelegentlich mit der Spinnenragwurz vor (bildet aber nur selten Hybride), häufiger mit der Spinnenähnlichen Ragwurz und der Mastorchis, gebietsweise mit der Marseille- und der Kleinen Spinnenragwurz, dem Wohlriechenden Wanzenknabenkraut, Dingel, Herbstwendel- und Spitzorchis. Manchmal steht in ihren Populationen auch die sehr ähnliche Leukas-Ragwurz. Weitere Begleitpflanzen siehe Kap. 3.9.

(a) Standort der Braunen Ragwurz im Hinterland von Nizza (= Nice/F). Zahlreiche weitere Orchideenarten im Umkreis (vgl. Kap. 3.9); (b, c, d) Braune Ragwurz am selben Standort.

5.99 Leukas Ragwurz

Ophrys leucadica Renz

Merkmale
10–20 cm hoch, etwas kleinblütiger als die Braune Ragwurz. Die Lippe (11–12 mm) ist etwas weniger geknickt, meist flacher ausgebreitet und besitzt fast immer einen etwas breiteren gelben Rand, der oft über Rottöne ins Braune übergeht, also weniger scharf abgesetzt ist.

Blütezeit
(E 3) A-E 4 (M 5?), blüht auf, wenn die ersten Exemplare der Braunen Ragwurz verblühen.

Standort
Bis mindestens 400 m, noch ungenügend erforscht. Sie wächst in ähnlichen Biotopen wie die Braune Ragwurz, oft mit ihr zusammen.

Allgemeines
Einzelexemplare sind manchmal kaum von der Braunen Ragwurz zu unterscheiden, man muß mehrere Pflanzen beurteilen, was allerdings bei Mischpopulationen (z. B. nördlich Nizza) Probleme bereiten kann. Die Sippe wird von *Andrena flavipes* bestäubt und kommt vermutlich sporadisch im ganzen Mittelmeergebiet vor. Im behandelten Gebiet ist sie sehr selten und bisher nur in den französischen Seealpen nachgewiesen.

Problematik
In Südfrankreich (bis in die Seealpen?) [8] kommt noch eine etwas kleinblütigere (ca. 9–10 mm Lippenlänge) Sippe vor, die ebenfalls meistens einen gelben Rand besitzt. Deren Seiten- und Mittellappen sind häufig stark herabgeschlagen, allerdings nicht immer. Das Mal ist oft relativ hell. Ob es sich um O. *leucadica* handelt, ist noch nicht geklärt. Nach H. Paulus (1999 mdl.) ist zumindest der Name ***O. funera*** [8] falsch. Er bezieht sich auf eine sehr kleinblütige Sippe auf Sardinien (und Sizilien?). Eventuell handelt es sich hier um eine noch unbeschriebene Sippe.

Leukas Ragwurz am Südwestfuß der Alpen (Var/F).

(a, b, c) Leukas Ragwurz am Südwestfuß der Alpen; (d, e, f) kleinere Sippe (möglicherweise mit anderen Bestäuber, dann noch nicht beschrieben) bei Narbonne/Südfrankreich.

5.100 Gefurchte Ragwurz

Ophrys sulcata Devillers & Devillers-Terschuren
O. fusca ssp. *minima* Balayer

Merkmale
(5) 10–20 cm hoch, ähnlich den vorhergehenden Sippen, doch recht gut zu unterscheiden. Sie besitzt eher kleine Blüten, die relativ dunkel wirken und weniger variabel sind: Die Lippe (9–10 mm lang) hat herabgeschlagene Seiten- und Mittellappen mit einem sehr schmalen gelben Rand. Die Furche in der Lippenmitte ist relativ weit herabgezogen.

Blütezeit
(A) E 5-M 6 im Gebiet; also später als die übrigen Sippen (mit Ausnahme einer ungeklärten großblütigen).

Standort
Bis mindestens 650 m in den französischen und italienischen Seealpen. Sie ist sporadisch von Italien bis in die Bretagne zu finden und eher selten. Meist wächst sie in nicht zu trockenen bis frischen, beweideten, kurzrasigen Wiesen auf karbonatischen, manchmal steinigen Böden. Im Hinterland von Nizza steht sie selten auch auf moosigem, mergeligem, vegetationsarmem Untergrund, beschattet von locker stehenden Kiefern (Begleitflora hier siehe Kap. 3.9). Auch in wechselfeuchten Bereichen ist sie zu finden. Hier steht sie sonnig bis halbschattig.

Allgemeines
Im behandelten Gebiet gilt sie als sehr selten; sie ist aufgrund der geringen Größe und des grünen Perigons leicht zu übersehen. Allerdings steht sie meist in der Nähe zahlreicher anderer Orchideenarten, die ebenfalls auf frischen Wiesen vorkommen: Salep- und Schmetterlingsknabenkraut, Schwertstendel, Übergangsformen von Hummel- und Schnepfenragwurz, eine kleinblütige, spätblühende Hummelragwurz und (Wohlriechendes?) Wanzenknabenkraut in Knospe.

Gefurchte Ragwurz in den Corbières (Südfrankreich).

(a) Terrassierter Südhang in den italienischen Seealpen (Ligurische Alpen, ca. 600 m Höhe) mit Gefurchter Ragwurz, Schwertstendel, Schmetterlings- und Salepknabenkraut. In weiteren Bereichen noch Übergangsformen zw. Hummel- und Schnepfenragwurz, eine klein- und spätblühende Sippe der Hummelragwurz, Aurelia-Ragwurz, Dingel und eine späte großblütige Sippe der Spinnenragwurz (vgl. Kap. 5.104); (c) Gefurchte Ragwurz im selben Biotop (aufblühend, A 6, (b) in den Cevennen (westl. der Rhône), (d) in den Corbières (Südfrankreich).

5.101 Fliegenragwurz

Ophrys insectifera L.

Merkmale
10–40 (60) cm hoch; Sepalen grün, Petalen braun und fadenförmig. Auf der samtig braunen Lippe befindet sich ein variabler, blaugrauer, glatter Fleck. Manche Exemplare besitzen einen rötlichen oder gelben Rand im unteren Teil des Labellums oder gar nahezu weiße Lippen. Albinos (var. *virescens*) sind, wie bei allen Ragwurz-Arten, grün. Auch bezüglich der Lippen-Form sind Variationen möglich. Die dunkelgrünen, in einer aufrechten (!) Rosette angeordneten Blätter erscheinen bereits im Herbst, seltener erst gegen Ende des Winters.

Verwechslungsmöglichkeiten
Mit den Hybriden *Ophrys insectifera* x *Ophrys holoserica* und *Ophrys insectifera* x *Ophrys sphegodes* (deren Lippen sind meist breiter und die Kronblätter sind manchmal andersfarbig; Petalen breiter!)

Blütezeit
(E 4) A 5-E (M) 6

Standort
Bis nahe 1700 (2000) m.
Die Pflanze ist kalkgebunden und kommt auf trockenen bis wechselfeuchten Böden, auch über Lehm und Ton vor. Sie bevorzugt Magerrasen (auf Flußschotter, Wacholderheiden) und steht dort gern um Gebüsche und Wacholder, allerdings auch auf vollbesonnten, sehr steinigen Südhängen. In niederschlagsarmen, bodentrockenen Gegenden trifft man sie besonders an Stellen an, die während des Tages durch Hangneigung oder Vegetation längere Zeit beschattet sind, aber lockeren, niedrigen Bewuchs aufweisen. Luftfeuchte, moosige Mulden werden hier am ehesten besiedelt, z. B. in ehemaligen Steinbrüchen. Daneben findet man sie häufiger in lichten, trockenen Kiefernwäldern im Halbschatten, selbst im Schatten von Fichten, selten in Laubwäldern oder Flachmooren (z. B. in Brandenburg bei Breitblättrigem Knabenkraut).

a b

Fliegenragwurz; (a) in Hessen (kleistogames Exemplar), (b) in Baden-Württemberg (Tendenz zu var. *virescens*).

Allgemeines
Die Fliegenragwurz ist nur streckenweise häufiger und fehlt über weite Gebiete (v. a. in ausgeräumten oder bodensauren Gebieten). Sie wird von Grabwespenmännchen (Gattung *Gorytes*) bestäubt, die sie mit den Sexuallockstoffen der Weibchen anlockt und zu Begattungsversuchen bringt. Es wurden auch schon Schwebfliegen bei der Pseudokopulation beobachtet. Der Fruchtansatz ist stellenweise nahe 100 %, anderenorts konstant unter 5 %.
Typische Begleitpflanzen sind je nach Standort junge Kiefern und Fichten, Wacholder, Berberitze, Heckenrose, Wolliger Schneeball, Hartriegel, Heideröslein, Buchskraut, Gold- und Silberdistel, Kalkaster, Rauher Alant, Günsel, Kleearten (v. a. Hufeisen-, Horn- und Wundklee), Salbei, Küchenschelle, Waldwindröschen, Walderdbeeren, Waldehrenpreis, Esparsette, Storchschnabel, Berg- und Eichenblättriger Gamander, Rauher Alant, Kugelblume, Wolfsmilcharten (v. a. Zypressenwolfsmilch), Fransen- und Deutscher Enzian, Ästige Graslilie, das seltene Federgras, Glatthafer, Blau- oder Zittergras, Aufrechte Trespe, Nickendes Perlgras, Pfeifengras, oft Waldzwenke, Erdsegge und andere Seggen, die übrigen Ragwurzarten, besonders Braunrote, aber auch Müllers Stendelwurz, Helm-, Brand-, Purpur-, evtl. auch Dreizähniges Knabenkraut, Ein- und Netzblatt, Mückenhändelwurz, Einknolle, Herbstwendelorchis, in warmen Gegenden Riemenzunge, Dingel, Puppenorchis und etwas häufiger die Spitzorchis. Im Schatten bzw. Halbschatten gesellen sich noch die Waldvögelein, Breitblättrige Stendelwurz, Großes Zweiblatt, Frauenschuh, in manchen Gegenden (z. B. in Thüringen) auch Fuchs' Knabenkraut hinzu.
Bei günstigen Bedingungen vermehrt sich die Fliegenragwurz vegetativ durch Anlage von zwei statt einer Knolle und ist dann manchmal in dichten Gruppen zu finden. Dies ist auch dort der Fall, wo die Pflanzen von Wild oder Schafen verbissen werden.

(a) Lichter, warmer Kiefernheidesteppenwald in Unterfranken. Weitere Arten: Kleine Spinnenragwurz, Mückenhändelwurz, Braunrote Stendelwurz, Weiße Waldhyazinthe, Helmknabenkraut; (b) Fliegenragwurz am selben Standort, (c, d) in Hessen.

(a) Fliegenragwurz im Vercors (Westalpen/F) (var. *virescens*/Farbchimäre), (b) in der Eifel, (c) im südlichen Frankenjura (Bayern), (d, e, f) in Thüringen.

5.102 Drohnenragwurz

Ophrys bombyliflora LINK

Merkmale
Meist nur 5–10 cm hoch, kleinblütig, wenig variabel. Häufig fallen als erstes die gelblich-grünen Sepalen oder Rosetten ins Auge. Letztere ziehen zur Blütezeit oft schon ein. Unverwechselbar, oft nur 1 oder 2 Blüten.

Blütezeit
E 3-A (M) 4, frühblühend

Standort
Überwiegend sonnig, basenreiche, trockene bis frische, oft steinige, moosige Böden, z. T. in lückigem, krautarmem Rasen verborgen. Die im Mittelmeergebiet häufigere Orchidee hat am Fuß der Seealpen ihre nördliche Verbreitungsgrenze [8]. Sie ist hier sehr selten. Ob und wie weit sie in die Berge aufsteigt, ist noch nicht geklärt.

Drohnenragwurz bei Narbonne (Südfrankreich).

5.103 Kleine Spinnenragwurz

Ophrys araneola REICHENBACH
Ophrys litigiosa CAMUS

Merkmale
10–25 (40) cm hoch; Blütenlippe auffallend klein, Sepalen hellgrün, gelblich, manchmal dunkler grün, sehr selten auch weiß oder gar rosa überlaufen. Petalen gelblich oder bräunlich, selten weiß. Die Lippe ist oft rundlich, relativ flach, zum Rand zu kräftiger behaart, meist dort auch gelb und wieder unbehaart, kaum gehöckert, oft ohne Anhängsel, kürzer (!) als seitliche Sepalen; Lippenzeichnung variabel, meist blau glänzend und H-förmig bis aufgelöst und hellbraun. Die überwiegend grundständigen Laubblätter sind hell blaugrün und erscheinen bereits im Herbst als Rosette. Gegen Ende der Blütezeit wirken die Pflanzen auffallend blaß gelbgrün.

Verwechslungsmöglichkeiten
Die Spinnenragwurz (vgl. nächstes Kapitel) hat eine deutlich größere, eher eiförmige Lippe, gleichlang oder länger als die seitlichen Sepalen. Sie ist mehr oder weniger gehökkert und besitzt nur selten einen kahlen, gelben Rand. Meistens trägt sie weniger Blüten als die Kleine Spinnenragwurz.
Hybriden mit Fliegenragwurz sind häufiger, aber v. a. an der Lippenform, den Petalen und der Malzeichnung zu erkennen.
Die Marseille-Ragwurz, im Hinterland von Nizza, vgl. Kap. 5.105.

Blütezeit
(M 3) E 4-E 5, etwas vor der Spinnenragwurz.

Standort
Bis 800 m, auf trockenen bis frischen, häufig schottrigen Kalkböden.
Die sehr seltene Orchidee kommt nur in klimatisch bevorzugten Gegenden (z. B. Unterfranken, Oberrhein) vor. Auch in Thüringen sollen noch zwei Standorte existieren (R. Beyer 1993, mdl. [6]). Etwas häufiger ist sie in der Nordschweiz und in Frankreich. Sie besiedelt sehr trockene, steinige, vegetationsarme Hänge (vorzugsweise mit Südwestneigung) sowie offengelassene Weinberge und rasige, lichte Kiefernwälder. Gern steht sie vor Büschen, die Schutz gegen Nord- und Ostwind gewähren. Empfindlich reagiert sie auf längere Beschattung und Verbuschung.

Allgemeines
In der Vergangenheit wurde die Kleine Spinnenragwurz von den meisten Autoren trotz offensichtlicher Unterschiede von der Spinnenragwurz nicht abgetrennt [z. B. 4] oder als Unterart geführt.
Aus diesem Grund sind neue Erkenntnisse über Lebensweise und Verbreitung durchaus noch möglich.
Häufig trifft man die kleine, aber attraktive Art in Begleitung der Fliegenragwurz an, mit der sie gelegentlich die unterschiedlichsten Hybriden bildet. Als Bestäuber sind kleine Bienen der Gattung *Andrena* bekannt.
Typische Begleitpflanzen sind auch: Grüne Waldhyazinthe, Puppenorchis, Riemenzunge, Hummelragwurz, Helmknabenkraut, Braunrote Stendelwurz, Wacholder, Hartriegel, Wolliger Schneeball, Heckenrose, Weißdorn, Krüppelschlehen und die meisten der übrigen in Kap. 5.101 aufgeführten Arten, z. B. Graugrüne Segge, Salomonssiegel, Kugelblume, Kleines Habichtskraut, Zypressenwolfsmilch, Feld-Mannstreu, Frühlingsfingerkraut, Echter Gamander, Kleiner Wiesenknopf, Kreuzblümchen und Behaarter Ginster.
Auch wenn die Art im allgemeinen gut ansprechbar ist, gibt es doch immer wieder Einzelexemplare oder gar Populationen (z. B. im Kaiserstuhl), die nicht eindeutig zuzuordnen sind. Eventuell handelt es sich hierbei um Bastarde mit der Spinnenragwurz bzw. deren Rückkreuzungsprodukte (menschlicher Einfluß ?). In größeren Populationen findet man auffallend häufig monströse Exemplare (z. B. am Vogesen-Ostrand).
Im Hinterland von Nizza blüht eine grünliche Sippe auffallend spät (ab A 4)

Sehr seltene Varianten mit farbigem Perigon (Mosel/Westfrankreich).

(a) Warmer, trockener Südwesthang (Muschelkalk) in Unterfranken. Im näheren Bereich keine weiteren Orchideenarten (vgl. auch Kap. 3.9); (b, c, d) Kleine Spinnenragwurz am selben Standort; (e) seltene Variante mit nicht ausgefärbter Lippe (Mosel/Westfrankreich).

5.104 Spinnenragwurz

Ophrys sphegodes MILLER

Merkmale
10–25 (40) cm hoch; Sepalen hellgrün, Petalen gelblich oder bräunlich, breit, flach und lang, am Ende oft wie abgeschnitten (!); Lippe oval, gleichlang oder länger als die seitlichen Sepalen, schwach gehöckert (in den Südalpen oft stärker), samtig braun, seitlich behaart, selten mit gelbem Rand, normalerweise ohne Anhängsel (!) in einer deutlichen Kerbe; Lippenzeichnung meist glänzend (silbrig bis blaugrau, meist H-förmig), weniger variabel als bei *O. araneola*. Die hauptsächlich rosettig angeordneten weißlich blaugrünen Blätter erscheinen bei den meisten Pflanzen bereits im Herbst.

Verwechslungsmöglichkeiten
Kleine Spinnenragwurz (vgl. Kap. 5.103) und Hummelragwurz mit grünen Sepalen (selten). Letztere besitzen breitere, flachere Lippen, im allgemeinen eine variable, breite Malzeichnung und ein kräftiges Anhängsel.
Hybriden sind selten, sehr variabel und manchmal schwer abzugrenzen.
Im Hinterland von Nizza die Marseille-Ragwurz (vgl. Kap. 5.105).

Blütezeit
(A 4) A 5-M 6, ca. 2 Wochen nach *O. araneola*; spätblühende Sippen (M 6-A 7) sind aus dem Alpenvorland bekannt. In den SW-Alpen bis ca. 400 m beginnt die Blütezeit einzelner Individuen manchmal schon A 2.

Standort
Bis 700 m, in den Südalpen auch höher, kalkgebunden. Die Spinnenragwurz wächst vorzugsweise in Flußauen (Brennen) auf trockenen bis wechselfeuchten Böden über Kies. Dort besiedelt sie auch Sekundärstandorte wie Hochwasserdämme und klimatisch begünstigte, offengelassene Kiesgruben mit dünner Humusauflage. Die sehr seltene Pflanze gedeiht auch in Steppenheidewäldern und sonnigen, kurzrasigen, oft steilen Hängen wie z. B. in offengelassenen Weinbergen. Allgemein steht sie gern an Gebüschsäumen und im Schutz kleiner Bäume. Hohes Gras und fortschreitende Verbuschung verträgt sie nicht.

Allgemeines
Die Spinnenragwurz ist an vielen Orten ausgestorben, oft wurden auch die letzten Exemplare durch sog. „Pflanzenfreunde" ausgegraben. Wenige, meist schwach besetzte Standorte existieren noch in Süddeutschland sowie im äußersten Westen. Am Oberrhein und in Thüringen ist die Art noch etwas häufiger, wogegen sie im mittleren Rheintal und im Bodenseegebiet großräumig ausgerottet wurde. Erst in den Südalpen trifft man sie wieder in größeren Beständen an. Sie kann als Indikator für besonders reichhaltige (artenreiche), intakte Biotope gelten.
Gern wächst sie in Flußauen (erfriert hier aber häufiger) in der Nähe von Sanddorn, Hundsrose, Frühblühendem Thymian, Heideröslein, Esparsette, Hufeisen-, Horn- und Wundklee, Kleinem Wiesenknopf, Zypressen-Wolfsmilch, Sichelblättrigem Hasenohr, Gamander, Kriechendem Hauhechel, Skabiose, Schillergras, Aufrechter Trespe, Fliegen-, eventuell auch Hummelragwurz, Spitzorchis, Mückenhändelwurz, Salep- oder Brandknabenkraut. Hier und in den Steppenheide(wald)gebieten können beispielsweise noch weitere unter „Fliegenragwurz" (Kap. 5.101) aufgeführte Pflanzen hinzutreten.
In der Literatur [23] werden noch einige Formen bzw. Unterarten von *O. sphegodes* erwähnt (z. B. **ssp. *gigantea*** mit großen, breiten Lippen; **ssp. *ruppertii*** mit weißlichen Sepalen). Am Lech z. B. kann man auch einzelne Exemplare mit vergrößerten Petalen finden (E. Gügel 1998 mdl.). Als Bestäuber sind Männchen einiger Erdbienenarten (Gattung *Andrena*) bekannt, der natürliche Fruchtansatz ist aber in einigen Gegenden (z. B. Bayern) sehr gering (meist 0–5%) (Wucherpfennig 1993 mdl.). In Thüringen und Baden-Württemberg kann man dagegen in manchen Jahren 70–90% Fruchtansatz feststellen. Sterile Exemplare kommen eher selten vor.
In manchen kleineren Populationen, in denen die Hummelragwurz häufiger ist, lassen sich kaum noch Pflanzen ohne Einfluß der „Hummel" finden (vermutlich rückgekreuzte Bastarde = Introgressionspflanzen). Die Petalen werden dunkler, kürzer mit runder Spitze, ein kleines Anhängsel ist die Regel, das Mal wird vielgestaltiger, die Sepalen oft etwas rötlich.
Im Laufe der Zeit verschwindet vermutlich die „Spinne", zumindest in ihrer Reinform. Meistens sind wohl kreuzbestäubende Menschen der Auslöser.

(a) Ehemalige Kiesgrube am Lech, jährlich gepflegt. Weitere Arten: Fliegenragwurz und Salepknabenkraut, Heideröśl, Stengelloser Enzian; (b, c, d) Spinnenragwurz am selben Standort, (e) am Oberrhein, (f) am Lech, (g) in Thüringen, (h) in den französischen Südwestalpen (var. *virescens*, apochrom).

Variation einer großblütigen späten Sippe der Spinnenragwurz in den italienischen Seealpen.

a

b

Problematik
In SO-Frankreich bis nach Italien hinein existiert in den Seealpen bis mindestens 750 m Höhe eine bisher unbeschriebene, spätblühende (etwa im Juni anzutreffende) Sippe, die recht große Blüten besitzt (größte Lippe aller Ragwurzarten im Gebiet!). Die Petalen sind eher spitz zulaufend, wirken nicht „abgeschnitten“ wie bei der Normalform. Sepalen und Petalen sind verhältnismäßig häufig rosa angehaucht bis rein hellrosa. Die Lippe ist bis zum Rand behaart (oft recht kräftig), das Mal oft nur wenig farbig abgehoben, manchmal aber weiß gerandet. Der Narbenkopf ist gegenüber der Lippe etwas stärker abgesetzt (eingeschnürt wie bei der Schwarzen Ragwurz, zu der sie eventuell zu stellen ist). Ein kleines Anhängsel ist vorhanden (!). Diese kaum gehöckerte Form ist auffallend dunkellappig und ähnelt der frühblühenden *Ophrys garganica* (ssp. *passionis*) in Südfrankreich / Spanien. Im Gegensatz zu dieser blüht sie eher nach als deutlich vor der Bienenragwurz. Eventuell wäre sie aber trotzdem hierher zu stellen. Sie wächst meist unbeschattet in ebenem, beweidetem Gelände.

c

d

e

f

(a) Biotop in Thüringen (Muschelkalk-Südhang) mit Spinnen- und Fliegenragwurz und Purpurknabenkraut; (b) seltenere Form mit gelbem Rand im Oberrheintal; (c, d, e, f) Variationen einer großblütigen, späten Sippe in den italienischen Seealpen (Ligurische Alpen, ca. 600 m), bei (c) rechts: Hybride mit *O. saratoi* (?).

5.105 Marseille-Ragwurz

Ophrys massiliensis Vigilione & Vela

Merkmale
(5) 10–25 (30) cm hoch, auffallend kleinblütig. Die Pflanze ist schlank, meist hochwüchsig und relativ locker- und vielblütig. Die Lippe ist gehöckert und an der Seite recht kräftig behaart, die Zeichnung ist meist H-förmig, gelegentlich weiß gerandet. Die Petalen sind schmal und etwas dunkler als die Sepalen. Ein Anhängsel fehlt oder ist sehr klein.

Verwechslungsmöglichkeiten
Die Kleine Spinnenragwurz hat eine eher größere, kaum gehöckerte Lippe und breitere, helle Petalen. Im Hinterland von Nizza blüht sie am selben Standort auf wenn die Marseille-Ragwurz verblüht. Zeitliche Überschneidungen sind selten.
Auch die Spinnenragwurz kommt hier mit einer sehr frühblühenden Sippe an manchen Standorten vor. Hier kann man auch Übergänge (Bastarde?) beobachten; manche Exemplare sind bisher kaum einzuordnen.

Blütezeit
M 2-A 4 (bei Marseille ab M 1!), deutlich vor der Kleinen Spinnenragwurz.

Standort
Bis mindestens 400 m (600?), meist schattig bis zeitweise sonnig, gern an Nordhängen oder an Abflachungen im Gelände. Der Boden ist oft mergelig, steinig, nicht zu trocken, leicht grasig, unbedeckt (ausgeschwemmt) oder moosig. Sowohl bei Marseille als auch bei Nizza findet man die als Art beschriebene Sippe in lichten Kiefernwäldern auf magerem Kalkboden unter oder zwischen Bäumen und Sträuchern in krautarmen Biotopen, z. T. in erodiertem Gelände.

Allgemeines
Die erst im Februar 1999 beschriebene Sippe ist schon länger bekannt. Nach Prof. H. Paulus „interessiert sich der Bestäuber der typischen Spinnenragwurz überhaupt nicht für die Blüten“ (1996 schriftl.), sie ist also trotz der ähnlichen Blütezeit und der o. g. Übergangsformen abzutrennen.
Die Standorte der Marseille-Ragwurz sind eher artenarm, allerdings reich an Orchideen. Nördlich von Nizza findet man in ihrer Umgebung auch die Spinnenragwurz, die Kleine Spinnenragwurz, die Spinnenähnliche Ragwurz, meistens die Braune, selten Leukas- oder Bienenragwurz, oft Mastorchis, Wohlriechendes Wanzenknabenkraut, Keusch- und Spitzorchis, gelegentlich auch die Herbstwendelorchis. Die übrige, mediterran beeinflußte Pflanzengesellschaft wird gebildet aus Hakenkiefern, Erdbeerbaum, Stechwacholder, Stein- und Flaumeichen, Mastixstrauch, Besenginster, Zistrosen, Kleinem Stechginster, Rosmarin, Echtem Thymian, Binsenlilie, Hornklee, verschiedenen Sonnenröschen, Strauchiger Kugelblume, Siegwurz, Sternanemone und Wolfsmilcharten.

Einzelblüten.

(a-d) Marseille-Ragwurz im Hinterland von Nizza, 300-350 m, Biotop vgl. Kap. 3.9.

5.106 Provence-Ragwurz

Ophrys provincialis (H. Baumann et Künkele) Paulus
O. sphegodes ssp. *provincialis* E. Nelson

Merkmale
15–25 (40) cm hoch, 3–10blütig. Der Narbenkopf der Blüte ist schlecht von der Lippe abgesetzt (nicht eingeschnürt), die Lippe ist nicht oder nur schwach gehöckert. Das meist weiß umrandete, manchmal reich gegliederte oder flächige, glänzende Mal erstreckt sich bis auf die „Schultern" bzw. kleinen Höcker, das Basalfeld ist oft auffallend dunkelrot, auch die Basalschwielen („Augen") sind m. o. w. weiß gerandet. Ein kleines Anhängsel ist gewöhnlich vorhanden.

Verwechslungsmöglichkeiten
Auch die Gargano-Ragwurz besitzt ein Mal (bei dem die weiße Umrandung wie bei den Basalschwielen fehlt) bis auf die „Schultern", jedoch kein rotes Basalfeld. Der Narbenkopf ist deutlich abgesetzt.

Blütezeit
M 4-A (E) 5

Standort
Bis in 800 m Höhe, bekannt aus Süd(ost)frankreich, möglicherweise bis nach Italien hinein [15]. Unser Gebiet streift sie nur in den Seealpen (Alpes-Maritimes). Man findet die recht attraktive Art auf kalkhaltigen, trockenen bis frischen, steinigen, sogar sandigen Böden. Hier wächst sie sonnig bis halbschattig, selten schattiger in lichten Kiefernwäldern. Sie bevorzugt allerdings den Waldrand oder einzelne Gehölze als Schutz und meidet selbst Südhänge nicht. Seltener trifft man sie in terrassiertem Gelände (z. B. in Olivenhainen) an; dichteren Graswuchs meidet sie. Oft ist der Boden in ihrer Nähe relativ krautfrei.

Allgemeines
Die Provence-Ragwurz ist sehr selten, auch außerhalb des Alpenraumes. Wie viele andere Arten leidet sie besonders unter dem Landverbrauch in dieser klimatisch bevorzugten Region und unter zu starker oder fehlender Beweidung. Von sommerlichen Bränden in dieser Region profitiert sie wohl eher.
Sie wächst im allgemeinen in orchideenreichen Biotopen und kann mit den meisten dort vorkommenden Arten vergesellschaftet sein. Eine besondere Vorliebe läßt sich nicht feststellen. Steht sie mit der Kleinen Spinnenragwurz, der Spinnenähnlichen oder der Gargano-Ragwurz im selben Biotop, so sind diese Sippen eher im Abblühen bis verblüht wenn die Provence-Ragwurz die ersten Blüten öffnet.
Bestäubt wird die erst 1988 abgetrennte Art von einer auffallend dicken Pelzbiene (*Antophora atriceps*). Für uns Menschen sind manche Exemplare dieser vielgestaltigen Sippe nur schwer zuzuordnen.

Provence-Ragwurz am Südwestrand der Alpen (Var/F), links mit „labelloiden" Petalen.

(a, b, c) Provence-Ragwurz in den Alpilles (westl. der Südalpen), Biotop vgl. Kap. 5.16.2, (d) am Südwesthang der Alpen (Var/F).

5.107 Gargano-Ragwurz

Ophrys garganica ssp. *passionis* (SENNEN ex DEVILLERS & DEVILLERS-TERSCHUREN) PAULUS & GACK
O. garganica O. & E. DANESCH
O. passionis SENNEN

Merkmale

20–40 cm hoch, lockerblütig. Kronblätter grün, Petalen relativ groß, gelegentlich leicht rötlich (gerandet). Die dunkle Lippe mit m. o. w. dunklem Basalfeld ist meist ganzrandig, seltener 3-lappig, gelegentlich vorne zugespitzt (gezwickt), oft mit gelblichem Rand bei rötlichem Übergang und kleinem Anhängsel. Das dunkle, glänzende Mal ist häufig schlecht abgesetzt, H-förmig mit Ausläufern bis auf die Schultern (!), der Narbenkopf ist deutlich abgegrenzt (eingeschnürt).

Verwechslungsmöglichkeiten

Auch die Provence-Ragwurz besitzt eine Lippenzeichnung mit Ausläufern bis auf die Höcker. Diese ist allerdings fast immer weiß gerandet. Der Narbenkopf ist hier nicht eingeschnürt.
Ähnliche Sippen der Spinnenragwurz und die Schwarze Ragwurz besitzen normalerweise nur ein H-förmiges Mal ohne Ausläufer.

Gargano-Ragwurz im Var (F).

Blütezeit

(M) E 4-A 5 (-E 6?), meist nach der Spinnenragwurz.

Standort

Bis 750 m, auf karbonatischen, steinigen, trockenen bis frischen Böden. Die geographische Unterart (von den mittelitalienischen Populationen (bis in die Toscana) räumlich getrennt) wächst vorwiegend in krautarmen, orchideenreichen Biotopen, oft südexponiert, aber gern im Schutz von (zwischen) Sträuchern und Bäumen.
Sie ist aus Katalonien (E) und Südfrankreich bis in die Seealpen bekannt und relativ selten. Größere Populationen sind im Alpenbereich nicht bekannt. Die Nominatrasse (ssp. *garganica*) ist in Italien weit verbreitet.

Allgemeines

Häufiger findet man die Sippe zwischen Kiefern, Pinien, Wacholder oder Ginster in sehr lückigem Gras. An Orchideen trifft man hier beispielsweise die Schnepfenragwurz (auch eine späte, kleinblütige Sippe), Saratos und Spinnenähnliche Ragwurz, das Südfranzösische Knabenkraut, das Wohlriechende Wanzenknabenkraut, Schwertstendel u. v. m.
Bestäubt werden beide Unterarten (die italienische unterscheidet sich übrigens fast nur durch größere Petalen von der west-mediterranen) von einer kleinen schwarzen Biene (*Andrena carbonaria*).
Die Gargano-Ragwurz ist sehr vielgestaltig und manche Exemplare sind nur schwer richtig zuzuordnen, zumindest für den Menschen.
Eine spätblühende Sippe kommt in den italienischen Seealpen um 600 m vor (vgl. Kap. 5.104). Sie besitzt eine sehr große Lippe, hat häufiger weiße oder rosa Kronblätter und beginnt mit der Blüte erst nach der Bienenragwurz. Ihre Zuordnung ist noch nicht geklärt.

a b c d

(a-d) Gargano-Ragwurz südwestlich der Alpen (Var/F).

5.108 Schwarze Ragwurz

Ophrys incubacea Bianca
O. atrata Lindley

Merkmale

(15) 20–30 cm hoch, großblütig, schlanker und höher als die sehr ähnliche Spinnenragwurz. Die Kelchblätter sind grün, die Petalen oft rötlich überlaufen. Die ganzrandige, längliche, dunkle Lippe ist zum Rand zu stärker behaart (!), der Narbenkopf (mit hellen Partien!) deutlich abgesetzt (eingeschnürt), in der Narbenhöhle oft ein weißer Fleck. Die gut ausgebildeten, oft spitzen Höcker sind an der Innenseite kahl und glänzend (!). Das Mal ist H-förmig und eher bläulich, manchmal auch hell gerandet. Ein Anhängsel fehlt meistens oder ist sehr klein.

Verwechslungsmöglichkeiten

Manche Sippen der Spinnenragwurz sehen sehr ähnlich aus, meist fehlt aber die kräftige Randbehaarung oder die innen kahlen Höcker. Die Gargano-Ragwurz hat ebenfalls kaum eine Randbehaarung, oft einen gelblichen Lippenrand. Das Mal ist oft ausgedehnter (Schultern!).

Blütezeit

Im Gebiet A-M (E) 5, deutlich später als die Spinnenragwurz.

Standort

Im Gebiet bis 750 m auf kalkhaltigem, nicht zu trockenem bis sickerfeuchtem, auch schottrigem Boden. Die Art kommt jedoch auch über silikatischen Böden (z. B. Schiefer) vor. Sie bevorzugt Mulden, auch Straßengräben und vegetationsarme Stellen, die bei Regen kurzzeitig überschwemmt werden. Sie wächst vorzugsweise südorientiert und verträgt zeitweise, leichte Beschattung.

Allgemeines

Die im Alpenbereich sehr seltene, mediterrane Art wächst oft ohne Begleitorchideen vereinzelt, hin und wieder in der Nähe der Mastorchis, mitunter zusammen mit allen möglichen Orchideenarten wie Spitzorchis und einer kleinblütigen, späten Schnepfenragwurz. Des weiteren begleiten sie der Echte Thymian, Feldmannstreu, Oregano, Ehrenpreis, Horn- und andere Kleearten, Kugelblume und Sonnenröschen. Häufiger steht sie krautarm zwischen Ginstergebüsch und lückig wachsenden Seggen.
Die Verbreitung der Sippe im behandelten Gebiet ist noch nicht ganz geklärt. Gesichert ist sie in den Seealpen im Grenzbereich Italien/Frankreich in niederen Lagen und meeresnah bis 750 m. Ähnliche Pflanzen kommen aber auch im Gardaseegebiet und in der Haute Provence vor. Bestäubertests (*Andrena morio*) könnten hier Aufschluß geben.
Möglicherweise gehört hierher auch die unter „Spinnenragwurz“ beschriebene (vgl. dort) großblütige, dunkle, spätblühende Sippe aus den Seealpen, die in der Lippenform allerdings abweicht und gelegentlich ein buntes Perigon aufweist.

links: Schwarze Ragwurz in Maures (südwestlich der Alpen); rechts: in den italienischen Südalpen.

a b c d

(a) Ebene Wiese in den französischen Seealpen (650 m) mit Schwarzer Ragwurz, Dreizähnigem Knabenkraut und Spitzorchis (knospend). In weiteren Bereichen zahlreiche andere Arten; (d) Schwarze Ragwurz im selben Biotop, (b, c) in den italienischen Seealpen (300 m).

5.109 Spinnenähnliche Ragwurz

Ophrys exaltata ssp. *arachnitiformis* (Greiner et Philippe) del Prete
O. arachnitiformis Greiner et Philippe
O. integra (Moggridge & Reichenbach fil.) Paulus & Gack

Merkmale
10–25 (35) cm hoch, 3–7 (10) blütig, schlank, Kronblätter meist weiß, auch rosa, oft etwas grünlich, selten grün. Die Petalen sind dunkler (meist rosa), im allgemeinen spitz zulaufend und etwas länger als bei der Spinnenragwurz (!). Die Lippe ist kaum einmal dreiteilig und selten etwas gehöckert, ein kleines Anhängsel ist meist vorhanden (!). Die Basalschwielen („Augen") stehen oft eng zusammen. Das Mal ist sehr formenreich, oft H- oder X-förmig, manchmal flächig (planimaculat) oder gar aufgelöst, selten als Fleck losgelöst in der Lippenmitte. Die Laubblätter sind relativ silbrig grün.

Verwechslungsmöglichkeiten
Im gesamten *sphegodes*-Formenkreis kommen Einzelpflanzen mit bunten Kronblättern vor, in Südfrankreich häufiger (sog. „arachnitiforme Individuen"). Von diesen (und anderen) Arten läßt sich die Spinnenähnliche Ragwurz oft durch die Form der Petalen, das kleine Anhängsel und die eng stehenden Basalschwielen unterscheiden. Sie blüht sehr früh. Prächtige Ragwurz vgl. nächstes Kapitel.

Blütezeit
(A) M 2-E 3

Standort
Bis 600 m auf trockenen bis frischen, mergeligen oder steinigen, kalkhaltigen Böden. Die Art gedeiht schattig an Nordhängen, meistens aber halbschattig, selten vollsonnig. Man findet sie hauptsächlich in lichten, moosigen, krautarmen Kiefernwäldern, besonders in Lichtungen, aber auch in terrassierten grasigen Fluren, beispielsweise in Extensivweideland und Olivenhainen oder Brachland. Gern steht sie krautfrei oder in lockerem Rasen, manchmal unter Sträuchern.

Allgemeines
Die Sippe ist aus Südfrankreich (vermutlich von Spanien bis in die Ligurischen Alpen/Italien) bekannt und streift unser Gebiet nur in den Seealpen. Sie wird hier von *Colletes cunicularis* bestäubt, ähnliche Sippen sind räumlich von dieser Art getrennt und unter verschiedenen Namen beschrieben (v. a. in Italien), gehören aber wohl der selben Art an. Stellenweise existieren noch größere Bestände, die aber oft durch menschliche Aktivitäten gefährdet sind.
Gern wächst sie in der Nähe der Spinnenragwurz, mit der sie auch häufiger schwer ansprechbare Bastarde bildet, gelegentlich auch mit der Braunen Ragwurz und der Mastorchis.
Weitere Begleitflora siehe in Kap. 3.9.

a b c d

(a, b) Spinnenähnliche Ragwurz im Hinterland von Nizza; (c, d) am Südwestfuß der Alpen (Var/F), (d) mit fehlender Lippenfärbung.

(a-e) Spinnenähnliche Ragwurz im Hinterland von Nizza (250-500 m), Biotop vgl. Kap. 3.9.

5.110 Prächtige Ragwurz

Ophrys spendida Gölz & Reinhard

Merkmale
Sehr ähnlich der vorigen Art (Spinnenähnliche Ragwurz, vgl. dort), doch breitere Petalen mit gelblichem oder grünlichem Rand. Die Lippenzeichnung ist etwas weniger variabel, dafür aber häufig weiß gerandet. Die Lippe hat oft einen gelben Rand. Einzelexemplare könnten eventuell verwechselt werden.

Blütezeit
(A) M 4-A (M) 5, die ersten Exemplare blühen auf, wenn die letzten Exemplare der Spinnenähnlichen Ragwurz am selben Standort abblühen.

Standort
Sonnig bis halbschattig, auf trockenen bis frischen, basenreichen (nicht unbedingt nur kalkhaltigen), oft steinigen Böden. Die auffallende Ragwurz wächst vorzugsweise auf ebenen oder leicht nach Norden geneigten Flächen, die zwar warm, aber weniger extrem der Sonne ausgesetzt sind. Sie ist endemisch in der Provence (Ausnahme: eine Stelle in der Normandie) und kommt bis an die französischen Seealpen vor. Ob und wie weit sie in die Berge aufsteigt, ist noch unklar.

Prächtige Ragwurz südwestlich der Alpen.

(a, b, d) Prächtige Ragwurz südwestlich der Alpen (Var/F), 50 m; (c) am Südwestfuß der Alpen (Var/F), 100 m.

5.111 Hummelragwurz

Ophrys holoserica (Burm. F.) Greut
O. fuciflora (F. W. Schmidt) Moench

Merkmale
10–25 (50) cm hoch, Sepalen und Petalen dunkelrosa bis reinweiß, selten grün; Petalen rosa, selten grünlich gelb gefärbt, meistens sehr kurz behaart und fleischig dreieckig (!). Die breite, mehr oder weniger gehöckerte Lippe ist samtig behaart, das enorm vielgestaltige Mal (selbst eine Varietät *bicolor* mit zweifarbiger Lippe ohne Mal ist bekannt) glänzt matt und kann sogar an ein und derselben Pflanze von Blüte zu Blüte variieren, Exemplare in Gruppen sehen sich sehr ähnlich (vegetative Vermehrung!). Allgemein ist die Lippenzeichnung in die Breite gezogen, der Lippenrand ist meistens flach ausgebreitet, unten steht ein kräftiges Anhängsel nach vorne. Eine dreilappige Lippe (var. *intermedia*) kann (!) auf einen Einfluß der Schnepfenragwurz hindeuten. Die weißlichgrünen Laubblätter sind hauptsächlich in einer flachen Rosette angeordnet, erscheinen meist schon im Herbst und welken gelegentlich (v. a. in warmen, trockenen Jahren) schon zur Blütezeit.

Verwechslungsmöglichkeiten
Die Bienenragwurz besitzt weniger breite und große Lippen, mit einem nach hinten zurückgeklappten kleinen Anhängsel, die Blätter sind weniger weißlich und sie blüht später. Hybriden mit der Bienenragwurz sind an der eher eiförmigen (stärker gehöckerten) Lippe zu erkennen. Sie bestäuben sich selbst. Auf eine Bastardierung mit Fliegenragwurz weist eine geteilte Lippe mit kleinem, fleckartigem Mal hin. Das Anhängsel nimmt oft eine Mittelstellung ein.
Hybriden mit Spinnenragwurz sind sehr selten und nur schwer abzugrenzen; die Merkmale liegen zwischen beiden Arten, sind jedoch oft zur Hummelragwurz hin verschoben (doch Form der Petalen weniger dreieckig und fleischig, sondern flach, die Sepalen oft „schmutzig" rosa).
Grüne Formen der Hummelragwurz unterscheiden sich von der Spinnenragwurz durch kleine Petalen, breite Lippenzeichnung und ein kräftiges Anhängsel.
Hohe Hummelragwurz, siehe nächstes Kapitel.
Die Schnepfenragwurz hat längere Petalen, ihre Lippenform ähnelt der Bienenragwurz, Bastarde sind manchmal schwer anzusprechen.
Die Spinnenähnliche Ragwurz hat flache, lange Petalen und ein sehr kleines Anhängsel.

Blütezeit
(A 5) E 5-M 6 (A 7)

Standort
Nur selten über 800 m (Südalpen bis 1500 m); auf Kalkboden.
Die Hummelragwurz besiedelt in der Hauptsache Brennen in Flußauen (trockene bis wechselfeuchte Stellen), kommt aber in klimatisch begünstigten Gegenden auch an sonnigen, lockerrasigen Hängen und in Steppenheidewäldern vor. Sie steht gern um Buschwerk, an Hochwasserdämmen, um Kiesgruben und Steinbrüche. Die sehr attraktive Pflanze war früher in geeigneten Gegenden recht verbreitet und nicht selten. Heute ist auch sie über weite Strecken völlig verschwunden. „Orchideenliebhaber" graben immer wieder Exemplare aus, um die zu ersetzen, die in ihren Gärten oder in ungeeigneten Gebieten nicht überleben konnten. So existieren reichhaltige Vorkommen außer in den SW-Alpen nur noch im Moselgebiet, im oberen Rheintal, am Lech, in der Schwäbischen Alb und in wenigen anderen Gebieten, oft über Löß- und Lehmböden. Nördlich des Mains und in den östlichen Bundesländern sind die wenigen Fundorte längst erloschen.

Allgemeines
Als Bestäuber für die Hummelragwurz werden in der Literatur [34] Langhornbienen (Gattung *Eucera*), Bienenfliege und verschiedene Blatthornkäfer (z. B. Gartenlaubkäfer) angegeben. Allerdings findet man bei uns manchmal nur dürftigen Fruchtansatz, der eventuell auf menschliche Aktivitäten zurückzuführen ist. Möglicherweise ist die Pflanze gerade dabei, sich (wie die Bienenragwurz) auf Autogamie bei ausbleibender Fremdbestäubung umzustellen. Es wurden in letzter Zeit mehrfach Exemplare mit herabsinkenden Pollinien beobachtet. Die Begleitvegetation deckt sich im wesentlichen mit der der Spinnen- und Fliegenragwurz. Typische Begleitpflanzen sind: Spitzorchis, Riemenzunge, Puppenorchis, Helm-, Brand- und Salepknabenkraut, andere Ragwurz-Arten, Aufrechte Trespe, Deutscher Enzian, Echte Schlüsselblume, Knolliger Hahnenfuß und Bergklee. Man findet die Hummelragwurz auf wechselfeuchten Flächen selbst zwischen Mehlprimeln und weißer Stendelwurz, was beweist, daß sie, wie Fliegen- und Bienenragwurz, auch länger andauernde Feuchtigkeit erträgt.
Aus dem Saarland wurde noch eine relativ spät blühende Sippe ***coronifera*** mit etwas größeren, dreizackigen Petalen beschrieben (J. Passin 1993 mdl.).

Hummelragwurz mit verlängerten Petalen (Vercors/ französische Westalpen).

(a) Sporadisch beweideter Hang am Oberrhein. Weitere Art im sichtbaren Bereich: Bienenragwurz (auch var. *friburgensis* und var. *botteronii*); (b, d–i) Hummelragwurz im Oberrheintal, (f) Tendenz zu var. *virescens*, (g) var. *virescens*, (c) am Lech, Bayern.

(a, b) Hummelragwurz am Lech, Bayern, (a) mit seltenem grünem Perigon, (c) in Baden-Württemberg, (d) an der Isar, Niederbayern (mit verwaschenem Mal), (e, h, i) in den französischen Südwestalpen (unter Beteiligung der Schnepfenragwurz?), (f, g) im Gardaseegebiet.

5.112 Hohe Hummelragwurz, Kleinblütige Hummelragwurz

Ophrys elatior GUMPRECHT ex H. F. PAULUS
Ophrys holoserica ssp. *elatior* GUMPR.

Merkmale
(15) 50–80 (92) cm hoch; reichblütig, bis 18 kleine Einzelblüten (etwa halbe bis zwei Drittel der Größe normaler Hummelragwurz-Blüten). Die Tragblätter sind auffallend lang, die Lippe ist behaarter, ihre Zeichnung ist oft etwas weniger breit und weniger variabel. Die Höckerung ist ohne Einfluß der Schnepfenragwurz im Schnitt geringer. Exemplare mit grünen Petalen und Sepalen sind äußerst selten, meistens sind sie kräftig rosa. Die Laubblätter sind zur Blütezeit der Hummelragwurz auffallend groß. Sie erscheinen schon kurz nach der Blütezeit.

Verwechslungsmöglichkeiten
Die Nominatform ist niedriger, hat größere Blüten und ist normalerweise lange verblüht (ca. eineinhalb Monate), wenn die Blütezeit von *elatior* beginnt.

Blütezeit
(A) E 7-M 8 (A 9)

Standort
Bis 500 (700?) m.
Trockene Magerrasen in Flußauen, moosige, frische kalkhaltige, flachgründige Böden über Flußschotter, weniger in praller Sonne, gern im Schatten oder Halbschatten von Büschen und Bäumen (z. B. Flaumeichen, Pappeln, Berberitze, Weißdorn, Schlehe, Wolliger Schneeball, Hartriegel, Liguster).
In Frankreich existieren auch schottrige, sw-orientierte kalkreiche Steilhänge mit lockerer Vegetation als Wuchsorte.

Allgemeines
Zu Blühbeginn sind die Laubblätter der hohen Orchidee bereits abgestorben, am Boden und an der unteren Stengelhälfte nur noch als schwarze Reste zu erkennen.
Der Bestäuber in Mitteleuropa ist eine Langhornbiene aus der Gattung *Tetralonia* (*T. salicariae*).
Als häufigere Begleitpflanzen wären zu nennen: Spinnen- und Hummelragwurz, Helm- und Brandknabenkraut, Mükkenhändelwurz, Spitzorchis, in Frankreich auch Kleine Spinnen- und Bienenragwurz, Schillergras, Aufrechte Trespe, Graugrüne Segge (und andere Arten der Gattung), Oregano, Kleines Habichtskraut, Zypressenwolfsmilch, Hahnenfuß, Golddistel, Braunelle, Skabiose, Echter Gamander, Ochsenauge, Kriechender und Gelber Hauhechel, Esparsette, Hornklee, Kreuzblümchen, Sonnenklee und Feld-Mannstreu.
Die meist flächendeckend aufkommende Goldrute und der Fototourismus an den wenigen bekannten Biotopen werden manchmal zum Problem.
In manchen Jahren kommt es zu Blütezeitüberschneidungen mit der Hummelragwurz. Hierbei entstehen Bastarde.

Problematik
In Kroatien, Mittel- und Norditalien (auch Gardaseegebiet), Südwestfrankreich (z. B. Maures und Seealpen) und in der Westschweiz [34] werden sehr ähnliche Pflanzen gefunden, die aber oft früher (z. B. ab M 6 in den Seealpen), meist kurz nach der dort auch manchmal vorkommenden Hummelragwurz blühen. Es bleibt noch zu prüfen, ob auch hier die Bestäuber übereinstimmen (für Istrien wurde bereits der Gegenbeweis erbracht, H. Paulus 1997 mdl.). Die relativ frühe Blütezeit wäre auch mit der stärkeren Sommerhitze zu erklären. Blütezeitüberschreitungen mit der Hummelragwurz sind hier noch eher möglich.

(a) Schattiger Bereich einer Brenne am Oberrhein, gepflegt; (b, c) Hohe Hummelragwurz am selben Standort.

Hohe Hummelragwurz am Oberrhein.

(a, b) Hohe Hummelragwurz am Oberrhein; (c, d) Kleinblütige, mittelspäte Sippen aus dem Var/F (Südwestfuß der Alpen, 300 m) und den französischen Seealpen (700 m, Biotop vgl. Kap. 5.16.2), A 6 bzw. M 6, siehe auch Problematik in Kap. 5.113.

5.113 Schnepfenragwurz

Ophrys scolopax CAVANILLES
mit *O. cornuta* STEVEN
und *O. santonica* (MATHÉ et MELKI) ENGEL et QUENTIN

Merkmale

Im Gebiet 10–20 (30) cm hoch, Kronblätter meist rosa, selten weiß, Petalen länglich (!). Die Lippe trägt ein sehr formenreiches Mal (oft an den Seiten herabreichend) und oft ein relativ breites, aufwärts gerichtetes Anhängsel. Sie ist stark konvex gewölbt (!) mit deutlichen, abgesetzten, behaarten Seitenhöckern (!). Der Fortsatz der Säule oberhalb der Pollinien (Konnektivfortsatz) ist etwas verlängert und spitz.
In den Südwestalpen (I/F) und in den Cevennen kommt noch eine auffallende kleinblütige, späte Sippe vor (Lippenlänge ca. 1/3 kleiner). Ob sie mit der aus Westfrankreich beschriebenen, noch später blühenden (E 6-M 8) ***O. santonica*** identisch ist, muß noch untersucht werden.
Die ostmediterrane ***O. cornuta*** besitzt verlängerte, nach vorne gezogene Höcker („gehörnte Unterart").

Verwechslungsmöglichkeiten

Die Bienenragwurz hat ein kleines Anhängsel, das nach hinten zeigt, und grünliche Petalen.
Die Hummelragwurz hat eine ausgebreitete, ganzrandige Lippe (kaum abgesetzte Höcker), manchmal ein etwas kleineres Anhängsel und kürzere, relativ dreieckige Petalen, oft einen stumpferen Säulenfortsatz.
Bastarde zwischen Hummel- und Schnepfenragwurz tendieren oft zur Hummelragwurz und sind manchmal schlecht abzugrenzen.

Blütezeit

Im Alpenbereich (E 4) A-E 5; kleinblütige, spätblühende Sippe E 5-A (E) 6.

Standort

In den SW-Alpen bis mindestens 750 m ansteigend (frühe und späte Sippe); die Schnepfenragwurz bevorzugt kalkhaltigen, frischen Boden, kommt aber auch auf trockenem, schottrigem oder wechselfeuchtem Untergrund vor. Offenbar verträgt sie sogar silikatische Böden. Sie wächst im Alpenbereich vorzugsweise südorientiert, vollsonnig bis kurzzeitig beschattet, die kleinblütige, späte Sippe steht gern halbschattig bis schattig (analog zur Hohen Hummelragwurz) auf moosigem, teilweise leicht feuchtem Untergrund. Meistens gedeihen beide Sippe in niedrigem bis halbhohem, lockerem Gras mit wenigen Kräutern in orchideenreichen Gebieten.
Die westmediterrane Art ist im Alpenbereich (italienische? und französische Seealpen) sehr selten und eher in Einzelexemplaren anzutreffen. Dies trifft auch für die kleinblütige, spätblühende Sippe zu (bekannt aus Maures, den französischen und den italienischen Seealpen). Die Gehörnte Schnepfenragwurz ist ostmediterran, hat aber in Thüringen zumindest einen relativ reichhaltigen Standort, wo sie vor Jahrzehnten angesät (!) wurde und sich bis heute mit den verschiedensten Bastarden (wohl „handgefertigt") hält.

Allgemeines

An Begleitorchideen können fast alle Arten des Halbtrokkenrasens auftreten, z. B. die Drôme-, Saratos und Aurelia-Ragwurz, häufig Hummelragwurz, dann auch die Bastarde, seltener Bienenragwurz oder eine Sippe der Spinnenragwurz, Provence-Ragwurz, häufiger Spitzorchis, selbst Schwertstendel und Schmetterlingsknabenkraut ... Den Bereich von größeren Laubbäumen (Flaumeichen) meidet sie meist, steht aber gern hinter Wacholder, kleinen Kiefern, Zistrosen oder Buchsbaum. Manchmal wird sie von der Binsenlilie begleitet, hin und wieder von Echtem Thymian, häufig von Graugrüner Segge. Die frühe und die späte Sippe können auch durchaus im selben Biotop vorkommen und scheinen sich trotz Blütezeitüberschreitung kaum zu vermischen (!). Dagegen bastardiert offenbar auch die kleinblütige, spätblühende Sippe mit einer dort ebenfalls vorkommenden kleinen, spät blühenden Hummelragwurz (*O. elatior*?).

(a-d) Kleine, spätblühende Sippe aus der französischen Seealpen (Biotop vgl. gegenüberliegende Seite); (e) aus den italienischen Seealpen (600 m).

(a) Beweideter, teils wechselfeuchter, kalkreicher Südhang in den französischen Seealpen, 650 m, mit Schnepfenragwurz (kleine und normale Sippe), in weiterem Umkreis noch zahlreiche andere Arten; (c, d) Schnepfenragwurz am selben Standort, (b) Gehörnte Schnepfenragwurz in Thüringen (angesät).

5.113.1 Übergangssippen zwischen Schnepfen- und Hummelragwurz

Ophrys fuciflora var. *intermedia* MOERR.
O. scolopax (bzw. *O. cornuta*) x *O. holoserica / fuciflora*
O. holubyana ANDRASOVZKY
O. truncata DULAC ?
O. pseudoscolopax (MOGGRIDGE) PAULUS et GACK ?
O. linearis (MOGGRIDGE) P. DELFORGE et al.

Die beiden Arten bilden offenbar fortpflanzungsfähige Bastarde, was eigentlich dem Artbegriff zuwiderläuft. Häufig kommen in den Bastardpopulationen die Eltern (zumindest die thermophilere Schnepfenragwurz) nicht mehr vor, oder die Bastarde konnten neue Standorte oder gar Gebiete erschließen.
Bekannt sind solch ausgedehnte Populationen u.a. aus Nordfrankreich, den französischen und italienischen Seealpen (bis in mindestens 700 m Höhe), Einzelpflanzen sogar auch aus dem Oberrheintal. Aus den Weißkarpaten (CZ/SK) wurde die Bastardsippe (unter Beteiligung der östlichen Gehörnten Schnepfenragwurz natürlich) als eigene Art (*O. holubyana*) beschrieben, da beide Elternarten über weite Strecken nicht (mehr?) vorkommen.
Die meisten der Individuen tendieren stärker zur Hummelragwurz, wenige stehen intermediär oder näher bei der Schnepfenragwurz (eingerollte Lippe mit abgesetzten Höckern, lange Petalen). Einen Einfluß der Schnepfenragwurz bei der Hummelragwurz erkennt man häufig in einem reicher gegliederten (aufgelösten) Mal, kräftigeren Höckern, einem breiteren Anhängsel, einem verlängerten, spitzen Säulenfortsatz (Konnektivfortsatz), längeren und schmäleren Petalen sowie einer weniger ausgebreiteten Lippe, wobei ein Merkmal allein nicht zwangsläufig auf die Schnepfenragwurz hinweisen muß.
Da in vielen Gebieten „schnepfenähnliche" Formen aber fehlen, kann man oft nur mutmaßen, ob es sich um Hybriden handelt.
Eine sehr spät blühende, großlippige Sippe, die eher zur Hummelragwurz tendiert, wurde aus SW-Frankreich als ***O. aegirtica*** (nach H. Paulus schon früher als ***O. truncata***) beschrieben und inzwischen auch im Drôme, in der Vaucluse und im Var (SO-Frankreich) in niederen Höhen gefunden. Sie blüht dort etwa gleichzeitig mit der Rhône-Stendelwurz, also etwa E 6-A 7. Sie bildet häufiger Bastarde mit der vorher aufblühenden Bienenragwurz [16]. Eine kleinblütige Sippe wurde bereits vor 130 Jahren als **var. *pseudoscolopax*** beschrieben und jetzt von H. Paulus und C. Gack umkombiniert. Sie blüht eher spät und wurde an der französischen Côte d'Azur gefunden. Inwieweit sie mit den Pflanzen aus den Alpen (italienische und französische Seealpen, vgl. Kap. 5.113) übereinstimmt, ist noch nicht bekannt. Auch ein Bestäuber wurde noch nicht gefunden.

a

b

c

(a, b) Übergangsformen aus den italienischen Seealpen; (c) Pflanze mit Tendenz zur Schnepfenragwurz.

(a) Pflanzen mit Tendenz zur Hummelragwurz (Verdon, französische Südalpen, 700 m), (b) Übergangsformen aus den italienischen Seealpen, (c, d) aus den Südwestalpen (Frankreich).

5.114 Bienenragwurz

Ophrys apifera Hudson

Merkmale
15–40 (70) cm hoch, 2–11 Blüten; Sepalen dunkel- bis hellrosa, gelegentlich weiß; Petalen kurz, selten länger (**var. *aurita***), schmal und grünlich; Lippe samtig mit glattem, eingekerbtem Muster und spitzen, behaarten Höckern (= Seitenlappen), Anhängsel nach hinten geklappt (!). Die grünen Laubblätter bilden z. T. eine im Herbst erscheinende, flache Rosette, einige begleiten den Stengel.

Verwechslungsmöglichkeiten
Die Hummelragwurz besitzt eine breitere Lippe mit einem nach vorne stehenden Anhängsel (wie die meisten ähnlichen Arten, vgl. Schnepfenragwurz!). Bei Hybriden mit der Hummelragwurz steht das Anhängsel ebenfalls nach vorne oder unten. Bastarde mit Spinnenragwurz (künstlich hervorgerufen) besitzen grüne Kronblätter und längere Petalen. Das Mal nimmt eine Mittelstellung ein.

Blütezeit
(M 5) M 6-M 7

Standort
Bis 900 (1200) m, auf kalkhaltigem, nicht zu trockenem Untergrund. Die Bienenragwurz kommt nur in klimatisch günstigen Lagen vor. Häufige Niederschläge im Winter scheinen förderlich zu sein, was auch bei anderen Arten zu beobachten ist. Sie fehlt im gesamten ostbayerischen Raum (kontinentaleres Klima) und über größere Gebiete in West- bis Norddeutschland. Häufiger ist sie dagegen in Hessen, Thüringen, Baden-Württemberg und an der Westgrenze Deutschlands.
Man trifft die attraktive Orchidee in Flußauen auf trockneren bis wechselfeuchten Magerrasen an, deren Graswuchs nicht zu dicht ist. Des weiteren findet man sie in Steppenheide(wald)gebieten und an warmen Süd- und Westhängen, mitunter in relativ hohem Gras. Gern steht sie im Morgen- oder Halbschatten von Büschen und Bäumen, oft auch wenige Meter südlich davon, im Bereich höherer Luftfeuchtigkeit. Seltener wächst sie in lichtem Pappel- und Buchenwald oder auf leichten Erhebungen in Flachmooren, an trockenen Hängen hauptsächlich in Mulden oder auf Terrassen mit höherer Bodenfeuchtigkeit.
Allgemein bevorzugt sie Böden, die gut Wasser halten, wie z. B. Verwitterungslehme (etwa Opalinus-Ton im Braunjura) oder mergeligen Muschelkalk. Sie kommt aber auch auf Kies, Löß oder Keuper vor.

Allgemeines
Die Bienenragwurz gedeiht in typischen Orchideenbiotopen. Eine Auswahl an Begleitpflanzen läßt sich hier nur schwer treffen. Sie steht oft in flachem Moos (z. B. *Hypnum cupressiforme*) bei Kiefern und Fichten (keimt leichter zw. Jungwuchs), Blaugras, Rittergras, Fiederzwenke, Blaugrüner und Erdsegge, Silberdistel, Feldmannstreu, Zypressen-Wolfsmilch, Feldthymian, Kleinem Habichtskraut, Berg- und Edelgamander, Kreuz-, Fransen- und Deutschem Enzian, Küchenschelle, Wiesenschlüsselblume, Knack-Erdbeere, Oregano, Kriechendem und Dornigem Hauhechel, Wiesensalbei, Karthäusernelke, Büschelglockenblume, Sonnenröschen, Esparsette, Blutrotem Storchschnabel, häufig auch bei Fliegenragwurz (vgl. Kap. 5.101) oder einer der übrigen *Ophrys*-Arten, Mückenhändelwurz, Helm- und Brandknabenkraut, selbst die Weiße Stendelwurz und typische Waldorchideen wachsen in ihrer Nähe. Rauher Alant ist in manchen Gebieten für die Bienenragwurz wie für andere Ragwurzarten ein Anzeiger.
Die Anzahl blühender Exemplare in einem Biotop schwankt von Jahr zu Jahr enorm. Beispielsweise kamen 1992 und 1993 in Deutschland an vielen bekannten Standorten fast keine Pflanzen zur Blüte; der vorausgegangene Winter war zwar sehr mild, aber niederschlagsarm gewesen, das folgende Frühjahr ebenfalls extrem trocken. Auch der Frühling 1993 fiel sehr warm und trocken aus. Hinzu kommt, daß Einzelpflanzen offenbar nicht sehr alt werden.
Die Bienenragwurz ist eine der wenigen Orchideen, die sich anscheinend bei uns noch ausbreitet [1]. (Sicherlich wurden bisher aber auch kleine Populationen aufgrund der Blühwellen übersehen.) Dies resultiert vermutlich aus der Tatsache, daß sie sich vollständig auf Selbstbestäubung verlegt hat. Zumindest in unseren Breiten sind kaum Bestäuber festzustellen, allerdings wurde in Baden-Württemberg eine Bienenfliege (*Microdon* spec.) auf einer Blüte fotografiert (V. Hoffmann). Die Pollinien gleiten bei der Bienenragwurz aus den Pollenfächern, die Stielchen krümmen sich vermutlich aktiv und bringen den Pollen auf die Narbe (was meistens auch für Hybriden zutrifft). Entsprechend gut ist der Fruchtansatz.

Bienenragwurz in Unterfranken, Detail der Blüte.

(a) Halbtrockenrasen (Südhang) mit Hecken durchsetzt, im Saarland. Im Vordergrund auch var. *trollii*, in weiteren Bereichen Mückenhändelwurz, Hummelragwurz, Weiße Stendelwurz, Großes Zweiblatt, Weiße Waldhyazinthe, Riemenzunge, Helm- und Purpurknabenkraut; (b) Bienenragwurz im Oberrheintal, (c) in Unterfranken, (d) in den italienischen Südalpen.

Autogamie (hier gleichbedeutend mit Inzucht) ist wahrscheinlich auch die Ursache dafür, daß von dieser Art auffallend viele Varietäten mit fließenden Übergängen bekannt sind [19]. Ungewöhnliche Formen werden ebenfalls immer wieder beobachtet.

Die Albino-Form (weiße Sepalen; grünliche, kaum gezeichnete Lippe) wird als **var. *chlorantha*** bezeichnet, ist die Lippe bräunlich gelb und etwas verformt, handelt es sich um **var. *flavescens***. Durch die Selbstbestäubung vererben sich einmal auftetretene genetische „Fehler" auf alle Nachkommen. So ist z. B. eine größere, reine Population der **var. *chlorantha*** in Bayern bekannt. Sie geht vermutlich auf eine mutierte Pflanze zurück.

Gefährdet ist die attraktive Pflanze neben natürlichen Faktoren wie Trockenheit und Wild v. a. durch Brache (evtl. Verbuschung), durch allzu viele Fotografen und „Ausgrabungen".

a b c

(a) Bienenragwurz am Oberrhein (flache Lippe), (b) in den italienischen Südalpen, (c) in den französischen Südwestalpen.

(d) var. *aurita* in den italienischen Südalpen, (e) var. *flavescens* in Baden-Württemberg.

5.114.1 Bienenragwurz, Varietät *friburgensis*

Ophrys apifera var. *friburgensis* FREYHOLD
O. apifera ssp. *jurana* RUPPERT

Unterscheidungsmerkmale der Sepalen
Petalen 2/3 bis fast so lang wie Sepalen (aber schmäler), flach und rosa; Lippe oft etwas weniger gewölbt, die Malzeichnung zeigt mitunter Auflösungstendenzen oder ist reduziert; das Anhängsel weist nach hinten – unten.

Standort
Zusammen mit var. *apifera*, bekannt aus nahezu dem gesamten Verbreitungsgebiet der Nominatform, wenn auch nur an wenigen Orten.

Allgemeines
Die Varietät *friburgensis* scheint ein Bindeglied zur var. *botteronii* zu sein. Übergänge sind mitunter fließend. Man findet sie häufiger als diese; meist wachsen an einem Standort mehrere Exemplare. Stellenweise erwecken sie den Eindruck größerer Vitalität als die Normalform; sie kommen mitunter öfters zur Blüte. Auch Übergänge von var. *aurita* zu *friburgensis* sind bekannt.

Var. *friburgensis* im Oberrheingebiet; rechts: Tendenz zu var. *botteronii*.

5.114.2 Bienenragwurz, Varietät *botteronii*

Ophrys apifera var. *botteronii* (Chodat) Ascherson et Graebner

Unterscheidungsmerkmale
Petalen wie bei der var. *friburgensis*, eher noch länger; Lippe mehr oder weniger flach, kaum gehöckert, Zeichnung teilweise aufgelöst und über die ganze Lippe verteilt, Anhängsel zeigt nach unten, vorne oder fehlt gar. Die Lippenform ist meist drei-, manchmal fünflappig.

Allgemeines
Einige Autoren stellen sie zur var. *friburgensis*. Fast immer kommt sie auch zusammen mit dieser vor, ist jedoch weitaus seltener. Übergänge zwischen beiden Ausprägungen wurden schon als var. *saraepontana* bezeichnet. Formen mit farbigen Petalen werden gern unter ssp. *jurana* geführt.

Var. *botteroni* im Oberrheingebiet; rechts: Tendenz zu var. *trollii*.

5.114.3 Bienenragwurz, Varietät *trollii*

Ophrys apifera var. *trollii* (HEGETSCHW.) E. NELSON

Unterscheidungsmerkmale
Oberes Kronblatt meist stark zurückgeschlagen, Petalen dünn und lang, Lippe gerade vorgestreckt, schmäler und länger als beim Typus, manchmal flach; Malzeichnung aufgelöst und über die Lippe verteilt (meistens relativ viel Gelbanteil), Anhängsel nach unten oder vorne stehend.

Allgemeines
Diese Variante ist extrem selten. Sie kommt meist nur in Einzelexemplaren vor und ist aus dem Saarland, der Schweiz, England, Frankreich und Norditalien bekannt. Sie scheint – im Gegensatz zu den anderen Variationen - nicht überall bei der Nominatform gedeihen zu können. Einzelmeldungen aus anderen Gebieten gehen oft auf Ausalbungen zurück und sind im allgemeinen nicht beständig.

5.114.4 Bienenragwurz, Varietät *bicolor*

Ophrys apifera var. *bicolor* (NAEGELI) E. NELSON

Unterscheidungsmerkmale
Kronblätter wie beim Typus, oft kräftiger gefärbt, nur Petalen gelegentlich länger; auch Lippenform gleichbleibend. Der obere Teil der Lippe ist jedoch einheitlich grün bis schmutzig rosa, das untere Drittel einfarbig braun, eine Zeichnung fehlt völlig.

Allgemeines
Auch diese Variante ist extrem selten. Sie ist bekannt aus Nordbayern, dem Westrand Deutschlands, Belgien, Luxemburg, der Schweiz und Südeuropa. Leider werden gerade solch seltene Exemplare immer wieder ausgegraben und können sich so nicht mehr fortpflanzen.

Var. *trollii* im Saarland; rechts: var. *bicolor* in Nordbayern.

5.115 Insubrische Ragwurz, Gardasee-Ragwurz

Ophrys benacensis (Reisigl) O., E. Danesch et F. Ehrendorfer
O. bertoloniiformis ssp. *benacensis*; *O. pseudobertolonii* Baumann et Kuenkele

Merkmale
(10) 15–20 (30) cm hoch, 1–7blütig.
Die Einzelblüten sind relativ groß, die Kronblätter rosa oder weiß, seltener grün, wobei die Petalen stets intensiver (rötlicher) gefärbt sind als die Sepalen (!). Die meist ungehöckerte Lippe ist samtig, am Rand kräftiger behaart, manchmal dreilappig, mit einem (bei frischen Blüten) meist silbrig glänzenden, bläulichen bis rötlichen Mal. Oft ist es weiß umrandet und zeigt sich recht vielgestaltig. Das sehr kleine Anhängsel steht nach vorne. Die bläulich- bis hellgrünen Laubblätter bilden eine Rosette.

Verwechslungsmöglichkeiten
Im Mittelmeergebiet wachsen weitere, sehr ähnliche Arten (vgl. Verwechslungsmöglichkeiten bei Saratos Ragwurz). Hybriden mit anderen Ragwurzarten kommen häufiger vor und sind mitunter schwer zu erkennen (v. a. bei Beteiligung der Spinnenragwurz). Oft sind hier die Kronblätter bräunlich überlaufen und die Petalen deutlich zurückgeschlagen, kürzer und stumpf; Höcker können auftreten.

Blütezeit
(E 3) M 4-E 5

Standort
kaum über 900 m; auf kalkhaltigen, relativ trockenen, manchmal schottrigen Böden. Die auffallend schöne Pflanze berührt unser Gebiet nur am Südrand (in den Südalpen vom Comer See bis zur Provinz Treviso). Sie ist relativ selten, am Gardasee etwas häufiger. Dort wächst sie an kurz- oder lockerrasigen Stellen zwischen Gebüschen und Bäumen; individuenreiche Bestände bilden sich in günstigen Jahren auf kleineren Erhebungen. Allerdings meidet die Art die trockensten, steinigen Standorte mit Südneigung. Man findet sie in Olivenhainen, lichten und grasigen Stellen im Buschwald, offengelassenen, ehemaligen Weinbergen, extensiven Weiden und Mähwiesen. Ihr bevorzugter Biotoptyp ist sehr mageres, mit Gebüsch durchsetztes, ungepflegtes, felsiges Grasland, das im Frühling nicht zu sehr austrocknet. Eine leichte Neigung nach Westen scheint förderlich zu sein (Schatten am Morgen).

Allgemeines
Häufig bestehen die Gebüsche in diesem Gebiet überwiegend aus strauchartig wachsenden Flaumeichen, Hopfenbuche, Felsenbirne, Weißdorn, Perückenstrauch, verschiedenen Heckenrosen, Liguster, Schlehe, Wolligem Schneeball und Mäusedorn. Des weiteren begleiten sie kleine Seggen und locker stehende Süßgräser (z. B. Federgras, Blaugras), oft Gemeine und Herzblättrige Kugelblume, Salbei, Habichtskräuter, Sonnenröschen, Wolfsmilcharten, Klappertopf, Kreuzblümchen u. v. m. An Orchideen trifft man hier häufig Salepknabenkraut an, ferner Spinnen-, Fliegen- und Hummelragwurz, mit denen sie teilweise recht attraktive Hybriden bildet. Des weiteren findet man dort Schwertstendel, Schwertblättriges Waldvögelein, Dingel, Bienenragwurz, Schmetterlings-, Dreizähniges, Brand-, Kleines oder Affenknabenkraut.
Es wird vermutet, daß *O. benacensis* aus Bastarden von der in südlicheren Gebieten vorkommenden *O. bertolonii* und einer Art aus dem *O. sphegodes*-Formenkreis hervorgeht. Der Anteil von *O. sphegodes* hätte vermutlich dann zur Verträglichkeit des kühleren Klimas in den Alpen geführt [34]. Den Sprung über die Zentral- und Nordalpen hat *O. benacensis*, wie einige andere Arten auch, noch nicht geschafft. Schon im Südwestteil der Alpen existieren noch Populationen, die sich geringfügig unterscheiden (v. a. haben sie unterschiedliche Bestäuber, unterscheiden sich also für Insekten durchaus deutlich) und deshalb inzwischen als eigene Arten geführt werden. Die Insubrische Ragwurz aber wird, wie die sehr ähnliche Aurelia-Ragwurz von der Mörtelbiene *Chalicodoma parietina* bestäubt, nicht wie ursprünglich angenommen von *Ch. sicula*. Sie sollte also konsequenterweise mit *O. aurelia* vereinigt werden.
Bedroht sind viele ihrer Standorte durch die rege Bautätigkeit in diesem Gebiet, teilweise auch durch Nutzungseinstellung und Verbuschung.

Gardaseegebiet, vgl. Kap. 3.4.

Insubrische Ragwurz (O. *benacensis*) im Gardaseegebiet (alle Aufnahmen im selben Biotop wie Abbildung auf linker Seite).

5.116 Aurelia-Ragwurz

Ophrys aurelia Delforge et Devillers-Terschuren

Merkmale

(10-) 20 (-30) cm hoch, 3–6 Blüten. Die Kronblätter sind m. o. w. rosa, sehr selten auch grün, die schmalen, oft glatten Petalen nur wenig oder nicht dunkler als die Sepalen. Die recht große Lippe (länger als Sepalen) ist kaum 3-teilig, relativ flach und wirkt so von vorne betrachtet besonders im vorderen Bereich breit (!). Das Anhängsel ist für den Formenkreis relativ groß, der Narbenkopf an der Seite oft eingekerbt, doch wenig gegen die Lippe abgesetzt. Das Mal ist öfters gegliedert (ringförmig, mit Ausläufern).

Verwechslungsmöglichkeiten

Alle Arten des *bertolonii*-Formenkreises sind sich sehr ähnlich, die übrigen Sippen im Gebiet aber kleinblütiger, besonders die Drôme-Ragwurz.

Saratos Ragwurz hat ein weniger gegliedertes, kleineres Lippenmal und oft ein kleineres Anhängsel. Die weniger stark gesattelte Lippe wirkt im vorderen Bereich schmäler, da sie stärker eingerollt ist. Die Blüten sind etwas kleiner. Die fast ebenso große Insubrische Ragwurz wächst nur nördlich der Po-Ebene in Italien. Sie hat ein sehr kleines Anhängsel, das nach vorne, nicht nach oben steht. Die Narbenhöhle ist seitlich nicht gekerbt, die Petalen sind stets intensiver als die Sepalen gefärbt.

Blütezeit

(E 3) M 4-M (E) 5 ca. 2 Wochen vor Saratos Ragwurz

Standort

Die Aurelia-Ragwurz kommt mit größeren Verbreitungslücken in Südfrankreich und Norditalien (etwa zwischen den Cevennen und Florenz) vor und streift unser Gebiet in den Seealpen, wo sie bis auf 700 m Höhe ansteigt. Meist steht sie in artenreichen, einmahdigen oder gelegentlich beweideten Wiesen auf kalkhaltigem, nicht zu trockenem (doch nicht auf feuchtem) Untergrund. Gern wächst sie auch in alten Kulturterrassen, vorzugsweise südexponiert, dabei sonnig in Gräsern und Kräutern oder zeitweise bzw. licht beschattet in Gebüschnähe.

Allgemeines

Meist gedeiht sie in der Nähe zahlreicher anderer Orchideenarten wie z. B. einer großblütigen und spätblühenden Spinnenragwurz (Schwarze Ragwurz?), Hummelragwurz (mit beiden hybridisiert sie offenbar auch), der Spinnen- und der Schnepfenragwurz, manchmal auch nur den Bastardformen von Hummel- und Schnepfenragwurz, dem Kleinen und dem Schmetterlingsknabenkraut, Spitzorchis, seltener dem Wohlriechenden Wanzenknabenkraut, dem Dreizähnigen Knabenkraut und dem Schwertstendel. Weitere, häufiger vorkommende Begleitpflanzen sind Hakenkiefer, Steineiche, Zistrosen, Hopfenbuche, Brombeeren und v. a. Heckenrose, deren lichten Schatten sie zeitweise bevorzugt. Des weiteren fallen zur Blütezeit verschiedene Sonnenröschen (weiß, rosa, gelb, orange), Klappertopf, Margerite, Kreuzblümchen, verschiedene Leinarten, Echtes Labkraut, Natternkopf, Horn-, Berg- und Wundklee, Esparsette und Astlose Graslilie ins Auge. Selten stehen Saratos und Aurelia-Ragwurz im selben Biotop.

Im Gegensatz zur sehr ähnlichen Saratos Ragwurz (vgl. nächstes Kap.) wird die Aurelia-Ragwurz von *Chalicodoma parietina* bestäubt, in höheren Lagen auch von *Ch. pyrenaica*. Der Bestäuber von Saratos Ragwurz (*Ch. albonotata*) interessiert sich dagegen nicht für Blüten der Aurelia-Ragwurz (H. Paulus und C. Gack in [2] 1999, fast alle *Ophrys*-Bestäuberangaben beziehen sich auf diese Autoren).

a

b

(a) Seltene grüne Form bei Hyères (Var/F); (b) Aurelia-Ragwurz in den italienischen Seealpen (450 m).

(a) Beweideter, frischer Südhang in den italienischen Seealpen (730 m) mit Aurelia-Ragwurz. In weiteren Bereichen zahlreiche weitere Arten; (b, c, d) Aurelia-Ragwurz im selben Biotop.

5.117 Saratos Ragwurz

Ophrys saratoi G. CAMUS

Merkmale
10–15 cm hoch, 2–6 Blüten, normalerweise nur 3 (!). Die Kronblätter sind meist rosa, selten weiß, die Petalen sind stets kräftiger gefärbt und am Rand oft gewellt. Die Lippe ist selten leicht 3-lappig, meist ganzrandig, wobei die größte Breite von vorne gesehen oberhalb der Mitte liegt (!). Nach unten läuft sie spitzer zu. Sie ist etwa so lang wie die Sepalen und häufig gehöckert. Das Mal ist eher klein und ungegliedert. Das Anhängsel ist klein aber deutlich. Eine leichte Einkerbung an der Seite des Narbenkopfes ist meist vorhanden, die Lippe gut abgesetzt (eingeschnürt).

Verwechslungsmöglichkeiten
Alle im Gebiet vorkommenden Sippen aus der *bertolonii*-Gruppe sind sich sehr ähnlich, aber oft reichblütiger.
Am leichtesten auszugrenzen ist die Drôme-Ragwurz, die wesentlich kleinere Blüten als alle anderen besitzt. Ihr Mal ist oft reich gegliedert und zeigt hin und wieder Ausläufer bis an die Lippenbasis. Sie ist vielblütig.
Die Aurelia-Ragwurz hat etwas größere Blüten (Lippe länger als Sepalen) mit einem oft größeren Anhängsel. Die Lippe mit dem etwas stärker gegliederten Mal ist v. a. im unteren Teil breiter (nicht zugespitzt) und ungehöckert, dazu meist stärker geknickt.
Die Insubrische Ragwurz wächst abgetrennt von den anderen Arten in den italienischen Alpen nördlich der Po-Ebene. Die Lippe ist relativ breit (flach), das Mal oft gegliedert, das Anhängsel sehr klein. Die Narbenhöhle ist seitlich nicht gekerbt.

Blütezeit
A-E 5 (M 6) ca. 2 Wochen nach der Aurelia-Ragwurz.

Standort
200–900 m, bekannt aus den französischen Seealpen vom Rhône bis zur italienischen Grenze, in Meeresnähe. Die Art wächst gern vollsonnig bis halbschattig zwischen lichten Gebüschen, besonders an Südhängen und deren Verebnungen. Der Untergrund ist kalkreich, oft schottrig, sehr trokken bis leicht feucht, sogar wechselfeucht bis sickernaß. Sie bevorzugt krautarme bis vegetationslose Stellen, kommt aber auch in beweidetem, lockerem Rasen vor.

Allgemeines
Bedroht wird die schöne Orchidee hauptsächlich durch Zersiedelung ihres Lebensraums und durch Freizeitaktivitäten des Menschen. Fehlende Beweidung wird an feuchteren Stellen zum Problem. Sie ist nicht gerade häufig und tritt eher in kleinen Populationen auf. Bestäubt wird die Art – im Gegensatz zu den anderen Sippen des Formenkreises – von der eher kleineren *Chalicodoma albonotata*, einer Mörtelbiene.
Saratos Ragwurz ist manchmal die einzige Orchideenart im Biotop, meist wird sie jedoch von den verschiedensten Arten begleitet, z. B. von der Schnepfenragwurz, der Provence-Ragwurz, einer spätblühenden, kleinblütigen Hummel- sowie Schnepfenragwurz, dem Provence-Knabenkraut, dem Dreizähnigen Knabenkraut, Keuschorchis u. v. m. Häufiger steht sie in der Nähe von Seggen oder Binsenlilien. In trokkenen Bereichen ist sie oft mit Echtem Thymian vergesellschaftet und wächst auch zwischen Hakenkiefern, Zistrosen oder Flaumeichen. Im Schnitt sind die Biotope jedoch eher artenarm.

Saratos Ragwurz in den französischen Seealpen.

a b

c d

(a) Steiniger, magerer (beweideter) Trockenrasen mit Saratos Ragwurz. In weiteren Bereichen noch zahlreiche andere Orchideenarten (vgl. Kap. 5.16.2); (b, c, d) Saratos Ragwurz im selben Biotop.

5.118 Drôme-Ragwurz

Ophrys drumana Delforge

Merkmale
8–25 cm (35) hoch, die ganze Pflanze wirkt zierlich, im Schatten jedoch hoch aufgeschossen mit einer größeren Zahl (3–15) von auffallend kleinen Blüten (Lippe meist nur wenig länger als die der Fliegenragwurz). Die Sepalen sind meistens rosa-hellviolett, manchmal weiß, die langen Petalen oft etwas dunkler. Die Lippe ist häufig kürzer als das mittlere Sepalum und erscheint relativ schmal. Sie kann dreilappig oder ganzrandig sein, gelegentlich ist sie sogar deutlich gehöckert. Meist ist sie flach, selten nach oben gebogen, mit einem großen, etwa in der Mitte liegenden Mal, oft mit Ausläufern („Trägern") bis hinauf zur Lippenbasis. Das Anhängsel ist sehr klein.

Verwechslungsmöglichkeiten
Alle Arten aus der *bertolonii*-Gruppe sind sich sehr ähnlich. Die Drôme-Ragwurz ist die kleinste in unserem Gebiet, die nächstgrößere ist die wenigblütige Saratos Ragwurz in den Seealpen. Sie hat fast immer eine ganzrandige, kaum gehökkerte Lippe mit größerem Anhängsel und einem verhältnismäßig kleineren, weniger gegliederten Mal. Die Lippe ist gleichlang bis länger als das mittlere Sepalum. Einzelpflanzen können mitunter schwer einzuordnen sein.

Blütezeit
(A) M 5-A (E) 6

Standort
250 bis über 1000 m Höhe; in hohen Lagen steht sie vollsonnig in frischen bis trockenen, mageren, auch beweideten Wiesen, während sie in tieferen Lagen den Halbschatten bis Schatten bevorzugt. Hier trifft man sie v. a. auf Lichtungen von Eichenwäldern an bzw. hinter oder zwischen Sträuchern und Bäumen. Der Boden ist stets kalkhaltig, manchmal steinig-schottrig, aber auch humos. Sie gedeiht in lockerem, niederem Gras, gern jedoch auf krautfreiem Untergrund. Südliche Exposition des Standorts scheint sie zumindest in höheren Lagen zu bevorzugen.

Allgemeines
Die Drôme-Ragwurz kommt meist in orchideenreichen Biotopen vor. Mitunter steht sie zwischen Hummel-, Fliegen- oder Kleinen Spinnenragwurzen, mit denen sie selten bastardiert. Man findet sie aber auch bei der Bienen- und Spinnenragwurz, von der Hummel- und der Schnepfenragwurz existieren in manchen Biotopen formenreiche Bastardschwärme. Von den übrigen Orchideen sind vor allem zu nennen: Manns- und Provence-Knabenkraut, Helm-, Affen-, Brand- und Dreizähniges Knabenkraut, Holunder- und Salepknabenkraut, Puppenorchis und Dingel. Weitere Begleitpflanzen sind: Kiefer, Flaumeiche, Wacholder, Buchsbaum, Echter Thymian, selbst solche Exoten wie die Binsenlilie. In tieferen Lagen steht sie gern zwischen Steineiche, Hakenkiefer, Besenginster, Salbeiblättriger Zistrose, Echtem Thymian, Kugelblumen, Hornklee und verschiedenen Wolfsmilcharten.
Allzu selten ist die kleine Ragwurz noch nicht, die Bestände nehmen aber aufgrund von Düngung, Bebauung und Verbuschung ab. Den Alpenraum besiedelt sie nur im Südwesten (Vercors-Seealpen, bis zum Col d'Eze östlich Nizza) und ist wohl auf den französischen Raum beschränkt. Ihr Bestäuber ist noch ungeklärt.

a

b

c

(a-c) Drôme-Ragwurz in den französischen Westalpen, (a) mit monströser Blüte.

(a) Leicht südgeneigte, extensiv beweidete Bergwiese im Vercors (französische Westalpen, knapp 900 m) mit der Drôme-Ragwurz. In weiteren Bereichen auch zahlreiche andere Orchideenarten (vgl. Biotop Kap. 5); (b, c) Drôme-Ragwurz im selben Biotop, (d) östlich von Nizza (meeresnahe Seealpen, knapp 600 m).

5.119 Schwertstendel, Pflugschar-Zungenständel

Serapias vomeracea (BURMAN FIL.) BRIQUET.

Albino

Merkmale

(10) 15–30 (50) cm hoch; Blütenhelm grauviolett; Lippe braunrot behaart, die Seitenlappen bilden eine Röhre mit dem Helm. Die Laubblätter sind schmal, spitz und rinnig gebogen.

Verwechslungsmöglichkeiten

In Südeuropa wachsen noch weitere, sehr ähnliche Arten. Die Gattung *Serapias* ist näher mit der Gattung *Orchis* verwandt.
Im Gebiet nachgewiesen ist der Herzförmige Zungenstendel mit dunklerer, breiterer Lippe sowie der Einschwielige Zungenstendel mit kleinerer Lippe und einer glänzenden Schwiele in der Röhre. Zumindest bis nahe an den Südwestalpenfuß heran kommen folgende Sippen vor:
Der niedrige, sehr großblütige, helle Verkannte Zungenstendel, der mittelkleine, dunkellippige Südfranzösische Zungenstendel, der sehr schmallippige, dunkle Steifblütige Zungenstendel und der Kleinblütige Zungenstendel (vgl. folgende Kapitel).

Blütezeit

(M 4) A 5-A 6 (E 6)

Standort

Bis über 350 m, auf basischen bis schwach sauren, sehr trockenen bis feuchten Böden. Die fremdartig wirkende, mediterrane Pflanze streift unser Gebiet nur in den Südalpen (Südschweiz, oberitalienische Seen, Seealpen) und ist dort relativ selten. Man findet sie an warmen, trockenen und buschigen Hängen (z.B. nach Waldbränden) mit niedriger oder lückiger Vegetation, in Olivenhainen, in sehr lichten Edelkastanien- und Kiefernwäldern, selbst in mageren Feuchtwiesen. Meist steht sie in praller Sonne, verträgt aber auch halbschattige Standorte.

Allgemeines

Typische Begleitpflanzen sind: Flaumeichen, Wacholder, Heckenrose, Wolliger Schneeball, Perückenstrauch, verschiedene Wolfsmilcharten, Natternkopf, Bergklee, Gartenleimkraut, Sonnenröschen, Schlangenwegerich, Hornklee, dazu Lockerblütiges, Dreizähniges, Schmetterlings-, Salep- und Wohlriechendes Wanzenknabenkraut (mit denen sie z. T. auch bastardiert), Spitzorchis und einige Ophrys-Arten (v. a. Bienenragwurz). Sie wird noch von Süßgräsern, Seggen oder Binsen, selbst von locker stehendem Schilf begleitet.
Über Nacht werden die röhrenförmigen Blüten von kleinen Solitärbienen als Schlafplatz genutzt. Bei der Suche nach der angenehmsten Röhre bestäuben diese dann den Schwertstendel.

(a) Schwertstendel im Gardaseegebiet, (b, c, d) in den französischen Seealpen, mit Solitärbiene (frühmorgens).

5.120 Herzförmiger Zungenstendel

Serapias cordigiera L.

Merkmale
Im Gebiet 10–20 cm hoch, deutlich zierlicher als der Schwertstendel. Der Blütenstand ist kurz, wenigblütig und wirkt durch die großen, auffallend dunkelroten (!) Blütenlippen etwas übergewichtig. Ausgebreitet überlappen sich die Seitenlappen der Hinterlippe und die breite Vorderlippe (!). Der Stengel und die untersten Laubblattansätze sind meist rötlich gestrichelt.

Verwechslungsmöglichkeiten
Der Schwertstendel hat schmälere, meistens hellere Vorderlippen, die sich mit den (ausgebreiteten) Hinterlippen nicht überlappen.
Der Einschwielige Zungenstendel hat eine deutlich kleinere Lippe und in der „Röhre" eine dunkle, glänzende Schwiele, die von außen sichtbar ist. Eine dunkle Lippe haben noch der Steifblütige und der Südfranzösische Zungenstendel, diese ist jedoch viel kleiner und wird nicht von den Seitenlappen überdeckt. Der relativ helle, frühblühende Verkannte Zungenstendel besitzt Hinterlippen, die deutlich aus dem Helm herausragen (ausgebreitet !), aber die Vorderlippe nicht erreichen.

Blütezeit
E 5-A6, Blühbeginn 1–2 Wochen nach dem Schwertstendel im selben Biotop.

Standort
Der Herzförmige Zungenstendel ist relativ selten, ganz besonders im Alpenraum, wo er in den italienischen (auch französischen?) Seealpen bis mindestens 650 m aufsteigt. Hier findet man ihn in frostgeschützten Lagen an Südost-Südwesthängen in der Nähe von Gebüschen. Er wächst vorzugsweise in sehr mageren Mähwiesen auf trockenen, kalkhaltigen Böden (in tieferen Lagen – wie auch die übrigen Zungenstendelarten – sogar über silikatischem Gestein).

Allgemeines
Normalerweise steht in seiner Nähe (allerdings weniger in direkter Nachbarschaft) der häufigere Schwertstendel, mit dem er auch bastardisiert, dazu Hummelragwurz, Spitz- und Puppenorchis. Weitere Begleitpflanzen siehe unter Einschwieliger Zungenstendel, mit dem er ebenfalls zusammen vorkommt.
Im Alpenbereich ist die Art sehr selten, die wenigen bekannten Standorte sind eher individuenarm und durch Bebauung oder Brache m.o.w. bedroht.

a

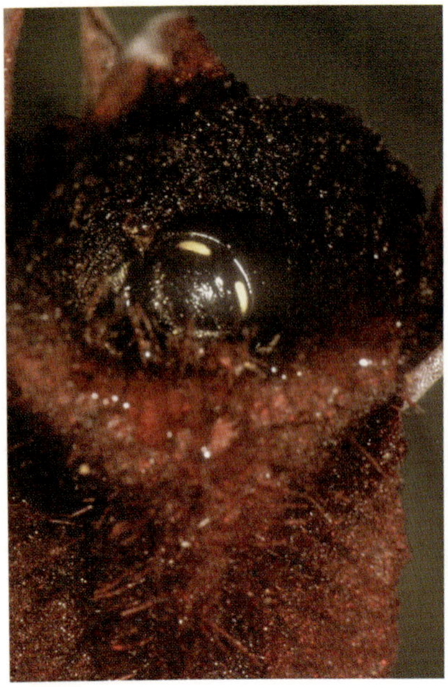
b

c

d

(a) Südosthang in den italienischen Seealpen (350 m) mit Herzförmigem Zungenstendel, im hinteren Bereich auch Schwertstendel, Einschwieliger Zungenstendel und Spitzorchis; (b, c, d) Herzförmiger Zungenstendel im selben Biotop, (b) mit schlafender Solitärbiene.

5.121 Verkannter Zungenstendel

Serapias neglecta De Notaris

Merkmale
Meist niederwüchsig (!), anfangs kaum über 10 cm hoch, doch sehr großblütig (!). Die Lippe ist m. o. w. hell fleischfarben, die etwas dünneren Seitenlappen der Hinterlippe treten deutlich aus dem Helm heraus (!).

Blütezeit
A 4-M (E) 5, früheste Art in der Umgebung, ca. 2 Wochen vor dem Schwertstendel.

Standort
Meist sonnig, seltener halbschattig, auf nicht zu trockenen bis nassen, überwiegend m. o. w. sauren, steinigen Böden. Aufgrund ihrer geringeren Größe ist sie auf besonders magere, spärlich bewachsene oder häufiger gepflegte Biotope angewiesen. Diese großblütige, auffallende Art ist um das Thyrrenische Meer (I, F) verbreitet und im Maurengebiet (südwestlich der Alpen) relativ häufig. In Frankreich ist sie bis 600 m nachgewiesen [8], ob und wie weit sie auch in den Alpen aufsteigt, ist noch unklar.

(a) Verkannter Zungenstendel in Maures/F (südwestlich der Alpen), (b) in der Toscana (Norditalien).

5.122 Südfranzösischer Zungenstendel, Côte-d'Azur-Zungenstendel

Serapias olbia VERGUIN

Merkmale

10–20 cm hoch, mit mittelgroßen Blüten. Die Lippe ist kräftig dunkelrot gefärbt, nicht sehr lang und mittelbreit (kürzer und breiter als beim Schwertstendel). Das Tragblatt ist deutlich kürzer als der Helm. Die beiden schmalen Schwielen auf der Hinterlippe liegen eng beieinander. Die Art steht optisch etwa zwischen dem Einschwieligen und dem Herz-Zungenstendel, aus denen sie hervorgegangen sein soll. Gern bildet sie Büschel durch vegetative Vermehrung.

Blütezeit

M 4-M (E) 5, etwa gleichzeitig mit dem Schwertstendel.

Standort

Nachgewiesen wurde bisher eine Höhe von 200 m [8], es könnten aber noch Populationen in den Bergen übersehen worden sein. Ihre Verbreitung reicht nur etwa vom Rhône bis Nizza (und Korsika), sie ist also endemisch in Südostfrankreich. Man findet sie auf sauren, mageren Böden an feuchten bis (selten) trockenen Stellen. Sie steht meist sonnig, gelegentlich halbschattig.

c

a

b

(a, b) Südfranzösischer Zungenstendel in Maures/F (südwestlich der Alpen), (c) in Meeresnähe.

5.123 Steifblütiger Zungenstendel

Serapias strictiflora Welwitsch ex Veiga

Merkmale

10–25 (40) cm hoch, zierlich, sehr ähnlich dem Einschwieligen Zungenstendel, doch Lippe eher dunkler gefärbt und schmäler. Die einzelne Schwiele auf der Hinterlippe ist deutlich längsgekerbt (!). Die Seitenlappen der Hinterlippe sind meist vom Helm bedeckt.

Blütezeit

(M) E 4-M (E) 5

Standort

Die westmediterrane Art ist noch nicht lange aus Frankreich bekannt. Es sind erst wenige Standorte im Var und den Alpes Maritimes bis 200 m bekannt [8]. Ob und wie weit sie in den Alpen aufsteigt, ist noch nicht geklärt. Meist wird sie mit dem Einschwieligen Zungenstendel verwechselt. Wie dieser bildet sie durch vegetative Vermehrung häufig (z. B. in Maures) dichte Populationen mit mehreren 100 Exemplaren aus. Sie wächst sonnig bis halbschattig auf karbonatischem oder silikatischem Gestein auf mageren, trockenen bis feuchten, krautarmen, auch grasigen Böden.

a

b

(a, b) Steifblütiger Zungenstendel in Maures/F (südwestlich der Alpen).

5.124 Einschwieliger Zungenstendel, Echter Zungenstendel

Serapias lingua L.

Merkmale
Im Gebiet 8–15 cm hoch, zierlich, 3- bis 6-blütig. Der Helm ist hellgrau, m. o. w. rötlich violett überlaufen. Die nur schwach behaarte Vorderlippe ist dunkelrot bis gelblich, steht anfangs waagrecht vor und hängt später oft nach unten, sie ist sehr kurz (!) behaart. In der Röhre ist auf der Hinterlippe schon von außen eine glänzende, glatte, dunkle Schwiele zu erkennen (!). Die schmalen, hellgrünen Blätter stehen bis auf die untersten relativ aufrecht und sind meist rinnig gefaltet

Verwechslungsmöglichkeiten
Der Steifblütige Zungenstendel ist etwas höher und hat eine in der Mitte längsgeteilte Schwiele.
Andere Zungenstendelarten im Gebiet sind kräftiger und haben zwei versteckter sitzende Schwielen.

Blütezeit
(M) E 5-A 6, etwa gleichzeitig mit dem Schwertstendel.

Standort
Die zierliche, in Südeuropa weit verbreitete Art steigt in den Seealpen (Italien, Frankreich?) zumindest auf 400 m auf. Sie steht dort in mageren, frischen bis wechselfeuchten Wiesen über kalkhaltigem Boden. Sie bevorzugt schonend gemähte Flächen in Südlage (auch nach Osten oder Westen ausgerichtet), kommt aber auch mit Beweidung zurecht. Gern wächst sie in Rinnen oder Mulden, wenn die Konkurrenz nicht zu groß ist. Beschattung meidet sie hier.

Allgemeines
Die sehr wenigen im Alpenraum bekannten Standorte sind relativ orchideenreich. Beispielsweise kann man in ihrer Nähe meist den auffallenderen Schwertstendel finden, selten auch den Herzförmigen Zungenstendel. Zur Blütezeit stechen dann v. a. Spitzorchis und Händelwurz ins Auge, das Kleine Knabenkraut ist schon verblüht, selbst Wohlriechendes Wanzenknabenkraut, Hummelragwurz, Puppenorchis und Schmetterlingsknabenkraut kann man hier und da antreffen. Weitere Begleitpflanzen sind beispielsweise locker stehende Süßgräser (z. B. Zittergras), Habichtskräuter, Nizza-Kreuzblümchen, Flockenblume, Hornklee, Echtes Labkraut und Sonnenröschen.
Die Art an sich ist nicht gefährdet, viele Populationen sind sehr individuenreich und dicht besetzt. Im Alpenraum ist der Einschwielige Zungenstendel nur sehr selten und eher in Einzelexemplaren vertreten und durchaus durch menschliche Eingriffe bedroht.

a

b

c

(a, b) Einschwieliger Zungenstendel in der Toscana (Norditalien), (c) in den italienischen Seealpen, Biotop vgl. Kap. 5.120.

5.125 Kleinblütiger Zungenstendel

Serapias parviflora Parlatore

Merkmale
10–25 (30) cm hoch, zierlich. Die Art hat im Gebiet die kleinsten Blütenlippen der Gattung, die in Verbindung mit dem grünlichen Helm kaum in der Vegetation auffallen. Sie sind eher bräunlich rot bis grünlich gelblich und meist herabgeschlagen. Auf der Hinterlippe befinden sich zwei parallel nebeneinanderliegende Schwielen. Die Art bestäubt sich selbst.

Blütezeit
(A) M 4-E 5 (A 6)

Standort
Bis 1200 m in Frankreich nachgewiesen [8], doch wie weit der Kleinblütige Zungenstendel in die Seealpen aufsteigt, ist noch unklar. Zumindest vom Fuß (200 m) ist er in Meeresnähe (Nizza-Menton) bekannt. Ansonsten ist er im gesamten Mittelmeergebiet lückig, z. T. auch am Atlantik verbreitet. Er wächst sonnig bis halbschattig auf basischen bis leicht sauren Böden, die nicht zu trocken und nur lückig bewachsen sind.

Kleinblütiger Zungenstendel auf Sardinien

5.126 Frauenschuh

Cypripedium calceolus L.

Merkmale

(15) 25–40 (70) cm hoch, Lippe glänzend gelb mit glattem Rand, die anderen Blütenblätter purpurbraun (sehr selten grün oder gelb), ein- oder zwei-, kaum einmal drei- oder vierblütig (Drei- oder Vierblütigkeit ist dann über Jahre an denselben Pflanzen zu beobachten.). Die beiden seitlichen Sepalen hängen nach unten und sind miteinander verwachsen (sehr selten auch getrennt = Atavismus). Die großen, stengelbegleitenden Laubblätter sind deutlich geädert und unterseits fein behaart.

Verwechslungsmöglichkeiten

Die Blätter der Breitblättrigen Stendelwurz sind glatter und unten kahl.

Blütezeit

M 5-E 6 (M 7)

Standort

Bis in 2200 m; auf Kalkboden, selten auf oberflächlich versauertem Untergrund. Die auffallend schöne Pflanze wächst bei uns schattig bis halbschattig, bevorzugt Waldränder oder Lichtungen (Wildwechsel!), und verläßt den Wald nur selten (Nordhänge, im Schatten von Büschen). Lediglich in höheren Lagen trifft man sie öfters an sonnigen Stellen. Sie gedeiht im Buchenwald, in Eichen-Hainbuchenbeständen, stellenweise üppig in reinem Fichtenforst (Baar) oder in lichten Kiefernwäldern (Oberpfalz, Franken, Thüringen). Des öfteren findet man sie in jungen Fichtenaufforstungen an ehemaligen Buchenstandorten. Sie besiedelt (nicht blühend als Relikt) relativ dichten Buchen- und Fichtenhochwald ohne nennenswerte Begleitvegetation, bildet aber bei größerem Lichteinfall auf grasigen Flächen gerne große Horste (vegetative Vermehrung). Im allgemeinen wurzelt der Frauenschuh auf relativ trockenen Böden, im Auwald wechselfeucht, ist jedoch sogar aus Quellgebieten in Eschenwald bekannt, wo er auf kleinen Erhebungen dauernd feucht steht. Im allgemeinen meidet er heiße und lufttrockene Standorte. Nordostexponierte Waldränder sagen ihm besonders zu.

Allgemeines

Die sehr populäre Orchidee ist heute über weite Gebiete ausgerottet. Grund hierfür sind nicht nur Aufforstung und Umwandlung von Wald in Fichtenmonokulturen, sondern das Abpflücken und vor allem das Ausgraben durch sog. „Naturfreunde“. Selbst der „Fototourismus“ fordert an den Restbeständen seinen Tribut (vgl. Kap. 4.1). Inzwischen fehlt die Art über weite Gebiete (beispielsweise fast ganz im westlichen Viertel Deutschlands mit Ausnahme der Schwäbischen Alb), obwohl sie dort früher an geeigneten Stellen häufig war. Gebiete mit Urgestein meidet sie.
Vielfältig wie ihre Lebensräume sind auch die Begleitpflanzen. An dieser Stelle seien nur wenige erwähnt. Auf wechselfeuchtem bis feuchtem Boden findet man den Frauenschuh oft zusammen mit Esche, Heckenkirsche, Liguster, Brombeeren, Wiesenlabkraut, Veilchen, Einbeere, Nickendem Perlgras, Wiesenrispengras, Weißer Segge, Fuchs' Knabenkraut, Großem Zweiblatt und Farnen, in Buchen-(misch)wäldern mit Jungfichten, Türkenbund, Seidelbast, Purpurknabenkraut, Bleichem Waldvögelein, den Waldhyazinthen, Nest- und Korallenwurz, in Steppenheidewald gern mit Fieder- und Waldzwenke, Erdsegge, Gemeiner Akelei, Großem Windröschen, Helmknabenkraut, Rotem und Schwertblättrigem Waldvögelein, Mückenbändelwurz, Fliegenragwurz und anderen Orchideen wie Müllers Stendelwurz z.B.
Die Lippe des Frauenschuhs bildet eine sog. Kesselfalle mit glattem, wachsüberzogenem Rand. Erdbienen (v. a. aus der Gattung *Andrena*) und andere Hautflügler rutschen darauf ab und fallen in die Öffnung. Durch glasige Stellen im hinteren Teil des „Schuhs“ fällt Licht in den Kessel und lockt das gefangene Insekt an den einzig gangbaren Ausgang, wo es sich an Borsten hochschieben und hinter der Griffelsäule, die in die Öffnung ragt, vorbeidrücken kann. Dabei belädt es sich mit klebrigem Pollen, der nicht in Pollinien zusammengefaßt ist, oder bestäubt die Narbe. Mitunter findet ein Insekt den Weg nicht und geht im Kessel zugrunde. Die Blüte duftet nach Aprikosen. Früher nahm man eine sehr lange Entwicklungszeit vom Samen bis zur Blüte an, heute rechnet man mit ca. 6–8 Jahren an günstigen Standorten [6].

Frauenschuh in der Oberpfalz

Frauenschuh auf einer Brenne an der Donau; mit eingefangenem Bestäuber.

(a) Auwald an der Donau (Oberbayern). Weitere Art: Großes Zweiblatt; (b) Frauenschuh am gleichen Standort, (c, d) auf einer Brenne an der Donau (selbe Pflanze).

Steinbruch (Plattenkalk) im südlichen Frankenjura mit einem guten Frauenschuhbestand. Im weiteren Umkreis noch zahlreiche anderen Arten, vgl. Kap. 3.10

Tendenz zu „Goldschuh“ (Oberpfalz)

„Goldschuh“ in Thüringen

6 Besonderheiten

6.1 Hybriden

Viele Orchideen besitzen die Fähigkeit zur Bastardierung. Hybriden treten öfters zwischen nahe verwandten Arten auf, so z. B. in der Gattung *Orchis* zwischen Helm- und Purpurknabenkraut, bei entsprechenden Biotopen kommt auch das Affenknabenkraut hinzu. V. a. in Südeuropa vermischt sich noch gelegentlich aus der Gattung *Aceras* die Puppenorchis mit diesen drei Arten (Gattungsbastard), was darauf hinweist, daß sich die beiden Gattungen *Orchis* und *Aceras* genetisch nahestehen. Ähnlich verhält es sich mit den Gattungen *Gymnadenia* (Händelwurz) und *Nigritella* (Kohlröschen). Nach neueren DNA-Untersuchungen wären auch diese Gattungen zusammenzulegen. Andere Gattungsbastarde (intergenetische Hybriden) sind in Mitteleuropa extrem selten. Sehr viel häufiger findet man Hybriden innerhalb der Gattungen (interspezifische Hybriden), wie z. B. zwischen den Ragwurzarten. Hierbei sehen Kreuzungsprodukte derselben Elternteile keineswegs immer gleich aus, und die Bestimmung fällt mitunter schwer. Besonders im Mittelmeerraum beweist die Gattung *Ophrys* hiermit, daß die Entwicklung der Orchideen noch längst nicht abgeschlossen ist: Aus z. T. fruchtbaren Hybridpopulationen können sich jederzeit stabile „Arten“ entwickeln. Die meisten *Ophrys*-Hybriden in unserem Bereich dürften allerdings auf menschliche Experimentierfreudigkeit zurückgehen. Bei der Interpretation von Ragwurz-Bastarden achte man vor allem auf Anhängsel und Petalen. In Mitteleuropa trifft man in der Gattung *Dactylorhiza* immer wieder auf Bastarde, stellenweise vermischen sich die gelegentlich fruchtbaren Nachkommen mit ihren Eltern (Introgression), auch ist eine Beteiligung einer dritten (Tripelbastard) oder vierten Art denkbar, in der Praxis allerdings kaum zu erkennen, aber möglicherweise im Experiment nachvollziehbar. Diese Vielfalt ist nur möglich, da sich die Blütezeit der meisten *Dactylorhiza*-Arten überschneidet und viele denselben Biotop akzeptieren. Auch zieht ein ähnliches Aussehen gleiche Bestäuber an. So entstehen oft völlig „undurchsichtige“ Populationen, die sich stabilisieren können und durch relativ homogenes Aussehen wie eine eigene Art wirken. Bekannt sind Bastardsippen von Breitblättrigem und Geflecktem Knabenkraut, die sehr an Übersehenes Knabenkraut erinnern (!). Bei der Interpretation von Knabenkraut-Hybriden achte man besonders auf den Sporn, die Blütezeit und eventuelle Blattfleckung. Letztere ist bei Bastarden zwischen gefleckten und ungefleckten Arten oft schwach ausgeprägt und vor allem an den Blattspitzen sichtbar. Kreuzungsprodukte erkennt man häufig zuerst daran, daß sie reicher blühen, eine auffallende Größe (Heterosis-Effekt) oder/und evtl. eine kräftigere Farbe besitzen. Gern wachsen sie zudem in Gruppen. Die Merkmale wie Blattstellung, Blütenform und -zeichnung etc. nehmen oft, aber nicht immer, eine Mittelstellung zwischen denen der Eltern ein (sind intermediär). Normalerweise wachsen diese Pflanzen inmitten einer Mischpopulation ihrer Elternteile. Bei getrennten, nebeneinanderliegenden Populationen mit verschiedenen Ansprüchen trifft man sie meist an der Stelle, wo die Grenze zwischen beiden Biotoparten verläuft, beispielsweise am Rand einer Feuchtfläche zur trockeneren Wiese (Breitblättriges Knabenkraut x Holunderknabenkraut). Manchmal sind sie anpassungsfähiger oder vitaler und können neue Lebensräume besiedeln bzw. das Verschwinden der Elternarten überdauern. Häufig sind sie allerdings steril (werden hierdurch kräftiger) und/oder kurzlebig.

Was die Nomenklatur betrifft, so hat man natürlich auch für Hybriden eigene Namen erfunden, die mit einem vorgesetzten „X“ gekennzeichnet sind. Selbst m. o. w. phantasievolle deutsche Namen sind im Umlauf (Unechtes Ohnhorn = *XOrchi-Aceras spurium* für den Bastard Puppenorchis x Helmknabenkraut z. B.).

a

b

c

(a-c) **Gattungsbastarde** *Dactylorhiza* x *Gymnadenia*: Fuchs' Knabenkraut x Wohlriechende Händelwurz (Standort: Südtirol); (a) Hybrid (kleine Pflanze) mit den beiden Elternpflanzen.

a

b

c

d

e

f

g

(a-e) **Gattungsbastarde** *Gymnadenia* x *Nigritella*; (a) Widders Kohlröschen x Wohlriechende Händelwurz in Bayern, (b, c) Mükkenhändelwurz x Schwarzes Kohlröschen (Sporn fast so lang wie Fruchtknoten), (d, e) Wohlriechende Händelwurz x Schwarzes Kohlröschen (Sporn halb so lang wie Fruchtknoten).
(f) **Artbastarde** *Nigritella*: (f, oberes Bild) Rotes x Schwarzes Kohlröschen im Toten Gebirge (Österreich) evtl. eine noch nicht beschriebene Sippe? (kleine Population), (f, unteres Bild) Cornelias x Österreichisches Kohlröschen in den französischen Westalpen,
(g) **Artbastard** *Gymnadenia*: Wohlriechende x Mückenhändelwurz mit intermediärem Sporn, Baden-Württemberg

a

b

c

d

e

f

g

h

(a) **Gattungsbastard** *Anacamptis* x *Orchis*: Spitzorchis x Salepknabenkraut in der Schweiz,
(b) **Gattungsbastard** *Orchis* x *Dactylorhiza*: Mannsknabenkraut x Holunderknabenkraut im Gardaseegebiet,
(c) **Artbastard** *Orchis*: Wanzenknabenkraut x Salepknabenkraut in der Schweiz,
(d, e, f) **Gattungsbastarde** *Aceras* x *Orchis* (d, e in den französischen Südwestalpen): (d) Puppenorchis x Helmknabenkraut, (e) Puppenorchis x Affenknabenkraut, (f) Puppenorchis x Helmknabenkraut in der Eifel,
(g) **Tripelbastard**: Puppenorchis x (Purpurknabenkraut x Affenknabenkraut), Mosel/D,
(h) Leicht südwestgeneigte Wiese über Löß (Eifel) mit Puppenorchis, Helmknabenkraut und zahlreichen Bastarden.

(a-f) **Artbastarde** *Orchis*: (a) Purpurknabenkraut x Affenknabenkraut in der Pfalz, (b) Helmknabenkraut x Purpurknabenkraut (auch Albino!) in den französischen Südwestalpen, (c) Helmknabenkraut x Purpurknabenkraut in der Südschweiz, (d) Helmknabenkraut x Purpurknabenkraut in Unterfranken, (e, f) Blasses Knabenkraut x Mannsknabenkraut im bayerischen Alpenvorland.

a

b

c

d

e

f

g

h

i

(a-f) **Artbastarde** *Orchis*: (a) Mannsknabenkraut x Blasses Knabenkraut, Mosel/D,
(b) Provence-Knabenkraut x Mannsknabenkraut, Vercors/F,
(c) Sumpfknabenkraut x Lockerblütiges Knabenkraut, Westalpen/F,
(d) Affenknabenkraut x Helmknabenkraut in der Südschweiz,
(e, f) Brandknabenkraut x Dreizähniges Knabenkraut in den französischen Seealpen;
(g-i) **Artbastarde** *Dactylorhiza*: (g) Holunderknabenkraut x Breitblättriges Knabenkraut im Bayerischen Wald,
(h) Strohgelbes Knabenkraut x Fleischfarbenes Knabenkraut in Oberbayern,
(i) Breitblättriges Knabenkraut x Fuchs' Knabenkraut im Bayerischen Wald.

(a-e) **Artbastarde** *Dactylorhiza*: (a) Breitblättriges Knabenkraut x Traunsteiners Knabenkraut am bayerischen Alpenrand, (b) Breitblättriges Knabenkraut x Fuchs' Knabenkraut (breitlippige Sippe) in den französischen Seealpen, (c) Fleischfarbenes Knabenkraut x Fuchs' Knabenkraut in Baden-Württemberg, (d) Geflecktes Knabenkraut x Traunsteiners Knabenkraut in Oberbayern, (e) Ruthes Knabenkraut x Breitblättriges Knabenkraut, schwache Blattfleckung auf Usedom, (f) **Introgression** (= Rückkreuzung): (Ruthes Knabenkraut x Breitblättriges Knabenkraut) x Ruthes Knabenkraut mit wenigen, schwachen Flecken an den Blattspitzen auf Usedom.

(a-g) **Artbastarde** *Ophrys*: Fliegenragwurz x Hummelragwurz, (a) bei Koblenz mit Hummelragwurz, (b-e) in Baden-Württemberg, (c) mit Fliegenragwurz, (f, g) am Lech/Bayern; die Abbildungen verdeutlichen die starke Variabilität!

(a-g) **Artbastarde** *Ophrys*: (a) Bienenragwurz x Spinnenragwurz am Oberrhein, (b) Bienenragwurz x Hummelragwurz in Baden-Württemberg, (c) Bienenragwurz x Fliegenragwurz in Hessen (Foto: Löber), (d) Fliegenragwurz x Spinnenragwurz am Oberrhein mit Spinnenragwurz links, (e) in Thüringen, (f, g) Fliegenragwurz x Kleine Spinnenragwurz in Unterfranken.

(a-i) **Artbastarde** *Ophrys*: (a) Spinnenragwurz (großblütige, späte Sippe) x Hummelragwurz in den italienischen Seealpen, (b, c) Spinnenragwurz x Hummelragwurz am Oberrhein, (d) Drôme-Ragwurz (*O. drumana*) x Hummelragwurz in den französischen Westalpen, (e) Insubrische Ragwurz (*O. benacensis*) x Hummelragwurz im Gardaseegebiet, (f) Aurelia-Ragwurz x Hummelragwurz in den italienischen Seealpen, (g) Saratos Ragwurz (*O. saratoi*) x Spinnenragwurz (große, späte Sippe) in den italienischen Südwestalpen, (h) Insubrische Ragwurz x Spinnenragwurz im Gardaseegebiet, (i) Insubrische Ragwurz (*O. benacensis*) x Fliegenragwurz im Gardaseegebiet, (j) **Artbastard** *Serapias*: Herzförmiger x Pflugschar-Zungenstendel in den italienischen Seealpen.

6.2 Anomalien

Neben den Hybriden gestalten Anomalien das „vertiefte Studium" der Orchideen interessanter. Am häufigsten sind Farbabweichungen wie rosa und weiß von ursprünglich violetten Arten. Beim Salepknabenkraut z. B. sind weißblühende Formen nicht besonders selten, in Südeuropa stellenweise sogar häufig anzutreffen. Erhalten bleiben hier stets die grünen Adern der Sepalen, gelegentlich sogar die Lippenzeichnung. Letzteres ist auch bei anderen Knabenkräutern festzustellen. Die Ragwurzarten bekommen durch das Fehlen von Blütenfarbstoff hellbraune, meistens sogar grüne Lippen. Betrifft das Fehlen des Farbstoffs nur einige Blüten oder Teile des Blütenstands, so spricht man von einer „Farbchimäre" (Beispiele siehe Kap. 5.1).
Wesentlich seltener als Albinos sind Anomalien der Blütenform und des Habitus. Durch genetische Zufälle oder vielleicht auch äußere Ursachen wie Krankheiten und Umweltgifte bzw. eine besondere Konzentration von bestimmten Mineralien im Boden können bei Einzelexemplaren die unterschiedlichsten Veränderungen in Blüten (manchmal an Einzelblüten), Sproß und Blättern entstehen. Stellenweise treten solche Abarten gehäuft auf, wenn auch u. U. mit unterschiedlichen Anomalien. Eine Veränderung von Wuchs und Blattwerk (verkrümmter oder geteilter Sproß, gewellte, gelbe, verkleinerte Blätter oder Tragblätter, veränderte Blattform) deutet auf äußere Faktoren hin (z. B. Giftstoffe im Boden, Mangel bestimmter Nährstoffe, Spätfrost oder extreme Sonneneinstrahlung).
Ein völliges oder teilweises Fehlen von Blattgrün (Pflanze weiß oder rosa statt grün = chlorotisch) ist genetisch zu erklären. Diese Exemplare können selbst nicht assimilieren, müssen also, um überdauern zu können, von ihrem jeweiligen Pilzmycel ernährt werden. Sie zeigen sich mitunter nicht jedes Jahr über der Erde. Bekannt ist diese Mißbildung aus den Gattungen Epipactis und Cephalanthera. Interessanterweise kommen solche Exemplare an manchen Standorten gehäuft oder weitab von normalen Pflanzen der jeweiligen Art vor, d. h. sie können dort überleben oder keimen, wo es die „grünen" Artgenossen nicht können.
Die häufigste Anomalie im Blütenbau ist die Ausbildung von zwei oder drei Lippen. Diese können mitunter deformiert oder stark zurückgebildet sein. Auch eine Vervielfachung der Griffelsäule samt Pollinien kann mit diesem Phänomen gekoppelt sein. Hin und wieder fehlt hierbei die Lippe ganz. Andererseits sind bei Einzelpflanzen gelegentlich auch verschiedene Blütenblätter miteinander verwachsen. Im darauffolgenden Jahr kann diese Mißbildung wieder verschwunden sein. Spätfröste sind auch hier eine mögliche Erklärung. In seltenen Fällen wird sogar von unterschiedlichen Mißbildungen an ein und derselben Pflanze in verschiedenen Jahren berichtet. Möglicherweise sind Mikroorganismen oder Schadstoffe im Boden die Ursache.
Als Atavismus bezeichnet man einen Rückschritt in der Evolution, bei dem unterdrückte genetische Anlagen im Phänotyp ausgeprägt werden (z. B. nicht besonders ausdifferenzierte Lippe, die Form und Farbe der Petalen zeigt = „petaloides Labellum"). Auch andere Blütenteile können hiervon betroffen sein (z. B. Rückbildung eines Sporns). Häufiger trifft man Petalen an, die wie eine Lippe geformt und gefärbt sind („labelloide Petalen") bzw. den Sepalen gleichen („sepaloide Petalen").
Auf genetischen Defekt weist das Auftreten einer Anomalie über viele Jahre hin.

a b c

(a) Bienenragwurz am Oberrhein mit starken Mißbildungen an den Blüten (Atavismus?), (b) Traunsteiners Knabenkraut am bayerischen Alpenrand mit doppelter Lippe, (c) Geflecktes Knabenkraut in den französischen Westalpen mit doppelter Griffelsäule und Pollinien.

(a-d) Hummelragwurz am Oberrhein, (a) mehrfache Blütenanhängsel und Griffelsäulen, (c) gleichgestaltete Petalen und Sepalen – inkl. Lippe (Atavismus), (d) dreifache Bestäubungseinrichtung und Lippe, (e, f) Salepknabenkraut in der Oberpfalz, (f) mit labelloidem Petalum.

(a) Steineralpen-Kohlröschen in den Südalpen (Österreich/Slowenien) mit Sproßteilung im Blütenstand, (b) Violette Stendelwurz mit Sproßteilung, (c) Weiße Waldhyazinthe mit gleichartig ausgebildeten Sepalen und Petalen (Atavismus) am Lech (Foto: Pfauntsch), (d) Fliegenragwurz in Baden-Württemberg mit gleichartig ausgebildeten Sepalen und Petalen (Atavismus), (e) Hummelragwurz in den italienischen Südalpen mit Fehlbildung der Lippe, untere Blüte normal ausgebildet (Foto: Pfauntsch), (f) Breitblättrige Stendelwurz am Lech (Bayern) mit Fehlbildung der Lippe, Blüten oben und rechts normal ausgebildet (Foto: Pfauntsch)

7 Anhang

7.1 Fachglossar

angesalbt	ausgesät oder angepflanzt
Anthere	Teil des Staubblattes, bei *Epipactis* über dem Pollinium liegend
Anthese	Zeit der Blüte, Blühphase
Atavismus	Rückschritt in der Entwicklung einer Art
Autogamie	Selbstbestäubung fakultativ autogam: nur bei ausbleibendem Insektenbesuch ↔ obligat autogam: zwingend selbstbestäubend
basisch	(= alkalisch) pH-Wert größer als 7, (↔ sauer)
Bastard	(= Hybride) Kreuzungsprodukt zweier Arten
Brache	fehlende Bearbeitung (Pflege) eines Geländes
Bult	kleinflächige Erhöhung in einem Moor; (↔ Schlenke)
einmahdig	ist eine Wiese, die nur 1 × jährlich gemäht wird
endemisch	ist eine Pflanze für ein Gebiet, wenn sie weltweit nur dort vorkommt (= Endemit)
f. = forma	niedrigste taxonomische Rangstufe, erbliche Merkmale meist rezessiv.
Frosttrocknis	Bei Minustemperaturen verdunsten die Pflanzen in der Sonne mehr Wasser, als sie aufnehmen. Schäden an den Blättern sind die Folge.
Habitus	äußeres Erscheinungsbild
Hybride	Kreuzungsprodukt zweier Arten (= Bastard)
hyperchrom	überfärbt (meist rot)
Internodium	Stengelabschnitt zwischen den Blattansätzen
kleistogam	Blüten je nach Witterung während der Anthese m. o. w. geschlossen bleibend
Labellum	Blütenlippe
mediterran	im Mittelmeergebiet heimisch
morphologisch	bezüglich Gestalt und Form
Mutation	Veränderung im Erbgefüge eines Individuums
mykotroph	lebt in Symbiose mit einem Pilz
Myzel	feines Wurzelgeflecht eines Pilzes
Nominatform	ursprünglich beschriebene Form
ökologische Amplitude	Streuungsbreite der akzeptierten umgebenden Faktoren
Perigon	Sepalen und Petalen = Tepalen (gleichgestaltete Blütenblätter)
Petalen	bei Orchideen die beiden inneren Blütenblätter (vgl. Zeichnung Kap. 2.1). Genau genommen zählt auch die Lippe zu den Petalen (= innere Tepalen).
pH-Wert	Basen- bzw. Säuregehalt einer Lösung (Maßzahl für Wasserstoffionenkonzentration)
Pollinium	Pollenpaket (evtl. auf Stielchen mit Klebscheibe)
Rhizom	bei Orchideen fleischiger, nährstoffspeichernder Wurzelstock
Rostellum	Teil der Säule, der die Pollen von der Narbenfläche trennt (kann auch zurückgebildet sein), an seiner Spitze sitzt die Klebdrüse (= Rostelldrüse)
Saprophyt	Ein Organismus lebt saprophytisch, wenn er sich von zerfallenden pflanzlichen und tierischen Substanzen ernährt.
Schlenke	kleinflächige Vertiefung im Moor, oft wassergefüllt (↔ Bult)
Sekundärstandort	durch menschliche Erdarbeiten entstandener Biotop (z. B. Straßenböschung, Steinbruch)
Sepalen	die drei äußeren Blütenblätter (Tepalen) (vgl. Zeichnung Kap. 2.1)
spec.	„species“ = eine nicht näher bestimmte Art aus der vorangestellten Gattung
Sporn	Ausstülpung des Lippengrunds nach hinten, oft z. T. mit Nektar gefüllt
steril	(↔ fertil) ohne Fortpflanzungsorgane (z. B. nicht blühender Sproß)
ssp. = subsp. = subspecies	Unterart (taxonomische Rangstufe)
Sukzession	zeitliche Aufeinanderfolge von Pflanzengesellschaften, hier meist natürliche (Wieder-)Bewaldung einer offenen Fläche
Symbiose	Lebensgemeinschaft zweier Arten, in der beide Arten einen Vorteil vom Zusammenleben haben
Tragblatt	= Deckblatt = Braktee = kleines Blättchen unter jeder Blüte, genauer: Blättchen, aus dessen Achsel eine Blüte oder ein Trieb entspringt
var. = Varietät	abweichende Form (Zeichnung, Farbe); genau genommen eine taxonomische Rangstufe, erbliche Merkmale vorhanden

7.2 Verwendete Literatur

[1] Arbeitskreise Heimische Orchideen (außer AHO Baden-Württemberg): Berichte 1989–1998

[2] AHO Baden-Württemberg: Mitteilungsblätter 1993–1998 (Journal Europäischer Orchideen)

[3] AHO Bayern e.V.: Berichte aus den Arbeitskreisen Heimische Orchideen – Verbreitungsübersicht der heimischen Orchideen in Bayern. München 1992; 2

[4] AHO Niedersachsen: Orchideen in Niedersachsen. Bad Hersfeld 1994

[5] AHO Rheinland-Pfalz/Saarland (Kohns P., Neumann H., Rückbrodt D., Salowski H.-E., Stark Ch.): Orchideen in Rheinland-Pfalz und im Saarland – Verbreitung und Gefährdung der Orchideen in Rheinland-Pfalz und im Saarland, Koblenz 1990

[6] AHO Thüringen: Orchideen in Thüringen. Eisenach 1997

[7] Baumann, H. und Künkele, S.: Die Orchideen Europas 247 Arten, 51 Unterarten, Stuttgart 1988

[8] Bournérias, M. (ed.): Les Orchidées de France, Belgique et Luxembourg. Paris 1998, ISBN 2-9510379-1-0

[9] Buttler, K. P.: Orchideen – Die wildwachsenden Arten und Unterarten Europas, Vorderasiens und Nordafrikas. München 1986

[10] Charlier, P. und Vanthey, M.: Epipactis rhodanensis A. Gévaudan & K. Robatsch: une nouvelle espèce d'orchidée confirmée pour la Suisse. In: Société Botanique de Genève, 1997

[11] Claessens, J. und Kleynen, J.: Quatre Epipactis de la flore de France. In: L'Orchidophile 128 u. 129, 1997

[12] Claessens, J.; Kleynen, J.; Wielinga, R.: Some notes on Epipactis helleborine (L.) Crantz ssp. neerlandica (Vermeulen) Buttler and Epipactis renzii K. Robatsch. In: Eurorchis 10, 1998

[13] Danesch, E. und O.: Orchideenkompaß – Die wild wachsenden Orchideen Mitteleuropas sicher bestimmen. München

[14] Danesch, E. und O.: Orchideen – Mitteleuropa. Bern 1977; 2

[15] Delforge, P.: Guide des Orchidees d'Europe d'Afrique du Nord et du Proche-Orient. Lausanne – Paris 1994, ISBN 2–603–00929-X

[16] Delforge, P. & Gévaudan, A.: Nouvelles données sur la reparation d'Ophrys aegirtica P. Delforge en France; in: Naturalistes belges 79 (Orchid 11) 1998

[17] Eccarius, W.: Die Orchideen des Kreises Eisenach in: Eisenacher Schriften zur Heimatkunde. Eisenach 1983

[18] Eilhardt, K. H.: Heimische Orchideen – In der Natur und im Garten. Augsburg 1991

[19] Ernet, D., Foelsche, W.: Widders Kohlröschen, Nigritella widderi Teppner & Klein, auch im Grazer Bergland (Not. Flora Steiermark 12: 9–33). Graz 1991

[20] Faurholdt, N.; Pedersen, H. Æ.; Christiansen, S. G.: Nikkende Hullæbe (Epipactis phyllantes) – en miskendt dansk orkidé. In URT 22. Jg. 1998

[21] Fitter, R.: Pareys Blumenbuch: Wildblühende Pflanzen Deutschlands und Nordwesteuropas. Hamburg 1975

[22] Foelsche, G. & W. und Gerbaud, M. & O.: Nigritella cenisia Foelsche & Gebraud, species nova, Nouvelle espéce de France et d'Italie; in: L'Orchidophile Nr. 134, 12. 1998

[23] Füller, F.: Orchideen Mitteleuropas – Teile 1, 2, 4, 5, 6, 7 und 10. Wittenberg 1972–1982

[24] Grey-Wilson, C.: Pareys Bergblumenbuch: Wildblühende Pflanzen d. Alpen, Pyrenäen, Apenninen, d. skandinav. u. brit. Gebirge. Hamburg, Berlin 1980

[25] Hegi, G.: Monocotyledones Band 2. Nördlingen 1992

[26] Haeupler, H. und Schönfelder, P.: Atlas der Farn- und Blütenpflanzen der Bundesrepublik Deutschland. Stuttgart 1988

[27] Klein, E., Kerschbaumsteiner, H.: Die Orchideen der Steiermark. Graz 1996

[28] Kümpel, H.: Die wildwachsenden Orchideen der Rhön. Jena 1996

[29] Laux, H. E. und Keller, R.: Unsere Orchideen – sehen, erkennen und schützen. Stuttgart 1984

[30] Mereda, P. und Potůček, O.: Epipactis futakii, spec. nova (Orchidaceae) – eine neue kleistogam blühende Sitter-Art aus der Slowakei. In Preslia (70) 1998, Praha

[31] Parolly, G.: Natur in Niederbayern – Pflanzen, Tiere, Lebensräume. Grafenau 1987

[32] Redl, K. Wildwachsende Orchideen in Österreich – faszinierend und schützenswert. Altenmarkt 1996, ISBN 3-9500-5450-2

[33] Regensburgische Botanische Gesellschaft: Hoppea-Verbreitungskarten der Orchideen in Bayern. Regensburg 1978

[34] Reinhard, H. R., Gölz, P., Peter, R. und Wildermuth, H.: Die Orchideen der Schweiz und angrenzender Gebiete. Egg 1991, ISBN 3–905647–01–0

[35] Rheinberger H.-J. und B.: Orchideen – Naturkundliche Forschung im Fürstentum Liechtenstein, Band 13. Vaduz 1991

[36] Ruthe, R.: Orchis Ruthei Max Schulze in litt.; in Deutsche Botanische Monatsschrift 15 (1897)

[37] Schmeil-Fitschen (Rauh, W./Senghas, K.): Flora von Deutschland und seinen angrenzenden Gebieten. Heidelberg 1976; 86

[38] Schönfelder, P. und Bresinsky, A.: Verbreitungsatlas der Farn- und Blütenpflanzen Bayerns. Stuttgart 1990

[39] Schuwerk, R. und H.: Flora des Naturparks Altmühltal und seiner Umgebung. Eichstätt 1993

[40] Senghas, K. und Sundermann, H. (Hrsg.): Probleme der Orchideengattung Dyctylorhiza, in „Jahresberichte des Naturwissenschaftlichen Vereins in Wuppertal; H. 21/22. Wuppertal 1968

[41] Sundermann, H.: Europäische und mediterrane Orchideen. Hildesheim 1980; 3

[42] Teppner, H. & Klein, E.: Etiam atque etiam – Nigritella versus Gymnadenia: Neukombinationen und Gymnadenia dolomitensis spec. nova (Orchidaceae – Orchideae); in: Phyton (38) Horn, Austria 1998

[43] Teppner, H. & Ster, T.: Nigritella buschmanniae spec. nova (Orchidaceae – Orchideae) und eine Bibliographie für Frau Adolfine Buschmann; in: Phyton (36) Horn, Austria 1996

[44] Timpe, W.: Orchideen im südlichen Burgenland (IX). Epipactis-(Stendelwurz) – Neufunde im Günser Gebirge, in „Burgenländische Heimatblätter", 57. Jg., H.3. Eisenstadt 1995

[45] TIMPE, W.: Orchideen im südlichen Burgenland (X). Epipactis muelleri und Epipactis greuteri – zwei für das Burgenland neue Stendelwurzarten, in „Burgenländische Heimatblätter", 57. Jg., H.4. Eisenstadt 1995

[46] TIMPE, W.: Orchideen im südlichen Burgenland. Epipactis pontica und die Hybride dieser Art mit Epipactis atrorubens; zwei Neufunde für das Burgenland, in „Burgenländische Heimatblätter". Eisenstadt 1993

[47] TYTECA, D. und GATHOYE, J.-L.: Une orchidée nouvelle des Hautes-Alpes: Dactylorhiza delphinensis, in „Les Naturalistes belges" 1988; 69 (2)

[48] VOGEL H. et al.: Jenas Orchideen – heute: mit einer Bibliographie zur Pflanzenwelt des Mittleren Saaletals (Bibliographische Mitteilungen der Universitätsbibliothek Jena; 51), Jena 1990

[49] WENKER D. und LÜNSMANN U.: Verbreitungsübersicht der Orchideen in Nordrhein-Westfalen – Erste Ergebnisse in: Berichte aus den Arbeitskreisen Heimische Orchideen. Beiheft 4: 1–64; 1993

[50] WUCHERPFENNIG W.: Die Gattung Dactylorhiza in Europa (ohne Balkan). Eching 1993 (unveröffentlicht)

[51] WUCHERPFENNIG W.: Die Gattung Epipactis in Europa und Vorderasien. Eching 1992 (unveröffentlicht)

[52] WUCHERPFENNIG W.: Der Komplex der Ophrys bertolonii-Sippen. Eching 1991 (unveröffentlicht)

[53] WUCHERPFENNIG W.: Die Arten der Ophrys sphegodes-Gruppe im westlichen Teilareal. Eching 1993 (unveröffentlicht)

7.3 Verzeichnis der verwendeten Pflanzennamen

Deutscher Name	Wissenschaftlicher Name
A	
Adonisröschen, Frühlings-	Adonis vernalis
Ahorn, Berg-	Acer pseudoplatanus
Feld-	A. campestre
Akelei, Dunkle	Aquilegia atrata
Gemeine	A. vulgaris
Alant, Rauher	Inula hirta
Weidenblättriger	I. salicina
Alpenmaßliebchen	Aster bellidiastrum
Alpenrose, Behaarte	Rhododendron hirsutum
Rostblättrige	Rh. ferrugineum
Alpenveilchen	Cyclamen purpurascens
Anemone, Stern-	Anemone hortensis
Arnika	Arnica montana
Aronstab	Arum maculatum
Italienischer	A. italicum
Aster, Alpen-	Aster alpinus
Kalk-	A. amellus
Augentrost	Euphrasia spec.
B	
Bärentraube	Arctostaphylos spec.
Bärlapp, Sprossender	Lycopodium annotinum
Sumpf-	Lycopodiella inundata
Tannen-	Huperzia selago
Flach-, Teufelsklaue	Diphasium spec.
Bartgras	Bothriochloa ischaemum
Bärwurz	Meum athamanticum
Bauernsenf	Teesdalia nudicaulis
Beifuß	Artemisia spec.
Beinbrech	Narthecium ossifragum
Beinwell	Symphytum spec.
Berberitze, Sauerdorn	Berberis vulgaris
Bergsteinkraut	Alyssum montanum
Berufkraut	Erigeron spec.
Bibernelle, Kleine	Pimpinella saxifraga
Bingelkraut, Wald-	Mercurialis perennis
Binse, Alpen-	Juncus alpinus
Blumen- (Blasen-)	Scheuchzeria palustris
Faden-	Juncus filiformis
Flatter-	J. effusus
Horstige Rasen-	Trichophorum caespitosum
Knäuel-	J. conglomeratus
Spitzblütige	J. acutiflorus
Binsenlilie	Aphyllanthes monspeliensis
Birke, Hänge-	Betula pendula
Moor-	B. pubescens
Zwerg-	B. nana
Bitterling	Blackstonia perfoliata
Blaugras, Kalk-	Sesleria varia
Blutauge, Sumpf-	Comarum palustre
Blutweiderich	Lythrum salicaria
Blutwurz	Potentilla erecta
Borstgras	Nardus stricta
Breitwegerich	Plantago major
Brennessel	Urtica dioica
Brillenschötchen	Biscutella spec.
Brombeere	Rubus spec.
Brunelle	Prunella spec.
Buche, Hain-	Carpinus betulus
Rot-	Fagus sylvatica
Buchsbaum	Buxus sempervirens
Buchskraut, Buchsblättrige Kreuzblume	Polygala chamaebuxus
Buschwindröschen	Anemone nemorosa
Gelbes	A. ranunculoides
C	
Christophskraut	Actaea spicata
Christrose, Schwarze Nieswurz	Helleborus niger
D	
Dingel, Violetter	Limodorum abortivum
Trabuts	L. trabutianum
Distel Gold-	Carlina vulgaris
Kohl-	Cirsium oleraceum
Silber-	Carlina acaulis
Stengellose Kratz-	Cirsium acaule
Dost, Wilder Majoran, Oregano	Origanum vulgare
Wasser-	Eupatorium cannabinum
Drachenkopf	Dracocephalum spec.
Drachenmaul, Pyrenäen-	Horminum pyrenaicum
Dreizack, Sumpf-	Triglochin palustris
Strand-	T. maritima
E	
Eberesche	Sorbus aucuparia
Edelweiß	Leontopodium alpinum
Efeu	Hedera helix
Ehrenpreis, Wald-	Veronica officinalis
Berg-	V. montana
Felsen-	V. fruticans
Eibe	Taxus baccata
Eiche, Flaum-	Quercus pubescens
Stein-	Q. ilex
Stiel-	Q. robur
Zerr-	Q. cerris
Einbeere	Paris quadrifolia
Einblatt	Malaxis monophyllos
Einknolle	Herminium monorchis
Eisenhut, Wolfs-	Aconitum vulparia
Elsbeere	Sorbus torminalis
Enzian, Bayerischer	Gentiana bavarica
Clusius-	G. clusii
Deutscher	G. germanica
Feld-	G. campestris
Fransen-	G. ciliata
Frühlings-	G. verna
Gelber	G. lutea
Großblütiger	G. clusii und kochiana
Kreuz-	G. cruciata

Lungen- ... G. pneumonanthe
Moor-, Tarant ... Swertia perennis
Rundblättriger ... G. orbicularis
Schlauch- ... G. utriculosa
Schnee- ... G. nivalis
Schwalbenwurz- ... G. asclepiadea
Erdbeerbaum ... Arbutus unedo
Erdbeere, Wald- ... Fragaria vesca
Knack- ... F. viridis
Erle, Grau- ... Alnus incana
Esparsette ... Onobrychis viciifolia
Espe, Aspe, Zitterpappel ... Populus tremula

F

Färbermeister ... Asperula tinctoria
Farn, Adler- ... Pteridium aquilinum
Frauen- ... Dryopteris spec.
Rippen- ... Blechnum spicant
Sumpf- ... Thelypteris palustris
Tüpfel- ... Polypodium interjectum
Wurm- ... Athyrium spec.
Faulbaum ... Rhamnus frangula
Federgras ... Stipa spec.
Feigenbaum ... Ficus carica
Felsenbirne ... Amelanchier ovalis
Fetthenne ... Sedum spec.
Fettkraut, Alpen- ... Pinguicula alpina
Böhmisches ... P. bohemica
Gemeines ... P. vulgaris
Fichte ... Picea abies
Fichtenspargel ... Monotropa hypopitys
Fieberklee ... Menyanthes trifolia
Fiederzwenke ... Brachypodium pinnatum
Fingerhut, Gelber ... Digitalis lutea
Großblütiger ... D. grandiflora
Fingerkraut, Dolomiten- ... Potentilla nitida
Frühlings- ... P. tabernaemontani
Gänse- ... P. anserina
Gold- ... P. aureum
Flockenblume, Skabiosen- .. Centaurea scabiosa
Frauenmantel ... Alchemilla spec.
Frauenschuh ... Cypripedium calceolus

G

Gagelstrauch ... Myrica gale
Gamander, Berg- ... Teucrium montanum
Eichenblättriger ... Teucrium chamaedrys
(= Edel-)
Geißfuß ... Aegopodium podagraria
Geißklee, Schwarz-
werdender ... Cytisus nigricans
Gelbstern ... Gagea spec.
Gemswurz ... Doronicum spec.
Germer, Schwarzer ... Veratrum nigrum
Weißer ... V. album
Giersch ... Aegopodium podagraria
Gilbweiderich ... Lysimachia spec.
Ginster, Behaarter ... Genista pilosa
Besen- ... Sarothamnus scoparius
Färber- ... G. tinctoria
Kleiner Stech- ... Ulex minor
Glanzkraut ... Liparis loeselii
Glatthafer ... Arrhenatherum elatius
Glockenblume,
Bärtige ... Campanula barbata
Büschel- ... C. glomerata
Kleine ... C. cochleariifolia
Nesselblättrige ... C. trachelium
Pfirsichblättrige ... C. persicifolia
Scheuchzers ... C. scheuchzeri
Goldhafer ... Trisetum spec.
Goldnessel ... Lamium galeobdolon
Goldrute, Kanadische ... Solidago canadensis
Graslilie, Ästige ... Anthericum ramosum
Grasnelke ... Armeria maritima
Gundermann ... Glechoma hederacea
Günsel, Kriechender ... Ajuga reptans

H

Haargerste, Wald- ... Elymus europaeus
Haarsimse, Alpen- ... Scirpus hudsonianus
Habichtskraut, Kleines ... Hieracium pilosella
Zottiges ... H. villosum
Hahnenfuß, Knolliger ... Ranunculus bulbosus
Scharfer ... R. acris
Zungen- ... R. lingua
Händelwurz,
Mücken- ... Gymnadenia conopsea
Wohlriechende- ... G. odoratissima
Hartriegel, Roter ... Cornus sanguinea
Hasel ... Corylus avellana
Haselwurz ... Asarum europaeum
Hartheu, Kanten- ... Hypericum maculatum
Hasenohr,
Sichelblättriges ... Bupleurum falcatum
Hauhechel, Dornige ... Ononis spinosa
Gelbe ... O. natrix
Kriechende ... O. repens
Hauswurz ... Sempervivum spec.
Heckenkirsche, Rote ... Lonicera xylosteum
Heckenrose ... Rosa spec.
Heide, Besen-, Heidekraut .. Calluna vulgaris
Baum- ... Erica arborea
Glocken- ... Erica tetralix
Rosmarin- ... Andromeda polifolia
Schnee- ... E. carnea
Heidelbeere, Blaubeere ... Vaccinium myrtillus
Heiderösl ... Daphne cneorum
Helmkraut ... Scutellaria spec.
Herbstwendelorchis ... Spiranthes spiralis
Herbstzeitlose ... Colchicum autumnale
Hexenkraut ... Circaea lutetiana
Himmelsleiter, ...
Blaues Sperrkraut ... Polemonium caeruleum
Hirschzunge ... Phyllitis scolopendrium
Hohlzunge, Grüne ... Coeloglossum viride
Holunder, Schwarzer ... Sambucus nigra
Trauben- ... S. racemosa
Honiggras ... Holcus spec.
Hopfen, Wilder ... Humulus lupulus
Hornklee, Gemeiner ... Lotus corniculatus
Alpen- ... L. alpinus

Höswurz, Weiße	Pseudorchis (Leucorchis) albida
Hügelmeister	Asperula cynanchica
Huflattich	Tussilago farfara
I	
Immenblatt	Melittis melissophyllum
J	
Johanniskraut	Hypericum spec.
K	
Karlszepter	Pedicularis sceptrum-carolinum
Kastanie, Edel-	Castanea sativa
Katzenpfötchen	Antennaria spec.
Karpaten-	A. carpatica
Keuschorchis	Neotinea maculata
Kiefer, Schwarz-	Pinus nigra
Wald-	P. sylvestris
Zirbel-	P. cembra
Klappertopf	Rhinanthus spec.
Klee, Alpen-	Trifolium alpinum
Berg-	T. montanum
Fuchsschwanz-	T. rubens
Gemeiner Wund-	Anthyllis vulneraria
Horn-	Lotus corniculatus
Hufeisen-	Hippocrepis comosa
Rot-	T. pratense
Sauer-	Oxalis acetosella
Stern-	T. stellatum
Süß-	Hedysarum hedysaroides
Weiß-	T. repens
Knabenkraut, Affen-	Orchis simia
Baltisches	Dactylorhiza baltica
Blasses	O. pallens
Blutrotes	D. cruenta
Böhmisches	D. bohemica
Brand-	O. ustulata
Breitblättriges	D. majalis
Dauphiné-	D. angustata
Drei-Knollen-	O. champagneuxii
Dreizähniges	O. tridentata
Fleischfarbenes	D. incarnata
Fuchs'	D. fuchsii
Geflecktes	D. maculata
Helm-	O. militaris
Herztragendes	D. majalis ssp. alpestris
Holunder-	D. sambucina
Kleines	O. morio
Lappländisches	D. lapponica
Lockerblütiges	O. laxiflora
Manns-	O. mascula
Milchweißes	O. lactea
Ostsee-	D. russowii
Prächtiges	O. mascula ssp. signifera
Provence-	O. provincialis
Purpur-	O. purpurea
Purpurblütiges	D. ruthei
Ruthes	D. ruthei
Salep-	O. morio
Schmetterlings-	O. papilionacea
Spitzels	O. spitzelii
Strohgelbes	D. ochroleuca
Südfranzösisches	O. mascula ssp. olbiensis
Sumpf-	O. palustris
Torfmoos-	D. sphagnicola
Übersehenes	D. praetermissa
Wanzen-	O. coriophora ssp. coriophora
Wohlriechendes Wanzen-	O. coriophora ssp. fragrans
Knäuelgras	Dactylis spec.
Knautie, Wiesen-	Knautia arvensis
Knotenfuß	Streptopus amplexifolius
Knöterich,	
Lebendgebärender	Polygonum viviparum
Schlangen-	P. bistorta
Kohlröschen,	
Buschmanns	Nigritella buschmanniae
Cornelias	Nigritella corneliana
Dolomiten-	Gymnadenia dolomitensis
Erzherzog-Johann-	N. archiducis-joannis
Mont-Cenis-	N. cenisia
Rotes	N. rubra (miniata)
Schwarzes	N. nigra (rhellicani, austriaca)
Steineralpen-	N. lithopolitanica
Steirisches	N. stiriaca
Widders	N. widderi
Kopfried, Rostrotes	Schoenus ferruginens
Korallenwurz	Corallorrhiza trifida
Kornelkirsche	Cornus mas
Krähenbeere	Empetrum nigrum
Kratzbeere	Rubus caesius
Kratzdistel, Stengellose	Cirsium acaule
Kohl-	C. deracteum
Sumpf-	C. palustre
Kreuzblümchen, Alpen-	Polygala alpina
Nizza-	P. nicaeensis
Kreuzdorn	Rhamnus cathartica
Kriechweide	Salix repens
Krokus	Crocus albiflorus
Kronwicke, Bunte	Coronilla varia
Strauch-	C. emerus
Küchenschelle, Alpen-	Pulsatilla alpina
Gemeine	P. vulgaris
Kugelblume, Gemeine	Globularia elongata
Herzblättrige	G. cordifolia
Kugelorchis	Traunsteinera globosa
L	
Labkraut, Alpen-	Galium anisophyllum
Echtes	G. verum
Harzer (Felsen-)	G. hercynicum
Nordisches	G. boreale
Sumpf-	G. palustre
Ungleichblättriges	G. anisophyllum
Wald-	G. sylvaticum
Lärche, Europäische	Larix decidua
Latsche, Legföhre	Pinus mugo
Lattich, Alpen-	Homogyne alpina
Hasen-	Prenanthes purpurea
Mauer-	Mycelis muralis

Lauch, Bär-	Allium ursinum
Berg-	A. montanum
Gekielter	A. carinatum
Läusekraut, Wald-	Pedicularis sylvatica
Mont Cenis	P. cenisia
Leberblümchen	Hepatica nobilis
Leimkraut, Stengelloses	Silene acaulis
Lein	Linum spec.
Lerchensporn, Hohler	Corydalis cava
Lichtnelke, Kuckucks-	Lynchnis flos-cuculi
Lieschgras	Phleum spec.
Liguster, Gemeiner	Ligustrum vulgare
Linde	Tilia spec.
Löffelkraut, Pyrenäen-	Cochlearia pyrenaica
Löwenzahn	Taraxacum spec.
Alpen-	Leontodon alpinum

M

Mädesüß, Echtes	Filipendula ulmaria
Kleines	F. vulgaris
Maiglöckchen	Convallaria majalis
Malve	Malva spec.
Mannsschild	Androsace spec.
Mannstreu, Alpen-	Eryngium alpinum
Feld-	E. campestre
Margerite	Chrysanthemum leucanthemum
Märzenbecher	Leucojum vernum
Mastixstrauch	Pistacia lentiscus
Mastorchis, Roberts	Barlia robertiana
Mauerpfeffer	Sedum spec.
Maulbeerbaum	Morus alba
Mäusedorn	Ruscus aculeatus
Mehlbeere	Sorbus aria
Miere, Stern-	Stellaria holostea
Milzkraut	Chrysosplenium spec.
Minze, Wasser-	Mentha aquatica
Möhre, Wilde	Daucus carota
Mondraute	Botrychium lunaria
Moorbeere (Rauschbeere)	Vaccinium uliginosum
Kleinfrüchtige	V. oxycoccus
Moos, Ast-	Pleurozium schreberi
Frauenhaar-	Polytrichum spec.
Torf-	Sphagnum spec.
Quell-	Fontinalis spec.
Moosbeere	Vaccinium oxycoccos
Moosfarn	Selaginella spec.
Mutterwurz	Ligusticum spec.

N

Narzisse, Weiße	Narcissus poeticus
Natternkopf, Gemeiner	Echium vulgare
Natternzunge	Ophioglossum vulgatum
Nelke, Alpen-	Dianthus alpinus
Karthäuser-	D. carthusianorum
Pracht-	D. superbus
Sand-	D. arenarius
Nelkenwurz, Bach-	Geum rivale
Berg-	G. montanum
Echte-	G. urbanum
Nestwurz	Neottia nidus-avis
Netzblatt	Goodyera repens

O

Odermennig, Gemeiner	Agrimonia eupatoria
Ölbaum, Wilder	Olea europaea ssp. sylvestris
Olivenbaum (kultiviert)	O. europaea ssp. europaea
Oregano, Dost	Origanum vulgare
Ochsenauge	Buphthalmum salicifolium

P

Pappel	Populus spec.
Hybrid-	P. hybrida
Perlgras, Nickendes	Melica nutans
Pestwurz	Petasites spec.
Pfaffenhütchen	Euonymus europaeus
Pfeifengras	Molinia caerula
Pfingstrose	Paeonia officinalis
Pimpinelle	Pimpinella spec.
Pippau, Felsen-	Crepis jacquinii
Abgebissener	C. praemorsa
Platterbse, Frühlings-	Lathyrus vernus
Porst, Sumpf-	Ledum palustre
Preiselbeere	Vaccinium vitis-idaea
Primel, Mehl-	Primula farinosa
Puppenorchis	Aceras anthropophorum

R

Ragwurz,	
Aurelia-	Ophrys aurelia
„Bertolonis“, Insubrische	O. benacensis
Bienen-	O. apifera
Braune	O. fusca (O. bilunulata)
Drohnen-	O. bombyliflora
Drôme-	O. drumana
Fliegen-	O. insectifera
Gefurchte	O. sulcata
Gelbe	O. lutea
Gargano-	O. garganica ssp. passionis
Hummel-	O. fuciflora (holoserica)
Kleine Spinnen-	O. araneola (litigiosa, tomasinii)
Leukas	O. leucadica
Marseille-	O. massilensis
Prächtige	O. splendida
Provence-	O. provincialis
Saratos	O. saratoi
Schnepfen-	O. scolopax
Schwarze	O. incubaceae (atrata)
Spinnen-	O. sphegodes
Spinnenähnliche	O. arachnitiformis
Rauschbeere	Vaccinium uliginosum
Reitgras, Berg-	Calamagrostis varia
Lanzettliches	C. canescens
Riemenzunge, Adriatische	Himantoglossum adriaticum
Bocks-	H. hircinum
Rippenfarn	Blechnum spicant
Rispengras, Wiesen-	Poa pratensis
Rohrkolben	Typha angustifolia und T. atifolia

Rose, Hunds-	Rosa canina
Rosmarin	Rosmarinus officinalis
Ruchgras	Anthoxanthum spec.

S

Salbei, Wiesen-	Salvia pratensis
Sanddorn	Hippophae rhamnoides
Sandglöckchen, Berg	Jasione montana
Sandstrohblume	Helichrysum arenarium
Sanikel	Sanicula europaea
Schachblume	Fritillaria meleagris
Schachtelhalm, Acker-	Equisetum arvense
Sumpf-	E. palustre
Wald-	E. sylvaticum
Winter-	E. hyemale
Schafgarbe	Achillea spec.
Scharbockskraut	Ficaria verna
Schattenblümchen	Maianthemum bifolium
Schaumkraut,	
Dreiblättriges	Cardamine trifolia
Wiesen-	C. pratensis
Schierling, Wasser-	Cicuta virosa
Schilf(rohr)	Phragmites communis
Schillergras	Koeleria spec.
Schlangenwurz	Polygonum bistorta
Schlehe	Prunus spinosa
Schlüsselblume, Hohe	Primula elatior
Langöhrige	P. halleri
Wiesen-	P. veris
Schmiele, Draht-	Deschampsia flexuosa
Rasen-	D. cespitosa
Schmuckblume	Callianthemum coriandrifolium
Schnabelried (Weißes)	Rhynchospora spec. (alba)
Schneeball, Wolliger	Viburnum lantana
Gemeiner	V. opulus
Schneeheide	Erica herbacea
Schnepfenragwurz	Ophrys scolopax
Schneide, Binsen-	Cladium mariscus
Schuppenwurz	Lathraea squamaria
Schwalbenwurz	Cynanchum vincetoxicum
Schwertlilie, Sibirische	Iris sibirica
Schwertstendel	Serapias vomeracea
Schwingel, Niedriger	Festuca ovina
Rot-	F. rubra
Schaf-	F. pumila
Segge,	
Aufsteigende Gelb-	Carex tumidicarpa
Berg-	C. montana
Blaugrüne	C. flacca
Braune	C. nigra
Davalls	C. davalliana
Draht-	C. diandra
Erd-	C. humilis
Finger-	C. digitata
Frühlings-	C. caryophyllea
Hängende	C. pendula
Immergrüne	C. sempervirens
Polster-	C. firma
Scharfe	C. gracilis
Schlamm-	C. limosa
Schwarze	C. atrata
Sumpf-	C. acutiformis
Wald-, Entferntährige	C. remota
Weiße	C. alba
Seidelbast	Daphne mezereum
Herbst-	D. gnidium
Siebenstern	Trientalis europaea
Siegwurz, Sumpfgladiole	Gladiolus palustris
Silberblatt	Lunaria spec.
Silbergras	Corynephorus canescens
Silberwurz	Dryas octopetala
Simse	Scirpus spec.
Hain-	Luzula spec.
Simsenlilie	Tofieldia spec.
Skabiose, Glänzende	Scabiosa lucida
Sommerwendelorchis	Spiranthes aestivalis
Sommerwurz	Orobanche spec.
Sonnenröschen, Gemeines	Helianthemum nummularia
Sonnentau, Langblättriger	Drosera anglica
Mittlerer	D. intermedia
Rundblättriger	D. rotundifolia
Spargel, Wilder	Asparagus acutifolius
Spirke, Moorkiefer	Pinus mugo, ssp. rotundata
Spitzorchis	Anacamptis pyramidalis
Springkraut	Impatiens spec.
Stachelbeere	Ribes uva-crispa
Steinbeere	Rubus saxatilis
Steinbrech, Graugrüner	Saxifraga caesia
Mannsschild-	S. androsacea
Moos-	S. hypnoides
Moschus-	S. moschata
Steinrösl	Daphne striata
Steinsame, Blauer	Lithospermum purpureocaeruleum
Steinweichsel	Prunus mahaleb
Stendelwurz, Braunrote	Epipactis atrorubens
Breitblättrige	E. helleborine
Elbe-	E. albensis
Greuters	E. greuteri
Grünblütige	E. phyllantes
Holländische	E. neerlandica
Kahle	E. phyllantes (confusa)
Kleinblättrige	E. microphylla
Kurzblättrige	E. distans
Leutes	E. leutei
Müllers	E. muelleri
Nordens	E. nordeniorum
Peitz'	E. peitzii
Persische	E. persica
Piacenza-	E. piacentina
Pontische	E. pontica
Renz'	E. renzii
Rhône-	E. rhodanensis
Spitzlippige	E. leptochila
Tremols	E. tremolsii
Übersehene	E. neglecta
Violette	E. purpurata
Vöths	E. voethii
Weiße, Echte	E. palustris
Zierliche	E. gracilis
Steppenfenchel	Seseli annuum

Storchschnabel, Blutroter	Geranium sanguineum
Brauner	G. phaeum
Strandhafer	Ammophila spec.
Strandroggen	Elymus arenarius
Straußgras	Agrostis alpina
Rotes	A. capillaris
Streifenfarn, Grüner	Asplenium viride
Studentenrösl	Parnassia palustris
Sumpfdotterblume	Caltha palustris

T

Tamariske, Deutsche	Myricaria germanica
Tanne, Weiß-	Abies alba
Täschelkraut, Berg-, Berg-Hellerkraut	Thlaspi montanum
Taubnessel	Lamium spec.
Tausendgüldenkraut, Ästiges	Centaurium pulchellum
Echtes	C. minus
Teufelsabbiß	Succisa pratensis
Teufelsklaue, Tannenbärlapp	Huperzia selago
Teufelskralle, Ährige	Phyteuma spicatum
Kugelige (Kopfige)	P. orbiculare
Thymian, Arznei-	Thymus pulegioides
Behaarter	T. praecox ssp. polytrichus
Echter	T. vulgaris
Feld-	T. serpyllum
Frühblühender	T. praecox
Tollkirsche	Atropa belladonna
Tragant	Astragalus spec.
Traubenhyazinthe, Schopfige	Muscari comosum
Kleine	M. botryoides
Trauerblume	Bartsia alpina
Trespe, Aufrechte	Bromus erectus
Wald-	B. ramnosus
Troddelblume	Soldanella spec.
Trollblume	Trollius europaeus
Türkenbund	Lilium martagon

U

Ulme	Ulmus spec.

V

Veilchen, Duftendes	Viola odorata
Hunds-	V. canina
Wald-	V. reichenbachiana

W

Wacholder, Gemeiner	Juniperus communis
Stech-	J. oxycedrus ssp. macrocarpa
Zwerg-	J. sibirica
Wachtelweizen, Acker-	Melampyrum arvense
Hain-	M. nemorosum
Kamm-	M. cristatum
Wald-	M. sylvaticum
Wiesen-	M. pratense
Waldbeere, Kratzbeere	Rubus caesius
Walderdbeere	Fragaria vesca
Waldhyazinthe, Grünliche	Platanthera chlorantha
Weiße	P. bifolia
Waldmeister	Galium odoratum
Waldrebe, Aufrechte	Clematis recta
Gemeine	C. vitalba
Waldvögelein, Bleiches	Cephalanthera damasonium
Rotes	C. rubra
Schwertblättriges	C. longifolia
Wasserfenchel	Oenanthe lachenalii
Wasserschlauch	Utricularia spec.
Wegerich, Schlangen-	Plantago serpentina
Spitz-	P. lanceolata
Weichkraut, Sumpf-	Hammarbya paludosa
Weide, Kriechende	Salix repens
Netzblättrige	S. reticulata
Silber-	S. alba
Stumpfblättrige	S. retusa
Weidenröschen, Sumpf	Epilobium palustre
Weiderich, Blut-	Lythrum salicaria
Weinraute	Ruta graveolens
Weißdorn	Crataegus spec.
Weißwurz, Quirlblättrige	Polygonatum verticillatum
Vielblütige	P. multiflorum
Widerbart	Epipogium aphyllum
Wicke, Vogel-	Vicia cracca
Zaun-	V. sepium
Wiesenknopf, Großer	Sanguisorba officinalis
Kleiner	S. minor
Wiesenraute, Akeleiblättrige	Thalictrum aquilegifolium
Gelbe	T. flavum
Kleine	T. minus
Wiesenschaumkraut	Cardamine pratensis
Wildbirne	Pyrus achras
Winde, Stech-	Smilax aspera
Zaun-	Calystegia spec.
Windröschen, Großes, Wald-	Anemone silvestris
Gelbes	A. ranunculoides
Wintergrün, Einblütiges	Pyrola uniflora
Grünblütiges	P. chlorantha
Kleines	P. minor
Nickendes, Einseitswendiges	P. secunda
Rundblättriges	P. rotundifolia
Winterlieb	Chimaphila umbellata
Witwenblume	Knautia spec.
Wolfsmilch, Warzen-	Euphorbia verrucosa
Sumpf-	E. palustris
Zypressen-	E. cyparissias
Wollgras, Scheidiges	Eriophorum vaginatum
Scheuchzers	E. scheuchzeri
Schmalblättriges	E. angustifolium
Wucherblume, Doldige	Chrysanthemum corymbosum
Wundklee	Anthyllis vulneraria
Wurmfarn	Dryopteris spec.

Z

Zahntrost, Roter .... Odontites rubra
Zahnwurz,
  Zwiebeltragende .... Dentaria bulbifera
Ziest, Wald- .... Stachys sylvatica
  Aufrechter .... S. recta
Zirbelkiefer, Zirbe, Arve .... Pinus cembra
Zistrose, Weißliche .... Cistus albidus
Zittergras .... Briza media
Zungenstendel
  Einschwieliger .... Serapias lingua
  Herzförmiger .... S. cordigiera
  Kleinblütiger .... S. parviflora
  Pflugschar .... S. vomeracea
  Steifblütiger .... S. strictiflora
  Südfranzösischer .... S. olbia
  Verkannter .... S. neglecta
Zweiblatt, Großes .... Listera ovata
  Kleines .... L. cordata
Zwenke, Fieder- .... Brachypodium pinnatum
  Wald- .... B. sylvaticum
Zwergmispel .... Cotoneaster integerrima
Zwergorchis .... Chamorchis alpina

7.4 Stichwortverzeichnis

Fettgedruckte Seitenzahlen weisen auf die jeweilige Artbeschreibung hin.

A

Abarten 354
Abdomen 282
Abdominalbestäubung 280
Abgrenzungsschwierigkeiten 104
Abraumhalden 26, 27
Abschieben 34
Aceras anthropophorum **56**
Adriatische Riemenzunge 19, 21, **50**
Affenknabenkraut 18, 19, 21, 41, 50, **74**
Albino 46, 228, 288, 320, 354
Alpine Matten 13
Alpine Unterart des Breitblättrigen Knabenkrauts **104**
Anacamptis pyramidalis **42**
– var. tanayensis 42
Angebranntes Knabenkraut **66**
Anomalie 354
Anteriorchis coriophora **58**
Anthere 357
Anthese 357
Anthocyane 8, 166, 214, 270
apochrom 295
apomiktische Fortpflanzung 11, 156, 166, 170, 172, 174, 190, 194
Apomixis 11, 156, 168
arachnitiforme Individuen 306
Artrang 230
Artstatus 124
Atavismus 244, 354, 355, 356, 357
Aufspaltung 226
Aurelia-Ragwurz 19, 287, **328**
Aussaat-Versuche 11
Austrocknung bei Frost 24
Ausweich-Biotope 27
autogam 234, 254, 268
Autogamie 9, 46, 182, 188, 244, 266, 276, 357
Auwald 20

B

Baltische Fingerwurz **128**
Baltisches Knabenkraut 115, **128**
Baltische Kuckucksblume **128**
Barlia robertiana **52**
Basalschwielen 300
basisch 357
Bastardbildung 7, 138
Bastarde ....326, 345 ff., 357
Bastardformen 224
Bastardschwärme 82
Bastardsippe 134
Begleitflora 40
Berg-Kuckucksblume **194**
bertolonii-Formenkreis 328
bertolonii-Gruppe 330, 332
Bertoloni-Ragwurz-Sippen 19
Bestäuberangaben 328
Beweidung 13, 200
Bienenragwurz ..18, 19, 20, 21, 24, 25, 27, 28, 31, 32, 49, 57, 311, **320**, 354
– ssp. jurana 324
– var. bicolor **325**
– var. botteronii **324**, 311
– var. chlorantha 322
– var. flavescens 322
– var. friburgensis **323**, 311
– var. saraepontana 324
– var. trollii 321, **325**
Blasses Knabenkraut 14, 22, 27, 28, **76**
Blattaustrieb Fuchs' Knabenkraut 8
Blattaustrieb Mückenhändelwurz 9
Blattrosette Salepknabenkraut 8
Bleiches Knabenkraut **76**
Bleiches Waldvögelein 10, 18, 22, 23, 25, 26, 27, 28, 219, 241, 243, **264**, 273, 277, 278, 279
Blütezeit 40
Blasses Knabenkraut **76**
Bleiches Knabenkraut **76**
Blutrote Fingerwurz **144**
Blutrotes Knabenkraut 13, 31, 105, **144**, 145
Blutrote Kuckucksblume **144**
Bocksriemenzunge **48**
Böhmische Fingerwurz **112**
Böhmisches Knabenkraut **112**
Böhmische Kuckucksblume **112**
Böschungen 26, 27
Borys Knabenkraut 74
Brache 357
Brandknabenkraut . 14, 15, 18, 19, 20, 21, 27, 29, 30, 31, 32, 41, **66**, 73, 95, 167, 183, 197
– Sommerform 20, 32, **68**
Braune Ragwurz 19, 25, 55, **282**
Braunrote Stendelwurz . 14, 18, 20, 22, 23, 24, 25, 26, 27, 31, 63, 185, 195, 197, **210**, 257, 278, 279, 289
Breitblättrige Kuckucksblume **100**
Breitblättrige Fingerwurz **100**
Breitblättriges Knabenkraut ..15, 16, 30, 89, 91, **100**, 115, 143, 189, 209
– alpine Unterart 13, 31, **104**
– kurzblättrige Unterart **106**
– ssp. brevifolia 108
– ssp. turfosa **110**
– Torf-Unterart **110**
Brenne 20
Breitblättrige Sitter **226**
Breitblättrige Stendelwurz 8, 10, 18, 20, 22, 23, 24, 25, 26, 27, 30, 32, 203, **226**, 257, 278, 356
– f. orbicularis 229
– ssp. minor 226, 229
Breitblättrige Sumpfwurz **226**
Breitblättriger Waldstendel **226**
Brutknospen 11, 12, 186, 198

Buchenlaub ... 29
Bulbillen ... 11, 186, 198
Bult ... 357
Buschmanns Kohlröschen ... **168**

C

Carapace ... 10
Cephalanthera damasonium ... **264**
Cephalanthera longifolia ... **266**
Cephalanthera rubra ... **268**
Chamorchis alpina ... **180**
chlorophyllfrei ... 214, 228, 229, 264
chlorotisch ... 264, 354
Coeloglossum viride ... **178**
Corallorrhiza trifida ... **276**
Cornelias Kohlröschen ... 13, **162**
Côte-d'Azur-Zungenstendel ... **338**
Cypripedium calceolus ... **342**

D

Dactylorhiza ... 15, 27
Dactylorhiza angustata ... **118**
Dactylorhiza baltica ... **128**
Dactylorhiza bohemica ... **112**
Dactylorhiza cruenta ... **144**
Dactylorhiza curvifolia ... **114**
Dactylorhiza delphinensis ... **118**
Dactylorhiza fistulosa ... **100**
– ssp. alpestris ... **104**
Dactylorhiza fuchsii ... **130**
– ssp. psychrophila ... 130
– ssp. sooana ... 130
Dactylorhiza fuchsii x D. maculata ... **136**
Dactylorhiza incarnata ... **138**
– ssp. cruenta ... **144**
– var. haematodes ... **140**
– ssp. hyphaematodes ... **141**
– ssp. incarnata ... **138**
– ssp. ochroleuca ... **146**
– ssp. serotina ... **142**
Dactylorhiza lapponica ... **108**
Dactylorhiza latifolia ... **98**
Dactylorhiza longifolia ... **128**
Dactylorhiza maculata ... **134**
– ssp. elodes ... 134
– ssp. ericetorum ... 134
– ssp. fuchsii ... 130
– ssp. transsylvanica ... 136
Dactylorhiza majalis ... **100**
– ssp. alpestris ... **104**
– ssp. brevifolia ... **106**
– ssp. majalis ... **100**
– ssp. turfosa ... **110**
Dactylorhiza meyeri ... 130
Dactylorhiza ochroleuca ... **146**
Dactylorhiza praetermissa ... **122**
Dactylorhiza purpurella ... **126**
Dactylorhiza russowii ... **114**
Dactylorhiza ruthei ... **124**
Dactylorhiza sambucina ... **98**
Dactylorhiza savogiensis ... **136**
Dactylorhiza sphagnicola ... **120**
Dactylorhiza sudetica ... **136**
Dactylorhiza traunsteineri ... **116**
– ssp. curvifolia ... **114**
Dauphiné-Fingerwurz ... **118**
Dauphiné-Knabenkraut ... 13, **118**
Dauphiné-Kuckucksblume ... **118**
Defekt, genetischer ... 354
degeneriert ... 234, 258
Dingel ... 19, 21, 22, 24, 25, **270**, 287
DNA-Analysen ... 42, 66, 148, 170, 178
DNA-Untersuchungen ... 172, 345
Dolomiten-Kohlröschen ... **172**
Drei-Knollen-Knabenkraut ... **96**
Dreizähniges Knabenkraut . 18, 19, 21, 24, 31, 41, 50, **62**, 75, 82, 193, 305
Drohnenragwurz ... **291**
Drôme-Ragwurz ... 19, 41, 85, **332**
Dünen ... 122, 210, 222, 232, 234
Dünensenken ... 182, 196, 232
Dünentäler ... 208
Dürrejahre ... 76, 94, 200
Dunkelrote Sitter ... **210**
Dunkelrote Sumpfwurz ... **210**
Dunkelroter Waldstendel ... **210**

E

Echte Sumpfwurz ... **208**
Echte Sitter ... **208**
Echter Zungenstendel ... **340**
Einblatt ... 10, 14, 15, 23, 26, 27, 29, **184**
Einknolle ... 14, 15, 18, 61, 153, **182**
Einkreuzung ... 240
einmahdig ... 357
Einschwieliger Zungenstendel ... **336**, **340**
Eiszeitrelikt ... 110, 112, 114
Elbe-Stendelwurz ... 21, **250**
Elfenstendel ... **182**
endemisch ... 174, 308, 357
Endemit ... 176
Entbuschungsmaßnahmen ... 32
Epipactis ... 204
Epipactis albensis ... **250**
Epipactis atrorubens ... **210**
– ssp. triploidea ... 210
Epipactis carantana ... **236**
Epipactis confusa ... **258**
Epipactis distans ... **222**
Epipactis fibri ... **250**
Epipactis futakii ... **226**
Epipactis gracilis ... **262**
Epipactis greuteri ... **248**
Epipactis helleborine ... **226**
– f. orbicularis ... 229
– ssp. distans ... **222**
– ssp. minor ... 226, 229
– ssp. neerlandica ... **232**
– ssp. tremolsii ... **230**

Epipactis leptochila **236**
– ssp. neglecta **240**
– var. cleistogama **236**
Epipactis leutei **216**
Epipactis microphylla **212**
Epipactis muelleri **244**
Epipactis neglecta **240**
Epipactis neerlandica **232**
Epipactis nordeniorum **254**
Epipactis palustris **208**
Epipactis peitzii **242**
Epipactis persica **262**
Epipactis phyllanthes **258**
– f. degenera 258
Epipactis piacentina **246**
Epipactis pontica **218**
Epipactis pseudopurpurata **214**
Epipactis purpurata **214**
Epipactis renzii **234**
Epipactis rhodanensis **256**
Epipactis tremolsii **230**
Epipactis voethii **220**
epiphytisch 11
Epipogium aphyllum **274**
Erzherzog-Johann-Kohlröschen 171, **176**
Exemplare, chlorphyllfreie 217

F

Farbchimäre 42, 290, 354
Farbvariationen 278
Fahrweg 25
Feuchtwiesen 15
Fichtenwälder 23
Flachmoor 15
Fleischfarbenes Knabenkraut ... 15, 16, 28, 29, 30, 31, 89, 115, 117, 127, **138**, 143, 147, 189
– Spätblühende Unterart **142**
– Unterart hyphaematodes **141**
– ssp. incarnata 141
– Varietät haematodes **140**
Fliegenragwurz ..18, 19, 20, 21, 24, 25, 26, 27, 28, 31, 32, 41, 49, 63, 73, 115, 183, 193, 277, **288**, 295, 297, 356
– var. virescens 288, 290
forma 357
Fotografen 33
Fratzenorchis 56
Frauenschuh 22, 23, 24, 26, 27, 32, 219, 279, **342**
Frostschäden 29
Frosttrocknis 29, 357
Fuchssche Fingerwurz **130**
Fuchs' Knabenkraut..... 13, 15, 16, 22, 23, 24, 26, 27, 29, 81, 87, 89, 123, 127, **130**, 139, 147, 175
– Übergangsformen **136**
Fuchssche Kuckucksblume **130**

G

Gardasee-Ragwurz **326**
Gärtnereien 126
Gargano-Ragwurz 19, 25, **302**
Gattungsbastarde 56, 345
Gattungshybriden 152
Gefleckte Fingerwurz **134**
Geflecktes Knabenkraut 10, 13, 15, 17, 32, 113, **134**, 354
– Übergangsformen **136**
Gefleckte Kuckucksblume **134**
Gefleckte Waldwurz **54**
Gefurchte Ragwurz 19, **286**
Gehörnte Schnepfenragwurz 316
Gelbe Ragwurz 19, 25, **280**
Genaustausch, fehlender 254
genetische Schäden 248
genetischer Defekt 354
Genuntersuchungen 232
geographische Unterart 302
Gewöhnliches Kohlröschen **156**
Glanzkraut 15, 16, 17, 27, 34, 115, 143, 147, **188**
Goldschuh 344
Goodyera repens **202**
Gräben 27
Greuters Stendelwurz **248**
Größenangaben 40
Große Händelwurz **152**
Großes Zweiblatt ... 14, 15, 16, 19, 21, 22, 23, 24, 25, 26, 27, 28, 31, 32, 41, 63, 71, 73, 87, 183, **192**, 209, 277, 321, 343
Grünblütige Stendelwurz 22, 28, **258**
– f. degenera 258
Grüne Hohlzunge 14, 15, **178**
Grüne Waldhyazinthe ... 18, 24, 26, 31, 63, 185, **194**, 277, 278
Gymnadenia conopsea **152**
– ssp. densiflora 152
Gymnadenia dolomitensis **172**
Gymnadenia odoratissima **150**

H

Habitus 357
Härchen 280
Händelwurzarten 14, 15, 18, 24, 117, 167
Händelwurz 26, 27, 29
Hammarbya paludosa **186**
Hangmoor 15
Hartholzau 21
Helmknabenkraut 18, 19, 20, 22, 24, 26, 28, 29, 31, 32, 41, 43, 49, **72**, 141, 289
Herbstdrehwurz **200**
Herbstwendelorchis 19, 20, 25, 27, 29, 30, 55, **200**
Herminie **182**
Herminium monorchis **182**
Herzblättchen **190**
Herzförmiger Zungenstendel **336**
Herztragendes Knabenkraut **104**
heterogen 258
Heterosis-Effekt 345
Hexenringe 200, 212
Himantoglossum adriaticum **50**
Himantoglossum hircinum **48**
Hinterland von Nizza 24
Hochmoor 16, 33

Hochwasserdamm ... 27
Höhenangaben ... 40
Höswurz ... 13, 145, **148**, 151, 157, 175
Hohe Hummelragwurz ... 20, 21, **313**
Hohlzunge ... 13, 14, 22, 23, 145, 149, 167, 173, 175
– Grüne ... **178**
Holländische Stendelwurz ... **232**
Honigorchis ... **182**
Honigtau ... 70
Holunderknabenkraut ... 14, 15, 29, 41, 81, **98**
Holunder-Kuckucksblume ... **98**
homogen ... 240, 345
Hummelragwurz ... 10, 18, 19, 20, 24, 25, 27, 28, 31, 32, 43, 57, 59, 69, 73, 153, 287, **310**, 318, 321, 352, 355, 356
– klein- und spätblühende Sippe ... 287
– kleinblütige ... 82
– ssp. elatior ... 43
– var. intermedia ... 310
Hybride ... 357
Hybriden, interspezifische ... 345
Hybridpopulation ... 345
Hybridschwärme ... 118, 224
Hyères-Knabenkraut ... **82**
hyperchrom ... 357
Hypochil ... 9

I

intermediär ... 345
Internodien ... 224, 357
Introgression ... 294, 345, 350
Insectivoren ... 17
Insubrische Ragwurz ... 19, 21, 75, **326**
Invasion neuer Arten ... 252

K

Kahle Stendelwurz ... 258
Kallus ... 242, 254, 262
Kalkbuchenwälder ... 22
Kalkflachmoore ... 15
Kalksteinbrüche ... 26
Kaltluftseen ... 23, 274
Keuschorchis ... 25, **54**, 82
Kiesgruben ... 27
Klebdrüse ... 244, 250, 252, 254
Kleinblättrige Sitter ... **212**
Kleinblättrige Stendelwurz ... 8, 22, 23, 28, **212**
Kleinblättrige Sumpfwurz ... **212**
Kleinblättriger Waldstendel ... **212**
Kleinblütige Hummelragwurz ... **313**
Kleinblütiger Zungenstendel ... **341**
Kleines Brandknabenkraut ... 18
Kleines Knabenkraut ... 20, 41, 94
Kleine Spinnenragwurz ... 18, 24, 25, 289, **292**
Kleines Zweiblatt ... 17, 23, **190**
kleistogam ... 9, 250, 256, 258, 289, 357
Kohlröschenarten ... 14
Konnektivfortsatz ... 318
Korallenwurz ... 17, 22, 23, 25, 26, 27, 28, **276**, 278
Kriechendes Netzblatt ... **202**
Kühe ... 13
Kugelknabenkraut ... **46**, 145
Kugelorchis ... 13, 14, **46**, 81, 167
Kurzblättrige Stendelwurz ... 14, 24, 26, **222**
Kurzblättrige Unterart des Breitblättrigen Knabenkrauts **106**

L

Labellum ... 354, 357
Landratsämter ... 33
Langblättriges Knabenkraut ... **128**
Langblättriges Waldvögelein ... **266**
Lappländische Fingerwurz ... **108**
Lappländisches Knabenkraut ... 13, 15, 30, 105, **108**
Lappländische Kuckucksblume ... **108**
Leucorchis albida ... **148**
Leutes Stendelwurz ... **216**
Leukas Ragwurz ... 19, 25, **284**
Limodorum abortivum ... **270**
Limodorum trabutianum ... **272**
Liparis loeselii ... **188**
Listera cordata ... **190**
Listera ovata ... **192**
Lockerblütiges Knabenkraut ... **90**
Luftfeuchtigkeit ... 22

M

Magerrasen ... 18
Mahd ... 13, 27, 33
Malaxis monophyllos ... **184**
Malaxis paludosa ... **186**
Mannsknabenkraut ... 14, 22, 24, 26, 28, 41, 63, **78**, 167
maritimer Einfluß ... 258
Marseille-Ragwurz ... 19, 25, 55, **298**
Mastorchis ... 25, **52**
mediterran ... 357
Milchweißes Knabenkraut ... **65**
Mineraldünger ... 33
Mischpopulation ... 345
Mißbildung ... 354
Moderorchideen ... 12
Mont Cenis-Kohlröschen ... **154**, 181
monströse Pflanzen ... 27
morphologisch ... 357
Mückenhändelwurz 12, 13, 14, 15, 16, 18, 19, 20, 21, 24, 26, 27, 30, 31, 32, 43, 59, 69, 71, 87, 89, 145, 149, **152**, 157, 173, 175, 177, 179, 181, 183, 195, 199, 289, 321
Müllers Sitter ... **244**
Müllers Stendelwurz ... 18, 20, 22, 24, **244**, 247
Müllers Sumpfwurz ... **244**
Müllers Waldstendel ... **244**
Mutation ... 357
mykotroph ... 23, 28, 29, 40, 278, 357
Myzel ... 357

N

natürliche Sukzession ... 18
Naturschutzverband ... 33

Naturwaldreservate 22
Neophyten 30
Neotinea maculata **54**
Neottia nidus-avis **278**
– f. glandelosa 278
– f. nivea 278
– f. pallida 278
– f. sulphurea 278
Neubeschreibungen 282
Netzblatt 23, 24, 25, 26, 29
– Kriechendes **204**
Nestwurz 18, 22, 23, 24, 26, 27, 219, 241, 243, 277, **278**
– f. glandulosa 278
– f. nivea 278
– f. pallida 278
– f. sulphurea 278
Niederwaldwirtschaft 76
Nigritella archiducis-joannis **176**
Nigritella austriaca **160**
Nigritella buschmanniae **168**
Nigritella cenisia **154**
Nigritella corneliana **162**
– ssp. bourneriasii 162
Nigritella lithopolitanica **164**
Nigritella miniata **170**
Nigritella nigra **156**
– ssp. austriaca **160**
– ssp. corneliana **162**
Nigritella rhellicani **156**
Nigritella rubra **170**
Nigritella stiriaca **174**
Nigritella widderi **166**
Nomenklatur 35, 345
Nominatform 357
Nordens Stendelwurz 21, 251, **254**

O

obligatorische Selbstbestäubung 11
Ohnsporn **56**
ökologische Amplitude 357
Ökotyp.. 42, 104, 110, 134, 140, 144, 196, 224, 226, 232
Österreichisches Kohlröschen **160**, 163, 173, 175
Olivenhaine 24, 25
Ophrys 18
Ophrys aegirtica **318**
Ophrys apifera **320**
– var. aurita 320
– var. bicolor **325**
– var. botteronii **324**
– var. chlorantha 322
– var. flavescens 322
– var. friburgensis **323**
– ssp. jurana **324**
– var. saraepontana 324
– var. trollii **325**
Ophrys arachnitiformis **306**
Ophrys araneola **292**
Ophrys atrata **304**
Ophrys aurelia **328**
Ophrys benacensis **326**
Ophrys bertoloniiformis ssp. benacensis **326**
Ophrys bombyliflora **291**
Ophrys cornuta 316, 318
Ophrys drumana **332**
Ophrys elatior **313**
Ophrys exaltata ssp. arachnitiformis **306**
Ophrys fuciflora **310**, 318
– ssp. elatior 43
– var. intermedia **318**
– var. pseudoscolopax 318
Ophrys funera 284
Ophrys fusca **282**
– ssp. minima **286**
Ophrys garganica **302**
– ssp. passionis **302**
Ophrys holoserica **310**, 318
– Sippe „coronifera" 310
– ssp. elatior 43, **313**
– var. intermedia 310
Ophrys holubyana **318**
Ophrys incubacea **304**
Ophrys integra **306**
Ophrys insectifera **288**
– var. virescens 288, 290
Ophrys leucadica **284**
Ophrys litigiosa **292**
Ophrys lupercalis **282**
Ophrys lutea **280**
Ophrys massiliensis **298**
Ophrys passionis 25, **302**
Ophrys provincialis **300**
Ophrys pseudobertolonii **326**
Ophrys pseudoscolopax **318**
Ophrys santonica 316
Ophrys saratoi **330**
Ophrys scolopax **316**, 318
Ophrys sphegodes **294**
– ssp. gigantea 294
– ssp. provincialis **300**
– ssp. ruppertii 294
– var. virescens 295
Ophrys spendida **308**
Ophrys sulcata **286**
Ophrys tommasinii **292**
Ophrys truncata **318**
Orchideenbuchenwald 22
Orchis anthropophora 56
Orchis boryi 74
Orchis champagneuxii **96**
Orchis coriophora 58
– ssp. coriophora 58
– ssp. fragrans 60
Orchis elegans 88
Orchis lactea 65
Orchis laxiflora 90
Orchis mascula 78
– ssp. acutiflora 80
– ssp. mascula 78
– ssp. olbiensis 82
– ssp. signifera 80

– ssp. speciosa ... 80
Orchis militaris ... 72
Orchis morio ... 94
– ssp. picta ... 94
Orchis olbiensis ... 82
Orchis ovalis ... 80
Orchis pallens ... 76
Orchis palustris ... 88
Orchis papilionaceae ... 92
– ssp. expansa ... 92
– ssp. grandiflora ... 92
Orchis provincialis ... 84
Orchis purpurea ... 70
Orchis signifera ... 80
Orchis simia ... 74
Orchis spitzelii ... 86
Orchis tridentata ... 62
Orchis ustulata ... 66
– ssp. aestivalis ... 68
– ssp. ustulata ... 66
organische Düngung ... 13, 33
Ornatenton ... 214
Ostsee-Fingerwurz ... **114**
Ostsee-Knabenkraut ... **114**
Ostsee-Kuckucksblume ... **114**

P

Parasitismus ... 274
Peitz' Stendelwurz ... **242**
Perigon ... 357
Petalen ... 357
– labelloide ... 354, 355
– sepaloide ... 354
petaloides Labellum ... 354
Pfeifengras-Föhrenwald ... 24
Pflugschar-Zungenständel ... **334**
Pheromon ... 9
pH-Wert ... 357
Piacenza-Stendelwurz ... **246**
Pilzmyzel ... 11, 212, 214, 354
Pilz ... 11
Plathanthera bifolia ... **196**
– ssp. graciliflora ... 196
Plathanthera chlorantha ... **194**
Pollinium ... 10, 357
Pontische Stendelwurz ... **218**
Prächtiges Knabenkraut ... 80
Prächtige Ragwurz ... **308**
Provence-Knabenkraut ... 19, 41, 84
Provence-Ragwurz ... 19, 25, 82, 300
Puppenorchis ... 18, 19, 21, 25, 29, 41, 56
Purpurblütige Fingerwurz ... **126**
Purpurblütiges Knabenkraut ... 29, **126**
Purpurblütige Kuckucksblume ... **126**
Purpurknabenkraut ... 18, 22, 24, 26, 27, 41, **70**, 297, 321
Pseudobulben ... 9
Pseudorchis albida ... **148**
Pyramidenhundswurz ... 42

Q

Quellmoor ... 15

R

Ragwurzarten ... 29
Rassen, standorteigene ... 254
Reliktstandorte ... 86
Renz' Stendelwurz ... **234**
Rhizome ... 9, 357
Rhizomsprosse ... 190
Rhône-Stendelwurz ... 21, **256**
Riemenzunge ... 18, 19, 21, 24, 25, 26, 28, 29, 43, 57, 321
Riesenknabenkraut ... **52**
(Roberts) Mastorchis ... 19, **52**
Rostelldrüse ... 250
Rostellum ... 244, 246, 357
Rostpilz ... 30
Rotes Kohlröschen ... 13, 145, 151, 169, **170**, 175, 177
Rotes Waldvögelein ... 22, 25, 26, 27, 29, 219, 243, **268**, 277, 278, 279
Rückbildung ... 354
rückgekreuzte Bastarde ... 294
Rückkreuzung ... 142, 292, 350
Ruthes Fingerwurz ... **124**
Ruthes Knabenkraut ... **124**
Ruthes Kuckucksblume ... **124**

S

Salepknabenkraut .. 15, 16, 18, 19, 21, 25, 30, 31, 32, 75, **94**, 209, 287, 295, 352
salzverträglich ... 88, 124, 130, 258
Salzwassereinfluß ... 124
Samenkapseln ... 10
Samenstand ... 10, 12
Sammelart ... 236
Sandgruben ... 27
Saprophyten ... 357
Saratos Ragwurz ... 19, 25, 82, **330**
Schafe ... 13, 18, 200
Scheinknollen ... 9
Schlafplatz ... 10, 334
Schlafstätte ... 268
Schlenke ... 357
Schluchtwald ... 22
Schmächtige Stendelwurz ... **262**
Schmetterlingsknabenkraut ... **92**, 287
Schneeheide-Kiefernwald ... 24
Schneetälchen ... 168
Schnepfenragwurz ... 19, 25, 287, 312, **316**, 318
Schwarze Ragwurz ... 19, 25, 82, **304**
Schwarzes Kohlröschen ... 13, 105, 145, 149, 151, **156**, 163, 167, 169, 171, 173, 177, 179
Schwermetalle ... 27
Schwertblättriges Waldvögelein 19, 21, 22, 23, 41, 221, **266**
Schwertstendel ... 25, 93, 287, **334**, 336
Sekundärstandort ... 357
Selbstbestäubung ... 214, 226, 234, 236, 320
Sepalen ... 357

Serapias cordigiera 336
Serapias lingua 340
Serapias neglecta 337
Serapias olbia 338
Serapias parviflora 341
Serapias strictiflora 339
Serapias vomeracea 334
Sexuallockstoff 9
Sommerdrehwurz 198
Sommerform des Brandknabenkrauts 68
Sommerwendelorchis 15, 30, 198
Sonnenschutz 33
Spätfröste 56, 354
spec. 357
Spinnenähnliche Ragwurz 19, 25, 55, 306
Spinnenragwurz-Formenkreis 19
Spinnenragwurz..... 18, 19, 20, 21, 25, 27, 30, 33, 50, 55, 73, 75, 294
– großblütige Sippe 287
– ssp. gigantea 294
– ssp. ruppertii 294
– var. virescens 295
Spiranthes aestivalis 198
Spiranthes spiralis 200
Spitzels Knabenkraut 24, 81, 86
Spitzlippige Sitter 236
Spitzlippige Stendelwurz 23, 28, 30, 236
Spitzlippige Sumpfwurz 236
Spitzorchis...12, 19, 20, 21, 24, 25, 27, 29, **42**, 50, 75, 82, 93, 305, 336
Sporn 357
Sproßteilung 356
ssp.=subsp.=subspecies 357
Standorttypen 224
Stattliches Knabenkraut **78**
Steifblättrige Fingerwurz **138**
Steifblättrige Kuckucksblume **138**
Steifblütiger Zungenstendel **339**
Steinbrüche 26, 27, 28
Steineralpen-Kohlröschen **164**, 356
Steirisches Kohlröschen **174**
Stendelwurzarten 41
Stendelwurz 204
Steppenheidewald 24
steril 357
Stickstoff 33, 58
Strandvanille **210**
Straßenränder 27
Streuwiesen 15
Strohgelbe Fingerwurz **146**
Strohgelbes Knabenkraut .. 15, 34, 89, 117, 139, 143, **146**
Strohgelbe Kuckucksblume **146**
Südfranzösisches Knabenkraut 19, **82**
Südfranzösischer Zungenstendel **338**
Sukzession 357
Sumpfknabenkraut....... 15, 30, 34, **88**, 91, 117, 143, 147
Sumpf-Weichblatt **186**
Symbiose 11, 236, 274, 357

T

Täuschblumen 9
Talmoor 143
Testa 10
Torfmoos-Fingerwurz **120**
Torfmoos-Knabenkraut 17, 32, **120**
Torfmoos-Kuckucksblume **120**
Torfmoos 15, 16
Torf-Unterart des Breitblättrigen Knabenkrauts **110**
Trabuts Dingel **272**
Tragblatt 357
Traunsteinera globosa **46**
Traunsteiners Fingerwurz **116**
Traunsteiners Knabenkraut...... 13, 15, 16, 17, 30, 89, 91, **116**, 147, 354
Traunsteiners Kuckucksblume **116**
Tremols Stendelwurz 25, **230**
Tripelbastard 345
Trittschäden 200

U

Übergänge 80, 176, 226, 298
Übergangsformen 134, 154, 224, 287
Übergangsmoore 15, 16
Übergangspopulationen 82
Übergangssippen 318
Übersehene Fingerwurz **122**
Übersehenes Knabenkraut **122**
Übersehene Kuckucksblume **122**
Übersehene Stendelwurz 22, **240**
Überweidung 33
Umweltschutzverbände 31
Uneinheitlichkeit 234, 256
ungeschlechtliche Fortpflanzung 11

V

var.=Varietät 357
vegetative Vermehrung 29, 96, 214
Verbreitungskarten 40
Verlandungszonen 17
Verkannter Zungenstendel **337**
(Violetter) Dingel **270**
Violette Sitter **214**
Violette Stendelwurz 22, 23, 28, 29, 41, **214**, 356
Violette Sumpfwurz **214**
Violetter Waldstendel **214**
Viscidium 242
Vitalität, größere 323
Vöths Stendelwurz **220**
(Vogel-)Nestwurz **278**
vollmykotroph 270

W

Waldhyazinthen 14, 20, 22, 23, 24, 26, 27, 29, 221
Waldvögelein 24
Waldwegböschungen 27
Wanzenknabenkraut........ 12, 15, 20, 29, 30, 32, **58**, 153

Weichholzaue 21
Weichkraut 12, 17, 32, **186**
Weidevieh, Anpassung 200
Weiße Höswurz 14
Weiße Stendelwurz 15, 16, 32, 89, 123, 143, 147, 189, 199, **208**, 321
Weiße Sumpfwurz 27, 28, 113, 115, 127
Weiße Waldhyazinthe... 13, 14, 15, 16, 17, 23, 25, 30, 31, 87, 117, 167, **196**, 219, 269, 277, 278, 279, 289, 321, 356
Weißes Waldvögelein **264**
Weißzüngel **148**
Westalpen-Kohlröschen **162**
Widders Kohlröschen **166**
Widerbart 23, 263, **274**
Wild 33
Winterblätter 29
Wohlriechende Händelwurz........... 13, 15, 20, 145, **150**
Wohlriechendes Wanzenknabenkraut...10, 19, 21, 25, 50, **60**
wuchshemmende Stoffe 24
Wuchsstörung 266

Z

Zierliche Stendelwurz 21, **262**
Zweiblättrige Kuckucksblume **196**
Zweiblatt 115
Zwergknabenkraut 14, **180**
Zwergorchis 13, 145, 150, **180**
Zwischenformen 80